지은이 **루퍼트 크리스천슨** Rupert Christiansen

영국의 무용 평론가. 스스로를 '못 말리는 발레트망'이라 칭하는 발레 마니아이자 영국 로열 발레단의 광팬이다. 『메일 온 선데이』(1995~2020)와 『데일리 텔레그래프』(1996~2020)에 오랜 기간 오페라 및 무용에 관한 평론을 기고했다. 그 밖에 『보그』 『배니티 페어』 『하퍼스 앤드 퀸』 『옵서버』 『리터러리 리뷰』 『댄스 나우』 『댄스 시어터 저널』 등 영국과 미국의 여러 매체에 무용에 관한 글을 꾸준히 써왔다. 2022년에는 『스펙테이터』의 무용 평론가로 임명되었다. 1997년 영국 왕립문학협회 펠로우로 선출되었으며, 2016년부터 옥스퍼드 키블 대학에서 공동 연구 학자로 재직하며 학생들을 가르치고 있다. 서머싯 몸 상을 수상한 『로맨틱 어피너티스(Romantic Affinities)』(1988)를 비롯해 『시티 오브 라이트(City of Light)』 등 10여 편의 논픽션을 썼다. 현재 런던에 살고 있다.

옮긴이 **김한영**

강원도 원주에서 태어나 서울대학교 미학과를 졸업했고, 서울예술대학교에서 문예 창작을 공부했다. 오랫동안 번역에 종사하며 문학과 예술의 곁자리를 지키고 있다. 옮긴 책으로 『미를 욕보이다』 『무엇이 예술인가』 『알랭 드 보통의 영혼의 미술관』 『빈 서판』 『언어본능』 『지금 다시 계몽』 『영혼을 찾아서』 『그러나 절망으로부터』 『생각은 어떻게 행동이 되는가』 『각인된 지식』 등이 있다. 제45회 백상출판문화상 번역 부문을 수상했다.

cover image **Getty Images/게티이미지코리아**
design **형태와내용사이**

댜길레프의 제국

댜길레프의 제국

발레 뤼스는 어떻게 세계를 사로잡았나

DIAGHILEV'S EMPIRE

루퍼트 크리스천슨 지음

김한영 옮김

에포크

엘리스 우드먼에게

차례

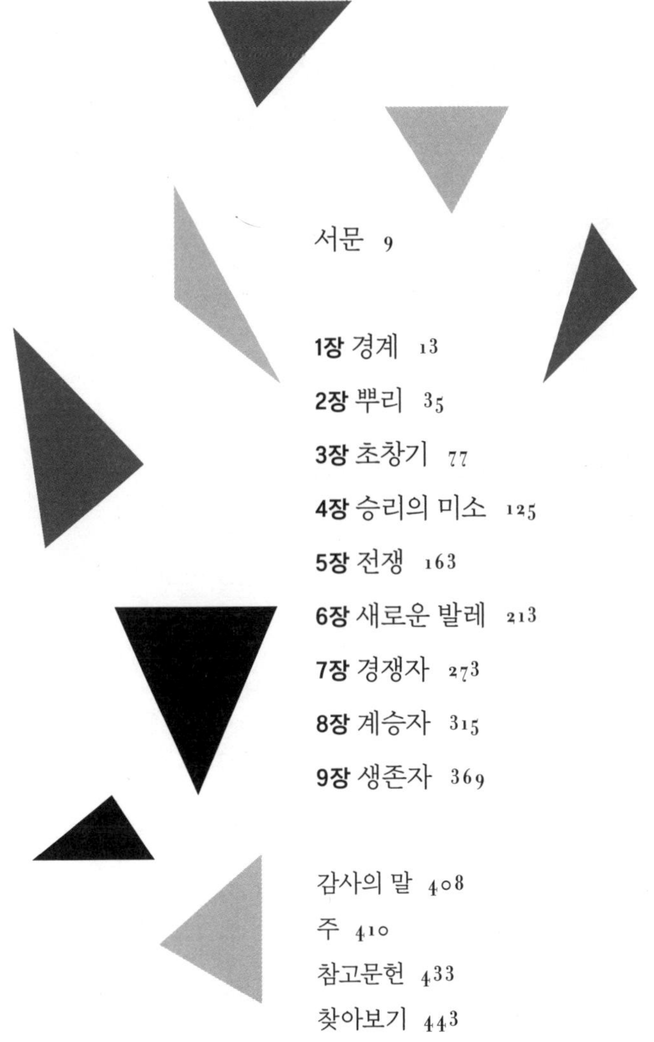

일러두기

1. 본문의 고딕체는 원서의 이탤릭체로 강조한 부분이다.
2. 발레 작품은 겹화살괄호(《 》)로, 연극·영화·오페라·그림·음악 등은 홑화살괄호(〈 〉)로, 단행본·잡지·신문 등은 겹낫표(『 』)로, 기사·발표문·단편·시 등은 홑낫표(「 」)로 묶었다.
3. 본문의 각주 중 저자의 주는 ■로, 옮긴이 주는 ◆로 표시했다. 번호를 붙인 후주는 원서의 주이다.
4. 국내에 개봉된 영화, 출간된 책 등은 그 제목을 따랐다.
5. 인지명 등의 외래어 표기는 국립국어원 외래어 표기법을 준용하되 일부 굳어진 표현은 관용을 따랐다.
6. 이 책의 한국어판에 실린 이미지의 저작권은 전부 Wikimedia Commons의 퍼블릭 도메인이다.

서문

이 책을 쓴 나는 중독된 사람이다.

고백하건대 나는 못 말리는 발레트망balletomane이다. 고전발레와 발레 무용수를 관찰하거나 생각하거나 꿈을 꾸면서 턱없이 많은 시간을 보내는 병적인 중독자인 것이다. 단지 발레를 좋아하거나 감상하거나 즐기는 정도가 아니다. 발레는 내 마음속 깊이 자리 잡은 은밀한 욕구로, 어떤 사람들이 프로 농구팀 샌안토니오 스퍼스나 프로 야구팀 보스턴 레드삭스에 열광하듯, 나 역시 나만의 홈팀(50년 동안 나와 혼인 관계를 유지해온 영국의 로열 발레단)에 푹 빠져 나날을 보낸다. 나는 언제 어디서나 동작을 연구하고, 관련 소셜미디어를 팔로우하고, 연례 보고서를 탐독한다. 나 원 참.▪

스포츠를 광적으로 좋아하는 사람이라면 이 관계가 꾸준하지 않

▪ 그럼에도 나의 열정은 미국의 작가 겸 삽화가인 에드워드 고리의 열정에 한참 못 미친다. 고리는 조지 발란신의 뉴욕 시티 발레단을 열렬히 사랑했다. "그는 결국 1956년부터 23년 동안 발레단이 무대에 올린 공연을 거의 다 보았다. 1년 중 5개월, 일주일에 여덟 번이나 공연을 본 셈이다. 심지어 《호두까기 인형》은 1979년까지 해마다 서른아홉 번을 관람했다(Mark Dery, *Born to be Posthumous: The Eccentric Life and Mysterious Genius of Edward Gorey*, p. 154). 고리는 『뉴욕 타임스』의 문화부 기자 안나 키셀고프에게 이렇게 말했다. "작품의 캐스팅에는 거의 신경 쓰지 않습니다. 어쨌든 극장으로 달려가지요. 공연이 끔찍하게 끝날 수도 있지만 그걸 미리 알고 싶진 않아요."(*New York Times*, 13 November 1973.)

다는 걸 안다. 기량이 떨어지거나 멤버에 변동이 생길 때면 종종 크게 낙담하고, 격렬하게 불만을 토로하기도 하며, 한동안 시큰둥하거나 환상이 깨지기도 한다. 하지만 나는 어김없이 제자리로 되돌아온다. 이건 선택의 문제가 아니라 내가 어찌할 수 없는 일이다. 충성을 포기하거나 갈아탈 수 없으니, 다시 말해 가족이고 혈연이다. 발레가 없다면 나의 삶, 나의 자아감은 온전치 않을 것이다. 또한 나와 같은 사람들이 이후에도 계속 생겨날 것이다.

나는 왜 이런 감정을 느끼는 걸까? 단순하게 말하자면, 나에게 발레는 미적 관념을 전달하는 강력한 수단, 언어로 표현할 수 없는 것을 표현하는 일종의 극시劇詩, 인체의 가능성과 한계에 끝없이 도전하는 매혹적인 투쟁이라고밖에 설명할 수 없다. 완벽이라는 꿈이 손에 잡힐 듯하고 에로틱한 전율이 등줄기를 타고 흐른다. 이 책은 바로 그 신비와 미학을 자세히 묘사할 것이다.

나는 나와 비슷한 병을 앓고 있는 모든 이들이 이 책을 읽으며 기뻐하기를 간절히 바라지만 그럼에도 당신들, 나의 형제자매들은 이 책의 주요 타깃 독자가 아니다. 그렇다고 독창적인 내용으로 학술 연구에 기여하여 학자와 전문가들을 놀라게 하려는 것도 아니다. 단지 긴 이야기의 과정을 추적하고 사건들을 연결지어 보여줌으로써 나만큼 중독되진 않았지만 나 같은 사람들이 발레에 왜 그리 야단법석을 떠는지 궁금하게 여기는 사람들에게 발레의 매력을 보여주고 싶을 뿐이다. 더 구체적으로 말하자면, 나는 서양 문화라는 퍼즐에서 발레가 중요한 조각으로 떠오른 역사적 순간을 추적하려 한다. 그 순간은 특별한 사업과 그 사업을 추진한 한 사람 덕분에 가능했다.

서문

1909년에 발레 뤼스Ballets Russes◆를 만든 사람은 러시아의 임프레사리오 세르게이 파블로비치 댜길레프다. 발레 뤼스는 서양인의 기호에 맞게 고안된 러시아 수출품으로 그 후 많은 부침을 겪다가 1929년 댜길레프의 돌연한 죽음과 함께 공식적인 생을 마감했다. 하지만 화려한 전성기의 업적은 지속적으로 다음 세대에게 용어를 정의하고 표준을 확립하는 패러다임이 되었다. 그 시절 사람들에게 발레는 '러시아 발레'를 의미했다. 2장부터 6장까지는 그 현상이 어떻게 발전하여 전성기에 이르렀는지를 다루고, 7장부터 9장까지는 그것이 어떻게 흡수되고 쇠퇴한 것처럼 보이게 되었는지를 다룰 것이다.

◆ 프랑스어로 '러시아 발레단'이라는 뜻이다.

1장

경계

DIAGHILEV'S EMPIRE

〈분홍신〉만큼 사람들의 상상력에 일대 전환을 가져올 주문을 걸었다고 주장할 만한 영화가 몇 편이나 될까? 한스 크리스티안 안데르센의 동화를 토대로 한 〈분홍신〉의 배경은 '러시아 발레단'의 세계다. 역사상 가장 위대한 영화 목록에 빠지지 않는 이 명작은 마이클 파월과 에머릭 프레스버거가 각본과 제작, 감독을 맡았다. 대담한 기술적 독창성뿐 아니라 화려한 시각적 구성, 마음을 울리는 이야기, 비정한 임프레사리오 보리스 레르몬토프를 연기한 안톤 월브룩 그리고 갈등하는 젊은 발레리나 빅토리아 페이지로 열연한 모이라 시어러의 잊을 수 없는 명연기는 지금까지도 뜨거운 찬사를 받는다.

〈분홍신〉은 전후 유럽이 침체의 늪에 빠져 있던 1948년에 개봉되어 대중의 감정 깊숙한 곳을 뒤흔들었다. 발레 평론가 알린 크로치는 이렇게 썼다. "이 영화는 발레에 대한 엄청난 관심을 불러일으켰다. 〈분홍신〉이 일으킨 파동은 전례 없는 일이며 실로 거대하다."[1] 유럽이 폭격으로 잿더미가 된 상황에서 〈분홍신〉의 다채롭고 강렬한 색조는 인간의 원초적 욕구를 달래주었다. 역사가 린다 니드는 이렇게 상기시켰다. "사람들은 그 시절을 회상하며 흐릿한 베일 너머로 무채색이 지배하는 세상, 스모그와 그을음이 가득한 도시의 하늘, 파편과 석탄 가루에 뒤덮인 스산한 풍경을 떠올린다."[2] 〈분홍신〉은 모든 사람들이 스크린 밖에서 보고 싶어 하는 것을 짜릿한 영상으로 보여주었다. 칙칙한 회색이나 영국적인 탁한 녹색 대신 과도하게 화려한 테크니컬러technicolar◆를 적용해 영화에 등장하는 발레 슈즈의 진홍 빛깔

◆ 미국의 테크니컬러 모션픽처 회사가 발명한 색채 영화 시스템의 명칭.

은 물론이고 눈부신 대리석 포장도로와 푸르게 빛나는 하늘 등 몬테카를로의 풍경을 더욱 돋보이게 했다.

영화의 제목은 창조적인 동시에 파괴적인 충동을 상징한다. 빅토리아 페이지에게 레르몬토프가 주문을 걸듯 말한다. "분홍신은 절대로 지치지 않아. 분홍신은 계속 춤을 추지." 빅토리아는 최고의 무용수로서 무대에 서고 싶은 욕망과 작곡가 줄리언 크래스터와 행복한 가정을 이루고 싶은 욕망 사이에서 갈피를 잡지 못한다. 둘 다 이루는 건 불가능하다. 레르몬토프는 "인간적인 사랑에 안주하는 무용수는 절대 위대한 무용수가 될 수 없어"라고 강조한다. 예술은 육체는 물론 영혼까지 요구하지만 이 도전에 직면한 빅토리아는 스스로를 희생하고 만다. 발코니에서 뛰어내린 뒤 크래스터의 팔에 안겼을 때 그녀는 비로소 "분홍신을 벗겨달라"고 말한다. 딜레마에서 벗어나는 유일한 길은 춤을 추지 않는 동시에 삶을 포기하는 것이었다. 이것이 바로 빅토리아의 운명이 암시하는 역설적인 메시지였다. 마이클 파월은 자서전에 이렇게 썼다(꽤 자주 인용되는 구절이다). "〈분홍신〉이 대성공을 거둘 수 있었던 진짜 이유는 따로 있다. 우리 모두는 지난 10년 동안 자유와 민주주의를 위해, 혹은 이런저런 것들을 위해 나아가 죽으라는 말을 들어왔다. 전쟁이 끝난 지금 〈분홍신〉은 우리에게 이렇게 말한다. 예술을 위해 나아가 죽어라."[3]

이 영화의 영향력은 널리 퍼져나갔다. 〈분홍신〉은 발레의 인기를 최고조로 끌어올렸을 뿐 아니라 "러시아 발레"라는 독특한 예술 그리고 그 지배자를 둘러싼 신비감을 신화화하여 발레 자체를 더 높은 차원으로 끌어올렸다. 그는 바로 보리스 레르몬토프라는 인물의 실존 모델이자 발레 뤼스라는 이름의 발레단을 만든 유일한 창시자 세르게이 파블로비치 댜길레프였다. (파월과 프레스버거는 발레 뤼스의 공연을 본 적이 없으며 영화에서 그들이 보여준 것은 댜길레프 사후인 1930년대에 발전한 "러시아 발레"에 더 가까웠다는 사실은 주목할 필요가 있다.)

영화의 줄거리는 안데르센의 우화에 기초하고 있지만, 그에 더해 당시에 막 알려지기 시작한 댜길레프와 그의 스타 바슬라프 니진스키의 파란만장한 관계가 주요 소재로 사용되었다. 두 사람의 관계가 시나리오에서는 레르몬토프의 손아귀를 벗어나려는 빅토리아 페이지의 시도로 변형된다. 영화는 노골적인 성적 요소를 생략하는 대신 희화화에 가까울 정도로 과장된 비유를 사용한다. 아방가르드적인 음악과 무대 디자인 의뢰, 저작권과 저작권자에 관한 소란, 소규모 영국 발레단과 거대한 러시아 공연단의 경쟁, 매력적이지만 변덕스러운 러시아 발레리나, 발레 바를 잡고 연습하는 노예들을 끊임없이 다그치는 격정적인 발레 마스터, 온종일 자식을 따라다니는 발레 맘, 발레단을 후원하는 귀부인, 망토를 걸치고 수염을 기른 자유분방한 발레트망. 〈분홍신〉은 이 모든 클리셰들로 가득하다.

사실 모이라 시어러는 영화에 묘사된 발레계의 모습을 경멸했다. 그녀는 "모든 것이 미화되어 있고 비현실적이었다. 무용수와 안무가의 실제 작업을 보여주는 장면은 단 한 순간도 없었다"며 불평했다.[4] 발레 전문 무용수들을 캐스팅해 사실성을 높이긴 했으나 최종적으로 영화를 지배한 분위기는 다큐멘터리의 단조로움이 아닌 눈부신 매혹이었다. 시어러가 연기한 빅토리아 페이지—그녀의 불꽃 같은 빨간 머리, 앳된 얼굴, 자크 파트가 디자인한 진분홍색 이브닝드레스—는 수많은 여자아이들에게 낭만적인 감정을 불러일으키고 바트망 탄듀◆와 그랑바트망◆◆을 흉내 내게 했다.

영화는 철없고 유치한 아이들만이 아니라 어른들까지 꼼짝 못하게 만들었다. 무엇보다도 영화 중간에 유례없이 초현실적이고 너무나도 아름다운 '분홍신' 발레가 15분 동안 펼쳐졌기 때문이다. 판타지를 넘나드는 이 잊을 수 없는 시퀀스에 대해 알린 크로치는 이렇게 묘사했다. "절대로 일어날 수 없는 일들이 무대 위에서 일어날 것만 같았다."[5] 화가 R. B. 키타이는 "예술이 새로운 의미를 부여받은 듯했다"고 선언했고, 가수 케이트 부시는 〈분홍신〉의 테마로 앨범 전체를 채웠으며, 영화감독 마틴 스코세이지는 그 영화를 "압도적인 경험… 끊임없이 강박적으로 나를 끌어당기는 어떤 것"이라고 묘사했다. 스코세이지는 원작 복원을 위한 기금 마련에 앞장서 자기가 한 말을 입증했으며, 복원된 영화는 2009년 칸 영화제에서 처음 상영되었다.[6] 마이클 파월은 영화가 개봉된 지 거의 40년이 지난 시점에 자서전을 출간했는데, "오늘도 나는 그 영화가 자신의 인생을 뒤바꿔놓았다고 말하는 사람을 만났다"는 파월의 말은 결코 과장이 아니었다.[7]

—◦ ◦—

이 책의 첫 번째 증인으로 〈분홍신〉이 소환된 것은 다음과 같은

◆ 발끝이 바닥에서 떨어지지 않게 지면을 쓸면서 앞, 뒤, 옆으로 밀어내는 동작.
◆◆ 한쪽 다리를 고정하고 다른 쪽 다리를 공중으로 높게 차는 동작.

세르게이 파블로비치 댜길레프
(1872~1929).

이유에서다. 19세기 후반에는 오페라가 공연 예술에서 상상력과 창조력과 파급력이 가장 큰 분야였던 반면, 20세기 전반에는 영화와 더불어 발레가 가장 중요한 위치에 오르게 되었다는 주장에 〈분홍신〉이 도입부가 될 수 있기 때문이다.

발레의 부상은 전적으로 댜길레프가 주도한 현상이다. 그는 세련된 취향에 약간의 술책과 다양하고 폭넓은 경영 기술을 추가했다. 어떠한 원형이나 전범典範도 따르지 않았다. 많은 이들이 댜길레프를 모방했으며, 그들 중 몇몇은 이 책의 말미에 등장한다. 그의 이름이 여전히 대명사로 기능하며 위험을 감수하고 새로운 것을 추구하는 모험적인 예술 기획자들에게 널리 적용되고 있으나—이 책을 쓰는 동안 나는 한 신문이 맬컴 맥래런◆을 "펑크의 댜길레프"[8]라고 묘사한 걸 알게 되었다—그가 만들어낸 기록이나 영향권에 필적할 만한 사람은 어디에도 없다.

댜길레프는 어떻게 그 일을 해냈을까? 그는 지식인도, 이론가도 아니었고 창조적 재능을 지닌 인물도 아니었다. 아이디어는 거의 다 다른 사람에게서 가져온 것이었다. 심지어 어떤 이들은 그가 진정한 통찰력의 소유자가 아니라 기회주의자일 뿐이라고 비난했다. 이 말은 일면 사실이지만, 그는 결코 사기꾼이 아니었다. 그는 일단 시류에 편승하면 즉시 고삐를 빼앗아 손에 쥐었다. 또한 일정한 예산이나 이사회도 없이 사업을 하면서(주변에 상담역들이 있긴 했지만) 극장 흥행주 역할을 마치 신처럼 수행했다. 그의 천재성은 그야말로 실용적이었다. 필요한 인재를 발견해 불러들이고, 그들을 유능하게 만들고, 과실을 따먹었다. 그의 권위가 없었다면 어떤 일도 일어나지 않았을 것이다.

어쩌면 더 큰 맥락에서 댜길레프를 모더니즘에 운명을 건 투기꾼으로 분류하는 것이 도움이 될지도 모르겠다. 모더니즘 투기꾼이란 20세기 초 부모 세대의 신앙심과 아카데미 예술 체제에 반항한다는 의미로서 변두리에 있다고 할 수 있는 불안한 젊은 작가들, 화가들, 작곡가들에게 과감히 베팅을 한 판매상, 수집가, 후원자를 말한다. 대표적인 예로 세잔과 피카소의 그림을 취급한 앙부르아즈 볼라르, 입체파의 잠재성을 알아본 다니엘-헨리 칸바일러, 러시아에 마티스를 수입한 세르게이 슈킨, 제임스 조이스를 후원한 실비아 비치, 가족이 소유한 재봉틀 회사의 돈으로 스트라빈스키, 사티, 풀랑크에게 곡

◆ 섹스 피스톨스, 뉴욕 돌스 등 유명 펑크 록밴드와 뉴웨이브 밴드의 매니저로 이름을 날렸다.

을 의뢰한 프렝세스 드 폴리냐크(위나레타 싱어)가 있다.

댜길레프와 마찬가지로 이 모든 인물들이 규칙 파괴자들의 작품을 초기에 값싸게 매입한 뒤 때를 기다리고 대중의 욕구에 불을 지피면서 시장 가치를 끌어올렸다. 때로는 자신의 믿음에 속아 투자에 실패하기도 했지만, 그들은 직감에 따라 배짱 있게 도박을 했다. 그들이 아니었다면 천재들의 특별한 재능은 먼지가 되어 흩어졌을 것이다.

댜길레프의 초기 직업이 전시회를 기획하고 개최하는 일이었으니 어쩌면 그는 미술 판매상이 될 수도 있었다. 하지만 러시아 회화에는 충격을 주거나 마음을 사로잡을 잠재력이 없었다. 그가 가진 기가 막힌 수완은 발레에 그런 잠재력이 있음을 깨달은 것이었다. 그에게 발레는 성년기를 앞둔 유년기 사업이었다. 20세기 초에 발레는 빈사 상태에서 어린애처럼 다뤄지고 있었다. 당시에 발레는 파리 오페라하우스, 빈 오페라하우스, 상트페테르부르크의 마린스키 극장 같은 오래된 궁정 극장에서 가족 관람용으로 이것저것 채워 넣은 오락거리, 또는 버라이어티 극장에서 열리는 화려한 쇼의 한 부분으로 겨우 명맥을 이어가고 있었다. 이 여물지 않은 재료에서 댜길레프는 살아 있는 무언가를 만들 수 있는 가능성을 감지했다. 바로 의미 있는 내용을 갖추고, 최근에 발전한 미술과 오케스트라 음악을 흡수하고, 빅토리아 후기의 사회 해방에 동조할 수 있는 단막극을.

모든 것이 분명해진 오늘날, 니진스키의 《목신의 오후L'Après-midi d'un faune》, 마신의 《삼각모자Le Tricorne》, 니진스카의 《결혼Les Noces》, 발란신의 《아폴로Apollo》 같은 작품은 논란의 여지 없이 20세기 초 문화의 전환점으로서 피카소의 〈아비뇽의 처녀들〉, 쇤베르크의 〈달에 홀린 피에로〉, 프루스트의 『잃어버린 시간을 찾아서』 등과 어깨를 나란히 한다.

이 사실은 강조할 가치가 있다. 컬러 잡지, 라디오, 텔레비전으로 대중적인 루트가 열리기 이전 시대에 댜길레프가 의뢰한 것들은 스트라빈스키, 피카소, 모더니즘 운동의 혁신적인 작품을 알리는 주요 진열창 역할을 했고, 그와 동시에 후에 일어날 극예술 기법과 설치 미술의 혁명에 길을 터주었다. 하지만 훨씬 더 의미 있을지도 모르는 사실이 있다. 발레 뤼스는 남성성과 여성성이라는 전통적인 이분법에 도전했을 뿐 아니라 관객들 사이에 명백한 동성애적 하위문화를 조성하여 새로운 형태의 관능성을 제시했다. 여성들에게 코르셋을 버리고, 짧은 치마를 입고, 다리를 올리고, 뛰어오르고, 달리고, 돌고, 감정을 표현하는 도구이자 살아 있는 성적 도구인 몸 전체를 해방시키자는 권유는 급진적이었다. 심지어 테니스나 육상에서도 그런 자유는 허락되지 않았다. 우리가 자주 망각하는 사실이 있다. 1960년대까지도 여성들은 가슴부터 무릎까지 몸을 가리고 모자를 쓰지 않으면 어엿하게 거리를 걸어 다닐 수가 없었다.

발레의 호소력—발레와 나란히 인기가 오르던 영화의 호소력처럼—은 **움직임**, 다시 말해 움직일 때 보여지는 방식에 있었다. 바로 이 부분이 발레가 오페라보다 결정적으로 높이 평가받는 요소였다. 리하르트 바그너는 총체예술Gesamtkunstwerk, 즉 음악적, 시각적, 철학적 요소를 결합한 극예술 개념을 옹호했지만, 그가 창조한 어떤 것도 그것들의 이상적인 종합에는 이르지 못했다. 그의 오페라가 대단히 아름다운 소리를 들려주었을지는 몰라도 시각적으로는 생기가 부족했다. 극적으로 짜여진 어수선한 사건들 속에서 출연진들의 노래 실력은 경이로웠던 반면 그들의 연기는 가만히 서 있거나 우스꽝스러운 동작을 하는 등 삼류 배우 수준이었다. 무대는 좌우 양쪽에 틀을 세워 치밀한 리얼리즘 양식으로 채색한 배경막을 걸었고, 무언극용 특수 효과 장치를 사용했으며, 조명은 허술하기만 했다. 20세기의 젊은 정신은 더 밝고, 더 활기차고, 더 미묘한 것을 요구했다. 20세기 정신은 더 빨리 움직이는 어떤 것—자전거, 비행기, 자동차, 버스터 키튼과 찰리 채플린이 기가 막힌 타이밍에 갑자기 보여주는 슬랩스틱 연기—을 원했으며, 꼼꼼하게 짜 맞춘 케케묵은 리얼리즘을 의심할 줄 알았다. 발레 뤼스는 당연히 사람들의 기대에 부응했다.

—o o—

〈분홍신〉이 개봉되고 몇 해가 지나자 적어도 한 세대 동안 발레의 중심지였던 런던에서 서서히 퇴조의 기미가 나타나기 시작했다. 평론가 리처드 버클에 따르면 최초의 징후는 프레더릭 애슈턴이 안무하고 콘스턴트 램버트가 음악을 쓴 새로운 발레 《티레시아스Tiresias》가 실패로 끝난 1951년에 신문에서 벌어진 언쟁이었다. 연극 연출가 타이론 거스리는 『뉴스 클로니클』의 기사를 통해 이렇게 주장했다. "우리는 발레가 펼쳐 보이는 것들을 흡수해왔다. 하지만 이제 발레는 새로운 것을 보여주지 못하는 듯하다." 버클의 표현을 빌리자면 이 글은 "발레를 적대시하는 유행"을 불러일으켰다. 『이브닝 뉴스』에서 덩컨 해리슨은 "발레에 대한 사랑이 위험할 정도로 과잉은 아닌가"라고 물었다. 이에 질 새라 『일러스트레이티드 런던 뉴스』의 길버트 하딩도 "발레는 지루함이다"라고 선언했고, 뒤이어 앨런 덴트는 『뉴스 클로니클』에서 "우리가 발레를 조금은 지나치게 많이 보고 있는 건 아닐까?"라는 질문으로 다시 그 주제를 다루면서 이렇게 썼다. "성인이 발레를 너무 좋아하면 사탕을 마음대로 먹을 수 있는 아이처럼 잘 보채고 성미가 까다로운 응석받이가 된다."[9]

이러한 평이 기자들의 호들갑에 가까웠다면 수증기처럼 이내 증발했을 것이다. 그러나 이는 발레의 대중적인 이미지가 퇴색되고 있다는, 게다가 장기적으로 보면 고작 지루함 때문이 아닌 그보다 더 깊은 단층이 드러나고 있다는 조기 경고였다. 물론 모이라 시어러와 마고 폰테인 같은 매력적인 발레리나의 춤은 여전히 언론의 관심을 끌었다. 일례로 1960년대에 폰테인과 당시 선풍적인 인기를 누리던 루돌프 누레예프의 합동 공연은 엄청난 화제를 모았다. 하지만 더 강력한 몇몇 유행 때문에 발레는 세간의 이목을 집중시키는 문화적 지위를 잃고 무대의 가장자리로 밀려나고 있었다. 충성도 높은 상당수의 관객이 여전히 존재했지만 그들은 편견으로 인해 저지선이 그어져 있는 소수에 불과했다. 발레는 이미 성인의 관심에서 멀어지기 시작해 급기야 1963년에 영향력 있는 연극 평론가 케네스 타이넌은 폰테인과 누레예프의 《지젤Giselle》 공연을 본 뒤 직설적으로 이렇게 불평할 수 있었다. "영국에서 공연되는 발레는 내 지성을 모욕하고 내 깊은 감성을 건드리지 못한다."[10]

상황이 악화된 원인 중 하나는 예술이 기득권층에서 향유되기 시작하는 순간 발생하는 저주 때문이었다. 발레 뤼스는 늘 경이로웠고 솔직한 육체성과 대담한 미학적 도전이라는 면에서 기존의 경계를 넘어섰지만, 1940년대에 들어 그 경계가 사라지는 바람에 더 이상 충격을 줄 여지가 없었다. 이제 발레는 품위와 우아함을 추구하는 안전한 피난처로서 《지젤》《코펠리아Coppélia》《백조의 호수Swan Lake》《잠자는 숲속의 미녀The Sleeping Beauty》《호두까기 인형The Nutcracker》 같은 19세기 고전발레를 되풀이하면 된다는 생각이 자리 잡았다. 이 모든 작품이 붉은색 벨벳 커튼과 프로시니엄 아치◆ 사이에서 공손한 의례, 전통, 위계질서를 펼쳐 보이며 잃어버린 낙원을 상기시켰다. 객석은 힘들고 거칠고 사나운 세상에 등을 돌린 황홀한 표정의 귀부인과 그들의 새침한 딸들로 가득 찼다. 그들은 자신들이 순결한 하얀색 튈을 입은 백조와 요정이 되어 기사도를 뽐내며 공손하게 비위를 맞추는 호리호리한 왕자들의 사랑을 얻는 꿈을 꾸었다. 프랑스의 롤랑 프티, 영국의 케네스 맥밀런, 미국의 제롬 로빈스 같은 안무가들이 이런 동화 속 세상을 망가뜨리고 20세기 현실에 더 가까운 무언가를 만들어보려 했지만 어느 시점이 지나자 그들도 좌절했다. 대사도 없이 고전적인 기법의 범위 안에서 어디까지 해낼 수 있을까?

그와 동시에, 거의 역설적이게도, 발레는 스캔들이 되었다. 이 의심할 바 없이 완벽한 여성들(당시에는 그렇게 가정했다) 곁에 퇴폐적인 동성애자들이 모여 있다는 음모론이 퍼졌다. 1956년에 깐깐한 (남성) 평론가 A. H. 프랭크스는 이렇게 썼다. "남자 발레 무용수 사이에서 이러한 일탈이 놀랄 정도로 광범위하게 퍼져 있는 건 부인할 수 없

◆ 무대와 관객석 사이의 아치.

는 사실이다. 내가 알아낸 바로는 완전히 정상적인 젊은이가 발레단에 들어가서 변태가 된다고 한다. … 또한 몇몇 안무가와 권위자들은 타락한 성적 제안을 거절하는 젊은이에게는 기회를 주지 않는다고 들었다."[11] 이는 일종의 방향 전환이라고 볼 수 있다. 19세기의 발레는 오페라글라스로 군무를 추는 조숙한 10대 소녀들을 훔쳐보며 색을 탐하는 음탕한 남성들의 취미로 악명 높았기 때문이다. (이탈리아의 왕 비토리오 에마누엘레가 파리 오페라하우스를 방문했을 때 주변에서 나온 증언에 따르면 왕은 이 사람들이 춤을 출 때 속바지를 입지 않고 추는 것이 사실인가 하고 물었다. 그리고 한숨을 쉬며 이렇게 말했다. "만일 그렇다면 내 앞에 지상의 천국이 펼쳐질 텐데."[12]) 하지만 20세기 들어 여성이 스스럼없이 신체를 노출하게 되면서부터 바슬라프 니진스키와 세르주 리파르 등 카리스마 넘치는 남자 무용수의 에로틱한 신체를 숭배하는 경향이 강해졌다. 사후에 드러난 댜길레프의 성향, 그리고 정신병을 앓은 니진스키◆와 댜길레프의 "가까운 관계"가 결정적이었다. 법정이 아닌 신문에서 그런 관계를 공개적으로 논의한 건 처음이었다.

전후 시기 동안 영국과 특히 미국에서 발레는 동성애를 몰아내려는 거센 공격에 시달렸다. 오염으로부터 국가의 자산을 보호하는 가장 좋은 방법은 보이스카우트 같은 건강한 남성성을 양성하는 것이라는 우생학적 개념이 공격의 원동력이 되었다. 사람들은 이렇게 생각했다. "팬지들Pansies"◆◆은 싸우려 하지 않는다. 그들은 여자 같고 나

◆ 니진스키가 정신병을 앓은 시기는 발레계로부터 고립된 1919년, 스물아홉 살부터였다.
◆◆ 남자 동성애자를 가리키는 모욕적인 말.

약한 기질을 타고났다. 분칠을 하고 분홍색 타이츠를 입고 가랑이가 불룩한 남자들은 대중 매체의 음울한 넋두리와 조잡한 만화의 단골 주제가 되었다. 당신에게 추파를 던지는 깡마르고 소심한 약골은 한심한 존재들이다. 조심하라.

발레가 겉으로 표현되는 모든 모습에서 동성애자들을 자석처럼 끌어들였다는 건 부인할 수 없는 사실이며,[13] 이 책 곳곳에서 그런 사례들이 등장할 것이다. 존 드러먼드는 자신의 회고록에서 대표적인 예를 소개한다. 초라하고 왜소해서 디킨스 소설에 나올 법한 노인 몬티 모리스는 "비쩍 말랐고 극도로 여성적이었다."

> 그는 국세청 서기로 일했고 스위스 코티지 언덕 맞은편 벨사이즈 로드에 살았다. 그의 방은 연극 관련 수집품으로 가득했다. 그는 모든 것을 수집했고 작은 뒷방에는 신문, 잡지, 프로그램북이 산더미처럼 쌓여 분류를 기다리고 있었다. 그의 취미는 스크랩북을 만드는 것이었다. … 1960년대에 들어 그는 귀가 잘 들리지 않았지만 여전히 발레 공연이 열리는 곳이면 어디든지 베레모를 쓰고 푸른 눈을 번뜩이며 나타나 높고 날카로운 목소리로 격분이나 즐거움을 표출했다.[14]

하지만 실제 발레계는 그렇지 않았다. 종전부터 1960년대까지 서양 무대에 등장한 대다수의 남자 무용수—안드레 에글레프스키, 이고르 유스케비치, 에드워드 빌렐라, 마이클 소메스, 데이비드 블레어, 장 바빌레, 자크 당부아즈—는 결혼을 했고, (몇몇 사람을 제외하고) 확실한 이성애자였으며, 무대 위에서도 강인하고 남성적인 모습을 보여주었다. 그러나 애석하게도 키득거림은 멈추지 않았다. 남성이 발레를 구경하거나 발레에 참여하고자 하는 성향을 보이면 놀림과 의심이 쏟아졌고 그래서 많은 남자아이가 훈련을 받지 못했다(영화와 뮤지컬 〈빌리 엘리어트〉의 주제다). 이 낙인은 약해지고 있지만 슬프게도 여전히 존재한다.

러시아는 사정이 다르다. 러시아에서 춤추는 기술은 정확성, 체력, 강인함 같은 전사의 미덕을 보여주는 명예로운 능력이다. 볼쇼이 발레단의 남자 무용수와 붉은 군대 공연단의 남자 무용수는 별 차이가 없다. (영국에도 사교댄스를 중시하던 특이한 해군이 있었다. 해군 소장 '재키' 피셔(1841~1920)는 "춤에 대한 열정이 굉장했다. … 모든 이들이 춤을 춰야 했고 예외는 없었다. 파트너가 그의 높은 수준을 맞추지 못하거나 그의 속도를 따라오지 못할 경우를 대비해 그는 자신과 함께 춤출 준비가 되어 있는 해군 소위 후보생을 한두 명 데려갔다."15)

발레는 장식적이고 알맹이가 없고 분명 수상한 구석까지 있는 것으로 취급되어 밀려나고 있었다. 그와 동시에 발레가 낡은 군대 의식에 빠져 비례와 통일에 집착한다는 견해 또한 힘을 얻고 있었다. 왜 형식을 갖춰야 하는가? 왜 줄을 맞춰야 하는가? 새로운 세력은 이렇게 물으면서 토슈즈와 발레 바의 절대성에 부지런히 저항했다. 전후에는 다른 문화에 기원을 둔 무용학교가 많았으며 아프리카계 미국인 캐서린 던햄, 인도 카타칼리 춤의 대가 람 고팔, 집시 춤인 플라멩코의 왕 안토니오 등이 런던, 파리, 뉴욕에서 큰 반향을 불러일으켰다. 동네의 모든 댄스홀에서 라틴 댄스와 볼룸 댄스의 규칙과 예절이 물러나고 그 자리에 로큰롤의 소용돌이가 몰아치면서 트위스트, 자이브, 밥bop이 모든 곳을 점령했다. 당대의 문화는 갈수록 확대되는 신체의 자유와 개인의 표현에 마음을 빼앗겼는데 그러한 가치는 발레의 낡은 법칙과 대립하는 것처럼 보였다.

1950년대 뉴욕은 스스로를 대제사장으로 임명한 마사 그레이엄을 필두로 "현대 무용"을 이끌었다. 그레이엄의 무용단은 냉전 기간 내내 전 세계를 돌며 암묵적으로 미국의 자유를 홍보했다. 그녀는 긴장과 이완, 자연스러운 중력의 끌림이라는 아이디어를 바탕으로 안무한 장중하고 금욕적인 춤을 선보였다. 그 뒤로 1962년에 그리니치 빌리지의 한 침례교회에서 저드슨 댄스 시어터라는 훨씬 더 급진적인 단체가 탄생했다. 그중에서도 특히 트리샤 브라운, 이본 라이너, 스티브 팩스턴은 완전히 다른 포스트모더니즘 미학을 탐구했다. 음악의 구성 요소를 재정의한 존 케이지, 그리고 선禪 사상과 『주역周易』과 우연의 작용을 토대로 한 춤에 매혹된 머스 커닝햄을 필두로 한 저드슨 신봉자들은 인간의 기초적인 동작—걷기, 구부리기, 뛰어오르기, 달리기, 멈추기, 출발하기—을 바탕으로 유기적으로 결합하여 이른바 반反안무를 탄생시켰다. 이로써 춤은 음악과 맺고 있던 본질적인 관계에서 벗어나 즉흥성, 우연성, 자발성을 모두 품을 수 있었다. 이 방향을 추구하면서 저드슨은 발레를 버렸고 그 결과, 어떤 사람들이 말하기를, 현대 무용은 결코 발레 수준의 인기를 누리지 못했다.[16]

—o o—

〈분홍신〉에서 레르몬토프 발레단의 모델이기도 했던 댜길레프 모델은 고전발레 훈련을 받은 무용수들이 자애로운 독재자 밑에서 전 세계를 다니며 순회공연을 하는 것이었다. 이 무용단은 고전 작품과 새 작품을 섞은 레퍼토리를 공연하고, 개인의 후원과 박스 오피스 수익이라는 불안정한 재원에 의지했다. 1960년대가 되자 하루 벌어 하루 먹고사는 이런 하루살이식 원칙으로는 재정을 유지할 수가 없었다. 이제 정부 보조금이 필수 재원이 되었다. 유럽에서는 중앙 재무부 보조금으로, 미국에서는 기부자에게 세금을 감면해주는 형태로 보조금이 집행되었다. 더불어 이사회를 통해 더 많은 규제를 가하는 관리 방식을 도입해 댜길레프가 살아 있었다면 코웃음 치고 업신여겼을 엄격한 회계와 책임을 요구했다.

레닌그라드(현 상트페테르부르크)의 키로프(현 마린스키) 발레단, 밀라노의 라 스칼라 극장, 파리의 오페라하우스, 코펜하겐의 덴마크 왕립 극장 등 발레학교가 딸린 가장 권위 있는 발레 기관들은 국가에서 돈을 받았고, 공식적인 고급문화의 한 부분이 되었다. 그 결과 이들 발레 기관은 점차 경직되어갔다. 창조적인 힘은 확실히 런던과 뉴욕의 훨씬 더 젊은 두 발레단, 즉 로열 발레단(1956년까지는 새들러스 웰스 발레단)과 뉴욕 시티 발레단(1948년까지는 발레 소사이어티)에서 나왔다. 두 발레단에는 감사하게도 각 나라에 거주하는 위대한 안무가 프레더릭 애슈턴과 조지 발란신이 있었다. 두 사람 모두 1904년에 태어났고, 1920년대 중반부터 1970년대 후반까지 활동했다. (발란신은 1983년에 생을 마쳤고, 애슈턴은 그로부터 5년 후 눈을 감았다.) 후세는 이 두 거장을 철저히 연구해왔다. 그들이 발전시킨 발레단의 명성과 지위는 역사를 지배해왔다. 다만 여기서는 이에 대해 자세히 설명하거나 경의를 표하지 않을 것이다. 이 책은 그들의 업적보다는 더 장기적이고 폭넓은 관점으로 그들의 뿌리를 살펴볼 것이다. 그래도 몇 마디는 하고 넘어가야 한다.

발레 뤼스의 미학에 대한 애슈턴 및 발란신의 관계는 복잡했다. 그들은 발레 뤼스의 미학으로부터 성장했고 그로부터 멀어졌다. 더 나아가 그들은 발레 뤼스의 미학을 여러 면에서 통합하고 받아들이고 거부하고 초월했다. 이런 측면에서 보면 프로이트 계열의 문예 평론가 해럴드 블룸이 "영향 불안Anxiety of Influence"◆이라고 명명한 독특한 창조적 신경증의 사례가 될 수도 있을 것이다. 그 영향은 긍정적인 동시에 부정적이고, 창조적인 동시에 파괴적이다.

애슈턴은 과거에 대한 향수를 지닌 낭만주의자였다. 그는 자신의 시대로 나아가기보다 19세기를 돌아보았다. 애슈턴은 댜길레프의 안무가 중 한 명이자 자신의 스승인 브로니슬라바 니진스카를 존경했고 (애슈턴의 전기 작가 줄리 캐버나에 따르면) 그녀의 시학을 물려받았지만 섬세한 감정, 조용한 정신세계, 유머러스한 몸짓을 보면 그

◆ 1970년대 미국의 문학 평론가 헤럴드 블룸의 용어다. 블룸은 위대한 선배 시인들의 시적 성취에 대한 18세기 후배 시인들의 열패감을 설명하기 위해 오이디푸스 콤플렉스를 도입한다. 블룸에 따르면 밀튼 시대 이후 후배 시인은 강한 선배 시인에 대해 부자 관계에 놓이게 된다. 강한 아버지를 존경하면서도 완전히 독창적인 시인이 되고 싶은 욕망에 선배 시인이 선취한 업적을 의도적으로 왜곡하고 방어적으로 읽음으로써 자신의 창조성을 부각하게 되는데 이것을 영향에 대한 불안이라고 한다.

의 예술적 기질은 확실히 영국적이었다. 《실비아Sylvia》 《온딘Ondine》 《두 마리의 비둘기The Two Pigeons》 《고집쟁이 딸La Fille mal gardée》 같은 작품에서 애슈턴은 댜길레프가 경멸한 파리 오페라하우스의 기풍을 되살렸다. 그는 거창한 양식이나 멜로드라마의 표현법을 신뢰하지 않았으며 대신 예쁘장하고 소녀다운 표현에, 때로는 변덕스러운 결함에 마음을 쏟았다. 애슈턴은 뮤즈의 부드러운 속삭임을 들었고 순진함을 믿었다.[17]

반면 발란신은 복잡한 지식으로 가득했다. 차르 시대와 볼셰비키 러시아를 경험한 그는 유럽을 거쳐 민주주의 국가인 미국으로 이주했다. 따라서 많은 것이 뒤섞여 있었다! 상트페테르부르크에서 받은 교육으로 제국의 위풍과 장엄한 퍼레이드를 좋아하게 되었고, 후에는 댜길레프가 질색했던 할리우드와 브로드웨이의 요란스러운 분위기에도 똑같이 매혹되었다. 발란신은 몇몇 스타일에는 만족했지만 애슈턴의 미묘한 분위기와 감수성에는 별로 흥미를 느끼지 않았다. 그는 느낌보다는 형식을, 따뜻한 유머보다는 차가운 위트를 높이 평가했다. 발레는 복잡한 서사나 부차적인 관계를 전달할 수 없다는 의미에서 발란신은 이렇게 말했다. "발레에는 시어머니가 없다."

댜길레프의 발레 뤼스와 그 뒤를 이은 발레단의 원칙은 모든 감각을 탐닉하고 마음껏 표출하는 것이었다. 그렇기에 나이 든 세대는 발란신의 차갑고 명료한 안무를 비정하리만치 지적이라고 느꼈다. 이 판단은 불공평하지 않았다. 쇤베르크의 화성 이론에 보조를 맞춘 듯 발란신은 냉담한 본능을 통해 발레에서 과잉과 모호함을 벗겨내고 장식을 제거했으며 이를 통해 발레의 기본에 대한 경의를 되살렸다. 댜길레프가 바그너의 철학, 즉 모든 것을 포괄하는 총체예술을 추구했다면 발란신은 정반대로 발레를 깎고 연마함으로써 발레는 '음악에 맞춰 춤을 추는 것'이라는 기본을 드러냈다. 발란신은 기억할 만한 말을 남겼다. "음악을 보고, 춤을 들어라."《네 가지 기질The Four Temperaments》《아곤Agon》《스트라빈스키 바이올린 협주곡Stravinsky Violin Concerto》 등 일련의 완벽한 작품은 배경과 의상을 최소화한, 다시 말해 이 금지 명령을 충실히 수행한 것들이었다. 발레리나의 귀에 박힌 단추형 다이아몬드가 유일하게 용인된 장식이었다.[18]

애슈턴과 발란신의 걸작들은 발레의 마지막 위대한 시도였다. 두 거장이 죽자 남아 있던 불꽃마저 소멸했다. 400년 동안 이어져온 발레 예술의 역사를 남김없이 조사해 2010년에 발표한 최고의 연구서에서 제니퍼 호먼스는 발레는 "죽어가고" 있다는 비관적인 주장과 발레의 '쇠락'이 어떻게 '역전'될 수 있을지 모르겠다는 고백으로 글을 마무리했다.[19] 더 장기적인 관점에서 보면 발레는 시극詩劇과 비슷해 보일지 모른다. 시극은 17세기에 절정에 이르고 19세기까지 살아남았으며 20세기에 미약하게 부활했다.

하지만 오늘날 발레의 어휘가 모두 사라지고 그 기본 틀에서 피상적인 놀라움밖에 나오지 않음에도 불구하고 발레는 여전히 생명을 유지하고 있다. 규모가 서서히 줄어들고 전망이 갈수록 조심스러워지고 있지만 그럼에도 전통적인 형태의 발레단들이 가장 진보한 경제 체제에서 잘 생존하고 있다. 지난 50여 년 동안 무용수들은 물리요법과 스포츠 과학의 도움을 받아 그 어느 때보다 더 강하고 날씬한 몸을 유지하며 상당히 오랜 기간 활동한다. 백인 문화권에서 감소하고 있는 지원자 자리는 남아메리카와 동아시아에서 온 젊은 인재들로 채워지고 있다. 〈빌리 엘리어트〉나 〈블랙 스완〉 같은 영화는 〈분홍신〉보다 훨씬 더 공상적인 발레의 세계를 보여주며 관객들에게 충격을 선사했다. 케네스 맥밀런, 존 크랭코, 글렌 테틀리, 존 노이마이어, 이르지 킬리안, 알렉세이 라트만스키, 저스틴 펙, 크리스토퍼 휠든은 상대적으로 인습을 중시하는 경계 안에서 매력적이고 창조적이며 때로는 감동적인 작품을 지속적으로 생산하는 수많은 안무가 중 몇몇 사례에 불과하다.

발레의 한계를 뛰어넘어 모리스 베자르는 믿기 어려울 정도로 음란하고 볼거리가 풍성한 작품으로 유럽의 극장들을 가득 채웠으며, 고전발레를 흥미롭게 재창조한 매슈 본의 작품은 과거 같으면 버라이어티 극장을 채웠을 대규모 관객에게 즐거움을 선사했다. '발레 보이즈'처럼 남성으로만 구성된 무용단은 성 역할에 대한 의문을 불러일으켰고, 새로운 매체들은 익숙하지 않은 관객들에게 접근하는 통로가 되었다. 인도의 전통 춤을 전문으로 하는 안무가 쇼바나 제야싱과 아크람 칸은 서양 발레와 발전적인 대화를 나누고 있으며, 윌리엄 포사이스, 매츠 에크, 마크 모리스, 웨인 맥그레거, 마이클 클라크, 크리스털 파이트, 팸 타노위츠 같은 "현대 무용"의 안무가들 역시 고전적인 기법으로 저드슨이 남긴 단순성이 어떻게 풍부해질 수 있는지를 보여주었다. (피나 바우슈 역시 탁월하고 명성이 높은 이름이지만 발레와 깊은 관련이 전혀 없는 표현주의 운동에 속한다.) 그리고 해마다 모든 대륙에서 몇 편 안 되는 내러티브 발레◆—살균 처리를 하고 향수를 잔뜩 뿌린 동화나 로맨스 발레—가 상업적으로 공연되고 이

때마다 수십만 장의 표가 팔리면서 주로 여성으로 이루어진 보수적인 관객을 끌어들인다.

따라서 끝은 가까이 있지 않다. 비록 이 글을 쓰는 지금 우리는 2020년부터 3년 동안 코로나바이러스 팬데믹으로 예기치 않게 현장 공연이 증발했지만 말이다. 발레는 앞으로도 꾸준히 헌신적인 추종자들에 힘입어 무대에 오를 것이며, 대도시의 문화적 식단표에 자그마한 글씨로 인쇄되고 대중 매체에 조금씩 노출되면서 생태 지위를 유지할 것이다.

2장에서는 발레가 이전보다 훨씬 더 큰 야심을 품게 된 획기적 사건들을 이야기할 것이다. 발레가 세르게이 파블로비치 댜길레프라는 황제의 지휘하에 러시아 국경을 넘어 세계를 사로잡은 이야기다.

◆ 스토리가 있는 발레 작품을 말한다.

2장

뿌리

DIAGHILEV'S EMPIRE

상트페테르부르크를 힘차게 가르는 네바강과 찰스 디킨스의 떠들썩한 괴짜들을 기리는 의미로 젊은이들은 그들의 모임을 넵스키 픽윅키언Nevsky Pickwickians◆이라 불렀다. 이 작은 클럽의 구성원은 대부분 건성으로 법학을 공부한 동창생들인 중상류층 젊은이들로 그들은 본인들이 스포츠, 음주, 여색에 빠져 한숨밖에 나오지 않는 저속한 동년배들과는 다르다고 자부했다. 그들의 열정은 더 지적이었으며, 낭만과 심미적인 면에서 스스로를 개선하는 일에 전념했다.

그들은 의기양양하고 왁자지껄하면서도 러시아인 특유의 진지함을 잃지 않으면서 당대의 중요한 이슈, 예술의 미래, 철학적 난제, 과학의 발전 등을 논의했다. 정치는 경멸했지만 대화는 자유롭게 흘렀고 유쾌한 분위기가 이어졌으며 진실을 옹호할 때면 감정이 격앙되었다. 논쟁이 과격해질 때마다 작은 청동 방울을 흔들어 정숙을 요구하는 건 어리버리한 레프 로젠베르크의 임무였다. 이런 절차는 단 한 차례도 효과가 없었다. 다른 친구들은 비웃듯이 면박을 줬다. "닥쳐, 이 구닥다리 유대인."[1] 이런 인종차별적 언어가 아무렇지 않게 쓰이는 정감 어린 표현이었던 1890년대, 우리의 이야기는 바로 이 시기에 본격적으로 시작한다.

"우리의 취향이 형성되기 한참 전이었다." 그들 중 한 명은 나중에 이렇게 회고했다. "우리는 아주 많은 것에 열광했다. 인생은 아름다웠고, 온몸을 전율케 하는 새로운 발견들로 가득했다. 잠시 시간을 갖고 비판할 여유조차 없었다. 어떻게 비판해야 할지 알았다 해도 말이

◆ 찰스 디킨스의 『픽윅 클럽 여행기』에서.

다."[2] 그러나 이런 것들은 외국인 여행자가 쓴 보고서, 오케스트라 악보의 피아노 필사본,◆ 외국 잡지의 기사를 통해서만 경험할 수 있었다. 상트페테르부르크가 시대에 뒤떨어진 도시는 아니었지만 런던과 파리의 새로운 트렌드가 도착하기까지는 시간이 걸렸고, 지연과 거리의 문제로 인해 러시아인들은 그들만의 독특한 시각과 특별한 매력을 갖게 되었다.

러시아 인텔리겐치아들 중에서도 눈에 띄는 이 사교적인 네 명의 청년들은 발레 뤼스가 걸어온 역사에서 중요한 역할을 담당하게 될 것이다. 자연스럽게 클럽의 회장을 맡은 알렉산드르 브누아는 넷 중 가장 세련되고 박식한 세계주의자였다. 이름에서 알 수 있듯 그는 프랑스 혈통을 가진 사람이었다. 그의 할아버지는 1789년 프랑스 대혁명을 피해 러시아로 망명했고, 아버지는 존경받는 건축가였다. 앙시앵레짐◆◆ 시대의 베르사유 궁정 문화 이야기는 어린 알렉산드르의 상상력을 채워주었고 예쁘장한 로코코 양식과 상류 사회의 격식에 대한 선호를 남겼지만, 이에 맞먹는 동화와 초자연적인 세계의 매력 또한 똑같이 그를 매혹했다. 긴 생애 내내—1870년에 태어난 브누아는 1960년에 죽었다—그는 낭만적인 보수주의자로 남아 과거의 영광에 사로잡혀 근대의 얄팍한 혁신을 회의적인 시선으로 보았다. 브누아는 대단히 사랑스러운 사람이었던 것 같다. 성품이 다정하고 너그러웠으며 가정에 헌신적이었고 친구들에게 신의가 있었다. 브누아는

◆ 피아노 연주용으로 음악을 단순화해서 필사한 악보.

◆◆ 프랑스 혁명 때 타도의 대상이 된 정치, 경제, 사회의 구체제. 16세기 초부터 시작된 절대 왕정 시대의 체제를 가리킨다.

애정을 듬뿍 받았고, 클럽 내에서 지적 권위자로서 고집불통인 멤버들을 중재하는 리더로 여겨졌다.

고집 센 사람 중에 체구가 작고 말쑥한 발터 누벨이 있었다. 그는 거의 항상 시가를 물고 다녔다. 날카로운 지성에 꼼꼼함과 효율성까지 갖춘 음악 전문가 누벨은 자신의 견해에 대해 황소고집을 부렸고 때로는 지나치게 비판적이었다. 가무잡잡한 피부에 준수한 외모를 가진 드미트리(디마) 필로소포프는 의중을 읽기가 쉽지 않은 사람이었다. 그는 겉으로 보기에 그룹 내에서 가장 문학적이고 지적이었다. 간혹 조심스럽게 비꼬는 경우는 있었지만 터놓고 말을 하거나 생기 있게 반응하는 경우는 거의 없었는데 결국에는 모임에서 떨어져나가 슬라브 신비주의의 안개 속으로 사라졌다. 브누아의 친구 로젠베르크는 뒤늦게 합류했다. 조울증이 있고 근시에 머리털이 붉었으며 내심 비뚤어진 성적 취향을 감추고 있었던 그는 색채에 비범한 재능이 있었다. 그는 얼마 후 미술학도가 되었는데 그때 자신의 유대인 혈통을 위장하기 위해 레온 박스트로 개명했다.

묘하게 잘 어울리는 이 4인 그룹은 모두 시각예술에 능통했고, 옛 거장들Old Masters◆의 그림을 숭배했다. 그렇다고 혁신에 반대하는 반동주의자는 아니었다. 그들은 존 러스킨◆◆과 윌리엄 모리스◆◆◆ 그리고 미술공예운동Arts and Crafts Movement◆◆◆◆을 적어도 소문을 통해 잘

◆ 13~17세기 유럽의 대大 화가.

◆◆ 영국의 미술 평론가, 사회 사상가로 낭만주의 건축 발전에 큰 역할을 했다.

◆◆◆ 19세기 영국의 공예가이자 건축가, 디자이너, 시인, 사상가. 최초의 공예 운동가이자 디자인이라는 분야의 기초를 다진 인물로 19세기에 일상과 함께하는 공예를 주창하며 미술공예운동을 주도했다.

알고 있었다. 또한 니체의 사상과 입센의 리얼리즘 극에 정통했고, 리하르트 바그너라는 인물을 경모했으며, 바이로이트 축제◆에 가보길 간절히 원했다. 바이로이트는 교양 있는 모든 젊은이들이 가고 싶어 하는 꿈의 휴가지였다.

다만 브누아와 누벨에게는 더 희귀하지만 저속한 열정이 있었다. 바로 발레였다. 유럽 다른 나라의 또래들에게 발레는 도저히 이해가 불가능한 취미였다. 발레는 독립된 예술 형식으로 인정받지 못했을 뿐 아니라, 이루 말할 수 없이 어리석으며, 발레의 유일한 목적은 짧은 치마 아래로 쭉 뻗은 젊은 여성의 다리에 흥분한 음탕한 노신사들의 에로틱한 환상을 채워주는 것이라고 여겨졌다. 춤은 그저 틀에 박힌 동작이고, 줄거리로 말하자면 이국적인 배경에 유치하기 짝이 없는 무언극이라서 극적인 통일성이나 감정의 깊이는 찾아볼 수 없었다. 기껏해야 발레는 묵직한 그랜드 오페라에서 긴장을 풀어주는 역할밖에 하지 못했다. 1530년 재세례파의 폭동에 초점을 맞춘 마이어베어의 오페라 〈예언자〉에서 3막이 시작되기 전에 흥겨운 스케이팅으로 막간의 여흥을 제공하는 것처럼 말이다. 간단히 말해, 발레는 지적인 만족도 미학적 가치도 없었다.

하지만 항상 그랬던 건 아니었다. 발레와 가장 밀접한 관련이 있는 예술 형식인 오페라와 마찬가지로 극발레 역시 (고도로 양식화된

◆◆◆◆ 19세기 중반에 영국에서 일어난 운동으로 산업화된 생산 방식과 도시화된 삶의 방식에 반대하여 수공예 중심의 육체노동을 통한 자급자족의 삶을 이상으로 삼았다.

◆ 매년 여름 독일 바이로이트의 축제 극장에서 개최되는 음악제. 리하르트 바그너의 오페라들이 공연된다.

무언극이라는 대단히 잘 갖춰진 형식을 창조해낸) 르네상스의 궁정 문화에서 탄생했고, 따라서 프랑스와 이탈리아의 우아한 몸짓과 기품 있는 태도를 바탕에 두고 있었다. 이러한 요소를 토대로 밀라노의 안무가 카를로 블라시스는 이론을 발전시키고 역사와 동작의 어휘를 정립해 1830년에 『무용술』이라는 제목의 이론서를 몇 개 나라의 언어로 발표했다. 고전주의 조각의 미학에 따라 몸 선의 순수성을 규정하고 기술 훈련법을 구체적으로 명기한 이 책은 19세기가 다 가도록 발레 교육 및 철학의 기초로 남아 있었다.

1830년대에서 1840년대까지 발레는 한동안 세상의 이목을 끌었다. 잇따라 등장한 선구적인 여성 무용수들이 유럽의 오페라하우스들을 매료시켰다. 무용수들은 천을 겹쳐 만든 길고 새하얀 튈(탈라탄이라고도 부른다) 치마를 입고 실체 없는 그림자처럼 지상의 연인을 따라다니는 처녀를 연기했다. 무엇보다 충격적인 건 점프였다. 땅을 차고 올라 하늘을 나는 듯한 능력은 그들을 신화적 존재로 만들었다. 파리, 밀라노, 런던, 상트페테르부르크에서 갈채를 받은 대표적인 무용수로 스웨덴-이탈리아계의 마리 탈리오니를 꼽을 수 있다. 《라 실피드La Sylphide》에서 탈리오니는 발끝으로 사뿐사뿐 돌아다니고 나비처럼 날아올랐는데, 이 기술은 새틴 슈즈의 끝을 솜뭉치로 막은 덕분에 가능했다. 곧 카를로타 그리지를 비롯한 몇몇 무용수가 《지젤》에서 이 혁신적인 방법을 따라 했다. 《지젤》은 프랑스 순수문학의 1인자이자 발레 애호가인 테오필 고티에가 공동 집필한 으스스한 각본의 발레였다. 파니 엘슬러로 대표되는 공기같이 가벼운 천상의 요정들과 대조적으로 파니 체리토와 루실 그란은 무대 위에서 더 열정적이고 세속적인 개성—스페인 아가씨, 베네치아의 매춘부, 도적질하는 집시 등—을 선보였다.

무용수 모두에 홀딱 반해 열렬한 신봉자가 된 당시의 젊은 사내들과 멋쟁이들은 그녀들의 우열을 비교하며 격전을 벌였다. 파리 남성들은 사랑스러운 탈리오니의 새틴 슈즈에 샴페인을 따라 마실 특권을 차지하기 위해 밀치락달치락 실랑이했고, 러시아의 어떤 얼간이는 발레와 관련된 또 다른 페티시즘적인 물건을 뭉근한 불에 끓인 뒤 그 국물을 탈리올리니 소스라 부르며 물건에 뿌린 다음 잘근잘근 씹었다. 옥스퍼드 베일리얼 대학에 다니는 뚱뚱하고 쾌활한 학부생 W. G. 워드(후에 유명한 가톨릭 신학자가 되었다)는 자기 방에서 사람을 홀리는 탈리오니의 환상적인 피루엣◆과 우아한 부레◆◆를 우스꽝스럽게 흉내 내 친구들을 즐겁게 해주었다.[3]

이 유행은 깊게 뿌리내리지 못하고 세기 중반에 사라졌다. 다음 세대의 스타들은 덜 밝게 빛났다. 줄거리는 말도 안 되게 지루해졌다. 1864년에 찰스 디킨스는 자신의 잡지 『올 더 이어 라운드』에서 "발레는 완전히 잊혔다"고 말했다. 어쩌면 저널리스트의 과장일 수도 있지만 1880년대가 되자 발레는 윤기 없이 바짝 마른 것처럼 보였다. 가난하고 쭈글쭈글한 마담 탈리오니도 마찬가지였다. 한때 축배의 대상이었던 그녀는 귀족의 딸들에게 인사법을 가르치는 교사로 전락했다. 런던에서 "진지한" 발레로 저녁 공연을 기획하는 건 어불성설이었다. 무용수들은 오페라에서 들러리 역을 하는 것 외에는 주로 뮤직홀

◆ 한쪽 발로 서서 빠르게 도는 동작.
◆◆ 발을 잘게 디디며 이동하는 동작.

공연에서 마술과 스탠드업 코미디의 막간에 나와 신나게 뛰어다니며 시간을 메웠다.

발레단에서 비참하게 생활하는 여성들이 형편없는 임금을 보충하기 위해 매춘을 한다는 추문이 타블로이드판 신문에 실리는 것도 발레의 명성에 도움이 되지 않았다. 파리에서 이 취약한 생명체들이 무대 뒤 발레 대기실 통행권을 가진 말쑥한 젊은이들에게 기꺼이 팔리고자 한다는 사실은 일부 고지식한 사람들에게만 놀랄 일이었다. 여자들은 무엇을 내놓아야 할지 알았고, 생각이 있는 사람이라면 누구도 무용수들이 추는 춤은 물론이고 춤의 수준에는 관심을 두지 않았다. 운이 좋은 몇몇은 귀족의 "보호"를 받기도 했다(결혼이 금방 깨지기는 했지만 탈리오니는 브와장 백작 부인이 되었다).

마침내 밀라노에서 중요한 사건이 일어났다. 1881년 라 스칼라 극장에서 말 그대로 모든 사람들의 눈이 휘둥그레질 만한 블록버스터급의 화려한 쇼《엑셀시오르Excelsior》가 초연되었다. 대담한 제작자 루이지 만초티는 버스비 버클리◆에 버금가는 재능으로 무용수들을 조직하고 배치해 다양한 선과 패턴을 만들어냈다.《엑셀시오르》는 연기하기가 쉬웠고(감독이 대규모 참가자들에게 요구한 기술은 연병장 사열 정도의 수준이었다), 공연의 효과는 주로 공연자의 수와 규칙적으로 변하는 화려한 배경에서 나왔다. 전에는 어디서나 쉽게 볼 수 있는 그림 같은 무언극과 우아한 목가적인 작품이 주를 이루었다면, 이 공연은 당대의 현실을 강하게 반영했다. 어둠과 빛의 정령들이 전투

◆ 브로드웨이의 안무가 겸 연출가. 할리우드에 진출하여 뮤지컬 영화를 제작했다.

를 벌인다는 구도 안에서 《엑셀시오르》는 일련의 살아 있는 타블로◆로 당당하고 거침없는 문명의 행진을 상징적으로 나타냈다. 특히 문명의 행진은 브루클린 다리, 수에즈 운하, 몽스니 터널 같은 당대의 경이를 배경막에 그리거나 파노라마로 펼쳐지는 방식으로 표현했다. 우리 시대의 히트 뮤지컬처럼 《엑셀시오르》도 1차 대전이 일어나기 전까지 유럽을 순회하며 대중의 취향에 깊은 영향을 끼쳤다. 예를 들어 런던에서 이 쇼는 웨스트엔드 지구에 있는 주요 버라이어티 극장 두 곳, 즉 알람브라 극장과 엠파이어 극장의 모델이 되었다. 이 극장에서 공연한 고예산의 "최신 발레"—예컨대 《영국의 스포츠The Sports of England》(크리켓, 폴로, 더비 경마 등), 《우리 육군과 해군Our Army and Navy》, 《시카고Chicago》(1893년 세계박람회 풍경)—는 주요 관광 자원이자 돈벌이 수단이 되었다.

유럽에서 밀라노는 무용수의 원천이기도 했다. 라 스칼라 극장에 딸린 발레학교에서 카를로 블라시스의 원칙을 충실히 따르는 선생들이 눈부신 기량을 갖춘 발레리나를 꾸준히 배출해 높은 수익을 올리는 국제적인 경력을 쌓아가도록 했기 때문이다. 탈리오니 세대의 부드럽고 여성적인 호소력과 달리 그들의 성공 비결은 발끝으로 서서 빠르게 회전하는 뛰어난 능력이었다. 한 다리로 선 채 다른 다리를 차면서 도는 푸에테는 곧 평범한 기술이 되어 32회 연속 푸에테◆◆가 명시되기에 이르렀다(《백조의 호수》 3막 중 파드되◆◆◆에 이은 코다◆◆◆◆에서처럼). 알람브라 극장이나 엠파이어 극장 또는 파리의 대극장인

◆ 인상적인 장면, 또는 그것을 찍은 사진.

에덴 극장에서 이 기능을 보유한 무용수는 사랑스럽게 미소 짓고 긴 다리를 한껏 드러내며 인간 팽이처럼 돌았고, 그 대가로 상당한 보수와 큰 갈채를 받았다.[4]

하지만 밀라노의 발레리나들은 다른 어느 도시보다도 상트페테르부르크에서 더 큰 매력을 발휘하며 더 높은 보수를 받았다. 상트페테르부르크는 언제나 값비싼 서양 수입품으로 도시의 문화를 채워나갔다. 그들 중 가장 중요한 발레리나는 비르지니아 추키였다. 블라시스의 제자인 추키는 유럽의 모든 도시를 순회한 뒤 1880년대 중반에 상트페테르부르크에 도착했다. 치정 사건으로 차르의 미움을 사서 추방되기 전까지 세 시즌 동안 그녀는 황제가 소유한 마린스키 극장의 무대를 지배하고 발레 예술의 가능성을 하찮은 몸짓 이상으로 끌어올렸다. 그녀를 돋보이게 한 것은 신체적 기량이 아닌 생동감 있는 연기였다. 상당히 지루하고 무미건조한 대목에서도 그녀는 진심을 담아 절박하게 연기해 진실한 감정을 전달할 수 있었다. 발레 무용수들은 추키를 본보기로 삼았고, 그녀가 무대 출입구에서 모습을 드러낼 때 브누아와 누벨 같은 10대 팬들은 그녀가 밟고 지나갈 수 있도록 코트를 벗어 바닥에 깔았다.

러시아에서 발레는 정치적으로 민감한 제도였다. 차르의 개인 소유였던 마린스키 극장—모스크바에 있는 자매 극장처럼 처음에는 볼쇼이 극장이라 불렸다—은 궁정의 직속 기관으로서 직접적인 관리

◆◆ 흑조 오딜의 32회전 푸에테를 가리킨다.

◆◆◆ 발레에서 두 사람이 추는 춤.

◆◆◆◆ 두 사람이 번갈아 빠른 템포로 추는 춤.

를 받았다. 이 정도로 절대적인 직접 통제는 긍정적인 영향과 부정적인 영향 모두를 가져왔다. 러시아에서 발레는 런던과 파리에서는 꿈꿀 수조차 없는 엄청난 위엄을 누렸다. 국가 지원금이 넘쳐났기 때문에 그 누구도 박스 오피스 수익을 걱정하지 않았다. 극장은 높은 수준을 엄격하게 유지했고, 무용수는 자신의 탁월함과 성실함에서 나온, 치열하고 거의 획일적이기까지 한 자신감을 동기 부여의 원천으로 삼았다. 하지만 무용수를 길러내는 학교에서 가르치는 교과 과정은 융통성이라고는 없이 경직되어 있었다. 황실의 기호와 편견을 깨거나 이에 도전하기란 불가능했다. 제도 전체가 무기력했다. 서양에서 발레를 타락시킨 저속함과 불명예스러움 같은 건 없었다 해도 유리 상자 안에서 관습과 의례를 따라야만 했으니 러시아 발레는 자유주의 사상이 떠오르는 시대에 낡은 구질서에 결박된 꼴이었다.

러시아에서는 유지되고 있었지만 다른 곳에서는 완전히 사라진 중요한 전통이 있었다. 바로 발레의 남성성이었다. 런던에서 남성 무용수는 오래전부터 무의미하다고 여겨졌다. 남성은 노인 또는 익살스러운 인물을 연기한다든가 공중제비 곡예를 선보이곤 했지만 "여자 주인공을 구하거나 군대를 지휘하거나 로맨스를 주도하거나 유혹을 계획하는" 잘생긴 왕자나 씩씩한 청혼자 역은 남자 복장을 한 여성이 맡았다. 무언극에서 여성이 소년 주인공 역을 맡아왔던 방식을 그대로 따른 것이다.[5] 파리에서도 남자 무용수는 발레리나를 들어 나르거나 강렬한 장면의 엑스트라 또는 나이 든 귀족을 연기하는 건 괜찮지만 그 이상은 용인되지 않았다. 1891년 파리 오페라하우스 예산에 관한 의회 토론에서 재치 있는 한 의원은 남자 무용수를 버스 기사로

대체하고 기사 임금을 주면 돈을 절약할 수 있을 거라고 말했다.[6]

반면 상트페테르부르크에서는 혈기왕성한 남자 무용수들이 타이츠를 입고 자유롭게 춤을 췄다. 이 전통의 뿌리 중 일부는 검술과 군사 훈련 등 군대 문화에서 춤이 수행한 역할에 맞닿아 있었다. (『전쟁과 평화』에서 톨스토이는 훌륭한 증거를 제시한다. 한 장면에서 경기병인 데니소프는 마주르카를 멋지게 춰서 나타샤의 감탄을 자아냈다.) 발레리노는 발레리나에 비해 전혀 주목을 받지 못했는데 오히려 이것이 상당한 노력과 예술적 성과로 이어졌을 것이다.

물론 남성은 다른 측면, 특히 객석에서 강한 영향력을 행사했다. 상트페테르부르크에서 발레는 남성 전문가 집단의 손에 달려 있었다. 완강하고 보수적인 취향의 판단자인 이 집단은 디테일을 엄밀히 따지고 아는 것도 상당히 많았지만, 어떤 면에서는 단순한 관음증 환자에 불과했다. "러시아 제국에서 발레트망은 육군이나 해군 또는 외교관에 버금가는 명백히 품위 있는 경력을 배경으로 둔 사람이었다. 이러저러한 망명자가 자신의 사회적 가치를 설명하고 싶다면 주변 사람들에게 자기 부친이 위대한 장군이나 위대한 정치가였다고 말하거나 이도 저도 아닐 땐 대단한 발레트망이었다고 말한다."[7] 아나톨 추호이는 이렇게 말했다. "러시아의 발레토미니아는 그 자체로 계급이었다. 서로 긴밀히 연결되어 있으며 정치와 예술적 취향 면에서 가장 보수적이었던 이 집단은 발레를 그들의 사적 영역으로 여기고 극장 안에서나 밖에서나 그들의 지위를 조금이라도 흔들 만한 것이 있다면 몹시 분개했다."[8] 마린스키 극장에서 오랜 세월 연출가 직을 역임한 개혁주의자 블라디미르 텔랴콥스키는 회고록에서 그들의 지독하게 불쾌한 태도와 거만한 행동 때문에 얼마나 힘들었는지를 묘사했다. 아직도 고급문화의 전당에서 너무나 익숙하게 벌어지는 일들이다.

> 그들은 … 평범한 사람들과 평이한 발레 애호가들이 모이는 흡연실에는 가지 않았다. 휴식 시간이 되면 극장 경찰부장의 서재에 모여 서성이거나 … 심지어 책상이나 창틀 위에 앉았다. … 이렇게 모인 발레트망들은 보통 아주 큰 소리로 대화했다. … 대화는 대개 방금 본 동작에 대한 분석으로 시작되었고, 예외 없이 여자 무용수들에 관한 토론이 이어졌다. … 무용수의 다리와 발(크기와 형태), 어깨, 허리, 몸매, 얼굴, 미소, 팔을 접는 방식, 스텝이 끝났을 때의 균형, 자제력, 자신감 등을 하나하나 감정했다.
>
> 무용수 감정을 마치면 발레의 경영 관리로 넘어갔고, 여기에는 극장 관리와 연출가까지 포함되었다. … 기질과 신념이라는 면에서 그들은 군주제 지지자였다. 그들은 지나간 시대와 상상으로만 존재하는 전통에 집착했다. 사실상 진부한 일상에 집착하는 광신도들이었다. 과학과 예술에는 관심이 거의 없었고 그에 대한 이해는 더욱 일천했다. 특히 새로운 음악과 회화에 관해서는 완전히 무지했다.[9]

궁정은 물론이고 언론과도 긴밀하게 연결된 그들은 1층 앞자리를 그들의 전용석으로 삼고 오페라글라스 뒤에서 독수리 같은 눈을 번뜩였다. 구레나룻을 기른 이 막강한 노신사 무리—블라디미르 아르구틴스키 공, 니콜라이 베조브라조프 장군, 세르게이 니콜라예비치 후데코프, 콘스탄틴 아폴로노비치 샤콥스키—는 그들의 견해를 알렸을 뿐만 아니라 그들이 평판, 승진, 해고에 개입한다는 느낌을 주었다. 바로 이들이 최초의 진정한 발레트망이라 할 수 있다. 선한 세력과는 거리가 멀었지만 말이다.

그들이 극장의 맨 앞자리를 점거했다면 박스석의 가장 중요한 자리는 상류 계층, 즉 왕족과 귀족을 포함한 고급 클럽 회원들과 사교계 인사들이 점유했다. 상인 계층이나 어쩌다 찾아오는 사람을 위한 자리는 거의 없었다. 그런 부르주아지 계층은 우연이라도 발레를 접하거나 감상할 기회가 없었으니 공연 티켓을 사는 데 돈을 쓰지 않았을 것이다. 하지만 가장 싼 꼭대기 관람석에는 약 200명의 젊은 지식인이 꽉 들어찼다. 대부분이 남성이었는데 이 중에는 넵스키 픽윅키언의 일원인 브누아와 누벨이 있었다. 절반 이상이 학생이었지만 "수많은 정부 부서와 기타 행정 관청에서 일하는 공무원, 은행과 사무소 직원"이 있었고 "여기저기에 우리 학생들이 비밀경찰이라고 의심한 정체불명의 30대 남자들이 흩어져 있었다."[10]

앞자리를 차지한 강경파 못지않게 열정적이고 박식하면서도 발레를 의례적인 구경거리 이상의 것으로 그려볼 준비가 되어 있었던 이 젊은이들은 발레의 미래를 위한 열쇠를 쥐고 있었다. 그들은 무엇을 보고 있는가? 왜 그토록 매료되었는가? 누가 무대를 지휘하는가?

세기 중반부터 창작의 영역을 지배한 인물은 1818년 프랑스의 무용가 집안에서 태어난 마리우스 프티파였다. 그 자신도 꽤 유명한 무용수였던 프티파는 눈부시게 황홀한 발레리나 파니 엘슬러의 호위 자격으로 1847년 상트페테르부르크에 도착했다. 유럽에서 발레가 쇠퇴하고 있음을 인식한 그는 러시아에 남아 안무가 또는 당시에 "발레

마스터"라로 불린 전문가로서의 재능을 펼치기로 결심했다.[11] 프티파는 간단한 프랑스식 러시아어 이상을 구사하지 못했음에도 그 후 같은 나라에서 온 이민자 쥘 페로와 아르튀르 생레옹을 쫓아내고 20세기가 들어설 때까지 제국의 발레를 지배했다. 그는 좋은 사람과는 거리가 멀었다. 원한이 가득 담긴 엉성한 그의 회고록은 확실히 화가 잔뜩 난 어조로 쓰여 있다. 자화자찬을 늘어놓은 건 말할 것도 없다. 그는 바람둥이인 데다 나이가 들수록 더 괴팍해져 모두가 그를 별로 좋아하지 않았다. 하지만 자기 분야에서 그는 대가의 자리를 지키며 꾸준히 작품을 생산하고 세상의 요구에 언제든 부응했다.

프티파가 공식에 의존했다고 평가한다면 부당할 수도 있겠지만 현존하는 그의 작품들을 보면 하나의 형판이 떠오른다. 첫째, 그림책에 나올 법한 이국적인 배경과 러브스토리, 대조적인 분위기를 연출할 수 있는 4막 구성, 꿈같은 환상이나 초자연적인 힘의 도입이다. 둘째, 발끝으로 춤을 추는 주인공 발레리나가 장엄한 서정성과 현란한 기교를 번갈아 보여주고, 스스로를 낮추며 그녀를 극진하게 찬미하는 남성이 보조 역할을 맡는다. 셋째, 연인들의 성대한 파드되가 펼쳐지는데 느린 도입부에 이어 두 무용수의 솔로와 박수갈채를 이끌어내는 점프와 턴이 특징인 빠른 코다가 이어진다. 넷째, 조연들이 짧지만 기술적으로 어려운 솔로를 춘다. 다섯째, 발라빌레라고 알려진, 대칭적이고 조화로운 대규모 군무를 통해 즐거운 감정을 불러일으킨다(이 춤은 군사 훈련에 버금가는 정밀한 수행이 요구된다). 이 모든 요소가 1862년 《파라오의 딸La Fille du pharaon》에서 1898년 《라이몬다Raymonda》까지 모든 작품을 관통했으며, 거의 어떤 변화도 없이 적용된 프티파의 트레이드마크였다. 프티파는 안무를 일종의 유동 건축◆으로 만들었다. 프로시니엄 아치의 틀 안으로 삼차원적 조망이 가능한 무대 위에서 무용수들이 복잡하고 화려한 작전을 수행하며 움직였는데, 이는 페이퍼 마셰papier-mâché◆◆로 만든 장난감 병정들을 전쟁에 투입하고 보드 위에서 전술적으로 이동시키는 것과 흡사했다.

프티파의 양식은 본래 그가 프랑스에서 우아하고 고상한 궁정의 어휘로 교육받은 결과라고 할 수 있다. 이는 접은 팔을 천천히 펴는 동작, 자랑스럽게 치켜든 머리, 고양이처럼 유연한 목과 어깨에 토대를 두고 있다. 하지만 다른 한편으로 이탈리아 무용수의 예리하고 현란한 각도가 접목되었고, 종 모양의 짧은 치마로 여성의 다리를 더 많이 드러냈으며, 더욱 튼튼하게 막힌 슈즈를 도입해 특히 강하고 빠른 턴을 할 수 있었다. 그의 양식과 관련하여 우리는 얼마간 어림짐작을 해볼 수 있다. 프티파의 작품은 대부분 정확하게 기록되지 못하고 사라졌거나 개악된 채로 전해졌지만 몇 가지 중요한 기법은 살아남았기 때문이다. 일례로 《라 바야데르La Bayadère》◆◆◆(1877)의 "그림자" 군무에서는 동일한 새하얀 튀튀를 입은 유령 같은 소녀들이 긴 줄을 이뤄 순결한 아라베스크◆◆◆◆ 동작을 수행하면서 램프를 따라 한 걸음씩 내려온다. 이 장면에서 무대 위에서 희미하게 빛나는 완벽한 대형을

◆ 필요에 따라 기본 요소를 재배치해서 새로운 공간을 만들 수 있는 건축.

◆◆ 체 위에 종이를 여러 겹 붙여 말린 후 물체에서 떼어내 물체와 같은 형태의 종이 모형을 만드는 공예 기법.

◆◆◆ 힌두사원의 무희란 뜻이다.

◆◆◆◆ 한 다리로 서서 밸런스를 잡고 다른 다리는 뒤로 완전히 뻗어 올린 자세. 상체를 펼치고 두 팔을 끝까지 뻗어 최대한 우아하고 긴 선을 만든다.

차근차근 완성하는데, 이 의식은 단순하기 이를 데 없지만 더없이 황홀하게 무한한 존재를 연상시키는 시각적인 주문이었다.

논리적 사실성이나 일관성 있는 이야기는 결코 프티파의 강점이 아니었다. 그의 발레는 거의 대부분 줄거리가 공허했다. 또한 음악이 삼류라는 약점도 있었다. 리듬의 강약이 두드러지고 선율도 놀랍도록 아름답지만 곡마장 분위기를 연상시키는, 말하자면 통속적인 작곡가가 엄밀한 규칙에 따라 생산한 음악이었다. 하지만 프티파는 실험에 목말라하거나 안달하지 않았다. 대중의 취향을 뒤흔들거나 심지어 교육하겠다는 욕망이 전혀 없었다. 그의 목표는 오직 하나, 청중의 즐거움이었다.

프티파는 딱 한 번 수준을 높이기 위해 노력했는데, 그 결과물은 지금도 고전발레의 최고봉으로 인정받는다. 1890년에 초연된 《잠자는 숲속의 미녀Spyashchaya krasavitsa》는 17세기 프랑스 작가 샤를 페로의 동화 『잠자는 숲속의 미녀La Belle au bois dormant』에 기초한 작품이다. 말도 안 되는 이전의 각본들과 달리 《잠자는 숲속의 미녀》는 단순명료한 이야기와 역사적으로 정확한 디테일의 모범이었다. 판타지였지만 이 각본은 우스꽝스럽지 않았다.

배경으로는 절대적이면서도 자비로운 (비록 무기력하지만) 왕의 궁정을 묘사함으로써 차르에게 암묵적인 경의를 표했다. 16세기의 전성기 르네상스와 루이 14세 시대의 바로크 고전주의의 타블로가 펼쳐지고 베르사유 궁정의 행사와 물품들이 정확하게 재현되어 있었다. 하지만 무언극의 현실 도피성을 선호하는 대중의 취향에 호소했고, 선한 세력(라일락 요정)과 악한 세력(카라보스 요정)의 싸움에서는 당시에 인기몰이를 하던 《엑셀시오르》의 특징을 모방했다. 한 에피소드에서는 롤링 파노라마 기법으로 그림엽서 같은 풍경을 차례로 펼쳐 보여 현기증이 날 만큼 풍성한 시각적 결과물을 만들어냈다. 발레단에 소속된 배경 화가들이 모든 배경을 그리고 제작했으며, 출연한 무용수는 200명이 넘었고, 배경에 참가한 어린이들과 기타 출연자의 수도 어마어마했다.

《잠자는 숲속의 미녀》는 발레의 신기원을 이룬 작품은 아니었다. 질서, 위계, 복종의 이데올로기가 지배하는 미학적 언어를 순수하게 표명했으니 혁명적이라기보다 보수적이었다. 그러한 틀 안에서 프티파는 항상 해오던 것을 되풀이했다. 그의 관습적인 서사를 꾸며줄 춤을 고안하고, 이탈리아에서 초빙한 발레리나 카를로타 브리안차를

1890년 마린스키 극장에서 초연한 《잠자는 숲속의 미녀》 출연진. 가운데 여성이 주인공 오로라 공주 역을 맡은 카를로타 브리안차이다.

위해 다양한 모습으로 변하는 주인공 오로라 공주—1막에서는 10대 소녀처럼 반짝거리고, 2막에서는 베일에 싸여 신비하고, 3막에서는 더없이 당당하고 우아한 인물—를 창조한 것이다.

이 작품의 수준을 끌어올리고 프티파의 창작욕을 자극한 것은 그가 한 번도 접해보지 못했던 풍부하고 섬세한 음악이었다. 작곡가는 당시에 명성과 능력이 정점에 이른 차이콥스키였다(그의 다음 작품이 오페라의 걸작 〈스페이드의 여왕〉이었다). 발레 음악을 쓰는 일은 다소 저급하게 보일 수 있었지만(오늘날 TV 연속극을 쓰는 것과 같다), 15년 전에 차이콥스키는 시험 삼아 〈백조의 호수〉를 작곡했고(세상에 알려지지 않다가 1895년 프티파와 그의 보조 안무가인 레프 이바노프에 의해 대대적으로 개편되었다), 그래서 형식을 알고 있었다. 차이콥스키는 본인의 명성에도 불구하고 프티파가 자신이 계획한 동작을 설명하는 대본을 들이밀며 작곡가에게 원하는 것을 정확하게 요구하고 마디의 수, 템포, 박자, 분위기 등을 구체적으로 지시하는 습성을 말없이 받아들였다. 실은 이런 구속이 아이러니하게도 차이콥스키를 자유롭게 해준 것으로 보인다. 차이콥스키의 《잠자는 숲속의 미녀》는 비할 데 없이 생생한 극적 요소와 풍부한 멜로디로 이야기를 전개하고, 장면을 그림처럼 표현하는 음악이니 말이다.

프티파의 동기를 자극한 또 다른 요소는 새로운 예술에 대한 지식을 갖춘 마린스키 극장의 연출가 이반 브세볼로시스키의 세련된 도움이었다. 파리에서 살았던 이 전직 공무원은 극장을 좀먹는 무사안일주의와 융통성 없는 분위기를 암암리에 척결하기로 마음먹었다. 《잠자는 숲속의 미녀》의 전체 기획을 구상하고 제작했을 뿐 아니라 그 수많은 의상을 디자인한 사람이 바로 이 참을성 있고 빈틈없고 황소고집을 자랑하는 브세볼로시스키였다.

최초의 평판은 엇갈렸다. 앞줄에 앉은 보수적인 발레트망 중에는 전례 없이 세련된 차이콥스키의 음악과 으레 있던 요란법석이 사라진 무대에 모욕감을 느낀 사람들이 있었다. 하지만 전반적으로 기존의 어떤 작품보다 훨씬 평가가 좋았다. 심지어 선견지명을 가진 어느 평론가는 "음악, 춤, 그림이 어우러진 예술의 승리"라고 극찬했다. 《잠자는 숲속의 미녀》는 곧 고정 관객의 한계를 뛰어넘으며 엄청난 성공을 거두었고, 프티파의 최고 업적으로 인정받았다.

《잠자는 숲속의 미녀》는 사람들의 삶과 취향을 변화시킨 공연이 되었다. 넵스키 픽윅키언의 일원들 역시 그 마력에 사로잡혔다. 레온 박스트는 다음과 같이 회고했다. "세 시간 동안 요정과 공주들, 금은보화가 넘실거리는 궁전, 옛날이야기의 매력에 취해 마법의 꿈속에 살았다."[12] 발터 누벨과 알렉산드르 브누아는 공연을 가능한 한 여러 차례 보았다(한 번은 일주일에 여섯 번, 한 번은 하루에 두 번을 관람했다). 브누아는 "거기에는 내가 항상 기다려온 어떤 것이 있었다"고 썼다. 당시 다른 젊은이들이 바그너의 음악에 심취했듯이 그는 차이콥스키의 음악에 매혹되었다. 약 50년이 지난 후에 브누아는 그 음악이 어떻게 "러시아 젊은이들의 불타는 열정을 일깨워 광란과도 같은 상태를 촉발했는지"를 회고했다. 보다 침착하게 브누아는 다음과 같이 주장했다.

《잠자는 숲속의 미녀》를 보면서 기쁨을 느낀 나는 그로 인해 발레 전반으로 돌아와 차갑게 식어버린 열정을 되살릴 수 있었다. 나는 이 되살린 열정을 모든 친구들에게 전해주었고 친구들은 차츰 진정한 발레트망이 되었다. 그렇게 생겨난 기본 조건을 바탕으로 몇 년 뒤 우리는 그 분야에서 활동하게 되었으며 이 활동으로 우리는 전 세계에서 성공을 거두었다. 이렇게 말해도 거의 틀리지 않을 것이다. … 만일 내가 친구들에게 나의 열정을 전염시키지 않았다면 발레 뤼스와 발레 뤼스가 낳은 그 모든 발레토마니아는 존재하지 않았을 것이다.[13]

—o o—

1890년 어느 날 디마 필로소포프의 시골뜨기 사촌이 법학을 공부하기 위해 먼 도시 페름에서 상트페테르부르크로 왔다. 세르게이 파블로비치 댜길레프라는 이름의 이 청년은 배타적인 그룹인 넵스키 픽윅키언 일원들의 환심을 사고 싶었다. 처음에 일원들은 이 자신만만한 젊은이에 대해 회의적이었다. 다소 과도한 자기애에 빠져 있고 대도시에서 다른 이의 이목을 끌기 위해 멋지게 차려입기로 작정한 티가 너무 났기 때문이다. 서구화된 상트페테르부르크 시민에 비하면 그는 종잡을 수 없고, 꼴사나우며, 다소 세련되지 못한 러시아인이었다. 생김새도 이상했다. 네모진 머리는 몸통에 비해 너무 컸고, 빽빽한 검은 머리에 오소리처럼 눈에 잘 띄는 흰머리가 한 움큼 나 있었다. 두 눈은 종종 불독의 눈에 비교될 정도로 감정이 풍부해 보였지만, 기질은 밝고 활기차서 웃을 때면 동굴만큼 입을 크게 벌렸다. 아무도 그가 책을 읽는 걸 보지 못했다. 발터 누벨은 이렇게 썼다. “우리는 그가 우리보다 못하다고 생각했고, 확실히 거만한 태도로 그를 대했다."[14] 브누아는 그가 베르디와 마스네의 음악을 선호하는 "나쁜 취향"을 가진 것 외에도 "영적인 질문과 존재의 근본적인 문제에는 완전히 무관심해" 보인다고 비웃었다. 하지만 댜길레프는 강한 인상을 풍겼다.[15] 누벨은 이어 말했다. "지칠 줄 모르는 활력, 유창한 언변, 자신을 표현하는 타고난 재능, 깊고 우렁찬 목소리, 이 모든 것이 주위 사람에게 전염되는 어떤 생명력을 나타냈다. 동시에 그에게는 확실히 지방 출신다운 면모가 있었다. 그에게는 도시 젊은이들의 특징인 만족과 무사태평이 보이지 않았다."[16]

세르주 드 댜길레프(본인이 잘난 체하며 내놓은 이름)는 특히 브누아에게 관심이 많았다. 어느 날 함께 시골길을 걷다가 두 사람은 나무 그늘에 들어가 더위를 피했다. 러시아 음악에 관한 대화가 다소 맥이 빠졌을 때 댜길레프는 뚜렷한 이유도 없이 갑자기 브누아 위로 몸을 던지더니 장난스럽게 "주먹으로 때리며" 큰 소리로 웃었다. 예의범절에 엄격하고 세련된 브누아—그는 훗날 "신체적인 문화"라고 불리게 되는 이런 행동의 기미가 조금이라도 보이면 진심으로 경멸을 드러냈다—는 질색했다.[17] 브누아는 고함을 치면서 공격자를 떼어냈다. 이 충동적이고 흥분을 잘하는 인간은 대체 누구인가? 도대체 왜 이러는 거야?

댜길레프는 1872년에 상위 중산 계급인 지주 계층에서 태어났다. 부친인 파벨 파블로비치는 아들이 태어날 당시 대령으로 기병대에 복무했고 후에 소장으로 진급했다. 댜길레프의 어머니는 그를 낳은 직후에 사망했는데 파벨은 얼마 지나지 않아 옐레나와 결혼했다. 너그러운 마음씨의 옐레나는 세르주가 사랑해 마지않는 새어머니가 되었고 이복형제인 유리와 발렌틴을 낳았다. 세 형제는 모두가 만족하는 집안 분위기에서 동등한 대우를 받으며 성장했다. 옐레나는 어린 세르주에게 말했다. “할 수 없다는 말은 절대 하지 마라. 간절히 원하면 할 수 있단다.”[18] 세르주는 이 가르침을 마음에 새겼다.

예측 불가능하게 흘러간 댜길레프 가문의 운명은 체호프가 단편 소설에서 풍자적으로 묘사했을 법한 이야기였다. 세르주는 유년 시절의 대부분을 상트페테르부르크에서 보냈지만 1878년 파벨은 가문의 보드카 증류소 사업을 정리하기 위해 페름으로 돌아갔다. (체호프와의 또 다른 연관성을 하나 들자면, 페름은 『세 자매』의 배경이라고 상상해볼 법한 가장 극적인 도시다.) 파벨의 부친은 보드카로 큰 부를 쌓았고 도시의 많은 공공건물과 좋은 일에 큰돈을 기부하는 관대한 자선가가 되었다. 그러다 안타깝게도 광신도로 변했고(기록에 따르면 작은 십자가를 삼키는 등) 알코올 판매에 관한 법이 바뀌어 보드카의 수익이 낮아지자 파산 위기를 맞았다. 천성이 공상적이고 무책임했던 파벨은 상황을 정리할 만한 부류의 사람이 아니었다.

페름은 어디에도 있고 어디에도 없는 도시였다. 면적은 오스트리아와 비슷했지만 사람이 거의 살지 않는 지역의 수도였다. 상트페테르부르크에서 동쪽으로 천 마일 이상 떨어진 데다 기차나 도로로는 접근할 수 없었다. 우랄산맥 자락에 위치한 이 도시는 굴뚝 산업으로 유명하기보다는 죄수들이 시베리아 수용소로 끌려가는 끔찍한 여행의 마지막 구간이 시작되는 곳으로 악명 높았다. 이 불쌍한 사람들이 사슬에 묶여 중심가를 터덜터덜 걷는 모습은 이를 본 사람들이 그저 어깨를 으쓱하고 말 정도로 너무 흔하고 일상적인 광경이었다. 비록 댜길레프 가족이 다소 진보적인 견해를 갖고 있었지만(그들은 결코 농노를 소유하지 않았다) 서신에는 그에 관한 언급이 한 줄도 나오지 않는다.

댜길레프 가문의 저택은 도시의 한가운데에 있었다. 방이 스무 개쯤 되는 멋지고 크고 튼튼한 타운하우스였다. 페름이 고급문화로 유명하지는 않았지만 댜길레프 가족은 지주들을 위해 정기적으로 음악회를 열었다. 보통 만찬 후에 부르던 노래와 거실 피아노 연주를 대신해 이 자리에 소규모 아마추어 오케스트라와 학교 합창단을 불렀다. 의심할 여지 없이 상트페테르부르크의 매력과 활기에 관한 이야기가 적잖이 오갔을 것이다. 파벨과 옐레나는 마당발 부부였다. 옐레나의 여동생은 차이콥스키의 조카와 결혼했는데 이 조카가 파벨의 그룹과 친해졌고, 어린 세르주는 그를 삼촌이라 불렀다. (나중에 세르주는 이 관계를 낭만적으로 각색하고 과장했다.)

소년은 천재성까진 아니어도 피아노 레슨을 받고, 발성 훈련을 해서 듣기 좋은 노래를 부르고, 조심스럽게 작곡을 시도하는 등 음악적 재능을 보였다. 지적으로 눈에 띄게 뛰어나다고 할 수는 없었지만 충분한 교육을 받아 프랑스어를 유창하게, 독일어를 그럭저럭 구사했으며 문학과 연극에 관한 수준 높은 지식으로 학급 친구들에게 좋은 인상을 심어주었다. 긴 여름방학에는 목가적인 시골 저택에서 생활했으니 말하자면 행복한 유년을 보냈다고 할 수 있다. 어린 시절 세르주에게 가장 중요한 두 사람은 새어머니와 유모 할머니로 세르주는 그들의 사랑을 듬뿍 받으며 성장했다. 반면에 재미있지만 무책임한 아버지와의 관계는 나쁘진 않아도 다소 서먹했다.

열여덟 살이 되자 진로 문제가 떠올랐다. 그와 같은 계층의 사람들에게 일반적인 선택지는 군대나 공무원이었다. 부친의 계급장에도 불구하고 세르주는 어딜 보나 군대에 적합하지 않았다. 그가 상트페테르부르크에서 법학을 공부하기로 선택한 것은 아마도 공무원이 될 수 있지 않을까 하는 막연한 의도에서였을지 모른다. 하지만 그는 그 길을 한 번도 진지하게 생각하지 않았고 서서히 마음속에 다른 계획을 키워나갔다.

세르주가 페름을 떠나기 전에 그의 아버지는 관례에 따라 아들이 총각 딱지를 떼도록 매춘부와의 하룻밤을 준비했다. 세르주는 성병에 걸렸고, 그 결과인지는 모르겠으나 여성의 몸에 대한 그의 태도에는 언제나 비이성적인 혐오의 기미가 있었다. 그럼에도 유년기에 새어머니와 유모 할머니를 사랑했던 마음은 결코 줄지 않았다. 성인이 되어서도 몇몇 여성 친구들과는 가깝게 지냈다. 그는 자신에게 돈을 줄 수도 있는 다정다감한 상류층 여성의 마음을 사로잡는 데 능했으며, 여성의 예술적 재능을 편견 없이 보면서 파격적인 기회를 주곤 했다. 하지만 그의 세계는 언제나 본질적으로 남성의 세계였다. 성적 성향은 완전한 동성애자였으며 특히 자신이 가르칠 수 있고 부모의 역할을 해줄 수 있는 날씬하고 젊은 남성을 향했다. 놀랍게도 그는 자신의 성 정체성을 한 번도 자랑스러워하거나 고뇌하지 않았다. 그저 자부심이나 죄책감 없이 자신의 모습 그대로를 받아들인 것 같다.

러시아 사회에서 남성 간의 육체적 관계는 이상한 지위에 있었다. 예로부터 그런 관계는 공식적으로는 범죄로 규정되어 있었지만 대체로 용인되는 편이었다. 신분이 높은 성인 남성이 예쁘장한 농노 소년이나 목욕탕 하인과 은밀하게 재미를 볼 수 있다는 생각은 속담만큼이나 오래되었고 "신사들의 장난"으로 웃으며 받아들여졌다. 심지어 사회적 계급이 낮은 사람들 사이에서도 남색 행위를 기소하는 경우는 강간에만 국한되었다. 하지만 19세기 말 상트페테르부르크에 변화의 바람이 불기 시작했다. 고위층에서 남성 나체의 아름다움을 열렬히 추종하는 몇몇 집단이 등장한 것이다. 그중 한 집단에 속한 시인이자 소설가 미하일 쿠즈민은 그들의 활동을 비밀 일기에 적기도 했다. 경찰과 언론은 이러한 전염성 도착 행위를 통제할 필요가 있다고 보고 적극적으로 관심을 갖기 시작했다.[19]

이는 부분적으로 성적 일탈에 대한 새로운 과학적 연구를 잘못 해석한 결과였다. 리하르트 폰 크라프트-에빙과 제자들이 발표한 저술들을 통해 최초로 "동성애"는 생물학적 이상異常이라는 개념이 정립되었다. 글의 본래 의도는 인간의 성 행동이 다양하다는 사실을 더 잘 이해시키려는 것이었지만 도덕적 타락은 세기말적 병폐라는 생각, 그리고 동성애가 프리메이슨의 음모와 타락일지 모른다는 독성 강한 의심이 섞여들면서 편집증 조장이라는 부당한 효과를 가져왔다. 폭로와 추문의 위험이 커짐에 따라 신중함이 보다 더 필수 덕목이 되었고, 차이콥스키의 음울한 사례가 비극적으로 암시하듯이 동성애는 위험한 행위가 되었다.

쿠즈민의 일기로 추측건대 댜길레프에게 공원에서 사내아이를 꾀거나 순진한 사관생도와 하룻밤 관계를 갖는 등의 위험한 게임은 결코 낯선 일이 아니었다. 하지만 그에게 중요한 첫 번째 사랑은 그의 무뚝뚝한 사촌 디마 필로소포프였을 것이다. 처음 상트페테르부르크에 도착했을 때 댜길레프는 그와 한 방을 썼다. 두 사람은 생활비를 쪼개 방학 때 몇 차례 빛의 도시 파리, 스위스와 독일의 도시들, 빈 등 유럽의 문화적 메카를 잠깐씩 둘러보는 여행을 했다. 빈에서 댜길레프는 처음으로 발레를 보았으나 별다른 생각이 들지 않았다. 다음으로 베네치아에 갔다. 이 도시는 그에게 영혼의 고향이었다. 그는 새어머니에게 이렇게 썼다. 베네치아는 "은밀하게 독을 내뿜어요. 실재하는 모든 것처럼 그 독도 몸으로 감지할 수 있어요. 덕분에 신비롭고 마법 같은 세계와 끊임없이 접촉하고 있답니다."[20] 그리고 결국 이곳은 그의 죽음의 안식처가 되었다.

돈이 아주 빠듯했다. 부친의 보드카 사업이 결국 파산한 탓에 댜길레프는 어머니가 남긴 얼마 안 되는 유산으로 생활하고 있었다. 하지만 하루 한 끼만 먹고 딱딱한 삼등칸 좌석에 엉덩이를 맡기면서도 여느 젊은이들처럼 즐거운 여행을 멈추지 않았다. 여기에 인습이나 도덕이 낄 자리는 전혀 없었다. 댜길레프는 디마와 함께 시간을 보내느라, 또 회오리바람처럼 휘몰아치는 예술적 발견들을 만나느라 정신없이 바빴다. 촌구석이나 다름없는 페름 출신의 젊은 댜길레프에게 그보다 훨씬 중요한 일은 유명 인사와 연줄을 만드는 것이었다(속임수를 써서 거머쥔 전리품이 하나 있었는데 바로 톨스토이를 알현한 것이다). 그러한 만남을 통해 유행에 뒤떨어지지 않는 세계주의자가 되고, 당대의 가장 진보적인 트렌드에 발맞춰 자유주의적인 관점을 키울 수 있었다. 즉시 공급 가능한 성적 만족이 그를 더욱 생기 넘치게 했으리라 짐작된다.

댜길레프의 주된 열정은 음악이었다. 그 시기에 댜길레프는 작곡가가 되겠다는 막연한 야망을 품었다. 다만 그가 감정을 분출한 악보 하나를 거만한 림스키코르사코프에게 보여줬을 때까지만이었다. 그가 받은 성악 레슨도 마찬가지였다. 하지만 댜길레프는 쉽게 낙담하지 않았다. 그의 세계관은 빠르게 확장되고 있었다. 러시아 악파도 대단히 훌륭하지만 절정은 바그너였다. 바이로이트로 순례를 떠난 댜길레프와 디마는 무아지경에 빠져 바그너의 오페라들을 눈과 가슴에 쓸어 담았다. 댜길레프는 시각예술에도 관심을 기울이기 시작했다. 그는 유산을 방탕하게 써가며 모더니즘 작품을 구입하고 자신의 아파트를 저속하다 싶을 만큼 사치스럽게 장식했다. 성격이 고상하고 부지런한 브누아가 이를 두고 볼 리 없었다. 예술사와 건축에 전문 지식을 갖추고 있으며 미학적 문제에 관해서는 국세청처럼 빠짐없이 수입인지를 붙이고 콧방귀를 뀌던 브누아는 댜길레프의 뻔뻔하고 요란한 허세에 격노했다. 또한 그 후로도 계속 그의 재능과 성격에 대해 단호히 양가적인 견해를 유지했다. 이 친구가 정말로 아는 것은 무엇일까? 이 친구의 도덕적 핵심은 어디에 있을까?

이러한 질문은 영원히 답을 알 수 없는 문제였지만 댜길레프가 보여준 불변의 모습은 어딘가를 향해 나아가는 사람이었다. 전통적인 기대에 적당히 굴복하는 일이 절대 없었다. 주어진 운명이 어느 방향으로 이끌든 댜길레프는 밝게 빛나는 별이 되기로 결심했다. 언제나처럼 입씨름을 하던 중 그는 브누아에게 이렇게 훈계했다. "친구여, 성공은 모든 죄를 구속하고 모든 허물을 덮어주는 만병통치약이라네."

그들의 관계는 심리적으로 복잡했다. 댜길레프는 브누아의 지성과 교양을 진심으로 존경했기에 그가 자신을 인정해주길 간절히 원했다. 댜길레프는 브누아에게 "자네를 위해서 혹은 자네 때문이라면 어떤 일이라도 할 수 있을 것 같네"[21]라고 고백했다. 반면 브누아는 댜길레프의 허세와 뻔뻔함을 은근히 질투하고 있었다. 말년에 그는 솔직한 심정으로 친구의 뛰어난 재능을 누구보다도 날카롭고 확실하게 요약했다. 그 재능 때문에 그가 가진 다른 모든 자질들(특히 야망, 계책, 미신, 오만)은 부차적으로 보였다.

> [댜길레프는] 창조적 재능이 뛰어난 천재는 아니었다. 창조적 상상력도 다소 부족했다. 하지만 그에게는 우리 누구도 갖지 못한 한 가지 특징, 한 가지 능력이 있었고, 그것이 결국 그를 특별하게 만들었다. 그는 뜻한 바를 어떻게 성취해야 하는지 알았고, 자신의 의지를 어떻게 실행에 옮겨야 하는지 알고 있었다. …[22]

"그는 뜻한 바를 어떻게 성취해야 하는지 알았다." 다시 말해서 그는 다른 사람들을 자극해 행동하게 만드는 법, 사람들을 이용하는(또는 버리는) 법, 동기를 부여하거나 영감을 불러일으키게 하는 법, 게으름과 미루기에 굴복하여 모든 것을 관료화하고 방해하는 러시아의 관습을 돌파하는 법을 알고 있었다. 요즘 말로 댜길레프는 대단히 훌륭한 경영자였다. 법률가나 공무원이 되겠다는 허식이 증발하자 단 하나의 질문이 남았다. 그렇다면 무엇이 될 것인가?

—∘ ∘—

1895년에 댜길레프는 그의 작은 아파트의 실내 장식을 했다. 그때 벽에 걸 그림들을 구입하다보니 전시회를 하거나 개인 화랑을 열면 좋겠다는 생각이 들었다. 그는 자신의 취향을 확장하고 점검하는 중이었지만 어떤 의미에서는 브누아에게 저지당하고 있었다. 브누아는 전문적인 예술 비평가 겸 예술사가로 명성을 쌓아나가고 있었다. 디마 필로소포프와 유럽을 추가로 여행하면서 댜길레프는 상징주의와 인상주의를 추구하는 새로운 화가들의 스튜디오에서 마이너한 작품들을 신중하게 구입하기 시작했다. 그런 뒤 소소하게 구입한 물건들과 함께 상트페테르부르크로 돌아와 제법 멋진 외알안경과 실크해트로 멋을 내고 우쭐해했다. 이제 그의 모습은 세련되고 정교하게 다듬어져 있었다. 나중에 시릴 보몬트가 묘사했듯이 "그의 말솜씨는 상류층 환자를 대하는 의사처럼 상냥했다. 목소리는 부드럽게 어루만지는 듯하여 듣는 이의 마음에 쉽게 스며들었다. 그가 손을 들어 상대의 손목이나 팔을 다정하게 건드리며 프랑스어로 "나의 친애하는 친구"라고 부르면 누구도 그 매력을 거부할 수 없었다. 그와 동시에 그는 잔인하리만치 오만하고 공격적이었으며 사람을 무시할 때는 그 누구보다 더 신랄하게 빈정거렸다."[23] 세상과 맞서고 세상을 정복할 미래를 준비하는 동안 댜길레프는 사랑하는 새어머니에게 부끄러움 없이 자신에 대한 생각을 뽐내는 편지를 보냈다. 자주 인용되는 편지이기도 하다.

무엇보다 우선 저는 탁월한 협잡꾼입니다. 하지만 재능을 겸비한 협잡꾼이지요. 둘째, 저는 엄청난 매력의 소유자입니다. 셋째, 저는 담력과 용기가 있습니다. 넷째, 저는 대단히 논리적이며 원칙에 거의 얽매이지 않는 사람입니다. 다섯째, 저는 타고난 재능은 부족하지만 이제 진정한 소명을 발견한 것 같습니다. 바로 예술을 후원하는 것입니다. 돈을 제외한 모든 것이 저에게 주어졌습니다. 언젠가는 돈도 채워지겠지요.[24]

브누아가 파리에서 2년간 체류한 덕에 잠시 숨을 돌릴 수 있었던 댜길레프는 조용히 자신의 계획을 세우고 신문 비평을 통해 러시아 예술계에 일말의 흔적을 남길 수 있었다. 1897년 브누아가 돌아와 자신의 후원자인 테니셰바 공주가 수집한 수채화 전시회를 개최했을 때 댜길레프는 브누아와 온화하고 너그러운 공주 모두를 분노하게 만들 만한, 전시의 질에 대한 가차 없는 혹평이 담긴 대담한 평론을 발표했다. 테니셰바 공주는 댜길레프가 환심을 사기 위해 호의를 얻고 싶어 할 종류의 사람이었는데도 말이다. 그녀는 대大 기업가의 아내이자 모리스와 러스킨의 근대 사상과 연결된 진보적인 계획과 계몽주의 원칙을 가슴에 품고 있었다. 탈라시키노의 사유지를 팔아 러시아 미술과 공예를 되살리고 보존하는 사업을 이제 막 시작하던 참이었다. 이러한 사업은 공기처럼 흩어져 있는 러시아 민속 문화를 유행시킨 결정적 요인이었다. 심지어 황실에도 영향을 미쳐 가장무도회가 "전통 복식"으로 열리고, 춤 또한 프랑스풍의 가보트나 코티용이 아니라 러시아 민속춤인 코팍과 레즈긴카로 바뀌기도 했다.

브누아의 테니셰바 전시회가 열리고 몇 주 되지 않아 댜길레프는 자신이 기획한 수채화 전시회를 열고 뻔뻔스럽게도 무기명으로 전시회 평론을 쓰기까지 했다. 그의 전시회는 명백히 더 크고 더 대담하고 더 좋았다. 오늘날 이른바 "방문자 경험"을 제공하듯 전시장의 배치를 굉장히 사소한 것까지 완벽하게 관리했다. 말할 필요도 없이 브누아는 댜길레프의 주제넘는 행보에 불같이 화를 냈지만, 그들의 관계가 엇갈림과 끌림이 묘하게 얽혀 있었던 탓에 우정은 얼마 지나지 않아 회복되었다.

1897년부터 1898년까지 2년에 걸쳐 댜길레프는 귀가 얇은 부호들의 후원을 받아 규모가 훨씬 더 큰 모더니즘 전시들을 기획했다. 이때 그는 런던, 파리, 빈, 뮌헨의 최첨단 미술관들이 어떻게 흘러가고 있는지를 참고했다. 개인적으로 그는 러시아 화가들의 경향에 짜증을 냈다. 농부들이 있는 풍경화를 즐기는 대중들의 감상적인 양식을 경멸하면서도 동시에 긍정적인 모색을 해나갔다. 서양에 잘못 알려진 러시아 미술을 제대로 전파해야 한다는 생각을 복음주의자처럼 강조했던 것이다. 그 목표, 그 전파는 이후 30년 동안 이어진 그의 활동에 근간이 되었다.

전시회의 여파가 가라앉기도 전에 댜길레프는 훨씬 더 거창한 계획을 추진했다. 영국의 아르누보 월간지 『스튜디오』와 비슷하게 도판이 풍부하게 들어간 잡지 『예술세계』를 창간하는 것이었다. 러시아에서 이와 조금이라도 비슷한 잡지는 나온 적이 없었다. 잡지의 호화로움 때문에 한없이 올라가는 제작비는 재정 문제를 가중시켰다. 하지만 댜길레프는 질러갈 생각이 추호도 없었다. 테니셰바 공주와 대大

사업가 사바 마몬토프가 후원하는 가운데 댜길레프는 최고의 재능을 끌어들이고자 온 힘을 다했고, 무엇보다 넵스키 픽윅키언을 비공식 편집위원회 겸 무보수 노동력으로 이용했다. 일은 대단히 재미있었다. 처음 몇 주가 정신없이 흐를 때 발터 누벨은 이렇게 썼다. "잡지를 생각하면 가슴이 두근거렸다. 우리는 흥분과 전율에 사로잡혔으며 … 단 하루도 빠뜨리지 않고 열띤 논쟁을 벌였다."[25] 박스트가 레이아웃을 디자인하고 삽화를 관리 감독했다. 헛기침을 몇 번 한 뒤 브누아도 뛰어들어 특유의 깊이 있는 지식을 보태기 시작했다. 브누아는 한가로이 이와 비슷한 사업을 자신이 시작하는 꿈을 꾸고 있었을지 모르지만 이번에도 페름에서 온 디마의 거만한 사촌에게 허를 찔리고 말았다.

창간호는 댜길레프가 필로소포프와 협력해서 지어낸 것으로 보이는 장황하고 산만하고 다소 모순된 선언문 때문에 도전적이고 허세에 찬 인상을 풍겼다. 선언문의 주장은 대체로 예술은 사회적 목적, 정치적 민족주의, 도덕성 함양 같은 편협한 개념을 초월하거나 무시해야 한다는 것이었다. 이러한 초월과 무시는 고상한 체하는 완고한 사람들이 생각하는 "퇴폐"가 아니라 필연적 자유였다. 그런 뒤 "우리는 신처럼 자유로워야 한다"고 선언했다. "우리는 아름다움 속에서 인간의 위대한 정당성을 찾아야 한다." 한마디로 요약하자면 19세기의 상투적 어구인 "예술을 위한 예술"이 되겠지만, 잡지는 자기만족에 빠진 상트페테르부르크 대중의 눈을 뜨게 하고 취향을 끌어올려야 한다는 사명을 내뿜고 있었다.

『예술세계』는 이후 6년 동안 문학, 철학, 연극, 음악을 다룬 글들을 실어 지적으로 시야를 넓혀갔다. 다만 시각예술에 대한 관심은 꽤 나 선별적이었다. 브누아의 열정 덕분에 특히 루이 14세와 15세의 프랑스, 로코코 전반에 대한 높은 안목을 자랑했다. 르네상스 미술, 스페인 미술, 플랑드르 미술, 중세 미술은 거의 완전히 무시되었다. 삼류 러시아 리얼리즘의 애국주의적 탐닉은 철저히 배제한 반면 순박한 민속 미술과 양파 모양의 둥근 지붕을 한 정교회, 예카테리나 대제 시대의 레이스 부채와 에나멜을 입힌 코담뱃갑은 향수의 대상으로 인정했다. 모더니즘에 대한 태도는 날카롭다기보다는 절충주의적이었다. 잡지가 인정하고 소개한 예술가로는 화가인 제임스 맥닐 휘슬러, 에드워드 번존스, 구스타프 클림트, 삽화가인 오브리 비어즐리와 케이트 그리너웨이, 건축가이자 디자이너인 찰스 레니 매킨토시가 있었다. 인상주의는 적당한 흔적을 남겼지만, 후기인상주의는 좀처럼 지면을 차지하지 못했다. 상트페테르부르크에서 『예술세계』는 아방가르드처럼 보였을지 몰라도 유럽에서는 다소 예스럽고 시대에 뒤처진 듯 보였을 것이다.

컬러도 없고 흐릿한 그라비어 인쇄였음에도 매월 발행된 『예술세계』는 음미할 가치가 충분했다. 모든 페이지를 예쁘게 꾸미고 감각적으로 배치한 진귀한 메뉴들이었다. 보수적인 파벌들이 얄팍한 유행을 추종한다고 꼬투리를 잡고 발행 부수는 1천 부를 넘지 못했지만, 전반적으로 보면 잡지는 상당히 빠른 시간에 대성공을 거두었다. 테니셰바와 마몬토프가 재정난으로 지원을 철회했을 때 3년짜리 보조금을 들고 나타난 인물은 다름 아닌 차르였다.

잡지 발행으로 모든 걸 이루었다고 여기며 월계관에 안주할 댜길레프가 절대 아니었다. 그는 이미 또 다른 도전을 모색하고 있었다. 기회는 소리 없이 찾아왔다. 그와도 안면이 있는 교양 있고 세련된 귀족이자 모스크바와 상트페테르부르크의 황실 극장을 책임지고 있는 세르게이 볼콘스키 왕자였다. 댜길레프가 유용한 인맥을 가진 사람이라고 생각한 볼콘스키는 그를 자신의 창작팀에 합류시켜 극장의 연간 사업 설명서 편집을 주요 업무로 배정했다. 이 사업 설명서는 모든 고객에게 정기적으로 발송되는 고급 마케팅 수단이기도 했다. 댜길레프는 침착하게 이 일을 수행했다. 하지만 거의 동시에 무리수를 두기 시작했다. 볼콘스키에게 말도 안 되는 아이디어 폭격을 퍼붓고, 위계질서가 확실한 조직에서 지위와 경계라는 민감한 문제를 무시하고 부주의하게 나돌아다녀 사람들을 짜증나게 만들었다.

하나의 계획이 그를 몰락의 길로 인도했다. 이 시기에 댜길레프는 발레에 전혀 관심이 없었다. 그는 철저히 바그너와 오페라를 숭배했고, 교향악에 대한 약간의 전문 지식과 당시 빠르게 습득 중이던 회화에 대한 지식을 갖고 있었다. 하지만 넵스키 픽윅키언의 다른 일원들은 비르지니아 추키와 《잠자는 숲속의 미녀》의 장엄함을 기억했고, 발레는 배경에 깔리는 음-파-파 음악과 함께 예술 형식으로 발전할 큰 잠재력을 가졌다고 믿었다. 브누아는 발레 《실비아》를 특별히 찬양했다. 1876년 파리 오페라하우스에서 처음 만들어진 요정과 목동 이야기는 10년 뒤에 잠시 상트페테르부르크를 다녀갔는데, 브누아는 차이콥스키에게도 영감을 준 레오 들리브의 선율적이고 우아한 음악에 좋은 기억을 갖고 있었다. 이 작품을 새롭게 다듬어 무대에 올리면 제2의 《잠자는 숲속의 미녀》가 되지 않을까? 이 생각에 미친 듯이 열광한 댜길레프는 남의 말을 잘 듣는 볼콘스키의 팔을 비틀어 제작 의뢰를 따냈다. 넵스키 픽윅키언 팀이 이 프로젝트의 키를 잡았고, 변화를 갈망하는 젊은 안무가 형제 니콜라이 레가트와 세르게이 레가트가 그의 실패를 부채질했다.

전적으로 외부자들의 손에 맡겨진 프로젝트가 극장의 조직 안에서 순조롭게 진행될 리 없었다. 더구나 댜길레프는 처음부터 지나치게 흥분한 나머지 권력을 휘두르고, 승인되지 않은 명령을 내리고, 규약을 무시하고, 서열을 업신여겼다. 격렬한 언쟁, 은밀한 속임수, 동성애에 관한 추잡한 소문을 거치며 상황이 심각해지고 볼콘스키 본인의 입지마저 위태로워지는 지경에 이르자 볼콘스키는 살아남기 위해 하는 수 없이 기존 제도의 편을 들었다. 그 결과 협상은 번번이 모욕으로 끝나고 압력이 점점 거세지더니 결국 사임도 아닌 해고가 결정되었다. 《실비아》는 보류되었다. 관보에는 "호소하거나 청원할 권리가 박탈된 채"라는 문구와 함께 댜길레프의 해고가 차가운 인쇄체로 공지되었다. 그러한 표현은 불명예와 함께 다시는 어떤 종류의 공직에도 들어갈 수 없음을 의미했다. 난생처음 겪는 좌절에 엄청난 굴욕감을 느낀 댜길레프는 아기처럼 비명을 지르며 울거나 아니면 소파에 누워 멍하니 천장을 바라보았다. 장기적으로 볼 때 볼콘스키의 명령은 그가 자신의 의제를 진전시키기 위해서는 상트페테르부르크 바깥으로 눈을 돌려야 한다는 걸 의미했다.

엎친 데 덮친 격으로 필로소포프와의 관계마저 점차 파탄에 이르고 있었다. 필로소포프는 나이, 계급, 지위 면에서 그와 대등한 위치에 있는 유일한 친구였지만 신비주의적 성향만큼은 댜길레프와 공유하지 못했다. 관계가 파경에 접어들던 1902년에 댜길레프와 필로소포프는 오스트리아에 있는 크라프트-에빙의 요양원을 방문했다. 짐작하건대 동성애가 생물학적으로 결정된다는 크라프트-에빙의 이론과 치료 가능성에 대해 좀 더 알아보기 위해서였을 것이다. 그곳에서 댜길레프가 무엇을 알아내거나 경험했는지 우리는 알 수 없다. 다만 그 후로 댜길레프는 자신의 욕망에 대해 조금도 괴로워하지 않고 항상 당당한 모습을 유지했다. 그의 친구들, 특히 아내에게 사족을 못 쓰는 브누아는 인습적인 겉치레를 거부하는 그의 성향을 못마땅하게 여기고 심지어 걱정하기도 했지만 댜길레프는 그들의 말을 귓등으로도 듣지 않았다. 그는 영웅이나 순교자가 되겠다고 나서지 않았고, 심지어 이성애로 개종하려 하지도 않았다. 그건 단지 그의 타고난 모습이었다. 오늘날의 관점에서 이런 태도는 그의 성격 중 대단히 바람직한 일면으로 보인다.

그래서 그는 멈추지 않고 나아갔다. 1904년 『예술세계』는 편집팀을 가동하기 시작했다. 인쇄 및 제지 원료와 관련된 골치 아픈 문제들이 모든 사람을 지치게 했고, 문학 취재를 감독하는 주간으로 체호프를 초빙하려던 시도는 단박에 거절당했다. 또한 러시아가 일본과 소모적인 전쟁을 치르는 상황에서 자금마저 바닥나고 있었다. 브누아는 나중에 이렇게 회고했다. "우리가 말하고 보여줘야 하는 모든 것을 이미 말하고 보여준 것 같았다. 그 시점에서 우리가 할 수 있는 일은 같은 일을 되풀이하는 것밖에 없었다. 전망이 암울했다."[26] 그럼에도 잡지는 마지막 호에 세잔, 반 고흐, 칸딘스키, 마티스를 독자에게 소개했다. 그런 뒤 댜길레프는 모든 에너지를 쏟아부어 러시아 군주와 귀족의 역사적인 초상화 4천 점을 타브리체스키 궁전—당시에 비어 있던 신고전주의 양식의 화려한 궁전—의 홀에 전시하는 행사를 기획했다. 전시회 아이디어는 브누아의 생각이었고 전시 디자인은 박스트가 했지만, 그 밖의 모든 일은 댜길레프의 몫이었다. 그는 초인적인 힘을 발휘했다. 실제로 그는 수천 마일을 여행하며 작품을 찾아다니고 500여 점을 대여받았을 뿐 아니라(그중에는 연로한 레프 톨스토이의 수집품도 있었다), 학술적인 카탈로그를 직접 써서 편집하고, 자금을 모으고, 작품의 전시와 배치를 마지막까지 하나하나 세심하게 감독했다. 이런 조건에서 시간에 맞춰 전시회를 오픈하고 대중에게 엄청난 찬사를 받은 건 거의 기적으로 보인다. 그 경험은 댜길레프 자신에게 깊은 흔적을 남겼다. 개막식이 끝난 직후 댜길레프는 이렇게 연설을 시작했다. “여기 내 앞에 종말이 있었습니다.” 그리고 그는 신사 계급과 귀족 가문들의 사유지를 누비고 다닌 긴 오디세이를 회고하면서 다음과 같이 말을 이었다. 썩어가는 대저택과 더 이상 유지할 수 없는 사유지는 자신의 가문과도 같았다.

> 그건 단지 사람들의 삶이 여기서 끝나는 것이 아니라 삶의 모든 방식이 끝나는 것이었습니다. 그건 또한 우리가 무시무시한 격변의 시대에 살고 있음을 제가 확신하게 된 순간이었습니다. 우리는 새로운 문화를 부활시키기 위해 우리의 삶을 포기해야 합니다. … 우리는 알지 못하는 새로운 문화의 이름으로 그 종말이 어디에서 진행되고 있는지 깊이 헤아리는 가장 위대한 순간을 목격하고 있습니다. 그 새로운 문화는 우리가 창조할 테지만 다시 시간이 지나면 우리를 휩쓸어버

리겠지요. 그러니 저는 두려움이나 의심을 떨치고서 그 아름다운 궁전들의 무너진 벽에 건배를 하고, 똑같은 높이로 새로운 미학의 새로운 계명에 건배를 하고자 합니다.[27]

이 건배사는 댜길레프 개인과 러시아 양쪽 모두에게 예언이 되었다. 1905년 러일전쟁은 패전에 이르게 되고, 피의 일요일에 노동자 행진은 잔혹한 대학살로 끝날 것이며, 일련의 폭력적 파업과 반란으로 혁명의 파도가 일어나 군주제가 무너지고 공산주의가 들어설 터였다. 모든 제도, 모든 법, 모든 가정, 모든 관계가 불안정한 시대였다. 댜길레프와 디마 필로소포프의 관계가 이때 소원해진 것도 놀라운 일이 아니었다. 곧이어 그림을 공부하면서 댜길레프의 개인 비서 역할을 한 알렉세이 마브린이 그 관계를 더 은밀하게 대신하게 되었다.

댜길레프는 상트페테르부르크의 취향을 끌어올리는 일에서 손을 뗐다. 국내에서의 평판이 여전히 《실비아》의 먹구름에 가려진 상황에서 댜길레프는 거의 알려지지 않아 저평가된 러시아 문화 상품을 서구 유럽에 소개하는 사업이 더 수익성이 좋을 거라고 눈치 빠르게 인식했다. 그런 전략을 구사할 곳으로는 파리만큼 좋은 도시가 없었다. 파리는 유행을 선도하는 도시였고 러시아와 가장 가까운 외교적 동맹인 데다 그가 프랑스어를 유창하게 구사하니 협상도 수월할 것 같았다. (바르샤바나 베를린을 경유해서 하루에 두 번 운행하는 대륙철도의 침대차를 이용하면 48시간이 채 걸리지 않았으니 기차 여행은 걸림돌이 아니었다.)

댜길레프의 다음 행보는 다시 한 번 대규모로 러시아 미술 전시회를 조직하는 것이었다. 파리의 그랑팔레 전시장에서는 매년 아방가르드 예술가들의 대축제인 살롱 도톤◆를 열고 있었는데 이 전시의 부속 행사를 개최하기로 한 것이었다. 타브리체스키 궁전에서와 마찬가지로 넵스키 픽윅키언 친구들이 다시 한 번 팔을 걷어붙이고 그를 도왔다. 브누아는 전시할 작품을 선정하고 카탈로그를 쓰면서 댜길레프의 행동에 대해 투덜거렸다. 레온 박스트는 격자 구조의 조각 공원과 그림을 돋보이게 할 비단 벽지를 디자인했다. 1906년 10월 약 750점의 작품과 함께 전시회가 문을 열었다.

파리는 새로움을 사랑했다. 물론 러시아에 대한 생각은 그렇지 않았다. 이미 톨스토이의 소설들이 프랑스어로 번역되어 널리 읽혔고, 1900년 만국박람회의 러시아 전시관은 완전한 양파 돔 교회 안에서 긴 턱수염에 작업용 덧옷을 걸친 사람들이 농민 흉내를 내는 곳이었다. 하지만 영성이 가득한 중세의 성상화에서부터 미하일 라리오노프와 니콜라스 레리히 같은 대범하고 눈부신 색채 화가들로 이어지는 러시아 미술의 전통은 후기인상주의와 야수파를 받아들이느라 정신이 없는 대중에게 계시로 다가왔다. 도시의 교양 있는 엘리트들이 호기심을 나타냈다. "세르주 드 댜길레프"라고 새겨진 명함은 프루스트의 두 친구인 엘리자베트 그레퓔 백작 부인과 로베르 몽테스키우 백작—『잃어버린 시간을 찾아서』에 등장하는 게르망트 공작 부인과 샤를뤼스 남작의 실제 모델—과 같은 주요 사교계 인사들의 관심거리가 되었다. 또한 파리 사교계의 최고위층인 이른바 그라

◆ 프랑스 미술전의 하나로 '가을 전람회'란 뜻이다.

탱gratin◆과의 접촉으로 후하게 수표를 써줄 사람들과 연결될 수도 있었다.

하지만 그의 목적은 무엇이었을까? 댜길레프는 전시회에 전력을 다했다. 시각예술로 말하자면 그는 더 이상 보여줄 것이 없었다. 댜길레프는 반복을 싫어했다. 그래서 그는 러시아 음악으로 방향을 틀었다. 러시아 음악 역시 파리가 아주 피상적으로만 알고 있는 분야였다. 댜길레프는 1907년 5월 야심찬 유대인 임프레사리오 가브리엘 아스트뤽—근사하게 차려입고 사치스러운 보석으로 치장한 영리한 사업가—의 도움을 받아 다섯 번의 오케스트라 콘서트를 주최하여 스크랴빈, 라흐마니노프, 글라주노프, 림스키코르사코프 등의 음악을 파리 관객에게 소개했다. 특히 놀라운 베이스 성악가 표도르 샬랴핀의 카리스마 넘치는 모습과 웅장한 목소리에 힘입어 러시아 오페라의 아리아는 더욱 깊은 감동과 여운을 남겼다.

비록 다른 사람들의 돈은 상당 부분 공연 시리즈에 들어가 사라졌지만 댜길레프는 단념하지 않았다. 단념이라니 천만의 말씀. 1908년 댜길레프는 샬랴핀이 비극적인 차르 역을 맡은 무소륵스키의 오페라 〈보리스 고두노프〉 전편을 파리 오페라하우스에서 다섯 차례 공연할 목적으로 또다시 예산을 끌어모았다. 브누아와 그 밖의 사람들이 얼기설기 디자인한 무대와 의상, 모스크바 볼쇼이에서 빌려온 합창단, 음악이나 기술을 점검하는 리허설 시간의 빠듯함에 넌더리가 난 브누아는 "틀림없이 재앙으로 끝날 것 같다"고 말했다.[28] 하지만 댜길

◆ 프랑스 요리 이름, 또는 상류 계급.

레프의 천재성 가운데 하나는 무시무시한 재난 속에서도 용기를 잃지 않고 결국 승리를 거머쥐는 능력이었다. 밤낮을 가리지 않고 초인적으로 노력하고, 조국의 명예를 항상 기억했으며, 끝으로 약간의 운이 따른 결과, 러시아 바깥에서 초연된 이 오페라는 센세이션을 일으키고 〈보리스 고두노프〉와 샬랴핀, 양자 모두에게 국제적인 명성을 가져다주었다. 모든 공연이 끝난 후 댜길레프와 샬랴핀은 잠을 못 이루고 우쭐대며 파리의 거리를 걸었다. "오늘 밤 우린 큰일을 했소." 샬랴핀이 떨리는 목소리로 말했다. "그게 뭔지는 모르겠지만, 우린 정말 큰일을 해낸 거라고!"[29]

다시 상트페테르부르크로 돌아온 댜길레프는 파리를 약탈할 다음 계획을 구상했다. 샬랴핀이란 스타를 내세워 러시아 오페라를 더 오래 공연하면 어떨까? 하지만 그건 비용이 과할 수 있었다. 그렇다면 이미 잘 준비되어 있는 러시아 발레로 프로그램을 채우는 건 어떨까?

3장

초창기
DIAGHILEV'S EMPIRE

《잠자는 숲속의 미녀》가 잠에서 깨어나고 댜길레프의 《실비아》가 유산된 이후 러시아 발레에는 아주 많은 일이 일어나고 있었다.

감독들이 나타났다 사라졌다. 1901년부터 황실 극장은 또 다른 개혁가 블라디미르 텔랴콥스키의 지배하에 있었다. 텔랴콥스키는 강인한 성격의 소유자로 무뚝뚝한 80세 노인이 된 마리우스 프티파와 사사건건 마찰을 빚었다. 프티파는 지난 30년 동안 유일무이한 발레 거장으로 추앙받았고, 이제는 창작의 전성기가 한참 지난 완고한 보수주의자였다. 궁정의 호의를 등에 업고 있었지만 프티파는 지독한 피부병과 가려움증 때문에 전보다 훨씬 더 짜증을 잘 내는 노인네가 되어 있었다. 긴 소모전 끝에 1904년 프티파는 패배를 인정하고 슬그머니 물러나 불쾌감과 자화자찬이 넘치는 회고록을 쓰기 시작했다.

프티파에게 가해진 마지막 일격은 텔랴콥스키가 고용한 모스크바 볼쇼이 극장 출신의 젊은 안무가 알렉산더 고르스키였다. 고르스키는 발레의 전통 바깥으로 눈을 돌려 영감을 찾은 최초의 안무가라는 점에서 발레 역사에 빠질 수 없는 중요한 개척자다. 그는 고전적인 비례에 노예가 되기를 거부하고 발레의 허술한 시나리오에 리얼리즘적인 요소를 도입하고자 했다. 모스크바 시절 콘스탄틴 스타니슬랍스키, 블라디미르 네미로비치단첸코와 가까운 사이였던 그는 두 사람이 체호프의 희곡에 기초해 모스크바 예술극장 무대에 올린 연극들에 진심으로 감탄했다. 저 무대에 펼쳐진 미묘함, 디테일, 분위기로부터 무엇을 배울 수 있을까? 발레는 항상 그렇게 유치하고 어리석어야만 할까? 당연히 그렇지 않다고 생각한 고르스키는 《돈키호테Don Quixote》의 안무를 의뢰받자 동일한 의상을 입은 무용수들이 일제히 같은 춤을 추는 상투적인 군무를 피하고, 대신 스페인풍의 세트와 의상으로 서로 차별화된 개인을 창조하기 위해 노력했다. 이 공연을 상당히 마음에 들어 한 텔랴콥스키가 고르스키의 《돈키호테》를 상트페테르부르크에 들여왔고, 이 도시에서 프티파가 1871년에 만든 보수적이고 아름답기만 한 버전을 대체해 그를 격노하게 했다.

새로운 것을 갈망하는 젊은 세대라면 누구나 고르스키의 혁신을 받아들여 더욱 발전시킬 것이다. 그 선봉에 미하일 포킨이 있었다. 교양 있는 가문 출신에 잘생기고 자부심 강한 이 젊은이는 황실 학교에서 고전발레 훈련을 받았다. 그러나 그는 모든 예술에 열정적인 관심을 쏟았고 프티파의 아카데미즘을 견디지 못했다. 30대 초에 포킨은 고르스키의 본보기에 기초한 원리에 따라 춤을 가르치고 안무하기 시작했다. 나중에 그는 이렇게 썼다. "나는 동작과 자세에 의미를 부여하고자 노력했다. 춤이 체조처럼 보이지 않게 하려고 노력했고, 학생들이 음악을 알아들어 음악이 단지 반주로 취급되는 일이 없게 하려고 노력했다."[1] 포킨은 무대 디자인에 역사적 진실성이 담겨야 한다고 주장했고, 박수갈채로 중단되는 서커스 묘기 대신 극적인 통일성과 진정성을 요구했다. 프랑스-이탈리아 미학은 아름다움을 세부적으로 규정하고 있었지만 그는 지배적인 미학의 경계 너머를 보면서 아시아 조각의 유려한 굴곡과 민속춤의 거친 스타일을 결합했다.

포킨은 또한 1904~1905년에 상트페테르부르크를 처음 방문한 미국인 무용가 이사도라 덩컨의 자유로운 영혼을 접하고 깊은 인상을 받았다. 이는 그에게 도전 의식을 불러일으켰다. 덩컨은 맨발에 맨다리를 드러내고 코르셋 없이 얇은 흰색 튜닉만 걸친 채 홀로 춤을 췄다. 그녀는 베토벤이나 쇼팽의 피아노곡에 맞춰 자신의 영혼을 서서히 열었다. 음악이 가슴 한복판에 떨림을 일으키고 팔다리로 퍼져나가는 순간부터 그녀의 몸은 깡총 뛰고 달리고 도약하고 웅크리고 심지어 말없이 사색에 잠겼다. 그리고 이 모든 순간 그녀는 정령에 사로잡힌 것 같았다. 무대 바깥에서 그녀는 고대 그리스와 자연과 춤의 여신 테르프시코레에 관한 종잡을 수 없는 이야기를 늘어놓았다. 그녀는 확실히 거드름을 피웠으나 인습에 대한 그녀의 경멸에는 당장에 어떤 일이라도 가능하게 할 것 같은 마법의 힘이 살아 있었다.[2]

포킨은 작품에 어울리기만 하다면 발레리나의 토슈즈를 벗기고 심지어 맨발로 무대에 세울 준비가 되어 있었다. 그러나 엄밀한 발레 테크닉을 거부하는 이사도라의 방식을 그는 받아들이지 않았다. 사실 그녀의 움직임에는 특별히 정교하거나 세련된 면이 없었고, 이는 결국 그녀의 표현력을 제약했다. 자신의 초기 작품에서 포킨은 덩컨의 자유로움을 이용했지만 혁명으로 가는 또 다른 유익한 방향을 제시했다. 프티파의 공연은 그랜드 오페라와 비슷하게 저녁 내내 공연되는 과다한 4막 형식이었다. 포킨은 이러한 방식을 버리고 단일한 줄거리를 바탕으로 무용수들이 무언의 배우 역할을 하는 간결한 단막 구성이나 일관된 그림 틀 안에서 한 세트의 춤을 보여주는 발레 모음 형식을 채택했다. 또 다른 혁신적인 시도는 모든 것이 관객을 정면으로 바라보는 시점을 거부한 것이다. 왕에게 등을 돌리는 것을 반역에 가까운 불손 행위로 여기는 루이 14세의 궁정의 유물을 탈피한 것이다. 대신 포킨의 무용수들은 관객을 등지는 경우가 있을지라도 드라마 안에서 서로를 마주 보며 연기했다.

이 같은 개혁이 실현되기 위해서는 포킨이 그랬던 것처럼 새로운 가능성에 들뜨고 신명 난 무용수들이 필요했다. 다시 말해 무용수들이 단지 까다롭고 늙은 발레 마스터의 명령을 따르기보다 창조적인 예술가로서 협력할 준비가 되어 있어야 했다. 이 점에서 포킨은 운이 좋았다. 1890년대 이후로 상황이 변했다. 이탈리아에서 온 스타 무용수들은 이제 한물갔다. 러시아의 젊은 무용수들이 그들의 모든 기술을 익혔기 때문이다. 마린스키 극장이, 오늘날까지도 어느 정도 살아남은, 힘들고 혹독한 신체적인 교육 과정을 고집스레 유지하면서 자체적으로 스타를 배출한 것이다. 대표적으로 한때 차르의 정부였던 교활한 마틸드 크셰신스카가 궁정에서 여전히 높은 지위를 유지하면서 원하는 것을 얻기 위해 자신의 영향력을 행사했다. 또 최고의 남성 무용수이자 마임 연기로 유명한 파벨 게르트는 모두가 사랑하는 선생이 되었다.

하지만 포킨은 또 다른 어린 신진 그룹과 더 가까워졌다. 그들을 1905 세대라 부를 수 있는데, 정치적 격변이 일어난 그해에 그들이 전례 없는 파업에 참가하면서 하나가 되었기 때문이다. 그들은 텔랴콥스키에게 더 나은 보수와 조건, 예술적인 결정에 더 깊이 참여할 권리를 보장해달라고 호소했을 뿐 아니라 분장실을 돌아다니며 무용수들에게 무대에 오르지 말라고 소리치는 등 적극적으로 공연을 방해했다. 이 반란—많은 사람이 충격적인 불경죄로 여긴 행동—은 주동자 중 한 명인 세르게이 레가트가 어떤 분명치 않은 상황에서 자살한 뒤 수면 아래로 가라앉았다(나중에 그의 동생 니콜라이는 그가 "대단히 공상적이고 괴팍했다"고 묘사했다). 하지만 변화를 향한 강한

욕구는 이미 분출된 상태였다.[3]

포킨은 먼저 낮에 열리는 자선 공연, 학교 콘서트, 비공개 파티를 통해 자신의 양식을 갈고닦기 시작했다. 초기의 노력 중 하나는 쇼팽의 꿈과 악몽에 기반하며, 쇼팽의 음악에 맞춰 춤을 추는 《쇼피니아나Chopiniana》였다. 몇 차례 수정을 거친 후 이 발레 작품은 그가 남긴 가장 생명력 있는 작품 중 하나인 《레 실피드Les Sylphides》◆가 되었다. 또 다른 초기 작품 《살아 있는 고블랭Animated Gobelin》은 프랑스 태피스트리에 묘사된 인물들이 갑자기 살아 움직이는 모습을 표현한 작품으로 나중에 《아르미드의 별장Le Pavillon d'Armide》이 되었다. 두 작품 모두 1907~1908년 마린스키 극장의 주요 레퍼토리에 포함되어 브누아가 설계한 무대에서 공연되었고 오늘날까지 변형된 형태로 살아남았다. 아이러니하게도 두 작품은 그들이 대체하고자 했던 프티파의 고전적인 마임보다 더 예스러워 보이긴 하지만, 발레 역사에 있어 엄청나게 중요하다. 두 작품 모두 반드시 살펴봐야 할 세 명의 특별한 무용수와 관련이 있기 때문이다.

그중 둘은 1905년 청원서에 서명한 젊은 발레리나였다.

안나 파블로바는 혈통이 미심쩍은 사생아로 태어나(부친 쪽이 유대인이었을지 모른다) 병약한 어린 시절을 보냈다.[4] 하지만 넵스키 픽윅키언처럼 그녀도 《잠자는 숲속의 미녀》를 본 순간 자신의 운명을 의심하지 않았다. 약한 발목과 애처로울 정도로 가는 다리는 전문 무용수가 되기에 좋은 조건이 아니었다. 그녀는 피나는 노력으로 황실

◆ 40쪽의 《라 실피드》와는 다른 작품이다.

학교에 입학했지만 그녀의 가냘픈 신체로는 그녀보다 더 크고 튼튼한 체격에 맞게 고안된 훈련 과정을 따라갈 수가 없어 고통을 겪었다.

자신의 몸으로는 이탈리아 무용수들처럼 발끝으로 서서 힘차게 돌 수 없다는 점을 깨달은 파블로바는 흙보다 공기를 더 많이 품은 생명체로 느껴질 만큼 우아하게 하늘거리는 독특한 스타일을 개발했다. 고전적인 완벽함도 당당한 위엄도 그녀의 스타일이 아니었다. 그녀는 다른 사람들과 섞여 더 크고 극적인 장면을 만드는 무용수가 결코 아니었다. 날개를 퍼덕이는 잠자리, 사르르 녹는 눈송이, 쾌활한 숲의 요정, 도깨비불 그리고 무엇보다도 빈사의 백조를 연기하며 홀로 스포트라이트를 받는 무용수였다. 포킨이 그녀를 위해 안무한 4분 길이의 독무에서 안나는 떨리는 두 팔을 통해 죽어가는 백조가

빈사의 백조를 연기한 안나 파블로바(1908). 발레의 원형적 이미지를 각인시킨 인물로 알려져 있다.

다시 나래를 펴기 위해 안간힘 쓰는 좌절된 욕망을 표현했다. 그녀는 전 세계를 누비며 4천 회 이상 공연했고, 발레의 원형적 이미지를 각인시킨 인물로 알려져 있다. 아마 그녀에게도 탈리오니 같은 재능, 이사도라 같은 재능이 있었던 듯하다.

파블로바는 동물에게 친절하고 어린아이들에게 미소 짓고 팬들에게 더없이 정중했지만 그 밖의 사람들에게는 그다지 친절하지 않았다. 그녀의 거대한 자존심과 차가운 표정은 분명한 메시지를 전달했다. 그녀 자신이 곧 법이며 남성 파트너의 유일한 기능은 그녀가 창조하려는 자신에 대한 환상을 강화하는 것 이상도 이하도 아니라는 것. 남자 무용수는 일종의 필요악으로 여겨져 수시로 버려지고 교체되었다. 하지만 그녀는 진정 천재였다. 즉흥적인 듯 자연스러워 보이는 재능을 발휘하며 마치 한 편의 꿈처럼 춤을 추었다.

그녀보다 네 살 어린 타마라 카르사비나는 완전히 다른 사람이었다. 매우 지적이고 학식을 갖췄으며 변함없는 친구이자 믿을 만한 동료였고, 여왕 같았지만 누구에게나 정중한 스타였다. 또한 많은 사람으로부터 존경을 받았고 은퇴 후에는 파블로바가 두려워했던 극장 밖에서의 평범한 생활을 즐겼다. 이 책에 정직한 미덕의 횃불이 있다면 그 불빛은 타마라에게서 나온다.[5]

그녀의 아버지 플라톤 카르사빈은 훌륭한 무용수였으나 프티파의 눈 밖에 나 앞길이 막혀버린 비운의 인물이었다. 은퇴 후 그는 선생이 되었고 어린 타마라는 아버지의 학생이 되었다. 그 후에 타마라는 황실 학교에 들어갔는데 그녀의 매혹적인 회고록 『극장가』에는 이 엘리트 학교에서 기숙생으로 살았던 삶이 생생하게 그려져 있다. 학교는 전액 무상으로 폭넓은 교육을 제공했다. 다만 이 교육이 바라는 단 하나의 대가가 있다면 인생을 걸어야 한다는 것이었다. 학교는 이루 말할 수 없이 까다롭고 엄격했지만 교육의 질은 최상이었던 셈이다. 특별히 존경스러운 스승은 엔리코 체케티와 크리스티안 요한손이었다. "체케티 메소드"라 불리는 발레 교수법은 견실하게 기초를 다져주었다. 아흔 살이지만 두려울 정도로 진솔한 스웨덴 출신의 요한손은 휠체어를 탄 허약한 몸으로 '완벽 수업la classe de perfection'이라고 알려진 과정을 통해 고학년 학생들에게 섬세한 기술을 가르쳤다.

눈부시게 빛나는 아름다움, 능수능란한 연기력, 시적 상상력을 겸비한 이 무용수는 학교라는 외피를 깨고 나올 때부터 선배인 파블로바보다 더 따뜻한 인간, 그러니까 손에 잡히지 않는 환상뿐 아니라 감정적 진실까지 전달할 줄 아는 예술가였다. 당연히 파블로바는 이 후배를 조금도 좋아하지 않았고, 그녀의 상승세를 예리한 눈으로 지켜보았다. 두 사람이 오래도록 함께할 자리는 없을 게 분명했다.

카르사비나와 포킨은 서로에게 사랑의 감정을 느꼈다. 그러나 그들의 주장에 따르면 긴 산책과 정열적인 눈길을 넘어서진 않았다고 한다. 나중에 두 사람은 각자 다른 곳에서 결혼하게 되지만 그들의 직업적인 관계는 우리가 주목해야 할 제3의 인물을 통해 더욱 발전하고 풍성해졌다. 그 인물은 "살아 있는 전설"이라는 진부한 표현에 당위성을 부여한 사람이었다.

1889년 키이우◆에서 태어난 바슬라프 니진스키는 가톨릭 폴란드

◆ 우크라이나의 수도.

계지만 더 거슬러 올라가면 타르타르의 혈통이 섞인 것으로 보인다.[6] 그의 부모는 전문적인 무용수로 코카서스와 우크라이나를 순회했고, 어린 바슬라프는 부모 밑에서 코팍이나 레즈긴카처럼 힘이 넘치고, 높이 뛰고, 뒤로 공중제비를 하는 민속춤들을 배웠다. 상트페테르부르크에서 발레를 배울 때 바슬라프는 낮은 학업 성적에도 불구하고 빠르게 진급해 열여덟 살에는 이미 모든 스타 발레리나와 짝을 이뤄 춤을 추고 있었다.

니진스키는 언제나 별종이었다. 욱하는 성질에도 불구하고 나르시시즘에 빠졌나 싶을 만큼 과묵했으며 매사에 강박적으로 깔끔하고 꼼꼼했다. 한마디로 심리학적 수수께끼 같은 존재였다. 요즘 같으면 자폐스펙트럼으로 진단받았을지도 모르겠다. 무용수인 리디아 소콜로바는 이렇게 회고했다. "니진스키는 혼자 있는 시간이 거의 없었지만 실은 언제나 혼자였다. 어떤 식으로든 다른 이들과 어울리지 못했고 남들과 대화하는 일이 거의 없었다. 대화를 한다면 그와 춤을 추고 있는 파트너와 몇 마디 나누는 경우였는데 그럴 때도 시선을 다른 곳에 둔 채 수줍고 조용하게 말했고 말이 끝나면 최대한 재빨리 도망치곤 했다."[7] 그의 누이인 브로니슬라바는 더 암울하게 표현했다. "그에게는 친구가 단 한 명도 없었다."[8]

이고르 스트라빈스키는 후에 "그의 성격에는 이상한 결핍이 있다"고 지적했지만,[9] 사람들은 그가 무대 의상을 입고 다른 사람이 되었을 때 드러나는 무시무시한 변신에 놀라곤 했다. 그 순간 텅 빈 자리가 가득 채워진 듯했다. 극장 밖에서 그와 마주친 사람들은 종종 침울하고 무뚝뚝한 그의 평범한 모습에 당황했다. 심지어 리허설 중에도 그는 특별한 인상을 남기지 않을 정도로 표면에 나서지 않았다. 첫눈에 잘생긴 편은 아니어서 일상에서는 행상인이나 인부로 오해받을 수도 있었다. 단지 자세히 살펴볼 때에야 그에게서 길들지 않은 짐승의 위험한 매력이 뿜어져나오는 걸 알 수 있었다. 그는 의중을 파악하기 어려운 사람이었다. 그의 내면을 규정하기는 더 어려웠다. 그의 태도는 탐욕스럽거나 험악하거나 취약하거나 그냥 텅 빈 것처럼 보일 수 있었다. 남성성과 여성성을 명확히 양분하는 문화에서 그의 에로틱한 후광은 "제3의 성"이 암시하는 동성애의 불편한 향기—나른하고, 곡선미가 있고, 나긋나긋하고, 장밋빛이 감도는 분위기—를 풍겼다.

니진스키의 기이한 체격은 그가 가진 능력을 어느 정도 설명한다. 5피트 4인치(약 163센티미터) 정도의 키에 두꺼운 목, 좁고 비스듬한 어깨, 늘씬한 상체, 잘록한 허리, 바위처럼 단단한 허벅지와 알뿌리가 박힌 종아리가 그의 특징이었다. 이 단단한 근육질의 평범한 체격이 어떤 연금술에 의해 초자연적으로 날아오르거나 이국적인 관능을 발산하거나 시적 갈망의 전형이 되었다. 무대 위에서 그의 파트너들은 이러한 환상 뒤에 숨은 노력을, 더 나아가 그런 노력 뒤에 깔린 음울한 강박을 알아보았다. 소콜로바는 그가 "숨이 차서 헐떡이곤 했던 것"을 기억했다. "나는 그의 눈에서 진정한 기쁨의 불꽃을 본 적이 없다. … 그가 춤을 춘 것은 오로지 그것만 할 수 있어서, 다른 건 할 수가 없어서였다."[10] 선생인 니콜라이 레가트는 이렇게 말했다. "다리 근육, 특히 도약에 필요한 허벅지 근육을 강화한 덕분에 그는 적당히 점프해도 높이 뛰어오를 수 있었다. 도약할 때는 솟구치기 직전에 숨을 들이마시고 착지하자마자 숨을 내쉬었다."[11] 하지만 그의 기술—점프하는 동안 공중에서 머무는 듯한 착각을 불러일으키는 전설적인 능력까지는 아니더라도—을 가장 정확히 묘사한 사람은 그의 친구인 마리 램버트였다.

> 니진스키보다 더 단단하게 지면을 딛고 그 엄청난 도약을 해내는 사람은 없었다. 그는 아킬레스건이 유난히 길어 제5 포지션(양발을 직각으로 둔 스탠딩 자세)에서 플리에◆를 끝까지(허벅지가 지면과 수평을 이룰 때까지) 하는 몇 안 되는 사람 중 하나였다. 또한 똑바로 하든 회전하면서 하든 그랑쥬테◆◆를 할 때는 항상 첫 번째 다리가 땅에 닿기 전에 두 번째 다리로 바트망을 했다. … 실제로 그렇게 높이 뛰는 다른 무용수들이 있었을지 모르겠으나 지상과의 거리를 쟀을 때 니진스키는 누구보다 별에 더 가까이 다가갔기에 보는 이로 하여금 지구를 완전히 잊게 했다.
>
> 그의 피루엣은 눈이 부셨지만 중요한 건 그가 실제로 수행한 회전의 수라기보다는—더 많이 회전하는 무용수들이 있었을지 모른다—믿을 수 없이 가볍고 빠른 머리 동작이었다.
>
> 그의 발은 놀랍도록 유연했다. 그가 슈즈를 벗어 내게 쉬르 르 쿠드피에◆◆◆를 보여준 기억이 난다. 그는 "손으로 감싸듯이 가볍게 감싸는 거야"라고 말했는데, 실제로 그의 발에는 손과 똑같은 지능과 감각이 있었다. 이 때문에 지면과의 촉각이 남달랐으리라. 무용수의 발이 지

◆ 고관절과 무릎을 바깥으로 연 스탠딩 자세에서 무릎을 굽혔다 폈다 하는 동작.

◆◆ 뛰는 동시에 공중에서 다리를 앞뒤로 크게 뻗는 동작.

◆◆◆ 동작 다리의 발로 지탱 다리의 발목을 앞뒤로 감싸는 동작.

면에 닿는 감각은 피아니스트의 손가락이 피아노 건반에 닿는 감각처럼 중요하다는 걸 아는 사람이 거의 없는데, 그가 최고 수준으로 갖춘 능력이 바로 이 완벽한 촉각이었다.[12]

샬랴핀의 힘찬 베이스와 함께 포킨의 단막 발레를 추는 이 보석들—파블로바, 카르사비나, 니진스키—은 댜길레프의 귀중한 보물이자 파리에서 선보일 차별화된 셀링 포인트가 되었다. 다가올 것의 징후가 미약하게나마 퍼져 있었다. 몇 안 되는 인원이었지만 러시아 무용수들이 유럽의 도시와 휴양지에서 이미 순회공연을 시작했다. 보드빌 공연에서 강아지 묘기와 저글링 중간에 나와 파드되를 추는 것이었지만 말이다. 1908년 에드바르트 파체르라는 이름의 핀란드 임프레사리오는 더 많은 인원으로 대표단을 꾸려 헬싱키와 베를린에서 공연했다. 하지만 댜길레프의 야망은 훨씬 더 원대했다. 의상을 입은 스타들만이 아니라 연극과 음악 문화 전체를 실어 나르고자 한 것이다. 이를 위해서는 어머어마하게 큰돈이 필요했기에 비용을 충당하는 일은 지속적인 골칫거리가 되었다.

곤란하게도 잠재적 기증자들이 사망하고, 약속은 계속 취소되었으며, 고무 제품으로 큰돈을 번 어느 호의적인 자선가는 갑자기 파산하고, 차르는 이유도 없이 지원금 약속을 철회했다(아마도 마녀 같은 전 정부 크셰신스카의 끈질긴 요청 때문이었을 것이다. 크셰신스카는 최대 라이벌인 파블로바에게 이득이 될 만한 모든 일에 분개했다). 그 결과 프로그램 편성 수정이 불가피해졌다. 댜길레프에게 남은 것은 한 줄기 희망을 품은 채 절친한 여성 친구인 미시아 에드워즈의 관대함에 기대는 것뿐이었다. 신문업계 거물인 남편과 별거 중이던 미시아는 폴란드 태생으로 프루스트가 베르뒤랭 부인과 유르벨레티예프 공주를 풍자적으로 묘사할 때 모델로 삼은 여성이었다. 댜길레프와 미시아는 누구도 그들의 관계를 공격하지 않으리라 확신하고서 자매지간처럼 끊임없이 키득거리고 티격태격했다. 프랑스에서 그의 대리인 겸 에이전트 역할을 해준 또 다른 생명줄은 그를 후원하고 뒤처리까지 맡은 임프레사리오 가브리엘 아스트뤽이었다. 그의 영리한 사업 수완과 극장계 안팎을 아우르는 폭넓은 관계는 필수 자원이었다.

상트페테르부르크에서 댜길레프는 오페라와 발레로 파리의 세종 뤼스Saison Russe◆를 계획했다. 이때 리허설 감독과 발레단 관리를 맡은 발레 마스터 세르게이 그리고리예프는 댜길레프와 가장 오랜 기간 동안 함께 일하고 가장 많이 고생할 보좌관 중 한 명이었다. 그리고리예프는 브누아, 박스트, 누벨 같은 넵스키 픽윅키언으로 구성된 댜길레프의 첫 번째 사설 고문단이 진행한 유쾌하지만 대학생 모임 같은 회의를 이렇게 묘사했다.

> 다들 타원형 테이블이 있는 작은 다이닝 룸에 모였다. 테이블 위 댜길레프의 오른쪽으로 사모바르가 놓여 있었다. 그의 시종 바실리가 차를 따랐다. 테이블 위에는 비스킷과 잼이 있었고 접시 몇 개에 러시아 사탕이 담겨 있었다. 모든 멤버 앞에 종이와 연필이 놓여 있었고,

◆ 러시아 시즌.

> 댜길레프 앞에는 커다란 연습장이 놓여 있었다. … 회의 도중에 발언을 요청하면 댜길레프의 친구 누구나 기꺼이 환영받았으며 논의에 참여해 자신의 견해와 조언을 제시했다. 댜길레프는 모든 사람의 이야기를 귀담아들었다.[13]

과연 그랬을까? 모든 최고의 장군과 마찬가지로 댜길레프는 사실 자신이 신뢰하는 소수의 견해만을 받아들이고 그들의 말만 경청했다. 그리고 결국 중요한 모든 문제는 다수결이나 민주적인 절차를 무시한 채 독단적으로 결정했다. 금전 처리를 장부에 적지도 않았다. 피터 리벤은 이렇게 지적했다. "댜길레프가 아니면 누구도 해독할 수 없는 낙서 같은 글씨가 찢어진 작은 종이에 적혀 있었다.■ … 그는 수전노의 대척점에 있는 인물이다. 자기 것이든 남의 것이든 돈을 존중하는 마음이 전혀 없다."[14] 돈은 그저 목적을 위한 수단에 불과했다. 작은 검은색 연습장에 간단히 적은 메모만으로 댜길레프는 프랑스군의 원칙에 따라 사업을 관리했다. "우리는 어떻게든 해낸다On se débrouille."

체호프의 말에 따르면 러시아인은 끝없이 사색하고 머뭇거리는 약점이 있다. 그러나 댜길레프는 언제나 빠르게 질러갈 줄 알았다. 그에게 반드시 필요한 것이기도 했다. 이 사업이 엄청난 도박이었기 때

■ 이건 약간 과장된 표현일 뿐이다. 엉망진창인 회계를 정리해달라고 의뢰받은 런던의 한 변호사는 분노를 터뜨리며 이렇게 불평했다. "당신이 주의를 기울이지 않는다면 다른 사람이 이 일을 처리하기는 정말 대단히 어렵습니다." (Ekstrom Collection, V&A Theatre Museum, 7/1/1/8.)

문이다. 여름휴가 기간 동안 계약에서 자유로워진 황실 극장 단원들 중 임시로 뽑은 오페라 단원과 발레 단원 250명, 오케스트라 연주자 80명이 계약을 맺고 교육을 받고 연습을 해야 했다.

1909년 5월 무용수들이 기차로 파리에 도착했다. 댜길레프는 언제나처럼 호텔 스위트룸 바닥에 "반만 꾸린 트렁크들을 거치적거리게 늘어놓고, 테이블 위에 편지와 프로그램 교정쇄, 서류 상자를 쌓아놓고, 의자와 벽에 캔버스와 그림을 기대어 놓은 채"[15] 사업을 개시했다. 고향 생각은 전혀 나지 않았다. 세속적인 부를 축적하겠다는 생각도 전혀 없었다. 행복한 유목민 댜길레프는 언젠가는 누군가가 갚아줄 거라 믿으면서 고급 레스토랑에서 식사를 하고 엄청난 청구서를 쌓아올렸다. 하지만 보는 사람이 무안할 정도로 닳아빠진 옷을 입었고, 사치품에는 결코 눈을 돌리지 않았다. 물질적으로나 정신적으로나 그는 자신이 제작하는 예술에 가진 것을 모두 쏟아부었다.

무용수들은 그보다 소박한 생미셸가의 싸구려 호텔에 여장을 풀었다. 러시아를 벗어나 본 적이 거의 없는 무용수들은 자신들의 편협함을 뼈저리게 느끼면서 "빛의 도시" 파리의 화려함에 황홀해하기보다 어리둥절해하며 겁을 먹었다. 타마라 카르사비나는 이렇게 회고했다. "믿을 수 없이 우아하다는 생각이 강렬해진 나머지 거리가 온통 무도회장 바닥이고 사락사락 소리를 내는 실크 속치마를 입은 똑똑한 여성들만 가득할 것 같은 생각이 들었다. … 내가 촌스러워 보일까 두려웠다." 하지만 생각을 고칠 시간이 거의 없었다. 아스트뤽은 중심가에 위치하고 있지만 다소 허름한 샤틀레 극장을 임대했다. 이 극장은 장기 상연된 호화 뮤지컬 〈80일간의 세계일주〉, 그리고 정교한 무대 장치가 연출하는 특수 효과로 유명한 곳이었다. 댜길레프가 로비와 청중석을 개조하고 카펫을 새로 깔기로 결정하면서 불쌍한 무용수들과 연주자들은 망치질 소리와 먼지 속에서 힘들게 리허설을 해야만 했다. 카르사비나가 이어 말했다. "무대 담당자들이 우리를 미친 사람으로 보았다. 공연을 앞둔 2주 동안 우리는 초조하고 신경질적인 분위기에서 녹초가 되도록 연습했다."[16] 그래도 분명 재미가 상당했을 것이다. 포장용 상자에 담겨 배달된 맛있는 음식이 단결심을 유지시켰다. (그 시절 발레 무용수들은 오늘날처럼 마른 몸매에 집착하지 않았고, 식욕이 말과 같았다. 카르사비나는 "나는 항상 **모든 걸** 먹었다"고 힘주어 말했다.[17])

모든 지출이 외상이었고 박스 오피스 수익으로는 비용을 충당하기가 어려웠으니 완전한 재앙과 파멸이 코앞에 닥친 듯했다. 하지만 강한 낙관주의적 분위기가 사업을 지탱했다. 차후에는 실패하지 않을 것이며 어떤 임계점에 도달하면 되살아날 거라는 믿음이 있었다. 파리의 어느 봄날 드레스 리허설을 성공적으로 마치고 축하 파티를 벌인 단원들은 희망에 들떠 축배를 들었다. "모든 사람들이 의기양양했다. 성공이 그들을 기다리고 있다는 것을 누구도 의심하지 않았고, 이미 승리를 거머쥔 양 전투에 나섰다."[18]

춤이 전에 없이 유행하는 문화적 분위기 속에서 새로움을 갈망하는 파리 시민 특유의 호기심과 감수성은 그들 편이었다. 하지만 짚고 넘어가야 할 문제가 있다. 오늘날 우리는 러시아 발레가 분화하는 화산처럼 파리 상공에서 폭발했고, 그로 인해 예술의 판도가 하룻밤 사이에 뒤바뀌었다는 주장을 흔히 들을 수 있다. 하지만 이는 사실이 아니다. 수년간 분화를 예고하는 진동이 이어지고 있었다.

20세기 초 파리 오페라하우스에서 발레는 이미 화석화되어 고루하고 호사스러운 춤이 된 건 사실이다. 하지만 훨씬 더 활기차고 자유롭게 춤을 추는 오락물이 폴리베르제르 같은 뮤직홀 또는 카지노와 올랭피아 같은 버라이어티 극장에서 무대에 오르고 있었다. 그런 장소의 성격과 에너지를 우리는 툴루즈 로트레크의 그림에서 어느 정도 감지할 수 있다. 또한 해외에서 들어온 새롭고 신기한 춤들이 꾸준히 선을 보였다. 예를 들어 이사도라 덩컨과 그녀가 맨발로 추는 그리스풍의 유희, 인디언 춤에 매혹된 또 다른 미국인 개척자 루스 세인트 데니스, 아크로바틱 선수처럼 유연한 스페인의 알다 모레노, 매력적으로 날갯짓하는 게이샤 출신의 하나코, 로댕의 그림에서 볼 수 있는 캄보디아 사원의 무희들이 있었다. 이런 새로운 춤들이 시장의 구미를 돋우었다.

이 시점에 댜길레프는 급진적인 혁신가로 보이기보다는 파도의 정점에 영리하게 올라탄 사람, 다시 말해 더 큰 것을 내보이긴 하지만 이미 작품을 인정할 만한 성향을 지닌 관객들에게 굳이 도전하지 않는 사람으로 보일 필요가 있었다. 대대적인 홍보 활동은 필수였다. 임프레사리오 아스트뤽은 사람들의 눈에 잘 띄도록 전단을 붙이고 기자들에게 흥미로운 토막 정보를 제공하는 것 외에도 고위층 인사, 유명인, 여론을 주도하는 사람들, 특별한 매력으로 눈길을 끄는 사람들을 첫날 밤 공연에 초대했다. 그가 남긴 자랑은 지금까지도 유명하다. "드레스 서클(2층 정면 특별석)을 파리에서 가장 아름다운 여배우들에게 제공했다. 쉰두 장의 초대권에 쉰두 명이 응낙했다. 금발 머리와 흑갈색 머리가 번갈아 앉도록 최대한 신경을 썼다."[19] 이 말이 **허풍**인지 아닌지 우리는 알 수가 없다. 안타깝게도 1909년 5월 19일 공연을 직접 보고 믿을 만한 상세한 기록을 남긴 사람이 거의 없기 때문이다. 하지만 이날 행사는 대단히 큰 성공을 거두었을 뿐 아니라 개보수한 청중석과 화려한 관객 또한 무대에 올려진 공연 못지않게 사람들을 흥분시켰다.

레퍼토리는 파리 시민의 감수성에 호소할 수 있도록 세심하게 조정했다. 첫날 공연의 프로그램은 이러했다. 포킨의 《아르미드의 별장》, 격렬한 폴로비츠 전사의 춤이 포함된 보로딘의 오페라 〈이고르 공〉 2막의 노래들, 짧은 춤들을 모아 상트페테르부르크에 남겨진 문화적 부를 맛보기로 보여주는 《르 페스탕Le Festin》. 여기에는 몇 가지 구체적인 계산이 깔려 있었다.

《아르미드의 별장》은 상트페테르부르크가 베르사유에 바치는 찬사이자 러시아와 프랑스의 뿌리 깊은 예술적 협상을 상징하는 것으로 읽을 수 있다. 이 작품은 어느 프랑스 성의 마당을 배경으로 한 테오필 고티에의 이야기에 토대를 둔 것으로 로코코적인 우아함과 환상이 가득하고, 전제 정치를 그리워한다고 느껴질 정도로 보수적이며, 브누아—프랑스에 공감할 뿐 아니라 프랑스식 이름과 혈통을 가진 러시아인—가 디자인한 무대는 프라고나르◆의 그림처럼 호화로웠다.

하지만 공연의 생명력은 러시아 음악(젊은 작곡가 니콜라이 체레

◆ 프랑스 로코코 미술의 마지막 대가.

프닌의 음악)과 러시아 무용에 있었다. 특히 무용수들의 춤은 고블랭 태피스트리의 형상들이 되살아난 듯했다. 바로 이 무대에서 발레 뤼스의 전설이 태어났다. 이전에 남성의 춤에 대해 그다지 생각해본 적 없는 관객들에게 근육질의 다리와 용수철 같은 발끝으로 무대 위를 날아다니는 니진스키의 초자연적인 도약은 기적과 같은 것으로 느껴졌다. 그는 즉흥적으로 날개 무대를 향해 궤적을 그리며 도약하다가 가장 최고의 높이로 뛰어오른 후에 바로 날개 무대 안쪽으로 들어가 버렸다. 그렇게 시야에서 사라지면 관객들은 무용수가 계속 고도를 높여 날아가는 것 같은 인상을 받았다. 평론가 시릴 보몬트는 니진스키가 "공기처럼 자유로우며" 완전히 자연스럽게 솟구쳐 오른다고 말했다. "동요나 흐트러짐, 준비처럼 보이는 동작은 전혀 없었다. … 그는 새가 그러하듯 쉽고 편안하게 공중으로 비약하거나 앞으로 튀어 올랐다."[20] 아무도 이 기적 같은 환상을 측정하거나 필름에 담지 않았다. 지난 세기에 생리학의 발전이 보다 과학화되었고 그에 따라 발레의 테크닉이 여러 면에서 발전했으므로 니진스키의 춤이 오늘날에도 그렇게 인상적으로 느껴질지는 의심스럽다. 심지어 그의 시대에도 의심하는 사람이 더러 있었다. 니콜라이 레가트는 무용의 역사에서 그다지 중요한 인물로 기록되지 않은 다마쇼프라는 인물을 언급하며, 그에 비하면 니진스키가 한 것은 "어린애 장난"과 같았다고 적었다.[21] 사실 니진스키 본인도 늘상 그 모든 것을 폄하했다. 공중제비로 후프를 통과하거나 공으로 저글링을 하는 것처럼 그 기술을 몸에 익힌 것일 뿐이라고 말이다. 캐묻는 사람들에게 그는 이렇게 말하곤 했다. "아니! 아니! 어렵지 않아요. 그냥 위로 올라가서 잠시 멈추면 됩니다.” 하지만 니진스키는 그를 대표하는 눈부신 도약 이외에도 많은 능력을 갖고 있었다.

《아르미드의 별장》은 눈부시게 아름다우며, 음악과 배역을 생생하게 표현하는 매혹적인 무용수 카르사비나를 파리에 소개했다. 니진스키는 너무나 자기중심적인 사람이어서 천성적으로 관대한 파트너가 될 수 없었지만, 카르사비나는 그의 상처받기 쉬운 성격을 이해하고 보조를 맞춰나갔다. 두 사람은 프로그램의 마지막에 함께 무대에 올라 《르 페스탕》의 디베르티스망◆ 부분을 환하게 밝혔다. 두 스타의 화려하고 수준 높은 파드되는 그들 각자가 이미 쌓아올린 인기를 더욱 높여주었다.

그날 밤의 또 다른 감동은 대담한 대조에서 나왔다. “개화된” 서구 유럽이 “원시적” 본능이 살아 있는 장관을 마주하고 강렬한 매혹을 느낀 것이다. 그 장관은 포킨이 보로딘의 음악 〈이고르 공〉을 본으로 삼아 창작한 폴로비츠인의 춤이었다. 《아르미드의 별장》의 예스러운 우아함과 대조적으로 이 춤은 거칠고 자유분방한 러시아를 보여주어 관객을 흥분의 도가니에 빠뜨렸다. 폴로비츠인의 춤은 분홍색 토슈즈와 고전적인 예법을 벗어던지고 원시적인 색채, 힘 있는 코러스와 어둡고 악의적인 느낌의 베이스가 돋보이는 생동감 넘치는 음악이 어우러져 원시적인 이국 정서를 광적으로 표현했다. 춤은 러시아의 또 다른 위대한 무용수 아돌프 볼름의 지휘에 따라 격분한 전사들이 광포한 살육을 벌이는 장면에서 정점에 달했다. 니진스키의 내

◆ 고전발레에서 이야기의 줄거리와 관계없이 하나의 구경거리로 삽입하는 춤.

향성과 모호함이 없는 덕분에 볼름도 샬랴핀처럼 경외와 공포를 불러일으킬 수 있었다. 그는 무대에서 각광脚光을 밟고 관객석으로 뛰어들어 여성을 겁탈하고 신사들을 살육할 것만 같은 남성적이고 격렬한 존재감을 지니고 있었다. 당연히 폴로비츠인의 춤은 곧장 그리고 꾸준히 큰 인기를 끌었다.

첫날 공연에 관한 이야기는 이쯤에서 마무리하자. 평론은 대체로 열광적이었다. 오케스트라의 연주는 경이로울 만큼 강렬했고, 무용수들은 놀랍도록 힘이 넘쳤으며, 인상주의적이고 품격 있는 무대 장식은 평소 오페라하우스에서 공연되는 발레의 구태의연한 리얼리즘과는 완전히 달랐다. 하지만 평론가들조차 모든 것을 어떻게 이해해야 할지 모르겠다는 듯한 충격의 느낌 또한 존재했다. 자화자찬의 기회를 절대 놓칠 리 없는 아스트뤽은 프랑스 일간지 『르 피가로』에 편지를 써서 여론에 일격을 날렸다. "세르주 드 댜길레프"를 격찬하고 그들의 성공을 공표한 것이다.

> 부디 청하건대 이걸 알아주기를 바란다. 내가 파리 대중에게(혹은 어느 도시의 대중에게라도) 이 특별하고도 잊을 수 없는 공연을 선보일 수 있었던 것은 다름 아닌 [댜길레프의] 탁월한 창의력, 극에 대한 그의 놀라운 이해 덕분이라는 것을 말이다. 지난 1년 동안 댜길레프는 승리의 기초를 다지고, 그 모든 장애를 넘어 쉬지 않고 행진했다. 그에게 감사한다. 파리의 눈앞에 나타난 가장 아름다운 현상에 내가 함께할 수 있게 해주었으니.[22]

이후 몇 주에 걸쳐 이 자화자찬은 과장이 아니었음이 입증되었다. 러시아인들은 계속해서 파리를 놀라게 하고 매혹했다. 림스키코르사코프의 오페라 〈프스코프의 처녀〉 중 이반 뇌제의 노래를 부른 샬랴핀은 무서울 만큼 관객을 매혹시켰다. 다음으로 역시 프랑스 취향에 맞춰 각색한 포킨의 발레 작품 두 편이 연달아 무대에 올랐다.

러시아에서 《쇼피니아나》라고 불리던 작품은 《레 실피드》로 개작되었다. 《레 실피드》는 중성화된 여성성을 아련하게 표현한 몽상적인 작품으로, 탈리오니와 그녀의 자매들이 희미하게 빛나는 흰색 튈을 입고 춤을 추던 1830년대 전성기의 파리 발레를 연상시켰다. 쇼팽의 인상적인 피아노 음악(발레에 맞춰 평이하게 편곡된 음악)에서는 인기 있는 멜로디들이 이어 나왔다. 포킨은 줄거리를 배제하고, 사라졌다 이어지는 동작만으로 하나의 감정, 하나의 분위기, 하나의 타블로를 제시했다. 브누아가 디자인한 배경은 숲의 공터에 폐허로 남겨진 고딕 수도원을 보여주고, 이곳에서 작품명과 동일한 이름의 정령들이 카르사비나와 파블로바의 뒤를 따라 창백한 달빛 아래에서 모습을 드러냈다. 반딧불처럼 보일 듯 말 듯 경쾌하게 움직이고 부드러운 자세로 쉬고 있는 무용수들은 낭만적인 장면을 꿈꾸는 남자의 부드러운 손길을 수줍게 피해 다녔다. 검은색 벨벳 조끼를 입은 긴 머리의 시적인 남자를 연기한 니진스키는 지금까지는 상상할 수 없었을 정도로 섬세하고 절제된 동작으로 음악에 몸을 맡긴 채 물 흐르듯 춤을 췄다.

《레 실피드》에서 살짝 스치고 지나간 에로티시즘의 향기는 말할 수 없이 농염한 분위기로 되돌아왔다. 정령들에 이어 무대에 오른 《클레오파트라Cléopâtre》는 성적인 장면을 거리낌 없이 드러낸 탓에 경찰을 부르지 않을 수가 없었다. 포킨의 클레오파트라는 셰익스피어의 비극에 나오는 여왕이 아니라 푸시킨의 단편 우화 「이집트의 밤」의 여왕이었다. 이 여왕은 하룻밤의 대가로 다음 날 아침 치명적인 독을 마시는 것에 동의한 남자에게 에로틱한 사랑을 제공한다. 이미 포르노에 가까운 수많은 시와 그림에서 다루고 있던, 당시에 유행하는 주제였다. 불과 몇 달 전에 프랑스 작가 콜레트와 그녀의 연인인 미시가 물랭루주에서 공연하기 위해 고안했던 야한(그리고 아마 농담조의) 레즈비언 무언극을 새롭게 각색한 이야기였다. 포킨의 작품은 분위기가 멜로드라마에 가까웠고 음악은 여섯 명의 작곡가로부터 추려낸 멜로디에 불과했지만, 레온 박스트의 무대 장식은 더없이 아름답고 웅장했다. 분홍색 기둥의 사원을 배경으로 거대한 현무암 조각상이 서 있고 그 너머로 보랏빛 황혼 속에 나일강이 반짝이며 흘렀다. 진하고 섬세하게 염색된 야만적인 금빛 의상은 당대의 위대한 아방가르드 색채 화가들—마티스, 고갱, 드랭, 들로네, 칸딘스키—이 무색할 만큼 눈부셨다. 이 공연은 단지 세기말의 퇴폐적인 관능을 표현한 것이 아니었다. 아널드 베넷은 이렇게 평했다. 이 작품은 "일종의 벌거벗은 도덕, 그리고 자신의 아름다움에 대한 순수한 확신으로 인해 구원을 받았다. … 사악한 도착이라고 하기에는 너무나 참신하고 열렬하고 순진무구하다."[23]

파블로바, 카르사비나, 니진스키가 이국적인 노예가 되어 춤을 추고, 군무진 무용수들이 열정적인 춤으로 가세해 바쿠스의 주연酒宴을 완성했으며, 포킨은 치명적인 제안을 거부하지 못하는 귀족 아문 역할로 직접 출연했다. 하지만 이 공연의 스타는 무용수가 아니라 눈부신 아름다움과 막대한 부—부친이 은행과 설탕 공장과 양조장을 소유했다—를 지닌 러시아 유대인 여성이었다. 이다 루빈시테인은 상트페테르부르크에서 발레 레슨과 연기 레슨을 몇 차례 받은 뒤 고급 스트립쇼 비슷한 것을 가르치는 전문가로 일하기 시작했다. 그녀는 무대에 섰을 뿐 아니라 더욱 뻔뻔하게도 대중 앞에 나체를 드러냄으로써 가문의 전통을 모욕했다.[24] 살로메 역을 할 때 그녀는 일곱 겹의 베일을 모두 떨궈 검열을 어겼고, 파리에서 클레오파트라 역을 할 때는 흑단과 황금으로 장식한 석관 안에 미라의 모습으로 옮겨져 똑바로 세워진 다음 일곱 가지 색으로 수놓은 열한 장의 천을 시종들이 의식을 치르듯 풀어내게 해서 거의 투명하게 빛나는 벌거벗은 몸을 드러냈다. 큰 키에 버드나무처럼 가냘프고, 도도하지만 상처받기 쉬운 여인, 칠흑 같은 눈 주위에 검은색 콜 가루를 칠하고, 파르스름한 뺨에 약간 벌어진 입술, 파우더 블루(탁한 파란색) 가발을 길게 땋아 그 위에 금박을 입힌 머리 등.

다른 면으로 보면 루빈시테인은 지독히도 재능이 없었다. 리벤은 "그녀는 훌륭한 취향이라는 문제에 연연하지 않았다"고 말했다.[25] 그녀가 받은 발레와 연기 훈련은 보잘것없었다. 대신에 그녀가 의지한 것은 "플라스티크plastique", 즉 조상彫像이 느릿느릿 움직이는 듯한 기법이었다. 또한 그녀는 등장할 때부터 퇴장할 때까지 관객의 눈길을 사로잡는 법을 알고 있었다. 브누아는 이렇게 평했다. "그녀는 춤을 추지 않았다. 무대를 걸었다. 하지만 그녀가 걷는 모습이란!"[26] 이와 함께 그녀는 기상천외한 신문 보도를 통해서 자기 자신을 선전하는 재능이 있었다. 당시에 유행하던 한 신화를 인용하자면 그녀는 성모 백합이 새겨진 컵에 샴페인을 따라 마시고, 그녀에게 영감을 준 사라 베르나르◆와 똑같이 사나운 야생 고양이를 애완용으로 키웠다.

여섯 주에 걸친 열두 번의 공연이 끝날 즈음이던 6월 중순, 댜길레프는 마음속으로 1910년에도 파리에 오겠다는 구상을 하고 있었다. 이제 댜길레프 앞에서 열리지 않는 문은 없었다. 그의 모든 요청이 답을 받았다. 모리스 라벨에게는 후에 포킨이 안무한 《다프니스와 클로에Daphnis et Chloé》의 작곡을 의뢰했고, 열정적이고 부지런한 열아홉 청년 장 콕토, 그리고 마르셀 프루스트와 친밀한 사이였던 작곡가 레날도 안 등과도 미래의 계획을 논의하고 있었다. 엘리트층에는 독창적이고 수준 높은 어떤 것이 잉태되었음을 충분히 알렸고, 새로운 관객에게는 타당하고 중요한 예술 형식으로 널리 인정받게 된 춤 장르에 대한 씨앗이 뿌려진 상태였다. 프루스트는 『죄수』◆◆에서 이를 "매력적인 침략"이라 부르며 "드레퓌스 사건보다는 덜 비통하고 순수미학에 더 가깝지만 그 사건만큼이나 강렬한 '호기심의 열병'을 일으켰다"고 평했다.[27] 영국-독일계 출신의 국제 외교관이자 예술 감식가이기도 한 해리 케슬러 백작—리하르트 슈트라우스와 후고 폰 호프만슈탈의 친구이며, 오귀스트 로댕 그리고 중부 유럽의 복잡다단한 고급문화에 풍미를 더한 에드바르 뭉크의 친구—은 일기에 이렇게 썼다. "대체로 보아 이 러시아 발레는 우리 시대를 가장 잘 표현하는 훌륭한 예술이다. … 우리는 진정 새로운 예술의 탄생을 목격하고 있

◆ 프랑스의 여성 연극배우.

◆◆『잃어버린 시간을 찾아서』 5권.

다."[28] 이 판단은 머지않아 신문 기사에서 자주 보는 진부한 표현이 되었다.

러시아 시즌(세종 뤼스)이 거둔 첫 성공의 핵심에는 매력적인 역설이 있었다. 브누아는 이렇게 설명했다. "우리 러시아의 거친 원시성, 우리의 단순함과 순진성은 가장 개화된 도시 파리에서 창조되고 있는 그 모든 것보다 더 진보적이고 더 정교하고 더 세련되었다!"[29] 물론 그 원시주의는 철저히 극화되고 시장의 구미에 맞게 신중하게 요리된 것이었다. 하지만 이는 시대적 변화의 산물이기도 했으며 그 변화를 더 과감하게 창조적인 방향으로 이끈 사람이 바로 댜길레프였다.

해결되지 않은 문제는 단 하나였다. 바로 돈. 댜길레프는 리벤이 말한 특별한 능력, 즉 "지적 허영의 분위기를 창조해 사업을 포장하는 천재적인 능력"을 입증하긴 했지만,[30] 엘리트 집단의 찬사만으로는 모든 좌석을 채우지도, 모든 청구서를 해결할 수도 없었다. 파리 시즌의 지출은 수입보다 8만 6천 프랑 초과했다. 채권자들의 요구가 몰리는 첫 번째 창구는 댜길레프의 대리인 격인 아스트뤽이었다. 그는 빚이 다 청산되기도 전에 댜길레프가 오페라하우스와 1910년 시즌에 대해 은밀히 협상하고 있다는 것도 알게 되었다. 이 러시아인의 배은망덕과 불성실에 열이 오를 대로 오른 아스트뤽은 모든 무대 장치와 의상을 압류하고 댜길레프의 파산을 선언하려 했다. 다음으로 그는 차르의 집무실에 통렬한 고발 편지를 보내 댜길레프가 황실 재무부로부터 추가 보조금을 받을 기회를 무산시켰다. 그해 말 아스트뤽이 새로운 계약서에 서명하면서 사태가 마무리되기는 했지만 이 추잡한 에피소드는 러시아 오페라와 발레를 수입하는 것이 얼마나 위험천만한 사업인지를 만천하에 알렸다.

보이지 않는 곳에서는 다른 일이 벌어지고 있었다. 지극히 개인적인 그 일에 대해 많은 사람들이 수군거렸다. 파리에서 댜길레프의 비서 알렉세이 마브린이 갑자기 사라지자 발레리나 올가 페도로바와 함께 도주했다는 말이 돌았다. 한편 댜길레프는 이제 니진스키를 사적으로 보호하고 있었다. 두 사람은 방 사이에 연결문이 달린 붙어 있는 객실에서 지냈다. 니진스키는 언제부턴가 커다란 사파이어가 박힌 백금 반지를 끼고 있었고, 공연이 끝난 후 댜길레프가 비엘 레스토랑에서 여는 만찬에 무용수 중 유일하게 초대되었다(반사회적 인격장애를 가진 니진스키로서는 절대 즐겁지 않은 행사였을 것이다). 여름을 보내고 상트페테르부르크로 돌아갈 때까지 두 사람은 카를로비바리에 있는 온천이나—니진스키가 장티푸스에서 회복하는 중이었다—베네치아로 여행을 했다. 무슨 일이 벌어지고 있는지 모든 사람이 알았고 그 의미에 대해 걱정했지만 당사자가 눈살을 찌푸리자 그 관계를 공개적으로 언급하는 일은 더 이상 없었다.

둘의 관계는 상트페테르부르크에서 시작되었다. 댜길레프는 니진스키의 첫사랑이 아니었다. 2년 전 이 무용수는 파벨 리보프 공의 날개 아래 있었다. 부유하고 처세에 뛰어난 리보프는 대단히 사교적이고 자동차 경주에 열광하는 서른 살쯤 된 도시 남자였다. 그는 공연이 끝나면 분장실에 들어가 명함을 돌리고 그와 여성 친구의 만찬에 소년을 초대하는 고전적인 수법을 사용했다. 그러나 여성 친구는 나타나지 않았다. 리보프는 니진스키를 호화로운 아파트로 이주시키고, 그가 개인적으로 받는 발레 수업비를 대신 내주고, 그의 가난한 모친과 누이에게 식료품 바구니를 보내는 등 엄청난 선심 공세로 니진스키를 유혹했다. 실제로 그는 이 이상한 청년을 진심으로 아끼고 좋아했던 것으로 보인다. "신사들의 장난"이 아주 유별난 일도 아니어서 묻거나 궁금해하는 사람은 거의 없었다.

얼마 후 리보프는 그에게 싫증이 났다. 동성애자가 아니었던 니진스키는 침실에서 공손하게 리보프의 말에 따르기만 했을 것이다. 금욕적인 발레 교육과 사회적 교류의 어려움을 고려한다면 리보프 같은 파티광에게 니진스키는 아래층에서도 별로 재미가 없었을 것이다. 니진스키에게 유머 감각이 있다고 주장할 사람은 어디에도 없었다. 그래서 당시 동성애자 사회에 퍼져 있던 거래 관습에 따라 리보프는 그를 폴란드의 어느 백작에게 넘겼고, 그다음이 댜길레프였다.

10년이 지나 극심한 정신병을 앓으며 썼던 일기에서 니진스키는 그들의 첫 만남이 전화 통화였다고 회고했다. 이는 사실이 아닐 수도 있지만 댜길레프가 그를 자기 호텔로 불렀으며 거기서 댜길레프의 뜨거운 열정이 시작되었다고 믿지 않을 이유가 없다. 니진스키는 야심차고 순진한 하류층 젊은이였으니 거부할 입장이 아니었다. 댜길레프와의 관계는 그가 원한 것이 아니라 그에게 필요한 것이었을 것이다. 광기로 인한 혼란 속에서도 우리는 둘의 관계가 그에게 어떻게 느껴졌는지 파악할 수 있다.

> 처음 알게 된 순간부터 댜길레프가 싫었다. 그의 힘을 알고 있었기 때문이다. 나는 그의 힘을 좋아하지 않았다. 댜길레프는 그 힘을 함부로 휘둘렀다. … 나는 자신감이 넘치는 그의 목소리가 싫었지만 행운

을 찾아 그에게 갔다. 그리고 거기서 행운을 발견할 수 있었다. 곧바로 그와 성관계를 했기 때문이다. 나는 사시나무처럼 떨었다. 난 그가 싫었지만 내색하지 않았다. [그렇게 하지 않으면] 어머니와 함께 굶어 죽을 게 분명했기 때문이다. 나는 첫 순간부터 댜길레프가 어떤 사람인지 알아보았고, 그래서 그의 모든 생각에 동의했다. 나는 살아야만 했고, 그래서 그 정도의 희생은 문제가 되지 않았다. 나는 춤을 열심히 췄고, 그래서 항상 피곤했다. 하지만 댜길레프가 싫증을 느끼지 않도록 항상 쾌활하고 조금도 피곤하지 않은 척을 했다. 댜길레프도 그걸 느꼈지만 그는 어린 남자를 좋아했고, 그래서 내가 어떤 사람인지 잘 이해하지 못했다. 사람들이 댜길레프는 악당이며 감옥에 가야 한다고 생각하는 건 바라지 않는다. 그가 상처를 받는다면 눈물이 날 것이다.[31]

하지만 많은 눈물, 많은 상처가 그를 기다리고 있었다.

—o o—

아스트뤽이 댜길레프의 부정 경영에 대해 불평하는 편지를 보낸 뒤로 댜길레프는 다시 한 번 상트페테르부르크에서 수치와 굴욕을 당하고 더 이상 차르의 지원을 기대할 수 없게 되었다. 그에 굴하지 않고 댜길레프는 발레트망이자 막대한 유산을 상속받은 유대인 은행가 드미트리 귄츠부르크 남작과 힘을 합쳤다. 남작은 비공식적인 재무 이사 역할을 하는 대가로 기꺼이 담보를 잡고 대출을 결정했다.

대차대조표에는 전혀 관심이 없는 댜길레프는 곧바로 남작에게 모든 서류를 넘기고 앞으로 돌진했다. 샬랴핀—파리에서 니진스키 못지않게 폭발적인 센세이션을 일으킨 스타—을 주연으로 하는 오페라 계획은 보류됐지만, 댜길레프가 작은 성공에 만족하며 현실에 안주하거나 안전을 위해 몸을 사릴 가능성은 전혀 없었다.

그는 빈틈없이 계획을 세웠다. 프랑스 낭만주의에 대한 브누아의 정서적인 애착을 달래고 또 그러한 계열의 작품인 《레 실피드》의 성공을 이어나가기 위해 파블로바 주연의 《지젤》을 재상연하겠다고 공표했다. 새로운 작품은 《불새L'Oiseau de feu》였다. 포킨이 몇몇 설화를 토대로 각색하고 안무할 이 작품에 알렉산드르 골로빈이 풍부하고 화려한 색채로 무대를 입히고, 이고르 스트라빈스키라는 신인 작곡가가 음악을 붙였다. 댜길레프는 경험이 많은 작곡가들에게 실망한 뒤 스트라빈스키에게 도박을 걸었다. 슬라브 민족성에 토대를 둔 《불새》는 그의 표현 그대로 "그간 존재하지 않았던 최초의 러시아 발레"[32]가 될 것이었다.

하지만 파블로바가 무용단을 탈퇴했다. 댜길레프와 한 차례 계약한 뒤 파블로바는 예술적 야망을 포기하고 진정성을 과감히 버린다면 더 강한 통제권을 쥐고 더 쉽게 더 많은 돈을 벌 수 있다는 사실을 냉소적으로 깨달았다. 그녀는 직접 소규모 무용단을 조직해 금액만 맞으면 무대와 장소를 가리지 않고 어디든 달려가 싸구려 다과와 다름없는 발레를 제공했다. 그 후로 20년 동안 전 세계 관중은 그녀의 누더기 같은 공연에 몰려와 행복한 표정을 지었으며, 기적적으로 마법 같은 그녀의 춤 솜씨 또한 계속 유지되었다.

《불새》의 한 장면(1910). 타마라 카르사비나와 미하일 포킨.

파블로바의 탈퇴에 가장 큰 수혜를 입은 사람은 충직한 카르사비나였다. 카르사비나는 라이벌과 같은 길을 갈 수도 있었지만 그보다 더 고결한 길을 택했다. 이듬해 공연에서 그녀가 주인공 역을 대단히 아름답게 소화했음에도 《지젤》은 주목을 끌지 못하고 김빠진 시대물에 불과하다는 평가에 머물렀다. 한편 《불새》는 그림책을 그대로 재현한 듯한 멋진 무대 디자인, 황홀할 정도로 생기 넘치는 스트라빈스키의 음악, 그리고 카르사비나가 열연한 신비한 생명체가 자기를 풀어준 대가로 젊은 왕자를 곤경에서 벗어나도록 도와준다는 줄거리 덕분에 지속적인 생명력을 얻게 되었다.

그 외에도 1910년 파리 시즌에서 포킨이 새로 발표한 두 편의 발레 작품은 그의 창의성이 활짝 꽃피웠음을 입증했다. 먼저《셰에라자드Scheherazade》는『천일야화』의 이야기에서 가져왔고, 음악은 림스키코르사코프의 교향적 모음곡을 짧게 편곡해 사용했다. 또한 플로베르의『살람보』나 아나톨 프랑스의『타이스』같은 소설의 매혹적인 동양적 에로티시즘을 이용해 고전발레보다는 초기 영화의 대담한 마임에 더 가까운 안무를 보여주었다. 존재 자체로 즉시 센세이션을 일으킨, 이루 말할 수 없이 잔인하고 퇴폐적인 이 작품은 음탕한 왕비 조베이다 역을 맡은 이다 루빈시테인에게 도발적인 포즈를 통해 팜파탈famme-fatale의 매력을 발산할 두 번째 기회를 준다. 그녀의 은밀한 연인인 황금 노예Golden Slave—포킨의 말을 빌리자면 "종마"—는 니진스키였다. "온몸에 힘이 흘러넘치는" 이 무용수의 등장으로 난교 파티가 시작된다.[33]

살 내음과 땀 내음이 가득한 춤도 춤이지만《셰에라자드》의 또 다른 볼거리는 입이 떡 벌어질 정도로 웅장하고 화려한 무대였다. 넵스키 픽윅키언 중에서도 괴짜로 통하고 그때까지 초상화가로만 알려진 레온 박스트는 처음 의뢰받은 이 극장 무대에 각별히 공을 들여 환상 속의 하렘을 창조해냈다. 배경막과 양쪽 날개 무대를 평평하게 하는 기존의 평범한 방식 대신 커튼의 위와 양옆을 크게 부풀려 늘어뜨리고 쿠션을 물결 모양으로 쌓았으며 펜던트 등을 달고 바닥에 터키 융단을 깔았다. 의상은 몸을 아슬아슬하게 가리기도 하고 드러내기도 했다. 공작새가 깃을 편 듯 화려한 색채 배합이 무대 가득 펼쳐졌다. 박스트는 "승리에 도취한 빨간색이 있는가 하면, 암살자의 빨간색이 있다. 성녀 막달레나의 푸른색이 있는가 하면, 메살리나의 푸른색이 있을 수 있다"고 썼다.[34] 박스트는 그 모든 색을 열렬히 그리고 아주 멋지게 사용했다. 브누아는 이 모든 것에 분노했다. 그의 주장에 따르면 이 발레는 자신의 착상이었으니 자기가 무대를 디자인했어야만 했다. 댜길레프가 박스트를 불러 다소 밋밋한 브누아의 《지젤》 배경에 활기를 불어넣어달라고 의뢰하자 브누아는 더욱 분노했다. 《지젤》은 어쨌든 성공하지 못했다. 틈을 비집고 불화가 흘러나왔다.

브누아도 마지못해 인정했듯이 댜길레프에게는 "성공의 습관"이 있었다. 《셰에라자드》를 본 순간 브누아는 불쾌했던 감정을 내려놓을 수밖에 없었다. 그리고 파리의 잡지 『레시』에 호평을 실었다. "정말 놀라운 작품이다. … 그토록 완벽한 색의 조화를 무대에서 본 건 처음이었다."[35] 공연을 멈추긴 불가능했다. 댜길레프의 레퍼토리에 속한 다른 어떤 작품도 그렇게 다양한 관객을 사로잡거나 그렇게 폭넓은 문화적 영향을 주진 못했다. 파리의 유명 장식가들은 박스트가 창조한 강렬한 대조색들의 "완벽한 조화"를 너나없이 모방했다. 극락조를 연상시키는 이국 정취의 여자 무용수 의상은 폴 푸아레를 비롯한 디자이너들에게 영감을 일으켜 둥근 터번과 헐렁한 판탈롱 그리고 진주를 엮어 장식한 블라우스를 탄생시켰다. 메이페어 호텔의 "엷은 파스텔 색조는 야만스럽고 다채로운 색—비취색, 자주색, 온갖 종류의 진홍색과 다홍색 그리고 무엇보다도 오렌지색—으로 바뀌었다."[36] 이 첨단 패션이 아래로 흐른 결과 "모든 중산층 가정이 검은색 카펫을 깔고 그 위에 초록색과 오렌지색 쿠션을 놓을"[37] 정도였으며, 제조업자들은 "실크해트, 무명 드레스, 모직 스웨터"[38]에도 그러한 색들을 채택했다. 단순히 시각적인 영향을 넘어서 《셰에라자드》는 1차 대전이 일어나기 전까지 몇 년 동안 진보적인 사람과 자유분방한 젊은이들 사이에서 취향의 표준이 되었다. 《셰에라자드》에 전율하지 않은 사람은 문화적 테두리 안에 들어올 수 없었다.

포킨이 창작한 또 다른 발레는 감식가들을 겨냥한 훨씬 더 미묘한 작품이었다. 같은 제목을 가진 슈만의 곡에 맞춰 안무하고 박스트가 비더마이어 양식◆으로 무대를 디자인한 《사육제Carnaval》였다. 《사육제》는 달콤쌉쌀한 저의가 깔린 낭만적인 소동으로 코메디아 델라르테◆◆의 등장인물인 할리퀸, 콜롬빈, 판탈로네, 피에로가 무도회장에서 역할극을 펼친다. 진짜 감정과 거짓 감정, 가면과 위장, 힌트와 회피를 섞어가면서 모든 것을 유쾌하지만 다의적이고 모호한 상태로 남겨놓는다.

파블로바나 샬랴핀 같은 대스타의 흡인력이 없었음에도 두 번째 시즌은 흥행에 성공했다. 러시아 오케스트라를 수입하지 않고 돈이 많이 드는 오페라를 포기한 덕에 대차대조표가 흑자로 돌아섰다. 아스트뤽의 주소록과 사교적 수완은 이번에도 대단히 유용했다. 그와 댜길레프의 관계도 원만하게 수습되었다. 댜길레프는 빈약하나마 이런 성과를 토대로 연중무휴로 운영되는 자신의 발레단을 설립하여 스스로의 역량을 강화할 수 있으리라 생각했다. 댜길레프는 여름휴가 동안 황실 극장과의 계약에서 벗어나 외부 활동이 허락된 러시아 무용수들을 고용해왔는데 그렇게 되면 그들을 고용할 필요가 없었다.

◆ 19세기 중엽의 간소하고 실용적인 양식을 총칭하는 이름이다.
◆◆ 16세기부터 18세기에 걸쳐서 이탈리아에서 발달한 가벼운 희극.

몇 가지 장애물이 있었다. 우선 그가 유럽에서 보여준 "성공의 습관"은 러시아에서 독한 시기심을 불러일으켰다. 고압적이고 사람을 조종하는 듯한 그의 행동은 상황을 진정시키는 데 전혀 도움이 되지 않았다. 댜길레프는 조국의 예술을 홍보하기보다 자기 주머니를 채우는 일에 더 관심이 있다는 소문이 퍼져나갔다. 댜길레프의 자기애가 얼마나 강했던 간에 이건 분명 사실이 아니었지만, 상트페테르부르크에서 이 소문이 흔한 가십거리로 소비되면서 그에 대한 후원을 가로막고 그가 신뢰할 수 없는 사람이라는 공식적인 정보에 힘을 실었다.

댜길레프의 발목을 잡은 두 번째 문제는 그가 일으킨 시류에 편승하거나 주연급 무용수들에게 그보다 더 큰 액수를 제시하는 다른 임프레사리오들이었다. 그의 최고 스타 중 두 명은 이미 자신이 직접 명령을 하는 지위에 있었다. 파블로바는 여기저기서 허접한 춤을 절묘하게 추고 있었고, 이다 루빈시테인은 자기 공연에 직접 돈을 대 댜길레프의 면전에서 보란 듯이 무대에 올릴 만큼 부유했다. 근거지를 파리로 옮기면서 그녀는 가브리엘레 단눈치오에게 신비극《성 세바스티앵의 순교Le Martyre de Saint Sébastien》를 써달라고 의뢰했다. 박스트의 무대 디자인과 포킨의 안무에 드뷔시의 간주곡을 사용할 예정이었다. 댜길레프에게는 다행스럽게도 이 계획은 무위로 돌아갔다.

댜길레프의 무용수들에게서 희극적인 일들이 벌어졌다. 1911년 1월 아직은 러시아에서 상대적으로 어린 무용수였던 니진스키가《지젤》의 알브레히트로 상트페테르부르크 무대에 데뷔했다. 차르의 어머니와 나이 많은 공작 부인들 그리고 댜길레프에게 칼을 겨누고 있는 몇몇 조신들이 그 공연을 관람했다. 니진스키는 언제나 어떤 의상을 입고 무대에 설지에 대해 강박적으로 까탈스럽게 굴었다. 그는 르네상스풍의 조끼와 타이츠를 입겠다고 고집했다. 브누아가 파리에서 그를 위해 카르파초의 그림 속 인물을 모델로 디자인한 의상이었다. 어떤 이유에서인지 니진스키는 그날 밤 중요 부위를 가리는 헐렁한 반바지나 보호대를 착용하지 않았고, 그로 인해 불룩한 사타구니와 엉덩이가 그대로 노출되었다. 직후에 나온 이야기는 다양하지만 아연실색한 차르의 어머니와 노부인들이 1막이 끝나자 무대 뒤로 전갈을 보내 예절과 품위를 지키지 않는다면 극장을 떠나겠다고 알린 듯하다. 약삭빠른 타협과 거리가 멀었던 니진스키는 개의치 않고 2막에서도 그대로 춤을 추었다.

다음 날 아침 니진스키는 불경죄로 마린스키 극장에서 해고되었다. 사과를 하면 복귀시켜주겠다는 말에 니진스키는 화를 내며 도리어 사과를 받아야 할 사람은 자신이며, 앞으로 자신의 고용주는 단 한 사람 댜길레프뿐이라고 발표했다. 이 거절로 그는 군 복무를 피할 수 없게 되었다. 그리고 가까운 미래에 러시아를 떠나야 한다는 결론에 이르렀다. 뒤따라 나온 언론의 격노에 댜길레프는 크게 기뻐하면서 파리에 있는 아스트뤽에게 전보를 보내 이 자극적이고 흥미로운 이야기를 퍼뜨려달라고 요청했다. "소름 끼치는 스캔들. 홍보에 사용할 것." 절호의 기회와 예술적 모험을 바랐던 다른 무용수들도 니진스키를 따라 극장을 그만두었다. 특히 그들 중에는 재능이 뛰어난 니진스키의 누이 브로니슬라바와 대단히 뛰어난 무용수 아돌프 볼름이 있었다. 이에 더해 댜길레프는 자신에게 완전히 충성하지 않았던 포킨과 브누아를 구워삶았다. 비결은 상설 발레단인 "세르주 드 댜길레프의 발레 뤼스"의 수석 명예직이었다.

댜길레프는 다양한 경로로 단원을 뽑았다. 전체적인 훈련은 존경받는 이탈리아 발레 선생인 엔리코 체케티에게 맡겼다. 또한 몬테카를로에 근거지를 마련해서 리허설 무대 겸 새로운 작품의 시험 무대로 사용했다. 그의 일기에는 파리로 돌아갈 계획뿐 아니라 로마와 런던에서 가질 데뷔 공연도 적혀 있었다. 이때 의뢰한 새로운 작품 중 두 편은 이후에도 오래도록 중요한 작품으로 남았다. 둘 다 포킨이 안무하고 니진스키의 천재성에 초점을 맞춘 것들이었다.

첫 번째 작품은 테오필 고티에의 시에 기초를 두고 베버의 경쾌한 악곡 〈무도에의 권유〉를 음악으로 사용한 《장미의 정령Le Spectre de la rose》이었다. 박스트가 비더마이어 양식으로 디자인한 무대를 뚝딱뚝딱 급하게 만들었고 두 무용수가 어느 정도 즉흥적으로 이끌어가는 작품이었으니 극의 전제 자체가 이보다 더 단순할 수 없었다. 순결한 처녀(대단히 아름다운 카르사비나)가 첫 번째 무도회에 갔다가 집으로 돌아와 의자에서 잠이 든다. 그녀를 사모하는 남자에게 받은 장미가 그녀의 품에서 바닥으로 떨어진다. 열린 창문을 통해 장미의 정령과 향기가 형체—그녀의 모든 순결한 환상이 투사된 형체—를 갖추고 들어오더니 처녀를 일으켜 세워 몽유병 같은 2인무를 춘다. 그리고 마지막 도약과 함께 포물선을 그리면서 창문 너머 어둠 속으로 사라진다. 처녀는 잠에서 깨어나 장미에 입을 맞춘다.

얼굴만 내놓은 달라붙는 모자, 레오타드◆와 실크 타이츠 차림에

◆ 곡예사나 무용수 등이 입는 몸에 꼭 끼는 원피스.

분홍색, 빨간색, 자주색 꽃잎을 장식하고, 어딘지 이국적인 곤충처럼 보이게 얼굴에 색칠을 한 니진스키는 인간이 아닌 어떤 생물을 환기시켰다. 그는 외관상 남성도 여성도 아니었다. 사실 양성성 이미지는 반세기가 지난 후 록 스타 믹 재거와 데이비드 보위가 도발적인 무대를 선보이면서 비로소 대중 앞에 매혹적으로 표현되었다.■ 니진스키는 경쾌하게 날고, 날쌔게 움직이고, 두 팔을 관능적으로 비틀고 구부리면서 넋을 잃은 듯 춤을 추다가 그의 전설을 완성시킨 초자연적인 마지막 도약과 함께 신령한 기운으로 변한다. 점프는 물론 철저한 연습과 계산으로 만들어낸 환각이었고, 무대 배경에 조작된 원근법을 적용해 높이에 대한 인상을 부풀린 결과였다. 물리적 진실은 단순했다. 근육의 추진력을 폭발시켜 날개 무대 속으로 사라진 무용수가 권투 선수처럼 헐떡거리며 주저앉으면 무대 뒤에 있는 스태프들이 그에게 물과 수건을 건넸다. 하지만 관객이 본 것은 기적이었고, 재공연 요구가 끝없이 이어진 탓에(피터 리벤에 따르면 1911~1912년에 100회 이상 공연했다[39]) 니진스키가 피로감을 호소할 정도였다. 조앤 아코첼라는 이렇게 썼다. "그토록 큰 예술적 명성이 그토록 빈약한 예술적 증거에 기초한 적은 없었다."[40] 우리는 이렇게 덧붙일 수도 있다. 실체도 빈약했다고.

1911년에 꾸준히 이어진 두 번째 작품은 1차 대전이 일어나기

■ 상트페테르부르크에서 가면무도회가 열렸을 때 니진스키는 "18세기의 여성 복장을 하고 … 보석과 레이스를 주렁주렁 달았다. … 마치 와토의 그림에서 걸어 나온 것처럼 보였다. … 이 매력적인 가면무도자가 여성이 아니라고 말할 사람은 아무도 없었을 것이다."(Romola Nijinsky, *Nijinsky*, p. 60).

이전에 발레 뤼스의 가장 화려한 업적으로 손꼽히는 《페트루슈카Petrushka》였다. 러시아 민속 문화에 토대를 두었고, 제작과 창작과 공연을 러시아인이 한 동시에, 작곡과 안무와 리허설과 공연을 유럽에서 했다는 점에서 이 작품은 민족주의적인 동시에 세계주의적인 관점의 전형이었다.

이 작품의 뿌리에는 댜길레프와 브누아 사이에 지속되던 긴장이 있었다. 댜길레프는 언제나 브누아와 한편이기를 진심으로 원했지만 종종 태도가 거칠었을뿐더러 보수적인 브누아가 인정하지 않는 새로운 예술적 영토에 끌리기도 했다. 예술가인 브누아는 금세 기분이 상했고 상처를 추스르며 마음을 달랬다. 최근의 균열을 메우고자 댜길레프는 브누아에게 지금 중요한 작곡가 이고르 스트라빈스키가 음악을 쓰고 있으니 그에 맞는 작품을 고안해서 무대를 디자인해달라고 요청했다. 브누아는 부루퉁한 표정으로 웅얼거리고 헛기침을 했지만 결국에는 스트라빈스키와 댜길레프가 스케치한 시나리오를 거부할 수 없었다. 이 시나리오는 혹독한 겨울이 화려하고 활기 넘치는 마슬레니차◆ 서리 박람회로 깨어나는 도시 상트페테르부르크와 그곳에서 쌓인 유년의 깊숙한 기억을 건드렸다.

《페트루슈카》는 첫 장면에서 놀랍도록 정밀하고 활기 넘치는 타블로를 무대 위에 펼쳐 박람회를 재현했다. 군무진 무용수들이 모든 계층을 대표하는 사람들—마부, 행상인, 주정뱅이, 우아하게 산책하는 부인, 유모차를 미는 쾌활한 유모, 빳빳한 군복을 입은 사관후보생, 길

◆ 동방정교회를 믿는 동슬라브족의 종교적, 민속적 휴일 주간으로 부활절 8주 전에 시작해 일주일 동안 진행된다.

거리 댄서, 장난치는 아이들—을 연기하면서 이리저리 돌아다니고, 웃고 떠들고, 물건을 사고판다. 사람들의 시선이 사악한 마법사가 전통 인형극을 보여주는 부스로 집중된다. 여기서 페트루슈카는 영국 바닷가에서 아내를 때리는 악명 높은 미스터 펀치라기보다는◆ 멜랑콜리한 피에로에 더 가까웠다. 페트루슈카는 머리가 텅 빈 발레리나 인형과 잔인한 무어인(검은색 얼굴로 희화화되었고 요즘 말로 지독한 인종차별주의자라 부를 수 있는 인물)과 함께 춤을 춘다. 두 번째 장면은 우리를 무대 뒤로 데려간다. 이곳에서 색칠된 나무 안에 지푸라기로 속을 채워 만든 인형들이 마법사의 주술적 힘에 예속되어 살아 있는 인간처럼 움직인다. 페트루슈카는 자기 방에서 발레리나를 애타게 그리지만 그녀의 눈은 교활한 무어인만 바라본다. 무어인이 페트루슈카를 죽임으로써 비극이 펼쳐지고, 시선을 사로잡는 마지막 장면에서 페트루슈카의 혼령이(페트루슈카일 수도 있고 아닐 수도 있다. 어쨌든 인형일 뿐이지 않은가?) 부스 위에 나타나 두 팔을 벌리고 말없이 호소하다가 결국 바닥으로 무너지고 그 조각들이 더미를 이룬다.

준비 과정은 문제투성이였다. 특히 스트라빈스키가 포킨을 굉장히 싫어했다. 포킨은 모더니즘 악곡의 불규칙한 리듬을 완전히 익힐 수 없으며 무용수도 마찬가지일 거라고 생각했다. 게다가 리허설 기간에 덮친 무더위와 브누아의 욱하는 성질도 일을 어렵게 했다. 마침내 이 작품으로 브누아에게 능력을 발휘할 좋은 기회가 주어졌으나

◆ 영국의 전통 인형극 〈펀치와 주디〉를 말한다.

그는 팔에 농양이 생겨 극심한 통증으로 고통을 겪었다. 파리에서 이 작품을 초연하기 얼마 전에 상트페테르부르크에서 출발한 브누아의 무대 배경이 도착했다. 그중 일부가 이동하는 도중에 거칠게 다뤄지는 바람에 망가져 있었다. 특히 페트루슈카의 방에 걸려야 할 험악한 마법사의 초상이 훼손되어 있었다. 박스트가 다시 그리겠다고 제안하자 어쩔 도리가 없는 상황에서 브누아는 고마워하며 수락했다.

하지만 박스트의 손에 그의 구상이 완전히 뒤바뀌었음을 알게 되자 브누아는 경악하며 분노에 휩싸였다. 마법사의 얼굴이 "눈을 측면으로 돌린 옆모습"이었던 것이다. 그로 인해 폭발한 갈등은 발레 뤼스를 주기적으로 뒤흔든 심리 드라마의 단골 주제였다. 15년 뒤에 쓴 회고록에서 브누아는 자신의 행동을 애처롭게 서술한다. 일부 목격자들이 들었다고 주장하는 반유대주의적인 욕설은 빠져 있지만 이 대목에서 길게 인용할 가치가 있다.

> 건강이 좋았다면 나는 당연히 그 모든 문제를 우호적으로 해결하고자 노력했을 것이다. 박스트는 결코 악의로 그런 게 아니었고 단지 열정이 과해서였을 것이다. 하지만 나는 날씨와 참을 수 없는 통증을 가까스로 견디며 극장으로 갔다. 리허설은 긴장감이 감돌았다. 간단히 말해 나는 내 초상화가 변경된 것을 용서할 수 없는 폭력 행위라고 여겼다. … 분노가 치밀어 힘껏 소리치자 엄선된 청중으로 가득한 극장이 쩌렁쩌렁 울렸다. "난 저걸 허락할 수 없어! 즉시 떼어버리라고! 절대 그냥 넘어가지 않겠어!" 그런 뒤 나는 내 포트폴리오를 바닥에 내팽개치고 성큼성큼 걸어 나갔다. … 이틀 동안 화가 풀리지 않았

> 다. … [발터] 누벨이 계속 찾아와서 그건 오해이며 세리오차[댜길레프]와 박스트가 대단히 미안하게 생각한다고 설명했다. … 난 들으려 하지 않았고 포기하지 않았다. … 난 세리오차에게 그 자리에서 물러나겠다고 통보했고 … 심지어 박스트를 고소하겠다고(진짜 그런 건 아니었지만) 협박하기 시작했다.[41]

문제의 초상화를 원래 것으로 교체했음에도 불화는 1년 넘게 수그러들지 않았다. 결국 사태는 수습됐지만 이 사건으로 브누아는 댜길레프의 내부 집단에서 한 발짝 더 멀어지게 되었다.

그 일로 《페트루슈카》의 산고가 끝난 것도 아니었다. 발레 뤼스와 하루하루 입에 풀칠하기도 바쁜 재정에 틀림없이 일어나고야 말 사건이 터지고 말았다. 초연 당일 현금이 바닥난 댜길레프에게 의상 제조업자가 찾아와 돈을 지급하지 않으면 마지막 물량을 내주지 않겠다고 으름장을 놓은 것이다. 전하는 이야기에 따르면 막이 오르기 몇 분 전에 댜길레프가 최고 후원자인 미시아 에드워즈의 박스석으로 뛰어 올라가 납작 엎드리면서 부족한 4천 프랑을 빌려달라고 애원했다고 한다. 그녀는 제시간에 마부를 보내 그 끈덕진 남자에게 돈을 지불했다.

이 모든 문제에도 불구하고 그럴 만한 가치는 충분했다. 《페트루슈카》는 즉시 성공했다. 스트라빈스키는 경이로울 정도로 창의적이고 생기발랄한 음악을 선보였고, 포킨은 춤이야말로 일관성 있는 무언의 드라마를 통해 진실한 감정을 표현할 수 있는 확실한 수단이라는 자신의 생각을 가장 잘 구현했다. 인간과 비인간의 경계 지대를 연기할 때 최고의 몰입을 보여주는 니진스키는 심장과 영혼이 불편하고 짐스러워 뻣뻣하게 움직이거나 축축 늘어지는 목각 인형을 훌륭하게 연기했다. (나중에 어떤 사람들은 페트루슈카가 니진스키 본인의 괴로운 정신을 반영한다고 해석했으며, 또 어떤 사람들은 더 큰 관점에서 그 인물이 압제에 짓눌린 러시아 민중을 상징한다고 보았다.) 이 모든 효과가 합쳐져서 유례없는 명작이 탄생했다. 모더니즘 계열의 잡지 『리듬』에서 조지스 뱅크스는 이렇게 말했다. "대화가 없다는 사실을 잊게 하면서 움직임과 소리만으로 눈물과 열정, 불가항력의 상황을 이토록 실감 나게 표현한 작품은 지금껏 본 적이 없다."[42]

—o o—

발레단은 이제 런던으로 이동했다. 이곳은 파리보다 춤에 대한 이해가 훨씬 투박했다. 감수성을 깨우기 위한 노력이 오래전부터 계속됐지만 소용이 없었다. 스튜어트 헤들램이란 이름의 괴짜 목사는 개종을 외치면서 춤이란 "하나님의 말씀으로 규정된 내면의 영적 우아함이 그 말씀을 무시하는 자들을 위해 외적으로 발현되는 징후"[43]라고 주장했고, 얇은 튜닉을 입은 이사도라의 투명한 옷과 깡충거리는 춤은 그녀가 런던에 올 때마다 얼마간 성공의 흔적을 남겼으며, 살로메의 일곱 베일을 "예술적으로" 팽개친 캐나다의 마임 배우 모드 앨런은 몇 달간 센세이션을 일으켰다. 하지만 이 모든 건 지나가는 바람 같은 일시적인 현상이었다. 시장이 집요하게 원한 것은 우아한 자세, 발끝으로 서서 팽이처럼 도는 기술, 여성의 속살이 감질나게 노출되는 순간이 어우러진 화려한 음악 무언극이었고, 그런 갈망을 채울 수 있는 곳은 웨스트엔드에 위치한 규모가 더 큰 버라이어티 극장, 예를 들어 알람브라와 엠파이어 그리고 지금도 존재하는 콜리세움과 팰리스 등이었다.

이 극장들은 밀라노에서 수입한 솔로 발레리나들에게 오랫동안 의지해왔다. 하지만 이 우물이 말라버리고 자국 출신 인재들이 더 비옥한 목초지를 찾아 미국으로 떠남에 따라 여름휴가를 받은 상트페테르부르크의 별들이 그 자리를 대체하기 시작했다. 1908년에 가장 먼저 이곳에 도착한 사람은 눈부시게 아름다운 리디야 크야시트였다. 그녀는 엠파이어 극장에서 한 달 동안 무대에 올랐다. 러시아에서 받는 7파운드에 비하면 150파운드에 달하는 주급은 꽤나 유혹적이었을 것이다. (최고 금액의 주인공인 마리 로이드라는 여가수는 천문학적인 금액인 600파운드를 받았다). 하지만 하룻밤에 두 번이나 무대에 올라야 하는 것을 비롯해 단점도 상당했다. 크야시트는 곧 자신의 예술적 재능이 존중받지 못한다는 것을 깨닫자 서글퍼졌다. 그리고 나중에 회고록에 이렇게 썼다. "영국 사람들은 발레를 제대로 이해하지 못한다. 이해한다고 생각하기만 할 뿐, 사실은 무용수가 다리 차는 것을 보려고 극장에 온다."[44] 무대 위에서 당당한 태도를 보일 때면 조롱에 직면하기도 했다. 그녀가 기품 있는 배역을 연기하는 중에 노예 소녀가 그녀의 발밑에 과일 바구니를 내려놓자 객석에서 익살스러운 관객이 "아베 바나나"◆라고 외쳤다.

◆ ave는 "안녕하세요" 또는 "찬미드립니다"라는 뜻이다.

크야시트의 뒤를 이어 몇 명의 동료가 런던에 도착했다. 1910년 여름에 웨스트엔드 관객들은 콜리세움 극장의 파블로바, 팰리스 극장의 카르사비나(《지젤》의 요약판), 히포드롬 극장의 올가 프레오브라젠스카야(《백조의 호수》), 알람브라 극장의 예카테리나 겔체르 중 하나를 선택할 수 있었다. 평론가들은 그들의 춤이 깔끔하고 화사하고 우아하고 감동적이라고 평했다. 관객들도 즐거운 시간을 보내며 기분을 전환했을 것이다. 하지만 그들 전후에 공연되는 중국 마술, 강아지 서커스, 단편 다큐멘터리 영화보다 심도 깊은 충격을 주지는 못했다. 댜길레프는 파리에서보다 더 조심스럽게 진행해야 한다는 걸 깨달았다.[45]

다행히도 댜길레프는 제때 런던에 도착해서 "1910년 12월이나 그즈음에 인간상이 변했다"[46]는 버지니아 울프의 선언을 정당화했다. 이 말의 의미는 지금까지 많은 논쟁을 일으켰다. 울프는 빅토리아 여왕의 아들 에드워드 7세가 사망한 뒤에 퍼진 해방감을 장난스럽게 가리킨 것일 수도 있다. 아니면 여성 참정권 운동가, 비행기나 자동차 같은 이동 수단의 놀라운 발전, 극지방 탐험, 혹은 친구인 로저 프라이가 그래프턴 갤러리에서 개최한 후기인상주의 전시회를 가리키는 것일 수도 있다. 어쩌면 그 전부일 수도, 전부 다 아닐 수도 있다. 다만 어떤 기운이 감도는 건 분명했고, 처음으로 광고지에 인쇄된 "러시아 제국의 발레"도 그 변화의 목록에 포함될 자격이 있었다.

파리에서 봄 시즌을 마친 후 런던에 도착한 발레단은 조지 5세의 대관식을 기념하는 코번트 가든 축제에서 테이블 중앙에 놓이는 주요 장식품 같은 역할을 했다. 이 장대한 행사에 화려한 옷을 걸치고 빛나는 보석으로 치장한 전 세계 왕족들이 모였다. 댜길레프는 아스트뤽에게 전보를 보내 "형언할 수 없이 우아하다"고 알렸다. 언론은 댜길레프가 가져온 작품들이 파리에서 대유행했다며 밑밥을 깔았고, 평론가들과 대중은 열광적으로 환영했다. 그럼에도 댜길레프는 안전책을 구사했다. 런던의 취향이 상대적으로 세련되지 않다는 걸 감지한 그는 스트라빈스키의 "어려운" 현대 음악을 사용한 포킨의 획기적인 발레는 두 편 다 프로그램에 넣지 않았다. 대신 카르사비나와 니진스키가 낭만적인 작품 《아르미드의 별장》과 《사육제》를 아름답게 추었고, 저녁 공연에는 《폴로비츠인의 춤》이 포함되었다. 그 다음 주에 《레 실피드》《클레오파트라》《셰에라자드》가 차례로 무대에 오르자 런던은 열광하기 시작했다. 대영제국의 공무원 랠프 퍼스는 다른 면에서는 무미건조한 사람이었지만 그때의 공연을 이렇게 회고했다. "아메리카 대륙, 아니 낙원을 발견한 것 같았다."[47] 지질 구조가 이동하고 문화의 지각에 격심한 균열이 일어났다. 익명의 평자는 즉시 상류 사회의 잡지 『바이스탠더』를 통해 이렇게 언급했다. "청교도주의와 빅토리아 시대는 아름다운 몸을 부적절하다고 금지하거나 추방했으며 어쨌든 존경할 만한 중산층 국가가 숭배하기에 좋은 대상이 아니라고 여겼다. 하지만 그 아름다운 몸의 신성한 이상을 통해 이 따분한 사회적 분위기 내부에 오페라가 울려 퍼지기 시작했다."[48] 『데일리 뉴스』도 그에 동조했다. "코번트 가든에서 청중이 보인 행동으로 판단하건대 발레에 열광하는 사람을 가리키는 러시아어 발레토매니악BALLETOMANIAC은 마땅히 영어에 통합될 것이다."[49] (실제로 『옥스퍼드 영어사전』에는 1919년에 "발레트망"이 들어왔다고 기록되어 있다.)

이제 토대가 마련되었다. 베를린, 로마, 몬테카를로에서 짧은 시즌들을 보내고 1911년 말이 되자 발레 뤼스는 유럽에서 유행하는 화젯거리가 되었다. 따라서 댜길레프는 이제 자신의 조건을 지정할 수 있게 되었다. 차르와 궁정의 호의를 쥐락펴락했던 발레리나 마틸드 크셰신스카와 과거 적대적 관계에서 전략적 동맹 관계로 변화된 후로는 발레단을 데리고 상트페테르부르크로 당당하게 돌아가 적들을 무릎 꿇릴 수 있겠다는 희망에 부풀기도 했다. 하지만 그런 일은 이루어지지 않았다. 그가 예약한 극장이 화재로 무너졌고, 해고된 니진스키의 지위를 둘러싸고 몇 가지 문제가 발생했기 때문이었다.

그래서 댜길레프는 다른 곳으로 눈을 돌렸다. 최고의 러시아를 유럽에 보여준다는 꿈은 이제 민족주의를 뛰어넘어 미지의 위기와 실험을 받아들여야만 하는 더 큰 사명이 되었다. 더 깊은 차원에서 인간 본성이 변했는지 아니면 "1910년 12월 그즈음"이 아니었는지 몰라도 『옥스퍼드 영어사전』에 "아방가르드"라는 용어의 첫 사례가 그해에 출현했다고 기록된 것은 분명 의미가 있다. 그 이전까지 발레 뤼스의 작품들은 유행을 혁신하기보다는 유행을 반영하는 쪽에 맞춰져 있었고, 심지어 스트라빈스키의 발레 작품들도 향수를 불러일으키는 민담에 기초한 것이었다. 이제 댜길레프는 한계에 도전하는 자세로 시대의 흐름을 더 깊이 들여다보고 그를 모더니즘의 최전선으로 인도할 작품을 의뢰하기 시작했다.

4장

승리의 미소

DIAGHILEV'S EMPIRE

댜길레프에게는 일을 벌이고 완수해내는 능력에 대비되는 확실한 특징이 하나 있었으니 바로 쉽게 싫증을 내는 성격이었다. 파리에서 발레 뤼스의 뒤꽁무니에 매달려 크게 한몫 잡으려는 성가신 기회주의자이자 젊은 시인이었던 장 콕토에게 한 유명한 말의 이면에도 이 과민성 불안이 깔려 있었다. “나를 한번 놀라게 해보게, 장.” 댜길레프는 짐짓 못마땅한 투로 말하며 콕토의 도전 의식을 북돋웠다. 색다르고 멋진 걸 보여줄 수 있을 때까지는 내 앞에서 사라져주게나. 콕토는 확실히 그렇게 했다.

1912년 초에 런던과 파리는 정복된 도시였다. 발레 뤼스는 그해 내내 베를린, 빈, 드레스덴, 부다페스트 같은 중부 유럽의 문화적 중심지를 공략했다. 그리고 조만간 미국과 남미 순회공연도 앞두고 있었다.

하지만 이미 댜길레프는 공연이 정체되고 있다고 느꼈다. 파블로바, 크셰신스카, 이다 루빈시테인을 비롯한 황실 극장 무용수들의 장난질은 날이 갈수록 지루해졌다. 그들은 불성실하거나 탐욕스럽거나 이기적이었다. 혹은 셋 다였거나. 베르사유 궁전과 르네상스 이탈리아에 대한 브누아의 향수 어린 열병에 싫증이 난 것과 마찬가지로 《지젤》 같이 앙증맞은 흰색 튈을 입고 춤추는 발레를 되살리려는 시도 역시 지루했다. 더 큰 문제는 그의 가장 큰 자산 중 하나인 미하일 포킨의 안무마저 지루해지기 시작했다는 것이었다. 사실상 지금까지 발레단의 창작 안무는 거의 다 포킨이 담당하고 있었다.

댜길레프가 의뢰해 포킨이 안무한 발레는 민담에 기초한 《페트루슈카》와 《불새》에서부터 은은한 살롱의 향기를 풍기는 《사육제》와 이국적인 《셰에라자드》에 이르기까지 주제와 분위기 면에서 놀라우리만치 다양했으며, 카르사비나와 니진스키의 재능을 사람들에게 보여줄 기회를 제공했다. 하지만 새로운 작품은 갈수록 시시해졌다. 고전적인 주제의 《나르시스Narcisse》는 뚜껑을 열고 보니 무미건조했고, 두 편의 동양적인 판타지 《타마르Thamar》와 《푸른 신상Le Dieu bleu》(콕토가 새로운 것을 보여달라는 댜길레프의 요구에 맞춰 쓴 첫 번째 시나리오였으나 결국 실패로 끝난)은 박스트의 환상적인 무대 디자인에도 불구하고 독창적이거나 인상적인 면이 전혀 없었다. 설상가상으로 댜길레프는 포킨의 《다프니스와 클로에》 안무 그리고 댜길레프의 의뢰로 모리스 라벨이 작곡한 그 훌륭한 곡을 모욕적으로 깎아내렸다. 그리고는 이 작품의 리허설 일정을 단축하고 초연을 연기했다.

공식을 고쳐 쓸 때가 왔다. 후원자들의 눈길을 사로잡아 마음을 돌리고, 그들이 원하는 줄도 모르고 있던 새롭고 놀라운 무언가를 보여줘야만 했다. 스물세 살의 연인 니진스키가 선봉에서 이끌었다. 댜길레프는 오로지 직감만으로 그에게서 천재성을 발견했다. 다른 정체성을 표현하거나 대형 고양잇과 동물처럼 높이 도약하는 능력 이상의 어떤 재능 말이다. 니진스키는 자기만의 신비롭고 파격적인 세계관에 머물며 다른 박자에 맞춰 춤을 추었다. 그가 안무를 맡는다면 발레를 유치한 동화와 선정적인 로맨스의 영역에서 구원해 미지의 미학적 영역으로 끌어올릴 수 있을까? 사적으로 보자면 둘의 관계는 점차 과민해지고 있었다. 댜길레프는 질투하고 집착하면서 초조해했고, 니진스키는 입을 다물고 잠자리를 꺼렸다. 그럼에도 이듬해 두 사람은 그들 앞에 놓인 위대한 모험에 전력투구할 것이다.

니진스키가 최초로 시도했던 창작의 초기 동력은 대부분 댜길레프에게서 직접 나왔다. 드뷔시가 1894년에 작곡한 관능적이고 시적인 작품 〈목신의 오후 전주곡〉을 선택해 음악으로 사용하게 한 사람이 바로 댜길레프였다(길이가 10분밖에 되지 않았기 때문에 잘못될 일이 적었다). 또한 아돌프 아피아와 에드워드 고든 크레이그의 새로운 연극 철학을 니진스키에게 소개하고, 고정된 텍스트와 정적인 리얼리즘보다는 조명과 움직임을 강조한 그들의 이론을 알려준 사람도 댜길레프였으며, 드레스덴 외곽의 전원도시 헬레라우로 니진스키를 데려간 사람도 댜길레프였다. 이 도시에서는 아테네풍으로 지어진 한 극장에서 스위스인 구루 에밀 자크 달크로즈가 유리드믹스를 가르치고 있었다. 유리드믹스는 음악에 대한 본능적이고 즉흥적인 반응에 기초한 춤으로 이사도라 덩컨이 추었던 것과 다르지 않았다.

니진스키에게는 자신만의 아이디어가 있었다. 이러한 영향들을 흡수하자 그의 소용돌이치는 상상력으로부터 그것들과는 아주 다른 무언가가 튀어나왔다. 문제는 그가 가진 비전을 분명하게 표현하는 일이었다. 말이나 사회적 상호 작용이 결코 쉽지 않았기 때문에 끝나지 않을 것만 같은 리허설에 점점 분노가 치솟고 지칠 대로 지친 무용수들에게 어떻게 하라고 설명하진 못해도 니진스키는 자기가 원하는 것을 정확히 알고 있는 것 같았다.

그 작품은 몇 가지 측면에서 독창적인 건 아니었다. 손바닥을 펴고 얼굴을 옆으로 돌린 채 걸어가는 아이디어는 고대 그리스의 화병이나 프리즈frieze◆에 새겨진 인물을 연상시켰고, 심지어 어떤 면에서는 진부한 표현이라 할 수 있었다(예를 들어 바그너의 오페라 〈탄호이저〉를 음악으로 사용한 포킨의 발레에 많이 쓰였고 이 작품은 니진스키의 출연작이기도 하다). 끈이 달린 샌들을 신은 호색적인 목신과 수줍은 요정도 생소한 인물이 아니었다.

그럼에도 고전적인 우아함의 법칙을 완전히 무시한 발레는 전대미문의 새로움이었다. 이 춤에는 우아한 포즈는 물론이고 곡선을 그리는 아름다운 팔 동작, 목의 부드러운 움직임, 피루엣이나 쥬테◆◆ 같은 건 찾아볼 수 없었다. 실상 흔히 생각하는 춤이라 할 만한 것이 전혀 없었다. 무용수들은 몸을 유연하게 구부리거나 펼치기보다 발꿈치에서 발가락까지 발바닥을 평평하게 펴고 로봇처럼 삐걱거리며 걸어 다녔다. 마임을 하는 내내 어떠한 감정도 전달하지 않으면서 무용수들은 음악의 운율과 직접적인 관계없이 독립적으로 움직였다. 드뷔시의 음악은 스텝을 암시하는 일련의 비트라기보다는 분위기를 만드는 배경 음악이었다.

또 하나 충격적인 것은 《셰에라자드》의 어떤 장면보다 정도를 크게 벗어난 에로티시즘이었다. 니진스키는 무화과 잎이 그려진 몸에 딱 붙는 박스트의 의상을 입고 목신으로 변신했다. 목신은 귀가 뾰족한 데다 남근처럼 생긴 뭉툭한 꼬리가 달린, 도덕과는 무관한 동물이다. 바위 위에서 자기도취에 빠져 빈둥거리던 중 그의 눈이 목욕을 하러 온 요정들에 가닿는다. 그가 마음에 드는 요정을 골라 다가가자 욕망의 대상은 달갑지 않은 접근에 깜짝 놀라서 도망치고 그 와중에 숄을 떨어뜨린다. 목신은 숄을 집어 들고 애무한다. 그런 뒤 바닥에

◆ 그리스 건축에서 볼 수 있는 띠 모양의 긴 장식.

◆◆ 발을 차올리는 도약의 하나.

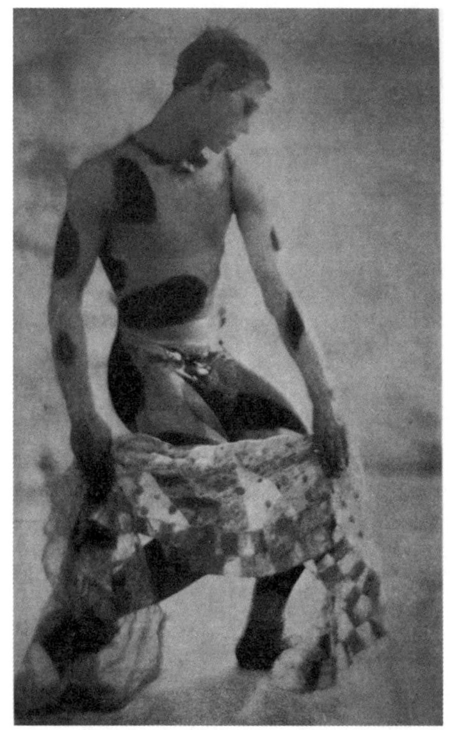

《목신의 오후》에서 숄을 들고 목신을 연기하는 니진스키 (1912).

숄을 깔고 그 위에 엎드려 흥분하다가 오르가슴에 도달하는 몸짓을 한다. 자위를 표현하는 듯한 이 장면—목신이 한가하게 부는 피리도 남근의 뉘앙스를 풍겼다—은 첫날 밤 관객들이 받아들이기에는 너무나 노골적이었다. 그다음 공연부터는 마지막에 나오는 환희의 경련을 수위를 낮춰 표현했다.

댜길레프는 확실히 스캔들을 원했고, 아스트뤽의 주소록을 이용해 원하는 것을 얻었다. 그는 신중하게 전략을 세웠다. 우선 사교계 모임에 소문을 퍼뜨리기 위해 공연의 드레스 리허설에 그 어느 때보다 많은 A급 유명 인사들을 초대했다. 초대된 인사들로는 장 콕토, 앙드레 지드, 피에르 보나르, 에두아르 뷔야르, 아리스티드 마욜, 후고 폰 호프만슈탈, 막스 라인하르트 등이 있었다. 덕분에 이틀 뒤 초연을 올린 샤틀레 극장의 객석은 상류 사회의 인사들로 가득 채워졌다. 관객은 니진스키의 첫 번째 발레 작품에 야유가 뒤섞인 열광적인 환호를 보내며 만족스러운 반응을 보였다. 댜길레프는 열기를 고조시키려는 듯 커튼 앞으로 나와 즉시 재상연할 것을 명령했다. 이후 며칠에 걸쳐 언론은 둘로 갈라졌다. 『르 피가로』의 주필이 《목신의 오후》의 외설을 개탄하면서 공격을 주도한 반면, 연로한 오귀스트 로댕이 서명한(그가 쓰진 않았다) 『르 마탱』의 한 기사는 쌍수를 들고 작품을 옹호했다. 상업적인 측면에서 보자면 모든 것이 만족스러웠다. 공연은 곧 전석 매진을 기록했다.

이 짜릿할 정도로 낯선 작품은 발레 뤼스의 역사에 중요한 분수령이 되었다. 《목신의 오후》가 떠들썩한 성공을 거두자 포킨은 시대에 뒤떨어졌다고 느껴졌다. 친구인 세르게이 그리고리예프의 말을 인용하자면 "그와 함께 일하는 것이 거의 불가능하게"[1] 되었다. 특히 열흘 뒤 포킨이 애써 창작한 《다프니스와 클로에》가 무대에 올랐는데 작품이 제대로 평가받지 못한 것은 물론이고 박수갈채도 없이 막을 내렸기 때문이었다. 결국 그가 화를 참지 못하고 뛰쳐나갔을 때 그의 역정과 편집증에 신물이 난 많은 단원들이 그의 탈퇴를 반겼다. 그 후로 계속 포킨은 댜길레프의 기획이 잘못된 방향으로 가고 있다며 공개적으로 실망감을 표했고, 일시적이고 미숙한 술책에 의지하는 풋내기들과 달리 자신은 좋은 취향과 풍부한 경험의 표준을 지지한다고 주장하면서 보수적인 개혁가의 길을 걸어갔다. 결국 생전에 마지막으로 웃은 사람은 포킨이었다. 그가 창조한 발레들은 발레 뤼스의 초기 성공에 핵심이었을 뿐만 아니라 그 후에도 댜길레프가 죽을 때까지 박스 오피스 수익의 주요 수입원이 되어 발레단을 지탱했으며 다음 세대까지 전 세계적인 인기를 유지했다. 니진스키의 작품은 희미해지는 기억 속에 남아 전설로만 전해진다. 한 세기가 흐른 지금 누구의 발레가 더 위대한 유산인가 하는 문제는 논란의 여지가 있다.

이때부터 발레 뤼스는 의견이 둘로 나뉘었다. 이 엇갈림은 지금까지도 고급문화를 대하는 관객의 전형적인 반응으로 남아 있다. 다수파는 포킨의 발레 양식을 계속 갈망하면서 기본적으로 이야기의 일관성, 성격 묘사, 환상과 현실의 구분을 중시하는 19세기의 접근 방식을 유지하고, 르네상스로 거슬러 올라가는 아름다운 몸의 개념을 고수했다. 반면에 소수파는 규칙을 한계점 끝까지 변형시킨 작품에 호응하고 전통을 깨거나 뒤집는 새로운 형식을 추구했다. 다수파와 소수파의 열정이 일치하는 경우는 극히 드물었다.

《목신의 오후》는 또한 서쪽으로의 이동을 결단하는 결정적인 계기가 된 작품이었다. 그 같은 발레는 고지식한 상트페테르부르크였다면 절대 선보이지 못했을 것이다. 댜길레프는 이렇게 고백했다. “우리는 즉시 폭력 사범으로 몰려 … 정신병자 수용소에 던져지거나 시베리아로 보내졌을 것이다.”[2] 러시아의 정치 상황이 계속 악화하자 댜길레프는 영구 이민을 고려하기 시작했다. 그가 하고 싶었던 것 중 하나는 포킨의 레퍼토리를 가지고 당당하게 러시아로 돌아가 자신에게 딴지를 걸었던 황실에 대놓고 경멸의 인사를 하는 것이었지만 이 야심은 어느덧 희미해졌다.

댜길레프는 모더니스트들과 계약했다. 표현주의 무조음악 〈달에 홀린 피에로〉가 나온 뒤 댜길레프는 아널드 쇤베르크를 잡으려 시도했으나 실패했다. 하지만 연줄이 좋은 해리 케슬러 백작이 주선해준 덕분에 그는 리하르트 슈트라우스—오페라 〈살로메〉 〈엘렉트라〉 〈장미의 기사〉로 해트트릭을 기록하면서 유럽 음악계에 최고 스타로 떠오른 작곡가—에게 작품을 의뢰할 수 있었다. 슈트라우스는 성경에 나오는 요셉과 보디발의 아내를 주제로 한 곡을 썼다. 시나리오는 케슬러와 후고 폰 호프만슈탈이 공동 집필했다.

한편 드뷔시와 스트라빈스키는 1913년 시즌에 발표할 획기적인 두 작품을 구상하고 있었다. 드뷔시가 곡을 쓴 《유희Jeux》는 댜길레프와 니진스키가 함께 구상한 아이디어를 토대로 만들어진 것으로 보인다. 아마도 니진스키가 오톨린 모렐 부인을 만나기 위해 블룸즈버리의 베드퍼드 스퀘어 공원을 방문했을 때 보았던 테니스 파티에서 영감을 받은 것 같다. (오톨린 부인이 "플라톤을 사랑하세요?"라고 진지하게 묻자 니진스키는 당황했다.[3]) 박스트는 테니스 코트에 인접한 숲속의 빈터에 달빛이 비치는 배경을 디자인했고, 날짜는 1920년이라고 프로그램에 명시했다. 공 하나가 무대 위에 던져지고(이상하게도 테니스공이 아니라 축구공에 더 가깝다), 두 여자와 한 남자(니진스키 본인)가 공을 쫓는다. 무용수들은 흰색 플란넬 운동복 차림에 라켓을 들고 서브를 넣거나 골프 스윙을 하듯이 팔을 돌린다. 추파를 던지고 옥신각신하며 성적 경쟁을 벌이는데 동기도 없고 발전도 없고 절제된 방식의 표현이었다. 니진스키에게 여자처럼 발끝으로 춤을 추게 해서 세 무용수의 성을 구별할 수 없게 하자는 생각과 판지로 만든 체펠린 비행선이 지상에 추락하는 종말론적인 장면으로 클라이맥스를 장식하자는 생각은 받아들여지지 않았다. 대신에 세 명의 무용수가 모두 발바닥 앞쪽의 볼록한 부분이나 발끝으로 걷지 않고 발바닥 중간으로 어색하게 이동하는 방식, 시릴 보몬트의 표현을 빌리자면 "두 여자가 젊은 남자의 어깨에 머리를 기대게 해서"[4] 스리섬을 연상시키자는 열린 결말의 방식이 채택되었다.

1913년에 《유희》를 본 파리와 런던 관객은 분노하기보다는 수수께끼 퍼즐을 대하듯 혼란스러워했다. 그 결과 이 작품은 몇 차례 공연된 뒤 사라졌다. 드뷔시의 종잡을 수 없는 17분짜리 음악에는 분간할 수 있는 형태나 논리가 없었다. 선율의 반복이나 발전이 전혀 없고 템포만 미묘하게 변하면서 흘러갔다. 안무로 말하자면 출연한 무용수들조차 니진스키의 의도를 분명히 이해하지 못했다. 카르사비나는 "니진스키는 나에게 무엇을 원하는지 설명하지 못하고 어찌할 바를 몰라 했다"고 회고했다.[5] 그로 인해 리허설은 매번 신경질적인 기류가 흘렀다. 드뷔시는 자신의 음악을 해석한 방식을 못마땅해했고, 케슬러 같은 유료 후원자는 "실패작이나 다름없고 지루하다"고 생각했으며,[6] 포킨의 진영은 이 생각에 진심으로 동의했다. 일례로 리벤은 "어리석기 짝이 없고, 상식도 예술적 가치도 전혀 없는 작품"이라고 평했다.[7] 후세 사람들은 상반된 감정으로 호기심을 느껴왔다.

니진스키는 1919년 정신쇠약으로 고생할 때 앞뒤가 맞지 않게 휘갈겨 쓴 일기에서 진실의 베일을 살짝 들추었다. "《유희》는 댜길레프가 꿈꾸던 삶의 방식이다. … 댜길레프는 두 명의 젊은 남자에게 동시에 섹스를 하고, 두 명의 젊은 남자에게 동시에 섹스받기를 원했다. 두 명의 젊은 여자는 두 명의 소년이고, 그 젊은 남자는 댜길레프다. 나는 의도적으로 그렇게 위장해 표현했다."[8] 신뢰할 수 없는 니진스키의 정신 상태를 고려하더라도 이 말은 충분히 그럴듯하게 들린다. 하지만 숨겨진 뜻이 얼마나 에로틱하든 간에 그보다 중요한 것은 이 작품이 발레 뤼스—더 나아가 발레—에서 현대인의 평범한 삶, 성과 정체성의 유동성을 소재로 한 최초의 실험적인 시도였다는 사실이다. 다시 말해 반세기 후 현대 무용이 몰두하게 될 개념들을 앞서 제시한 작품이었다.

《유희》는 리허설이 부족했고, 마지막 몇 분은 아예 완성되지 못했다. 니진스키는 수개월 전부터 더 큰 프로젝트에 몰두하느라 이미 녹초가 되어 있었다. 스트라빈스키가 1910년부터 작곡하고 있던 야심찬 신곡에 전념하고 있었서였다. 스트라빈스키는 테니셰바 공주가 탈라시키노에서 개최한 예술가 모임에서 곡의 밑그림을 그렸지만 주로 제네바 호수가 내려다보이는 아파트에서 업라이트 피아노 앞에 앉아 곡을 썼다. 그 결과 2막으로 구성된 35분짜리 발레 음악 〈봄의 제전〉이 탄생했다.[9] 스트라빈스키는 박식한 화가이자 신비주의 철학자인 동시에 아마추어 고고학자인 니콜라스 레리히와 함께 이 작품을 구상했다. 레리히는 스텝 지대의 "야만적인" 스키타이 문화를 민족지학의 관점에서 연구한 사람이었다. 연구 결과를 토대로 그는 가상의 이교도 축제에 중점을 둔 시나리오를 구상했다. 가부장적인 부족이 대지가 비옥함을 되찾은 것을 축하하고, 축제의 정점에서 순결한 여자를 잔인하게 희생시키는 내용이었다.

〈봄의 제전〉은 원래 포킨의 안무를 예상하고 작곡되었지만, 포킨은 발레 뤼스를 박차고 나가버렸다. 어쨌든 스트라빈스키는 "내가 함께 일한 사람 중 가장 마음에 들지 않는 사람"[10]이라며 포킨을 싫어하고 있었다. 댜길레프는 시험 삼아 그 엄청난 일을 니진스키에게 넘겼다. 니진스키가 무용수들과 더 분명히 소통하고, 복잡하기 이를 데 없는 스트라빈스키의 서사적인 음악을 그의 방식으로 소화하도록 돕기 위해 댜길레프는 달크로즈의 유리드믹스를 전문적으로 훈련받은 젊고 쾌활한 선생을 고용했다. 그녀의 이름은 시비아 람밤이었고, 니진스키처럼 모친의 언어가 폴란드어였다. 그녀는 자신의 이름을 미리엄 람버그로 부드럽게 바꾸고, 또다시 마리 램버트로 바꿨다. 훗날 그녀는 영국 무용 역사에서 중요한 인물이 되었다.[11]

1912년 12월부터 1913년 5월까지 런던 올드위치 극장에서 쉬지 않고 연습한 6주를 포함하여 최소 130회의 리허설을 진행했다. 모든 리허설이 걱정스러웠다. 대규모 오케스트라를 위해 작곡된 이 악곡은 종종 망치로 귀를 때리는 듯한 극심한 불협화음이 등장했다. 난생처음 들어보는 소리였다. 연습실에서 피아노로 급히 만든 곡이었기에 당김음, 폴리 리듬,◆ 불규칙한 박자표를 누구도 이해할 수 없었다. 스트라빈스키가 직접 연주하러 왔을 때도 전혀 도움이 되지 않았다. 그는 발을 구르고 주먹을 휘두르면서 큰 소리로 박자를 세고 인간이 따라잡을 수 없는 빠른 속도로 무용수들을 밀어붙였다. 당황한 무용수들이 계속 이리저리 바뀌는 변화에 필사적으로 적응하려 애쓰는 동

◆ 둘 이상의 서로 다른 리듬을 동시에 사용하는 것.

안 램버트는 차분함과 질서를 유지시키기 위해 진땀을 흘렸다. 영국인 여자 단원 중에는 갓 입단해서 아무것도 모르는 나이 어린 신입 무용수가 몇 명 있었다. 그중 한 명은 에식스 출신의 열일곱 살 소녀로 본명이 힐다 머닝스였다. 머닝스는 어설프게 러시아화한 무닝소바라는 이름을 출연자 명단에 올렸다가 후에 더 확실하게 러시아화한 이름인 리디아 소콜로바를 사용했다(1880년대에 유명했던 러시아 발레리나의 성을 땄다). 그녀의 회고록은 발레 뤼스에 대해 가장 신뢰할 만한 이야기를 제공하는 내부자의 목소리를 담고 있다. 소콜로바의 기억에 따르면 리허설을 할 때 소녀들은 "공황 상태에서 작은 종잇조각을 들고 이리저리 뛰어다녔고, 누구의 박자가 맞고 틀렸는지를 두고 서로 말다툼을 벌였다."[12]

니콜라스 레리히의 '농부' 의상을 입은 《봄의 제전》 무용수들(1913). 왼쪽에서 두 번째 소녀가 마리 램버트이다.

작업을 더욱 어렵게 만드는 것은 니진스키가 모든 움직임이 기계처럼 정확해야 한다고 고집을 부렸기 때문이었다. 몰락하긴 했어도 포킨은 언제나 개성과 해석의 자유를 허락했던 반면, 니진스키는 자신의 명령을 단원들에게 설명조차 해주지 않는 엄격한 군인이었다. 단원들에게는 분명 지옥 같은 경험이었을 것이다. 보몬트가 "지루하고, 다분히 야만적이고, 다분히 신비주의적인 풍경"[13]이라고 묘사한 배경막을 보완하기 위해 레리히는 '진짜' 농부의 의상을 디자인했다. 발레 특유의 예쁘장함이나 실용과는 거리가 먼 의상이었다. 길고 덥수룩한 가발, 가짜 수염, 불가사의한 기호가 수놓아진 거친 플란넬 소재의 스목 블라우스는 밋밋하고 흉했을 뿐 아니라 숨이 막힐 정도로 불편하고 더웠다. 램버트는 니진스키의 지침을 이렇게 묘사했다. "발은 안쪽으로 돌리고, 무릎은 살짝 구부리고, 팔은 고전발레의 위치와는 정반대를 유지하며 선사 시대의 원초적인 자세를 취했다. 스텝은 아주 단순했다. 매끄럽게 걷거나 발을 굴렀고, 점프는 대부분 양발로 뛰어오르고 무겁게 착지했다."[14] 머리를 한쪽으로 부자연스럽게 젖히고 얼굴에 물감을 문질러 바른 무용수들은 학교에서 받은 훈련, 위계질서와 명확한 성역할에 대한 감각을 모두 버려야만 했다. 서사가 없고 예의범절이 없는 춤에는 무자비한 집중력과 대범한 포기가 필요했기 때문이다.

《목신의 오후》의 경우와 마찬가지로 댜길레프는 스캔들을 예상했고, 또 어느 정도는 부채질했다. 그는 이 작품이 장담컨대 "진정 세상을 놀라게 하여 뜨거운 논쟁을 불러일으킬 것"이라는 내용의 선동적인 보도자료를 배포했다. 예상은 적중했다. 1913년 5월의 오프닝 공연으로 촉발된 소란의 기록이 100건 이상 남아 있다. 기록들은 편차가 심하고 심지어 완전히 모순된 경우도 있었다. 그런 소동에 큰 의미를 두지 않는 내용도 있었다. 혁신적인 작품에 대한 야유와 휘파람은 어쨌든 파리 극장가에서는 상당히 일반적인 반응이었기 때문이다. 불과 몇 달 전에도 《목신의 오후》가 호되게 당한 바 있었다. 술에 취한 한가한 젊은 논객들이 주도하는 불명예스러운 전통의 피해자였다. 그러한 전통은 1830년 빅토르 위고의 희곡 『에르나니』(너무 급진적이고 너무 자유분방하다)로 시작해, 1861년 바그너의 오페라 〈탄호이저〉(2막에 여성 발레 무용수가 한 명도 없다)를 거쳐, 1891년 입센의 희곡 『들오리』(객석에서 꽥꽥거리는 소리가 터져나왔다)로 이어져왔다.

모더니즘 경향은 허세 부리는 애호가뿐 아니라 냉소적인 훌리건에게 눈에 잘 띄는 표적이 되었다. 샹젤리제 극장에 온 관객—콕토의 지적에 따르면 "수천 가지의 속물근성, 극단적 속물근성, 반속물근성으로 구성된 유해한 관객"—은 프루스트가 베르뒤랭 부인의 살롱에서 비꼬았던 사람들 또는 몇 달 전에 이탈리아 미래파 전시회 개막식에 "우아한 자동차, 리무진, 컨버터블을 타고 몰려와 … 비웃고 조롱한 사람들"[15]과 인구통계적으로 동일한 집단에 속한 게 분명했다. 《봄의 제전Le Sacre du printemps》의 초연 직후 글을 쓴 몇 안 되는 사람 중 하나인 해리 케슬러는 관객의 행동에 대한 객관적인 보고를 일기에 남겼다. "대중은 파리에서 내가 본 가장 아름다운 건물에서 … 처음부터 산만하고 소리 내 웃고 휘파람을 불고 장난을 쳤다." 파벌들 사이에 욕설과 재담이 난무하는 가운데 "소란이 극장 전체로 퍼져나갔다.

그러는 동안 음악은 맹렬히 계속되었고, 무용수들은 무대 위에서 주눅 들지 않고 원시적인 방식으로 최선을 다해 춤을 추었다."[16]

다른 출처들에 따르면 싸움이 벌어져 경찰이 출동했다고 하는데 이에 대한 확실한 증거는 없다. 사실 청중석에서 일어난 일은 대부분 장난스럽고 인위적인 것이었다고 추측할 수 있다. 콕토는 "관객은 주어진 역할을 했다"며 비웃었다.[17] 하지만 공연은 결코 실패가 아니었다. 케슬러는 이렇게 썼다. "마침내 사교계와 화류계 사람들이 달려왔고, 열광적인 박수갈채가 쏟아지는 중에 스트라빈스키와 니진스키는 거듭 무대에 올라 인사를 해야만 했다."[18]

그날 밤 빗발치는 조롱 속에서 일부 관객은 깊이 감동했다. 미국인 칼 밴 벡턴이 목격한 바에 따르면 편견 없이 공연을 보고 들은 사람들은 등줄기에 전율이 이는 걸 느꼈다.

> 내 뒤에 한 젊은이가 앉아 있었다. 공연 중간에 그가 발레를 더 잘 보기 위해 자리에서 일어났다. 강렬한 음악 때문에 흥분할 대로 흥분한 그가 급기야 저도 모르게 박자에 맞춰 주먹으로 내 정수리를 치기 시작했다. 나 역시 감정이 격앙된 탓에 그의 주먹질을 한동안 느끼지 못했다. 주먹질이 음악의 박자와 완벽하게 일치했기 때문이다.

이건 단지 재미있는 이야기가 아니었다. 벡턴은 "우리 둘 다 넋이 나가 있었다"라고 글을 맺었다.[19]

무대 위는 긴장으로 아슬아슬했다. 가엾은 무용수들은 줄과 박자를 맞추기 위해 진땀을 흘렸다. 무용수들의 표정이 너무 험상궂은 탓에 앞자리에서 관람하던 장난스러운 관객들은 의사와 치과의사를 불러댔다.◆ 리디아 소콜로바는 이렇게 회고했다.

> 음악이 시작되고 거의 동시에 객석에서 함성과 휘파람 소리가 터져 나왔다. 커튼이 올라갈 때 우리는 이미 겁에 질려 있었다. 그리고리예프[발레 마스터]는 그의 책에 "무용수들은 … 이 전례 없는 소란에도 … 동요하지 않았고 심지어 흥겨워했다"고 썼다. 내가 말할 수 있는 것은 단 하나뿐이다. 나는 조금도 흥겹지 않았다.[20]

악단석에서 지휘자 피에르 몽퇴는, 스트라빈스키의 말을 빌리자면, "악어처럼 차갑고 무신경하게" 버텼다. 니진스키는 날개 무대에서서 소란스러운 무대를 향해 복잡한 숫자를 크게 외쳐댔다(효과는 없었다. 스트라빈스키는 이렇게 설명했다. "러시아 숫자는 10이 넘어가면 3음절이었다. … 템포가 빠른 악장에서는 니진스키도 무용수들도 음악을 따라잡을 수 없었다."[21]). 어찌어찌해서 무용수들은 사고 없이 공연을 끌고 갔고, 공연이 전부 끝났을 때 니진스키는 더 부드러운 판타지 발레 《장미의 정령》으로 관객들의 격앙된 마음을 달래주었다.

"내가 바랐던 것 그대로야." 가까운 사람들을 이끌고 저녁 식사를 하러 가는 길에 댜길레프는 소동에 대해 태평스럽게 언급했다. 케슬러는 이렇게 기록했다.

◆ 맨 앞자리에 앉아 있는 본인이 공격당할 것을 염려했다는 농담의 의미일 것이다.

댜길레프, 니진스키, 박스트, 콕토 그리고 나는 택시를 잡아탔다. 택시는 사람이 거의 없고 달빛만 비치는 파리의 거리를 거칠게 달렸다. 박스트는 지팡이에 손수건을 묶어 깃발처럼 흔들었다. 박스트와 콕토와 나는 택시 지붕에 올라앉았고, 연미복 차림에 실크해트를 쓴 니진스키는 내심 만족하여 빙그레 웃고 있었다.[22]

콕토는 약간 다르게 기억했다. 말없이 차를 타고 가던 중 불로뉴 숲에 이르렀을 때 댜길레프가 갑자기 조국 러시아에 대한 향수에 젖어 푸시킨을 읊조리며 눈물을 흘렸다.[23]

《봄의 제전》의 무엇이 사람들을 화나게 했을까? 반감의 뿌리는 발레가 아닌 외적인 문제에 있었다. 우선 장소가 문제였다. 댜길레프가 좋아하는 에이전트이자 파리 토박이인 가브리엘 아스트뤽은 발레 뤼스에 돌아갈 수익을 평소의 두 배로 올리고 그 대가로 익숙한 장소인 오페라하우스와 샤틀레 극장이 아닌 몽테뉴 거리에 새로 지은 샹젤리제 극장을 공연장으로 잡았다. 이 부유한 장소는 파리의 극장가에서 상당히 멀었다. 건물은 내외부가 모두 파격적이었다. 철근 콘크리트 위에 흰색 대리석을 씌웠고, 윤곽이 뚜렷한 직사각형의 파사드는 돌출된 지붕 바로 아래 길게 누운 얕은 돋을새김의 프리즈 외에는 어떤 장식도 없었다. 요즘 같으면 아르데코 양식의 개척자로 인정받을 만도 하지만 처음에는 그 간소함이 당혹스럽게 느껴졌다.

프랑스인 오귀스트 페레가 건물 설계의 대부분을 담당했음에도 강경한 문화 민족주의자들은 새로운 극장이 게르만 특유의 특징을 지닌 건물이라며 의심의 눈길을 보냈다. 객석 디자인이 바그너의 바이로이트 극장과 비슷한 느낌이 드는 데다 좌석과 관객의 시선이 모든 층위에서 "매우 쾌적"한 계급의 평등을 추구했다. 후안무치할 정도로 반유대주의를 펼친 우파들은 아스트뤽의 모든 사업을 대놓고 경멸했다. 발레 뤼스가 촉발한 슬라브 원시주의의 인기를 존엄한 프랑스 유산에 대한 모욕으로 간주한 것이다. 이 모든 것이 열기를 끌어올린 데 더해 폭력적인 내용의 《봄의 제전》과 프랑스풍의 친숙하고 낭만적인 《레 실피드》의 극심한 대조도 한몫했다. 그날 저녁 첫 프로그램이 《레 실피드》였다.

일간지 『르 탕』의 평론가 피에르 랄로는 고발이라도 할 기세로 가장 강력하게 비난했다. 안무에 대해 그는 이렇게 썼다. "단 한 대열, 한 사람의 단 한 동작도 우아함, 고상함, 밝고 가벼운 모습, 품위 있는 표현을 보여주지 못했다. 모든 것이 추했다. 무겁고 둔탁하고 추하게 … 무용수들은 마치 팔이 잘린 사람처럼 팔을 흔들고, 마치 나무토막인 양 다리를 흔들었다. 무용수들은 춤을 춘 것이 아니라 단지 뛰어오르고, 발로 땅을 파고, 바닥을 짓밟고, 경련을 일으키듯 몸을 떨었다." 그리고 음악에 대해 이렇게 덧붙였다. "가장 조화롭지 못하고 가장 귀에 거슬리는 곡이 출현했다. 그토록 열심히, 열정적으로, 단호하게 불협화음 기법을 숭배하고 연주한 경우는 단 한 번도 없었다."[24] 반론은 해리 케슬러 같은 사람들로부터 나왔다. 케슬러는 전통과 경건함을 태워버리기 위해 모닥불을 피우는 중인 모더니즘의 전조를 감지했다. "완전히 새로운 광경, 한 번도 본 적 없는 무엇, 매혹적이고 설득력 있는 어떤 것이다. … 새로운 종류의 야만성, 예술이 아닌 동시에 예술이다. 모든 형식이 파괴되고 혼돈 속에서 갑자기 새로운 형식이 등장했다."[25] 몇 년 후 W. B. 예이츠는 아일랜드 반란이라는 정치적 혼돈에 대한 글을 쓰면서 이렇게 표현했다. "… 변했도다, 완전히 변했도다. / 끔찍한 아름다움이 태어났구나."[26]

후세의 평론가들과 역사가들은《봄의 제전》의 미학적 중요성을 피카소의〈아비뇽의 처녀들〉로부터 출현한 입체파와 비교해왔다(1916년까지 이 그림을 화가의 작업실 바깥에서 본 사람은 아무도 없었다). 가장 최근에 니진스키의 전기를 쓴 루시 무어는 그 발레 작품에서 "먼 과거"는 "현대적인 삶의 비극을 가리키는 은유"를 표현한 것이라고 해석한다.[27] 어떤 이는 천둥처럼 귀를 때리는 스트라빈스키의 음악에서 불과 2년 후 서부 전선에서 터져나올 폭격의 전조가 들린다고 말한다. 또 다른 이는 '선택된 처녀'가 제물로 바쳐지기 위해 자기희생의 독무를 추면서 클라이맥스로 치달을 때 자비나 개별성 따위는 아랑곳하지 않고 우르르 한곳으로 몰려가는 농부들의 모습에서 소비에트의 집단주의를 미리 엿볼 수 있다고 말한다.

이런 견해는 장기적인 관점에서는 유효할 수도 있다. 그러나 덧붙여야 할 말이 있다.《봄의 제전》이 처음에 강렬한 폭발을 일으킨 건 분명하지만 그로 인한 충격은 빠르게 가라앉았다. 이어진 파리 공연들은 사고 없이 지나갔고, 몇 주 뒤 3회 공연을 위해 런던으로 이동할 즈음에는 센세이션이 호기심 수준으로 진정되었다. 드루리 레인 극장에서 막이 오르기 전, 호의적인 평론가 에드윈 에번스는 곧 보게 될 공연을 관객들이 더 구미에 맞게 감상하도록 짤막한 작품 해설을 발표했다. 반응은 엇갈렸다.『스탠더드』는 "대체로 긍정적이었다"고 평했다. 일부 적대적인 평론가들은 "추하다"와 "귀에 거슬린다" 같은 형용사를 꺼내 보인 반면, 다른 평론가들은 경의를 표했다. 여성 잡지 『레이디』는 “무척 흥미로운 공연이었다”며 엄지를 치켜세웠고, 『데일리 텔레그래프』는 “감탄이 절로 나왔다”고 칭찬했다. 『타임스』는 이렇게 평했다. “세 번째이자 마지막 공연에 대해서는 반감의 기미가 거의 없었다. … 런던의 관객들은 발레를 알게 된 시간이 비교적 짧았음에도 발레의 새로운 발전을 편하게 받아들였다.”[28] 칼 밴 벡턴의 머리를 주먹으로 친 젊은이처럼 《봄의 제전》을 결정적인 현상으로 여긴 사람도 있었다. 젊은 여배우 시빌 손다이크는 친구에게 이렇게 말했다. 만일 내 약혼자 루이스 캐슨이 “여기에 찬성하지 않는다면 우리 사이는 끝이야. 의견 차이를 인정하기에는 너무나 중요한 사안이거든.”[29] (두 사람은 의견이 일치했다.)

니진스키는 『데일리 메일』과 인터뷰했다. 상상력이 풍부한 사람이 통역을 한 덕분인지 말이 서툰 사람치고는 의아하리만치 유창했다. “《봄의 제전》에 진지하게 관심을 갖고 주목해주신 영국 국민께 진심으로 감사와 ‘브라보!’를 드립니다. 금요일 밤 우리의 발레에 조롱과 야유는 전혀 없었습니다. 박수갈채만 요란했지요.” 작품에 우아함과 매력이 없다는 비판에 그는 이렇게 반박했다. “나도 원한다면 우아한 발레를 만들 수 있습니다. 얼마든지요. 하지만 나는 ‘나이팅게일과 장미’가 나오는 인습적인 시를 싫어합니다. 내 자신의 성향이 원시적이니까요. 난 고기를 먹을 때 베어네이즈 소스를 곁들이지 않습니다.”[30]

총 10회 공연을 끝으로 니진스키의 《봄의 제전》은 극장가에서 사라졌다. 그토록 광범위하고 지속적으로 영향을 미친 어떤 것이 두 달도 채 버티지 못했다는 사실이 아이러니하다. 물론 스트라빈스키의 음악은 계속 살아남아 교향악단 레퍼토리의 초석이 되었고, 다른 많은 안무가들이 그 곡을 재해석했다(그중에서도 밀리센트 호드슨과 케네스 아처는 파편적인 증거를 모아 니진스키의 원작을 재구성했다). 하지만 1913년 6월에 수익이 사상 최저를 기록하자 댜길레프는 이미 관객의 수용력이 한계에 이르렀음을 느꼈고, 극장 관리자도 그에 동의했다. 잠시 물러나 쉬면서 재정비할 때가 되었다. 그리고 니진스키의 미래에 대한 곤란한 질문이 부상했다.

사적인 관계의 위기가 결말을 재촉했다. 둘은 연애 중인 연상연하 커플 사이에서 너무나도 흔히 볼 수 있는 역학을 고스란히 보여주고 있었다. 선천적으로 동성애자가 아닐뿐더러 싫증을 잘 내고 성미가 까다로웠던 니진스키는 파리의 매춘부들과 비밀스럽게 즐기고 있던 차에 급기야 자신의 방과 댜길레프의 방 사이에 있는 연결문을 잠그기 시작했다. 적대감은 비밀로 남겨지지 않았다. 사회적으로 니진스키는 종종 망나니처럼 행동하고 자신의 후원자인 댜길레프를 대놓고 경멸했다. 파리의 한 식당에서 니진스키는 "길고 불행한 이야기"를 느릿느릿 이야기했다. 댜길레프는 상세한 뒷이야기를 끝도 없이 늘어놓았다. 댜길레프는 나날이 커지는 니진스키의 불만을 불편하게 의식하고 있었지만, 다른 한편으로는 걸핏하면 뛰쳐나가고 부루퉁해지는 그의 자기중심적인 행동에 짜증이 난 상태였다.■ 댜길레프는 그를 애

■ 존 싱어 사전트는 니진스키의 초상화를 그리려다 실패했다. 크로퍼드 백작의 일기에 따르면 "그 남자는 40분 동안 앉아 있기를 거부하면서 어린애처럼 울었다. 사전트는 이 시위가 진주 목걸이를 잃어버리고 비통했기 때문이란 걸 알고 몹시 당황했다."(David Lindsay, *The Crawford Papers*, p. 304).

타게 만들기 위해 어쩔 수 없이 자신의 피보호자를 성인으로 대하지 않았다. 계약에 따라 급여를 주는 대신 어린애처럼 용돈을 주고, 그의 모든 비용을 처리하고, 그에게 원하지도 않는 보석과 장난감 같은 최신 기기들을 넘치게 안겨주었다.

다른 문제가 상황을 더욱 복잡하게 했다. 니진스키의 작품은 관객들로부터 의혹의 눈길을 받았지만 포킨의 작품에 출연하는 무용수로서 니진스키는 여전히 댜길레프에게 큰 수익을 안겨주는 최고의 자산이었다. 하지만 니진스키와 포킨은 금방이라도 싸울 듯 서로 으르렁거렸다. 댜길레프가 니진스키에게 《봄의 제전》 안무를 맡기자 포킨의 화가 폭발했다. (《불새》와 《페트루슈카》가 성공한 뒤 그에게 주어진 인정과 암시를 고려할 때) 포킨은 그 일이 당연히 자기 거라고 생각하고 있었다.

1913년 8월, 다섯 번째 런던 시즌을 마친 발레단은 첫 번째 남아메리카 순회공연을 떠났다. 육지를 떠나는 것에 대한 신경질적인 반감과 1914년 프로그램을 짜야 한다는 과중한 부담 때문에 댜길레프는 유럽에 남기로 했다. 대신 재정을 관리하는 귄츠부르크 남작에게 순회공연을 위임했다. 이 결정은 예상하지 못한 나쁜 결과로 이어졌다. 항해 중인 배에는 뚜렷한 재능이 없는 발레리나 로몰라 드 풀츠키가 타고 있었다. 부유하고 교양 있는 여성인 풀츠키는 유명한 헝가리 여배우의 딸이었다. 그녀는 몇 개월 동안 니진스키를 따라다녔고, 허세로 사람들을 속여 군무진의 맨 뒷줄에 들어갔다. 니진스키가 머무는 호텔의 로비를 서성거리면서 자신의 집착을 감추기 위해 다른 무용수인 아돌프 볼름의 팬인 척했다. 3주에 걸친 대서양 횡단은 그녀에게 먹잇감으로 곧장 나아갈 수 있는 절호의 기회였다. 그녀를 움직인 것이 사랑이라고는 아무도 생각하지 않았다. 그 모든 수작을 목격한 리디아 소콜로바는 이렇게 생각했다. "그녀는 몹시 탐욕스러웠고, 갑자기 덤벼들어 발톱을 드러냈다."[31]

니진스키의 방 근처에 일등선실을 예약한 풀츠키는 복도에서 갑판에서 식당에서 그와 "우연히" 부딪혔다. 또한 니진스키의 안마사와 마리 램퍼트와 친해진 뒤 꼬치꼬치 캐물어 내부 정보를 빼냈다. 그녀는 니진스키와 댜길레프가 어떤 사이인지를 들은 듯한데 그럼에도 개의치 않았다. 어느 날 오후 니진스키가 연습실에서 바흐의 음악에 맞춰 다음 작품을 구상하고 있을 때 그녀가 몰래 들어갔다. 니진스키는 혼자 있게 해달라고 요청해놓은 상태였지만 그녀에게는 남아서 구경해도 좋다고 허락했다.

결국 그들은 서로 공식적으로 소개하고 서투른 프랑스어로 평범한 대화를 이어나갔다. 이후 며칠 동안 두 사람은 잠깐씩 만났다. 어느 날 귄츠부르크가 점심 식사 중에 로몰라를 불러냈다. 자신의 춤이 부족해서 해고될 거라고 예상했던 그녀는 엉뚱하게도 니진스키가 귄츠부르크를 대리인으로 내세워 그녀에게 청혼했다는 사실에 깜짝 놀랐다. 이 청혼이 자기에게 창피를 주기 위한 어떤 계략이라고 믿은 그녀는 눈물을 펑펑 쏟으며 자신의 선실로 뛰어갔다.

로몰라는 (아마도 상상으로 지어낸) 사건의 전말을 이렇게 기억한다. 그날 저녁, 귄츠부르크는 그녀에게 짧은 편지를 보내 니진스키가 더 이상 답을 기다리지 못한다고 알렸다. 그녀가 선실에서 나왔을 때 니진스키가 그 앞에 서서 "마드무아젤, 원하시오? 나와 함께…"

라고 말하며 넷째 손가락을 가리켜 보였다. 그녀는 "네, 그럴게요" 하고 대답했고, 배가 부에노스아이레스에 정박했을 때 두 사람은 결혼했다. 소콜로바는 결혼식이 "꽤 쓸쓸했다"고 묘사했다. 피로연에 참석한 사람들은 하나같이 이 결혼이 절대 좋은 생각이 아니라고 여겼다. 결혼은 분명 이상했다. 몇 주 동안 부부는 잠자리를 함께 하지도 않았고, 니진스키는 신부를 극단적으로 예의 바르게 대했으며, 모든 대화가 언어의 장벽에 심하게 가로막혔다. 귄츠부르크가 공모한 이유—그가 개탄하며 막아섰어야 하는 일을 명백히 도운 이유—는 지금까지 만족스럽게 밝혀진 것이 없다.

댜길레프에게 전보가 도착했다. 극심한 충격에 그는 광적으로 흥분하고 러시아 상류층의 방식으로 분노와 슬픔에 침잠했다. 최근에 겪은 마음의 갈등과는 별개로 상류 계급인 그는 비천한 출신의 니진스키를 자신의 예술적 창조물이자 사적 소유물로 여겼다. 출신도 불명확한 보잘것없는 여자에게 충성을 빼앗기다니 이는 그의 자부심에 끔찍한 타격이었다. 반드시 복수해야 했다. 댜길레프는 안무 의뢰를 철회하고 포킨과 협상을 재개했다. 이 사건이 일어났을 때 그의 곁에 발레 마스터 그리고리예프가 있었다.

> "하지만 포킨과 그런 조건으로 계약하면 최악이 될 수 있소."
> "그게 뭐가 중요하지?" 댜길레프가 말했다. … "전화를 걸어서 뭐라고 하는지 들어봐야겠어." 그는 즉시 전화기로 가서 습관대로 손수건을 꺼내 수화기를 닦은 다음 전화를 걸었다. … 불길하게만 느껴지는 정적이 이어진 후 대화가 시작되었다. 대화는 무려 다섯 시간이나 이

어졌다. … 댜길레프는 수화기를 내려놓고 안도의 한숨을 쉬었다. "잘 해결된 것 같아." 그가 말했다. "하지만 그는 여전히 꼴통이더군!"[32]

포킨은 강하게 밀어붙여 유리한 조건으로 거래를 끌고 갔다. 라이벌인 니진스키의 작품을 레퍼토리에서 몰아내고, 리하르트 슈트라우스가 곧 완성할 명망 있는 곡에 안무할 권리를 거머쥔 것이다. 법적 효력을 지닌 고용 조건이 없었던 탓에 니진스키의 위치는 곧바로 불안정해졌다. 러시아로 돌아가면 군대에 불려 갈 위험이 있었다. 게다가 어쨌든 그의 수입원은 유럽에 있었다. 니진스키는 댜길레프가 자신의 결혼을 축하해줄 거라고 생각한(혹은 생각하기로 결심한) 듯하다. 발레단이 유럽으로 돌아온 후 그리고 상트페테르부르크에서 다시 한 번, 그는 댜길레프에게 전보를 보내 리허설 날짜와 장소를 언제 어디로 공표할지 물었다. 댜길레프로부터 위임받은 그리고리예프는 간결한 답장을 보냈다. "자네는 더 이상 수고할 필요가 없네." 구실은 리우데자네이루에서 변덕이 나 하루 공연을 거부한 것인데 표면상으로는 변명의 여지가 없는 심각한 위반 행위였다.

의뭉스럽게 무슨 일인지 모르겠다는 듯이, 혹은 속 보이는 허세를 부리기 위해 니진스키는 스트라빈스키에게 편지를 써서 사태를 파악하고자 했다. 하지만 이 편지로는 댜길레프에게 반감을 산 이유를 니진스키가 이해하고 있는 건지, 또 니진스키가 원한 것이 그와의 화해인지 혹은 깨끗하게 갈라서는 것인지가 분명치 않다.

세르주가 나에게 그토록 비열하게 굴다니 믿을 수가 없습니다. 세르

> 주는 내게 많은 돈을 빚졌습니다. 지난 2년 동안 나는 춤을 춘 대가나 《목신》《유희》《봄의 제전》을 무대에 올린 대가를 한 푼도 받지 못했습니다. 나는 계약서도 없이 발레단에서 일했지요. 세르주가 나를 원하지 않는다는 게 사실이라면 나는 모든 걸 잃게 됩니다. … 모든 신문에서 … 그리고 내가 독자적으로 발레단을 꾸리고 있다고 말합니다. 사실 나는 사방에서 제안을 받고 있습니다. 가장 큰 제안은 대단히 부유한 사업가가 한 것인데, 새롭게 댜길레프 러시아 발레단을 조직해달라며 100만 프랑을 제시했습니다. 그들은 나에게 독자적인 예술감독 권한과 큰돈을 주고 무대 장치, 음악 등등을 맡기고 싶어 합니다. 하지만 당신으로부터 소식을 들을 때까지는 명확한 답을 주지 않을 겁니다.[33]

어림도 없는 일이었다. 1914년 초에 니진스키는 영국의 임프레사리오 앨프리드 버트로부터 런던 케임브리지 광장이 어렴풋이 굽어보이는 팰리스 극장에서 8주간 공연해달라는 제안을 받고 수락했다. 이 극장은 길버트와 설리번의 오페라를 다수 공연한 임프레사리오 리처드 도일리 카트가 지은 것으로, 웨스트엔드의 극장 중에서 무대가 비교적 크고 설비가 잘 되어 있어서 최근 몇십 년 동안 〈지저스 크라이스트 슈퍼스타〉와 〈레 미제라블〉 같은 대규모 뮤지컬을 수용할 수 있었다. 1910년부터 파블로바가 이 극장에서 최고 액수를 받으면서 춤을 췄음에도 니진스키처럼 열정적이고 고결한 완벽주의자에게는 그 무대에 선다는 것이 약간 체면이 깎이는 일이 될 수 있었다. 팰리스 극장은 그에게 익숙한 종류의 장엄한 오페라 극장이 아니었다.

여기서는 천박한 버라이어티 쇼가 열렸고, 발레는 저녁 메뉴에 고작 한 접시 정도만 제공되었다. 유년기에 떠돌아다니는 동안 니진스키는 팰리스 극장과 비슷하지만 허름하기 짝이 없는 뮤직홀에서 부모와 나란히 출연해 가벼운 턴을 선보였다. 얼마 전에는 신문사와의 인터뷰에서 그런 뮤직홀에 대한 혐오를 내비치기도 했다.▪ 이제 그는 밤 10시 5분에서 10시 50분 사이의 시간대로 추락했다. 그 앞 시간에는 여자 흉내를 내며 사람들을 웃기는 남자 배우와 세르비아-크로아티아계 민요 가수가 공연했고, 뒷 시간에는 "비엔나 트리오" 공연과 뉴스 영화가 이어졌다. 니진스키가 왜 버트의 제안을 받아들였는지는 분명치 않다. 더구나 그가 지루하다고 여긴 포킨의 작품을 공연하는 조건이었는데 말이다. 하지만 출연료가 일주일에 무려 1천 달러(요즘 가치로 10만 달러를 훌쩍 넘는 액수)였다. 그리고 니진스키는 런던 관객이 자기를 사랑한다는 것을 알고 있었다.

하지만 양측 모두 이내 계약을 후회했다. 니진스키에게는 시즌을 혼자 감당할 능력이 없었다. 보조 무용수를 고용하고, 무대 디자인을 의뢰하고, 버트를 상대하고 서류를 처리하는 일은 모두 혼자 해낼 수 있는 일이 아니었다. 무엇보다 리허설을 할 시간이 부족했다. 그는 영리하고 강인한 여동생 (브로니아로 알려진) 브로니슬라바에게 도움을 청했다. 두 살 어린 브로니아는 그 누구보다 니진스키를 잘 이해하는 사람이었다. 가차 없이 솔직하면서도 자석처럼 강력한 관계 속에서 그녀는 그의 뮤즈가 될 수도 있었다. 댜길레프의 발레단에서 하급

▪ 하지만 니진스키는 런던 뮤직홀에서 밑창이 70센티미터쯤 되는 구두를 신고 춤을 추는 난쟁이 스타 리틀 티치(Little Tich)를 열렬히 숭배했다.

무용수로 일할 때 그녀는 《목신의 오후》에 등장하는 요정 하나를 창조했고, 임신으로 자격이 박탈되기 전까지만 해도 니진스키는 《봄의 제전》에서 희생당하는 처녀 역을 브로니아에게 맡기고 싶어 했다. 임신한 뒤로 브로니아는 그의 대변인으로 나섰다. 용기도 부족하지 않아서 그녀는 갈등이 불거졌을 때 댜길레프와의 중재를 시도하고, 심지어 민감한 문제로 치고 들어가 니진스키가 당연히 자신의 것이라고 생각하는 3년 치 밀린 급여에 대해서도 언급했다. 이 모든 노력은 아무런 소용이 없었다. 댜길레프는 전혀 동요하지 않았다. 니진스키는 자신과 고용 계약을 맺은 농노이며 이 농노의 수당은 이미 지급됐고 그의 변덕까지 충분히 받아주었다고 여겼기 때문이다. 실은 지급할 능력도 없었다.

그래서 니진스카는 댜길레프가 노발대발하거나 말거나 발레 뤼스와의 계약을 포기하고 오빠의 런던 사업에 발레리나 겸 감독으로 합류했다. 그녀가 걸어 들어간 곳은 혼돈이었다. 박스트는 무대 세트와 의상 제공을 거절했다. 임신 중인 로몰라는 하릴없이 여기저기 다니면서 모든 사람을 괴롭혔다. 포킨이 안무한 《레 실피드》와 《장미의 정령》은 저작권 분쟁을 피하기 위해 개작할 필요가 있었다. 비좁은 무대 크기 때문에 니진스키는 특유의 마술 같은 최고의 춤을 보여주지 못했다.

첫째 날 밤 브로니아는 댜길레프가 맨 앞줄에서 태연하게 팔다리를 쭉 뻗고 앉아 입가에 냉소적인 미소를 짓고 있는 모습을 보았다(혹은 봤다고 상상했다). 공연에 재를 뿌리려고 온 것일까? 그랬다 해도 아무도 그가 온 것을 알아채지 못했을 것이다. 관객들의 반응은 정중했고 평론은 열광적이었으나 마치 바그너의 곡을 부르는 위대한 오페라 가수가 황금시간대에 TV 프로그램에 나온 것처럼 팰리스 극장의 버라이어티와 숭고한 니진스키의 조합은 어울리지 않았다. 재미와 오락을 바라는 블루칼라 관객은 당황했다. 박스 오피스 실적이 점점 줄어들자 버트는 무모하게도 니진스키에게 "진짜 러시아적인" 무언가를 프로그램에 넣어 맛을 살려보자고 제안했다. 니진스키는 이 건방진 제안에 격노했을 뿐 아니라 첫째 날 밤 공연에 행운을 비는 척하며 비꼬는 메시지를 보낸 파블로바에 격노하고, 소방관의 불연성 바니시가 무대에 얼룩져 있는 것에 격노하고, 무대 담당자가 로몰라에게 수작을 걸었다며 격노하고, 니진스카의 남편이 자기를 경멸했다며 격노하고, 아주 자잘한 것들까지 조금이라도 제자리에 있지 않다며 격노했다. 분장실에서 짜증을 부리는 그에게 극장 지배인이 물 한 바가지를 끼얹어 화를 진정시켜야 했다. 니진스키는 하루 열여섯 시간씩 일하다 결국 2주 후 고열로 쓰러지고 말았다. 이 일로 공연을 연속으로 세 번 쉬어야 했기 때문에 버트와의 계약은 무효가 되었고, 나머지 시즌은 즉각 취소되었다. 니진스카는 러시아로 돌아갔다. 니진스키는 보조 무용수들의 임금 지급이라는 무거운 채무에 허덕였고, 두 번 다시 런던에서 춤추지 않았다. 런던 시즌의 실패는 그에게 깊은 정신적 상처를 남겼다.

이 모든 소극이 벌어지는 동안 댜길레프는 러시아로 돌아가 불만투성이 오랜 친구 브누아와 함께 사태 수습을 고민했다. 두 사람은 니진스키가 시도했던 것만큼이나 급진적인 방식을 도입해 새로운 종류의 실험을 시작했다. 파리와 런던에서 발레를 러시아적인 오페라로 보완해달라는 요청이 들어왔다. 발레보다 오페라를 먼저 사랑했던(그리고 명백하게 더욱 사랑했던) 댜길레프로서는 당장이라도 수락하고 싶은 요청이었다. 가수는 연기를 못한다는(샬랴핀은 제외하고) 영원한 문제를 해결하기 위해 그와 브누아는 가수들을 무대 측면에 묶어두고 그들 앞에서 무용수들이 줄거리를 전개한다는 독창적인 아이디어를 만들어냈다. 이 방안은 〈피가로의 결혼〉이나 〈라보엠〉 같은 오페라에는 적합하지 않겠지만, 두 편의 판타지 오페라에는 아주 잘 들어맞는 접근법이었다. 한스 크리스티안 안데르센의 동화에 기초해 스트라빈스키가 새로 만든 곡 〈나이팅게일〉과, 림스키코르사코프의 마지막 작품이자 전제 정치에 대한 기발한 풍자로서 작곡가가 죽은 지 불과 몇 달 후인 1909년 모스크바에서 전통 양식으로 초연된 〈금계〉가 그것이었다.

브누아는 《나이팅게일Le Rossignol》에 몰두했기 때문에 《금계Le Coq d'or》의 화려한 무대를 디자인하는 더 큰일은 마지못해 포기할 수밖에 없었다. 그 프로젝트는 흔히 예상할 수 있는 것과 달리 박스트가 아닌(박스트는 잠시 댜길레프의 눈 밖에 나 있었다) 나탈리아 곤차로바에게 갔다. 귀족 출신의 조용한 젊은 여성 곤차로바는 동료 화가인 미하일 라리오노프와 함께 모스크바에서 미혼인 상태로 동거하고 있었다. 이 진정한 보헤미안 커플은 러시아 아방가르드의 최전선을 대표하는 인물들이었다. 그들의 재능을 알아보고 댜길레프의 관심을 유도한 것은 뼛속까지 보수적인 브누아의 큰 공이었다. 《금계》의 안무를 진행하던 포킨은 처음에는 그녀가 "'새로운 예술'과 '미래의 예술'에 대해 과격한 강연을 하고 다니는 미래파"에 속한 사람일 거라고 의심했다.[34] 하지만 그녀의 작업실을 방문했을 때 그런 포킨마저도 그녀의 재능과 진지함에 감동했다. 실제로 그녀와 라리오노프는 입체파와 추상예술에 관심이 있었고 조야한 형식의 행위예술을 하고 있었다. 몸에 물감을 칠하고 거리에서 외치는 등의 퍼포먼스를 하긴 했어도 모스크바의 유명한 미술관에서 성황리에 끝난 그녀의 전시회가 확실하게 입증하듯이 그녀의 활기찬 색채 감각과 회화적 생명력은 눈이 부실 정도였다. 댜길레프는 그녀와 계약을 맺었고, 셰마하의 여왕◆으로 맨발로 우아하게 춤을 춘 카르사비나와도 계약했다("어쩌면 내가 맡았던 최고의 배역일 것"이라고 그녀는 말했다[35]). 결국《금계》는 파리와 런던에서 엄청난 인기를 끌며 대성공을 거뒀다.《불새》에 이어 민간전승의 작풍으로 복귀하고, 여기에 곤차로바의 모더니즘이 실험성과 활기를 더한 것이 주효했다.《금계》의 성공으로 니진스키의 탈퇴 이후 떨어져가던 발레단의 사기가 회복되었다. 새로운 것을 추구하는 댜길레프에게 다시금 자신감을 심어준 계기도 되었다. 이 버전은 다시는 공연되지 못했는데, 림스키코르사코프의 미망인과 그녀가 제시한 과도한 저작권료 때문이었다.

1914년 시즌에 큰 실망을 안긴 작품은 오랫동안 잉태했고 기대가 하늘을 찔렀던《요셉의 전설La Légende de Joseph》이었다(이 해에는 러시아 오페라와 샬랴핀의 카리스마가 발레보다 더 좋은 평을 받았다). 리하르트 슈트라우스는 오페라 작곡가로서는 대가였지만 좋은 발레음악은 쓰지 못한다는 것이 입증되고 말았다. 시릴 보몬트는 "너무

◆《금계》의 등장인물.

복잡하고 너무 정밀하게 구성되어 있으며 조화로움과 거리가 멀다"고 생각했다.[36] 게다가 사치스러운 배경과 의상, 과도한 금빛 색조의 사용이 춤과 줄거리를 압도해버렸다. 줄거리를 망친 것은 해리 케슬러의 허세에 찬 시나리오 때문이기도 했다. 예술 애호가인 찰스 리케츠는 이 발레의 질 낮은 클라이맥스가 웃음이 나올 정도로 형편없다고 생각했다.

> 믿을 수 없을 만큼 음악이 저속해지며 조명이 갑자기 요셉을 비춘다. 사슬이 끊어지고 금빛 대천사가 무대 상단을 가로질러 내려와 요셉을 사보이 호텔로 인도한다. 바그너풍의 신격화된 음악을 가장 최악의 형태로 패러디한 음악이 아닐 수 없다. 탁월한 해석자인 러시아인들이 아니었더라면 정말로 참을 수 없이 한심한 작품이 되었을 것이다.[37]

사람들의 관심은 애초에 니진스키가 할 것으로 예상됐던 주인공 역을 대신 소화한 신입 단원이자 애처로울 정도로 나약해 보이는 인물 레오니트 먀신(후에 마신)에게 집중되었다. 하얀 양가죽 튜닉만 걸친 먀신은 자신을 둘러싼 화려하고 퇴폐적인 배경과 극명한 대조를 이뤘고, 보디발의 음탕한 아내의 계략을 거부할 때는 거의 벌거벗은 욕망과 연민의 대상이 되었다. 하지만 그의 커다란 검은 눈에서 풍기는 상처받기 쉬운 순결함은 진실과 거리가 멀었다. 먀신은 대단히 영리하고 야심만만한 열일곱 살의 러시아 청년으로, 모든 것의 대가를 잘 알고 원하는 것을 얻기 위해서는 거의 어떤 일도 서슴지 않을 냉정한 고객이었다. 발레는 그의 주된 열정이 아니었다. 그는 스타니슬랍스키와 체호프 그리고 모스크바 예술극장이 이끄는 새로운 러시아 연극 운동에 푹 빠져 있었고, 그래서 춤이란 배우가 되기 위한 디딤돌에 불과하다고 생각하고 있었다.[38]

하지만 댜길레프는 침대에서나 무대에서나 니진스키를 대체할 사람이 절실하게 필요했다. 볼쇼이 발레단의 군무에서 그를 본 뒤 이 젊은이의 엄청난 잠재력을 알아본 댜길레프는 그에게 거절할 수 없는 제안을 했다. 동성을 향한 선천적인 성향이 전혀 없었음에도 댜길레프의 성적 요구에 마신(이 이름으로 알려지게 되었다)은 주저하지 않고 순응한 것으로 보인다. 그런 상황에서는 니진스키가 그랬듯이 젊은 사람이 고분고분하게 행동하는 것이 일반적이었기 때문이다. 댜길레프의 요구 또한 그다지 공격적이지 않았던 것으로 보인다(나중에

《요셉의 전설》에서 주인공 요셉 역을 맡은 레오니트 마신(1914). 프랑스의 문학 및 예술 신문 『코뫼디아』의 격주 부록인 『코뫼디아 일리스트레』의 표지.

마신은 그들의 잠자리가 "착하고 뚱뚱한 노부인"을 안는 것 같았다고 회고했다[39]). 다른 면에서 마신은 엄청나게 이해가 빨랐고, 그래서 댜길레프는 그와 함께 미술관이나 박물관을 돌아다닐 때 옛 거장들의 가르침을 흡수하는 그의 능력에 즐거워했다. 마신은 똑똑하고 생각이 깊었다. 이 젊은이는 새로운 아이디어의 원천이 될 가망이 있었다. 댜길레프에게 그것은 그의 몸 못지않게 귀중한 필수품이었다.

니진스키가 받은 최상급 발레 교육과 놀라운 테크닉에 마신은 대적할 수 없었다. 유난히 마른 체격을 고려할 때 일류 무용수가 되지 못하리란 걸 그 자신도 알고 있었다. 요셉 역을 위해 팔다리를 드러낸 후로는 약간 밖으로 휜 밭장다리를 감추기 위해 거의 항상 세심하게 덧댄 솜바지를 입고 무대에 섰다. 또한 소콜로바의 회고에 따르면 마신은 고관절 굴곡근이 딱딱해서 피루엣을 할 때마다 엄청난 고통을 감수해야 했다.[40] 게다가 마신은 상당한 미남이었는데 너무나 아름다운 자신의 얼굴이 당혹스러워 오히려 얼굴을 기괴하게 만들려고 할 정도였다. 무대 위에서 마신이 가장 강력하게 발산한 자질은 "니진스키와 완전히 반대되는 것"이었다고 해리 케슬러는 기록했다. "눈길을 끌거나 관능적인 면이 전혀 없다. 심오함 그 자체, 신비주의 그 자체다. … 마신은 뼛속까지 러시아적이다(반면에 니진스키는 폴란드인이었다). 그는 사람의 깊은 영혼을 울리는 러시아 민요 같다."[41] 댜길레프는 "재능 발굴 분야에 있어 역사상 가장 놀라운 솜씨"[42]였다고 해야 마땅할 탁월한 선택을 했던 것이다.

《요셉의 전설》에 대한 실망과 니진스키의 부재와는 관계없이 발레 뤼스의 팬들은 대체로 그 시즌이 즐거웠다고 생각했다. 온화한 날

씨 그리고 댜길레프의 사업 중 오페라 전선에서 펼쳐진 샬랴핀의 매혹적인 공연도 한몫을 했다. 소콜로바의 회고에 따르면 "도시에서 가장 똑똑하고 가장 훌륭한 사람들이 몰려들었고" 무용수들은 무대 밖에서도 대중이 추앙하는 스타가 되었다. "여자들은 최고의 양장점에 옷을 주문했다. 남자들은 베이지색이나 회색 조끼를 입고 스패츠◆를 착용하고 모닝코트를 걸치고 실크해트를 썼다. 그 시즌에 수석 남성 무용수였던 [표트르] 블라디미로프는 어딜 가나 어린 중국인 시종을 뒤에 달고 다녔다. … 우리는 일종의 신화가 되었다."[43]

발칸의 상황이 점점 심각해진다는 뉴스 보도들이 전해지던 1914년 6월에서 7월까지 6주 동안 드루리 레인 극장은 매일 밤 만석이었다. 포킨의 발레가 주를 이루는 레퍼토리—《사육제》《불새》《레 실피드》 그리고 새롭게 선보인 《금계》—에 평론가들과 관객은 넋을 잃었고, 주인공 역을 맡은 카르사비나의 명성은 정점에 달했다. 소콜로바가 전하는 바에 따르면 "거의 모든 사람이 그녀를 사랑했다." 하지만 헛수고였다. 그녀는 베일에 싸인 상트페테르부르크의 공무원과 결혼한 상태였다. 이튼과 케임브리지에서 교육을 받았고, 발레를 후원하는 세련된 아가 칸이 지속적으로 관심을 보였지만 그녀를 유혹해서 정절의 길을 벗어나게 할 순 없었다. 칸과 식사를 하기로 한 날 저녁, 그녀가 냅킨을 펼치자 그 안에 엄청나게 큰 에메랄드가 있었다. "이런, 아가. 정말 고마워요." 그녀는 이렇게 중얼거리면서 미끼를 부드럽게 밀어 테이블 반대쪽으로 돌려보냈다. 돈이 필요하긴 했으나 그녀는

◆ 구두 위에 차는 짧은 각반.

쉽게 팔리는 사람이 아니었다. 댜길레프는 2년 동안 카르시비나의 임금을 지급하지 않았다. 결국 드루리 레인의 임프레사리오를 설득해 미불금 2천 파운드를 지불하도록 한 후 댜길레프는 곧바로 그중 400파운드를 자신에게 빌려달라고 요구했다.

여름휴가를 맞아 발레 뤼스의 무용수들이 흩어진 사이에 오스트리아-헝가리 제국이 세르비아에 전쟁을 선포했다. 며칠 후 독일이 러시아에 전쟁을 선포하자 유럽의 불안정한 외교 체제는 무너지고 프랑스와 영국이 전쟁에 합류했다. 댜길레프의 전기를 쓴 리처드 버클에 따르면 그것은 "아름다운 시대la belle époque의 종말, 새로운 예술art nouveau의 종말, 예술세계Mir iskusstva 운동의 종말, 제국의 종말"이었다.[44]

5장

전쟁

DIAGHILEV'S EMPIRE

처음에는 전쟁의 심각성을 과소평가하는 분위기가 지배적이었다. 싸움은 제한적이며 "크리스마스 무렵에는 끝이 날 것"이라는 시각이 압도적으로 우세해서 전쟁을 두려워하거나 전쟁 때문에 장기적인 계획을 변경하는 건 바보 아니면 겁쟁이나 할 일이었다. 물론 독일에서 예정된 발레 뤼스 시즌은 취소되었다. 그즈음 댜길레프는 부친의 사망 소식을 받고는 장례식에 참석하기 위해 분쟁 중인 국경을 넘어 결국 마지막 고국 방문이 되어버린 여행을 한 것으로 보인다.

유럽 안에서도 교전 지역으로부터 멀리 떨어진 곳은 특별한 위기감이나 분열이 없었기에 댜길레프는 서구로 향했다. 한 미국인 임프레사리오로부터 1916년에 미국 순회공연을 하자는 달콤한 제안이 들어왔고, 스트라빈스키와 스물세 살의 신동 세르게이 프로코피예프의 곡들도 발표를 앞두고 있었다. 나머지 여름과 가을에 그는 새로운 연인 마신과 함께 여유롭게 이탈리아를 둘러보았다. 로마에서 그들은 요란하게 소리치는 미래파와 마주쳤고, 라벤나에서는 찬란한 비잔틴 모자이크를 흡수했다. 피렌체에서 우피치 미술관을 거닐던 중 댜길레프는 소년에게 발레를 안무할 수 있겠느냐고 물었다. 시모네 마르티니의 금빛 찬란한 〈수태고지〉 속 인물들의 명료한 색채와 굴곡진 우아함에 도취된 마신은 "네" 라고, 할 수 있을 것 같다고 대답했다. "한 작품이 아니라 얼마든지, 장담해요."[1]

두 사람은 계속 이탈리아에 머물다가 1915년 부활절에 제네바 호수의 한적한 제방에 있는 별장을 임대했다. 스트라빈스키는 자전거로 오갈 수 있는 곳에서 묵었고, 스위스인 지휘자 에르네스트 앙세르메가 새로운 협력자이자 친구가 되었다. 여기에 박스트와 곤차로바 그리고 곤차로바의 파트너 라리오노프가 합류했다. 전시에 이동이 제약된 탓에 러시아인은 다소 부족했지만 새로운 무용수들이 모여들었다. 서부 전선의 참사로부터 벗어난 목가적인 이곳에서 그들은 일종의 예술적 주둔을 시작했다. "우리 모두는 행복한 시간을 보냈다. 신이 났고 화목했으며 기대에 부풀었다"고 리디아 소콜로바는 회고했다.[2]

마신은 곧 약속에 따라 자신이 새롭게 경험한 예술을 토대로 발레를 계획했다. 《리투르기Liturgie》라는 제목에 예수 이야기를 떠오르게 하는 이 발레는, 댜길레프에 따르면, "황홀한 미사 의식, 예닐곱 개의 타블로, 배경은 비잔틴 시대…"[3]로 구상되었다. 현존하는 리허설 사진들을 보면 마신은 치마부에와 조토의 제단화에 그려진 인물들을 삼차원으로 구현한 놀라운 타블로를 고안해냈다. 스트라빈스키가 너무 바빠 어쩔 수 없이 사람들은 발레곡을 대신할 대안을 몇 가지 고려했다. 이를테면 그레고리안 성가, 완전한 침묵, 종과 사이렌과 팽이의 미래주의적인 불협화음, 무용수들의 스텝이 북소리처럼 울리는 속이 빈 이중 바닥 등이었다. 곤차로바가 성상화와 프레스코화의 금빛 화려함을 반영해서 의상을 디자인한다면 결과물은 휘황찬란함 그 자체였을 것이다. 그러나 음악을 선택하는 일이 끝내 교착 상태를 벗어나지 못하자 댜길레프는 프로젝트를 중단했고 《리투르기》는 발레 뤼스의 역사에 일어났을지도 모를 위대한 가능성으로 남았다.

제자가 감당 못할 일에 너무 욕심을 부리는 것을 경계했는지 댜길레프는 마신에게 안무로 데뷔하는 일에서 야심을 조금 덜어내라고 권했다. 《자정의 태양Soleil de Nuit》은 림스키코르사코프의 오페라 〈눈아가씨〉에서 발췌한 순박한 민속춤 모음으로, 1915년 크리스마스 직전에 제네바에서 초연했다. 제네바의 한 신문 기사는 공연을 다음과 같이 묘사했다. "상자에 가득 담긴 러시아 인형들이 깨어나 웃음 지었다. 금종이로 만든 인형들은 눈이 부셨고 무대 위에는 온갖 색채가 흩뿌려져 있었다. 농부들과 광대들의 우스운 의상 … 그리고 큰 갈채를 받은 안무가 먀신[원문대로]은 심벌즈를 들고 주홍색 얼굴을 한 꼭두각시 인형의 모습으로 등장했다." 마신은 이 따뜻한 평론에 전율했다. 그러나 댜길레프가 곧 그의 기를 꺾어버렸다. "나는 관객이 환호하는 걸 듣지 못했어." 냉소적인 말투였다. 그런 발언들을 통해 댜길레프는 소년을 자신이 원하는 곳에 붙들어둘 수 있었다. 마신은 여전히 배울 게 많았고, 마신에게 가르침을 줄 사람은 댜길레프였다.[4]

—∘ ∘—

1916년 새해 첫날 발레 뤼스는 보르도에서 뉴욕으로 항해했다. 고된 뱃길이었다. 마신은 몇 시간 동안 갑판에 서서 넘실대는 파도에 넋을 빼앗겼지만, 댜길레프는 어느 집시로부터 물에서 죽을 거라는 말을 들은 뒤로 바다 여행을 두려워해 좀처럼 선실을 떠나지 않았다. 선실을 벗어나야 할 때는 반드시 목에 구명대를 둘렀다. 배가 짙은 안개를 통과하고 사이렌 소리가 들릴 때 그는 이제 다 왔다고 생각했지만, 실은 배가 자유의 여신상을 지나고 있음을 알리는 신호였다.

발레단에는 내로라할 이름들이 빠져 있었다. 포킨은 러시아 전선 후방에 갇혔다. 댜길레프 입장에서는 어쨌든 마신의 싱싱한 재능이 곁에 있으니 포킨의 창조적 쓸모는 끝났다고 느꼈다. 카르사비나 역시 러시아에 붙들려 있었다. 니진스키의 문제는 좀 복잡했다. 결혼의 여파 이후 니진스키와 댜길레프의 관계는 긴장이 완화되는 분위기이기는 했지만 화해까지는 아니었다. 둘 사이의 교전이 발발하기 전 니진스키는 파리를 배회하며 《요셉의 전설》의 드레스 리허설 현장에 몰래 들어가 후계자인 마신을 면밀히 살폈다. 그의 후계자는 영특하게도 니진스키의 발레 수업을 방문해 똑같이 답례하고 댜길레프의 축복을 전했다. 댜길레프는 니진스키가 얼마나 어려운 처지에 놓여 있는지 마신이 똑똑히 알 필요가 있다고 생각했다.

그 후 니진스키는 부다페스트에 있는 아내 로몰라의 집으로 돌아갔지만 오스트리아-헝가리 제국이 러시아에 전쟁을 선포한 후 정부는 그를 적성 외국인으로 분류했다. 가택 연금 조치로 인해 발레를 못하게 된 니진스키는 어린 딸 키라와 함께 놀아주며 행복한 시간을 보냈고 틈틈이 무용 기보법을 연구했다. 하지만 댜길레프의 미국인 임프레사리오는 그 시즌에 니진스키가 공연하는 것을 계약 조건으로 내걸었고, 팰리스 극장 대실패 후 니진스키는 돈이 궁했다. 곧 니진스키를 적국에서 탈출시킬 목적으로 고위층의 은밀한 손들이 움직이기 시작했다.

그러는 사이 발레단은 뉴욕에서 막을 올렸다. 모두가 기대했던 것과는 사뭇 달랐다. 발레 관객은 마음을 열고 눈을 크게 떴으나 상대적으로 세련되지 못하고 고지식했던 탓에 《셰에라자드》에서 펼쳐진 이국에 대한 정형화와 《목신의 오후》의 클라이맥스에 거북하게 반응했다. 미국에서 목신은 마신이었다. 민감한 감수성을 존중해 자위를 암시하는 요소는 제거했다. 카르사비나는 두 명의 러시아 발레리나로 교체되었다. 한 명은 제니아 마클레초바였는데, 공연이 스스로 생각하기에도 처참할 정도였는지 그녀는 크게 화를 내며 나가버렸다. 다른 한 명은 매력이 넘치는 리디야 로포호바였다.[5] 상트페테르부르크 출신(부친이 어느 극장의 수석 안내원이었다)의 통통하고 자그마한 로포호바는 팔이 짧고, 작은 발은 용수철이 달린 듯 힘찼으며, 활기차고 똑똑한 데다 귀엽게 끊어지는 영어로 수다를 늘어놓아서 기자들에게 재미있는 기삿거리를 제공했다. 사실 로포호바는 1910년에 발레 뤼스에서 잠깐 춤을 췄고, 그 후 큰돈을 벌기 위해 미국으로 이주해서는 시끄러운 연애 사건을 연달아 터뜨렸다. 리디아 소콜로바는 이렇게 회고했다. "그녀는 모든 사람에게 다정했고, 다른 무용수의 역할을 탐내거나 질투한 적이 단 한 번도 없었다. 그녀는 항상 어딘가로 떠날 것만 같았다. … 발레에 온 마음과 정성을 쏟아붓는 타입은 아니었다."[6] 로포호바는 예술적으로 크게 발전하지 못했다. 그녀와 댜길레프는 서로에게 많은 것을 바라지도 않았다. 로포호바라는 친숙한 이름이 관객을 끌어들였고, 《불새》 같은 발레에서는 스릴 넘치는 점프와 밝은 에너지 그리고 무엇보다도 장난스럽고 허둥지둥하는 매력으로 명랑함이라는 재능을 십분 발휘했으니 댜길레프에게는 나름 가치 있는 진열 상품이었다.

뉴욕에서 기대에 못 미치는 데뷔를 한 뒤 발레단은 임시 열차를 타고 두 달간 동부의 도시들을 돌면서 순회공연을 했다. 반신반의하는 평판이 그들보다 먼저 도착한 탓에 보스턴 시장이 무대 위에서 신체 노출을 불허한다고 통보해왔다. 서쪽으로 멀리 들어간 캔자스시티에서도 《셰에라자드》에 등장하는 타인종 간의 행위가 경찰서의 의혹을 자극했다. 한 경찰관은 지역신문 기자에게 이렇게 말했다. "막이 오르기 전에 도그리프Dogleaf를 보기 위해 잠시 들렀습니다. 이름이 도그리프인지 뭔지 하는 사람이 간단한 영어도 못 알아들을 것 같아 … 다른 사람[통역자]을 통해 이렇게 말했습니다. '여긴 도덕적으로 엄격한 도시다. 우리는 눈살을 찌푸리게 하는 부도덕한 행위를 두고 보지 않을 것이다'라고 말입니다." 공연이 시작되었고, "쇼가 너무 상스러우면 즉시 무대에 올라가 커튼을 끌어내리겠다"는 협박은 실현되지 않았다.[7] 그보다 중요한 일이 일어났다. 발레단에서 예쁘기로 손꼽히는 러시아 소녀에게 마신의 눈길이 머무르기 시작해서 댜길레프를 불안에 빠뜨렸던 것이다. 폭군처럼 불장난을 중단시키긴 했지만 동물적인 본능을 얼마나 오래 억누를 수 있을까?

한편 뉴욕에서는 외교전이 결실을 맺었다. 니진스키가 연금에서 풀려나 뉴욕으로 오고 있었다. 그러나 아직은 넘어야 할 큰 산들이 있었다. 주로 미지급된 급여와 관련된 문제였다. 기자들이 빤히 쳐다보는 가운데 댜길레프와 마신은 부두에서 니진스키가 타고 온 배를 맞이하고 로몰라에게 장미 다발을 건넸다. 니진스키는 어린 키라를 댜길레프에게 넘겨주어 어르게 했다. 하지만 분위기는 여전히 냉랭했다. 점심 식사 중에 진행된 협상은 로몰라가 니진스키의 단호한 에이전트로 나서는 통에 한층 힘들었다. 그녀는 과거의 호의에 대한 그 어떤 감상적인 호소에도 흔들리지 않았다. 마침내 양측이 합의에 도달하면서 결국 미국에서 수익을 올리겠다는 댜길레프의 바람은 물거품이 되었다. 니진스키는 뉴욕에서 올리는 수입의 일정 비율을 받는 것

외에도 엄청난 급여를 받기로 했는데, 그 액수는 엔리코 카루소가 받는 것과 똑같았다.

결과는 해결이라기보다 휴전이었다. 돈은 댜길레프가 지급했다기보다 미국인 임프레사리오 오토 칸이 선불로 지급했음이 분명하다. 댜길레프에게는 그럴 능력이 없었기 때문이다. 니진스키는 리허설을 시작했지만 열의가 없었다. 발레단 사람들은 무대 밖에서 보낸 2년의 공백으로 그의 내면의 불꽃이 잦아들었음을 곧 알게 되었다. 그리고리예프는 "그는 연습이 부족해서 춤이 예전 같지 않았다"고 생각했다.[8] 소콜로바는 "그는 몸이 불었고 슬퍼 보였다. 누구에게도 말을 걸지 않았으며 손을 뜯는 버릇이 예전보다 더 심해졌다"[9]고 기록했다.

포킨의 작품으로 이루어진 니진스키의 공연은 뜨거운 찬사를 이끌어냈지만, 이번에도 도덕적 주의를 촉구하는 목소리가 귀를 간지럽혔다. 무대 밖에서 니진스키는 "거친 사람"처럼 보였으나 무대 위의 모습을 본 몇몇 비평가는 그의 "썩 호감이 가지 않는 나약한 여성성"에 당황했다. 또한 포킨의 목가적인 발레 《나르시스》에서 일부 관객은 그의 곱슬곱슬한 금색 가발, 여성적인 튜닉, 짧고 하얀 "말로 표현할 수 없는 것"◆을 보고 킥킥대며 웃었다. 동성애를 인정하지 않는 뉴욕은 파리의 에로티시즘을 열린 마음으로 받아들이지 않았다. 런던의 니진스키 마니아들은 쓰레기 같은 이야기들을 즐겼지만 말이다. 『뉴욕 저널』은 "네 명의 비서가 하루에 열 시간씩 근무하면서 그의 연애편지에 답장을 한다"라거나 "고귀한 귀족 부인들이 그의 춤

◆ 브리프를 말한다.

을 보고 히스테리를 일으켰다"는 등의 터무니없는 인물 정보를 퍼뜨렸다.[10]

미국 시즌을 마친 후 댜길레프와 발레단은 중립국인 스페인으로 향하는 비교적 안전한 루트를 통해 유럽으로 돌아왔다. 미국 순회공연은 여기에 참여했던 어느 누구에게도 딱히 행복한 경험이 아니었다. 늘 고압적이었던 댜길레프는 자신이 양키 문화를 경멸한다는 것과 미국인들이 그의 보수적이고 거만한 유럽식 행동 방식에 정면으로 도전한다는 것을 분명히 깨달았다. 한번은 그가 말을 듣지 않는 무대 감독을 지팡이로 때려서 떠들썩한 싸움이 일어날 뻔했는데, 몇 시간 뒤 신원을 알 수 없는 어떤 사람이 무대 천장에서 무거운 금속 물체를 떨어뜨려 댜길레프의 머리를 가격했다. 그가 죽지 않은 건 천운이었다.

하지만 오토 칸은 니진스키와 발레 뤼스가 관객의 구미를 자극했으며 이 상표를 이용하면 앞으로도 계속 수익을 낼 수 있다는 것을 직감했다. 양측은 새로운 계약 조건을 협의했다. 이번에는 기본적으로 댜길레프가 미국 순회공연에 발레단을 임대하는 형식으로 수익을 분배하는 조건이었다. 이렇게 하면 그는 유럽에 머물고 마신과 몇몇 무용수들이 새로운 작품을 개발할 수 있었다. 옥에 티가 있다면 대중의 스타인 니진스키가 미국 공연을 전반적으로 관리해야 한다고 칸이 고집한 것이다. 댜길레프는 그게 미친 짓이라는 것을 알았다. 하지만 그의 손은 묶여 있었고 발레단이 안정적으로 생존하려면 전지전능한 달러가 필요했다.

대서양은 저수지처럼 조용했지만 수면 아래에서는 U보트가 들끓었다. 발레단이 스페인 남서부의 카디스항에 도착했을 때 물을 싫어하는 댜길레프는 안도감에 젖어 마른 땅에 무릎을 꿇고 입을 맞췄다. 마드리드에서 왕족의 후원으로 공연이 열렸다. 피로연 자리에서 알폰소 국왕이 어리둥절한 표정으로 물었다. "당신이 하는 일은 정확히 무엇인가?" 댜길레프는 영리하게 대답했다. "폐하, 저는 폐하와 똑같습니다. 일을 하지 않습니다. 아무것도 안 하지요. 하지만 필수 불가결한 존재입니다."[11] 스페인에서 만난 모든 사람, 모든 것이 그를 매혹했다. 그는 벨라스케스의 그림 〈시녀들〉을 보고 영감을 받은 마신에게 짧은 발레를 주문하고, 작곡가 마누엘 데 파야와 함께 스페인 전통 음악을 탐구했으며, 불현듯 파리로 건너가 몽파르나스의 한 작업실을 방문했다. 그가 만난 작업실 주인은 작고 단단한 황소 같은 체격에 날카로운 눈과 덥수룩한 검은 머리를 가진 바르셀로나 출신의 젊은 화가 파블로 피카소였다. 피카소는 꿈을 꾸는 듯한 장밋빛 시대, 원시주의의 공격성, 입체파 실험 등으로 예술계에서는 이미 유명 인사가 되어 있었다.

이 만남에 불을 지핀 사람은 귀찮게 따라다니던 장 콕토였다. "나를 한번 놀라게 해보게, 장"이라는 지령(사실은 접근 금지 명령)을 실현하기 위해 부단히 노력하던 콕토는 초현실주의적인 서커스 발레라는 아이디어를 가지고 몇 년째 댜길레프를 괴롭히고 있었다. 이 제안만큼은 댜길레프의 철벽을 무너뜨릴 수 있을 것 같았다. 처음에는 모든 것이 맞아떨어지는 듯했다. 콕토가 서커스단이 거리에서 몇 가지 서커스 동작을 선보이며 재능을 홍보하지만 관객을 공연 마당으로 끌어들이는 데는 실패한다는 내용을 담은 《파라드Parade》의 시나리오를 쓰고, 입체파 시기를 벗어나 새로운 방향으로 나아갈 준비가 되어 있는 피카소가 무대 배경과 의상을 디자인하고, 이단적인 작곡가 에리크 사티가 일상생활의 소리를 무작위로 모아 콜라주 음악을 만들고, 마신이 안무하고, 댜길레프의 후원자 미시아 세르(재혼한 후로는 미시아 에드워즈)가 모든 비용을 지불하면 될 것 같았다. 적어도 이론상으로는 당대에 가장 훌륭한 아방가르드 예술가들의 환상적인 협업처럼 보였다.[12]

보다 긴급한 일이 있었다. 댜길레프는 발레단이 미국에서 재공연하는 문제를 처리해야 했다. 발레 뤼스 역사상 처음으로 매일 직접적으로 행사하던 "필수 불가결한" 통제권을 양도하게 된 것이다. 4개월 동안 50개의 해안 도시를 순회하는 고된 여정에서 니진스키가 개인적인 기술이나 경영 능력을 발휘해 발레단을 잘 이끌 거라고는 아무도 믿지 않았다. 칸과 맺은 것은 악마의 거래였다. 니진스키를 한층 더 골칫덩이로 만든 문제는 따로 있었다. 니진스키는 누구보다도 성실하고 능력 있는 발레단 감독이자 발레 마스터인 세르게이 그리고리예프를 배척했다. 그가 오지랖이 넓다는 것이 그 이유였다. 발레단에서 다혈질로 소문난 러시아 단원 니콜라스 크렘네프가 그리고리예프의 자리를 대신했으나, 그에게 푹 빠진 여자친구 리디아 소콜로바도 인정했듯이, 크렘네프는 "동료들과 어울려 떠들기를 너무 좋아했다. 게다가 균형 감각과 임기응변의 재주가 전무하다"[13]는 점에서는 니진스키와 똑 닮았다.

니진스키는 아내와 딸과 함께 미국에 머물면서 여름 내내 메인주의 바닷가 호텔에 틀어박혀 새로운 발레를 구상하고 있었다. 이때 결실을 보게 된 작품은 중세 독일 소설에 등장하는 장난꾼 틸 오일렌슈피겔을 주인공으로 하고, 리하르트 슈트라우스가 작곡한 동명의 교향시를 음악으로 사용한 발레였다. 이 발레에 대한 기록은 《유희》나 《봄의 제전》보다 훨씬 더 간략하지만 젊은 미국인 디자이너 로버트 에드먼드 존스는 그 덜컹거리는 구상, 그리고 무대와 의상을 제작하면서 보낸 악몽 같은 시간을 생생하게 기록했다.[14]

니진스키는 피가 날 때까지 강박적으로 엄지손가락을 뜯었다. 또한 언제나 "피곤하고 지루하고 흥분하고 괴로운" 듯 보였다. 그의 지칠 줄 모르는 완벽주의가 엄청난 불안의 기운과 결합했고, 그 결과 "너무나도 열정적이고 뛰어난 천재의 느낌을 발산했다. 전율에 몸서리치고 무자비한 창조적 충동에 사로잡혀 혼돈의 고통을 겪는 인물"의 모습이었다.[15] 또한 아이디어를 빗발치듯 쏟아냈다가 변덕스럽게 취소하고 독단적으로 대체하거나 뒤집었다. 스케줄과 취침 시간과 냉철한 이성을 무시하면서 시도 때도 없이 나타났다 사라졌으며, 큰 그림을 보지 못하고 노상 작은 일에 매달렸다. 무대에서 존스의 세트를 처음 봤을 때 자신이 구상한 프로시니엄과 어울리지 않는다는 걸 알게 되자 니진스키는 노발대발하며 소리를 지르다 넘어져 발목을 삐었다. 그 바람에 예정된 개막이 일주일 연기되었다.

그럼에도 뉴욕에서 초연된 《틸 오일렌슈피겔Till Eulenspiegel》은 한마디로 대성공이었다. 박스트의 디자인 못지않게 색채감이 뛰어난 존스의 멋진 디자인은 그로테스크한 고딕풍의 중세 도시를 보여준다. 이곳에서 동명의 주인공 역을 맡은 니진스키가 6피트에 달하는 뾰족한 머리 장식을 하고 비단을 뒤로 길게 늘어뜨린 부인들을 놀리

뉴욕 맨해튼 오페라하우스에서 초연된 《틸 오일렌슈피겔》의 한 장면(1916).

고 유혹한다. 이 변덕스러운 장난꾼은 거만함과 가식에 망신을 주려는 의도로 장난을 치다가 결국은 법의 처벌을 받아 교수대로 보내진다. 『뉴욕 타임스』는 "오늘날 우리의 무대에서 볼 수 있는 대단히 인상적인 공연"이라고 선언했다.[16] 하지만 대중과 평론가들의 박수갈채에도 불구하고 무용수들은 공연이 엉망진창이었다는 것을 알았다. 《유희》와 비슷하지만 《틸 오일렌슈피겔》은 그 이상으로 미완성된 작품이었다. 사과 파는 여자를 연기한 소콜로바는 "발레의 거의 절반을 즉흥으로 때웠는데 … 박수갈채가 쏟아져서 우리가 얼마나 웃었는지"를 기억했다.[17] 니진스키의 유아론唯我論적 천재성이란 그가 자신의 역할은 정확히 수행하지만 나머지 무용수들의 몸짓과는 결코 융합하지 못한다는 걸 의미했다.

순회공연이 계속되는 동안 모든 것이 엉망이었다. 무용수들이 탄 배가 부두에 정박했는데도 니진스키가 발레단을 맞으러 나가지 않은 것에서부터 그에 대한 최악의 예감이 고개를 들었다. 그는 끔찍할 만큼 체계적이지 못하고 우유부단할 뿐 아니라, 소콜로바의 표현을 빌리자면, "머리가 정상이 아닌" 게 분명했다.[18] 게다가 니진스키의 정신이 나락으로 깊이 떨어진 것은 남자 단원 중 열렬한 톨스토이주의자 두 명이 해로운 영향을 퍼뜨렸기 때문이었다. 뇌전증이 있는 두 명의 광신도 드미트리 코스트롭스키와 니콜라이 즈베레프(왜 그들이 쾌락주의적인 발레 뤼스에서 일하고 있었을까?)는 기차를 타고 도시에서 도시로 끝없이 여행하는 동안 설교와 훈계로 니진스키의 주의를 독점했다. 관심에서 배제된 로몰라는 그들을 "거머리"라고 부르면서 최후통첩을 내렸다. 그들인가, 나인가? 선택은 그들이었고, 그녀는 씩씩거리며 뉴욕으로 돌아갔다. 니진스키는 주변으로부터 쉽게 영향을 받는 타입이었다. 가톨릭 집안에서 태어난 그는 한때 수도사가 되겠다는 꿈을 꾸더니, 이제는 채식주의, 평화주의, 헤어 셔츠hair shirt,◆ 부부간의 정조에 경도되었다. 그뿐만 아니라 평등주의에도 빠져 막판에 현명하지 못한 캐스팅 변경을 단행했다. 미숙하고 어린 무용수에게 준비되지도 않은 주역을 떠맡기고 노련한 수석 무용수를 뒷줄로 밀어낸 것이다.

막이 늦게 오르고, 막간이 길어지고, 프로그램이 사전에 공지된 것과 달라졌다. 즈베레프가 니진스키를 자주 대신하게 되면서 실망스

◆ 과거 종교적인 고행을 하던 사람들이 입던, 털이 섞인 거친 천으로 만든 셔츠.

럽다는 말이 돌았고 박스 오피스 매출이 급감했다. 오마하나 타코마 같은 외진 도시에서는 기자들이 러시아 이름을 이해하지 못해 기사를 왜곡했고, 홍보 담당자들은 타블로이드판에 한심한 가짜 뉴스를 잔뜩 실었다(니진스키가 미식축구를 관람했다 등등). 무용수들은 불화를 겪으며 파벌로 나뉘었다. 돈이 없어 굶주림에 시달리기도 했다. 그들은 그리고리예프에게 절박한 전보를 보내 "믿기 힘들 만큼 혼돈 상태"라고 알리며,[19] 속히 와서 상황을 정리해달라고 간청했지만 소용이 없었다. 그들을 구원하기에는 너무 늦었다.

크리스마스 시즌에 무용단을 실은 열다섯 대의 마차 행렬이 로키 산맥을 넘고 솔트레이크시티를 거쳐 로스앤젤레스에 도착했다. 이곳에서 니진스키는 난생처음으로 비행기를 타고 찰리 채플린을 만났다. 채플린은 보잘것없는 배경을 딛고 일어나 세계적인 명성을 얻었고 신체 표현에 천재적 재능을 지닌 정확히 동시대 인물이었다. 선구적인 예술 형식에 종사하면서 새로운 어휘를 창조하고 있다는 사실을 그들이 알았는지 몰랐는지는 알 수 없지만 두 사람은 서로에게 매료되었다. 채플린은 니진스키를 "열정적인 슬픔의 신"이라고 묘사했다.[20] 대단히 유감스럽게도 할리우드의 카메라는 발레 뤼스를 영화로 찍는 대신 단편 뉴스로 기록했다. 댜길레프는 영화 자체를 불신해 몇몇 영화사가 보낸 제안을 거절했다.■

발레단은 캘리포니아에서 동쪽으로 방향을 꺾은 뒤 유럽으로 항해했고 그로부터 불과 몇 주 후인 1917년 4월 미국이 전쟁에 뛰어들

■ 유성영화가 당도하자 마침내 누그러진 듯하다. 1929년에 미국 순회공연의 조건으로 촬영이 협상 테이블에 올랐으나 실제 촬영은 이루어지지 않았다.

었다. 이 순회공연은 재정적으로 완전히 실패했다. 예술적 성패는 의견이 크게 엇갈렸다. 그리고리예프는 이렇게 보고했다. "이 시즌은 우리의 재정에 큰 손실을 안겼을 뿐 아니라 우리의 명성을 크게 훼손한 나머지 댜길레프 발레단은 두 번 다시 미국 무대에 설 수가 없었다."[21]

—o o—

대실패가 펼쳐지는 동안 로마에 근거지를 둔 댜길레프는 신구 협력자들에게 작품을 의뢰하고 시끌벅적한 미래파 사람들과 어울렸다. 마신은 계속 바쁘게 일하면서 세 편의 발레를 준비하고 있었다. 《파라드》 외에도 축소판 동화들을 모은 《러시아 이야기Contes Russes》, 그리고 그가 진정으로 자신의 첫 번째 개인 창작물이라 여긴 《유쾌한 숙녀들Les Femmes de bonne humeur》이 그것이다. 《유쾌한 숙녀들》은 카를로 골도니의 풍속 희극을 바탕으로 마신이 여기에 17세기와 18세기의 댄스 교본을 접목했다. 박스트는 베네치아의 갈랑 양식◆을 패러디해 디자인했다.

고도로 양식화된 디자인과 정교한 구성에 무용수들이 즐겁게 춤을 추는 이 유쾌한 소동에서 마신은 다리를 부드럽게 움직이는 고전적인 동작과, 상체와 팔이 거의 마리오네트처럼 덜컥거리며 움직이는 동작을 조화시킨 새로운 미학을 실험했다. 이 새로운 미학에서는 물 흐르는 듯한 곡선미의 이상이 짧고 딱딱한 움직임으로 대체되었다.

◆ 가볍고 우아하며 재치 있는 양식.

깜박임 혹은 툭툭 끊어지는 듯한 무성영화의 리듬이 무대를 지배하는 듯했으며, 더 나아가 기계에 대한 미래파의 집착까지도 엿보였다. 알폰소 국왕은 이 발레의 열렬한 애호가 중 한 명이었다. 발레의 제목은 잊었지만 그는 "항상 움직이는 발레"라고 고상하게 묘사했다.[22] 댜길레프도 직접 작품에 가볍게 손을 대기 시작했다. 항상 무대 조명 기술에 매료되어 종종 조명을 담당하기도 했던 그는 만화경처럼 변화무쌍하게 흘러가는 짧은 볼거리를 만들어 〈불꽃놀이Fireworks〉라 명명하고, 스트라빈스키의 음악과 미래파인 자코모 발라의 디자인을 덧붙였다. 무용수와 춤이 등장하지 않는 이 막간 공연은 무언의 깜빡이는 이미지를 통해 추상 영화를 암시하고, 1920년대 전위 연극의 전조를 보여주었다. 다만 발레에 인간적인 요소가 들어 있기를 기대하는 사람들을 어리둥절하게 만들었다. 어느 이탈리아 평론가는 이렇게 묘사했다. "혼란스러운 결정結晶 형태, 색색의 조명 광선, 산호珊瑚 형태, 무한성의 기호(나선형과 연속되는 광파), 빛의 상징(오벨리스크, 피라미드, 태양광선, 초승달), 공기역학의 상징(칼새와 불새의 비행) … 이 모든 것들이 검은 배경막에 투사되었고, 막 뒤에서 붉은색 조명이 비춰졌다."[23] 그리고리예프는 가까스로 경멸을 숨긴 채 이렇게 일축했다. "댜길레프는 그 공연이 스트라빈스키의 음악을 해석한 것이라고 주장했는데 이 입체주의적[원문대로] 판타지는 그의 진보적인 예술 동료들의 구미에 아주 잘 맞았다."[24]

중립국과 비참전국 사이를 오가던 발레 뤼스에게 그때까지 전쟁은 위협이라기보다 불편한 일로 여겨졌다. 런던과 파리에서 철수한 발레단은 고국에서 다른 지평들을 열어나갔다. 하지만 1917년 러시아에서 일어난 격렬한 혼란은 모든 것을 근본적으로 뒤흔들었다. 3월에 농촌을 휩쓴 폭동으로 1차 혁명의 파도가 일어났고 그 과정에서 차르가 퇴위했다. 이 짧은 순간에 댜길레프의 "자유주의" 세대와 친구들이 정권을 잡았다. 당연히 그도 당시 페트로그라드라 불리는 곳으로부터 전보 한 통을 받았다. 해방된 조국으로 돌아와 문화부 장관을 맡아달라는 내용이었다. 브누아의 요청이었는데 댜길레프는 거절했다. 쉽지 않은 결정이었다. 정치적 관점이 다소 진보적이었던 댜길레프는 이러한 상황 전환에 기뻐했고, 파리에서 《불새》를 공연할 때 마지막 장면에서 연대의 표시로 황태자가 결혼할 때 받는 왕관과 홀을 자유를 상징하는 프리기아 모자와 농부가 흔드는 붉은 깃발로 바꾸라고 지시했다. 하지만 항의 편지가 쏟아져 들어오자 도덕적 양심을 알리는 이 고전적인 표현을 버리고 군주제와 전통에 대한 경의를 되살렸다.

댜길레프는 망명으로 인해 러시아를 한층 더—원래 자발적이었지만 이제는 강력하게—사랑하게 되었고, 세계주의적인 허식에도 불구하고 자신의 뿌리를 그리워했다. 그는 마음 한구석에 여전히 자신의 발레를 고국으로 가져가 그를 방해하고 과소평가했던 자들에게 그가 세계적인 무대에서 러시아를 위해 해온 일을 보여주겠다는 열망을 간직하고 있었다. 하지만 《파라드》는 그의 미학이 그의 뿌리에서 얼마나 멀어졌는지 보여주었다. 솅 스헤이연에 따르면 1917년 5월 파리에서 열린 첫 공연은 "아방가르드가 주류 엘리트 유럽 문화 속으로 진입한 순간이라고 역사에 새겨졌다. 분명 이 사실 때문에 《파라드》의 명성이 더욱 커졌을 것이다."[25] 왜일까?

《파라드》에는 전쟁 이전 니진스키의 실험에 짙게 배어 있던 고결한 진지함은 찾아볼 수 없다. 대신 유쾌하고 초현실적인 분위기가 극을 지배했는데, 이는 정신없이 바쁘게 돌아가는 전후 시대 서구 문화의 특징이 된 기이하고 과장된 유머를 예고하고 있었다. 이 개념을 처음 고안한 사람은 콕토였지만 그의 생각은 점점 더 열외로 밀려났고, 이탈리아에서 티격태격하면서 보낸 수개월에 걸쳐 이 방식을 발전시킨 이는 피카소였다. 아서 골드와 로버트 피츠데일에 따르면 사티의 음악은 "신선하고 재즈풍이며 가식이 없다. … 바그너풍의 덤불과 드뷔시풍의 안개를 모두 걷어냈다."[26] 사티의 음악은 의도적으로 평범했고, 마신의 안무적 특징—뮤직홀 공연 같은 재치, 위풍당당함, 발작적인 움직임—은 의상에 그대로 반영되었다. 《파라드》는 분명 진지하게 받아들일 작품이 아니며 모더니즘적인 아이러니와 재간을 우쭐대며 즐기는 것 외에는 깊은 의도가 완전히 삭제된 만화영화였다.[27] 콕토는 무대 디자이너로서 피카소가 보인 천재성을 간단히 설명했다. "그가 나서기 전에 무대 장식은 작품에서 아무런 역할도 하지 못했다. 방관자처럼 놓여 있었다." 피카소는 정말로 활기찬 타블로들을 만들었다.[28] "장밋빛" 시대의 곡예사 그림 스타일로 그려진 그의 기발한 드롭 커튼drop curtain◆에는 할리퀸harlequin,◆◆ 사제, 기마 투우사, 선원, 그 밖의 인물들이 테이블에 둘러앉아서 날개 달린 백마의 등에 올라탄 날개 달린 발레리나를 바라보는 장면이 그려져 있었다. 커튼이 걷

◆ 위에서 바닥으로 떨어지는 막.

◆◆ 얼룩무늬 타이츠를 입은 중세 무언극의 어릿광대.

히면 입체주의적 원근법으로 비스듬하게 그려진 도시 풍경이 드러나는데, 그곳은 시카고의 마천루나 나폴리의 슬럼가처럼 보이는 높은 건물들로 가득하다. 중앙에 풍물 마당으로 드나드는 입구가 있고, 그로테스크한 인물들이 입구 밖으로 나온다. 모두 머리와 상체에 10피트(약 3미터) 높이의 페이퍼 마셰 상자를 뒤집어썼기 때문에 다리만 보인다. 종이 겉면에는 미국과 프랑스의 대표적인 이미지—미국을 대표하는 엉클 샘 모자와 메가폰, 프랑스를 대표하는 파리의 밤나무와 파이프와 지팡이—가 그려져 있다. 그들과 함께 두 사람으로 구성된 말 한 마리가 아프리카풍의 가면을 쓰고 깡충깡충 뛰어다닌다. 그리고리예프에 따르면 "무용수들은 이 의상을 싫어했다. 그걸 입고 돌아다니는 것은 고문이었다." 특히 그 가엾은 무용수들이 "발 구르기를 수도 없이 해야만" 했기 때문인데, "그 동작의 의도는 그들 간의 대화를 암시하는 것"이었다.[29] 극의 전제는 이러하다. 상자를 쓴 인물들은 서커스 관리자로 파리만 날리는 그들의 풍물 마당을 길거리에서 광고한다. 한 쌍의 곡예사가 외줄을 타고, 중국인 마술사가 불을 삼키고, 무용수가 코닥 카메라로 스냅 사진을 찍으면서 메리 픽퍼드처럼 재즈 댄스를 춘다. 클라이맥스에 이르면 끝내 군중은 모이지 않고 모든 사람이 한꺼번에 익살 맞게 쓰러진다.

프랑스 군대가 무의미한 니벨 공세◆로 파리 떼처럼 궤멸했다는 뉴스가 새어 나오는 동안 댜길레프는 대중문화와 고급문화에 거만하게 양다리를 걸친 이 공연을 파리 관객들에게 선보였다. 관객을 짜증

◆ 1917년 4월 프랑스군 참모총장 로베르 니벨 장군이 강행한 공세.

나게 하려는 건지, 사로잡으려는 건지 분간하기 어려웠다. 첫 공연은 적십자의 도움으로 마티네◆로 올렸다. 객석에는 연합국 부상병, 파리의 상류층, 그리고 시인 기욤 아폴리네르와 E. E. 커밍스 같은 젊은 전위 예술가와 피에르-오귀스트 르누아르와 클로드 드뷔시 같은 고참 예술가가 기이하게 뒤섞여 있었다. 공연을 보고 당황한 마티스가 마신에게 물었다. "저 여자[즉 메리 픽퍼드를 흉내 내는 무용수]가 줄을 뛰어넘고 바닥에서 구르고 발을 허공에 차는 건 뭘 의미하지요?" 그러자 마신이 간단하게 답했다. "타이타닉호 참사요."[30]

예상한 대로, 아니 희망했던 대로 야유와 휘파람과 환호가 비등하게 쏟아졌다. 10대 소년 풀랑크에게 그 공연은 "완전한 대소동"으로 기억되었다. 무신경하게도 "가장 위대한 전투"라고 묘사한 콕토는 "플랑드르에서 총검 돌격의 함성을 들어본 적이 있지만 그날 밤 일어난 일에 비하면 아무것도 아니었다"며 허풍을 떨었다.[31] 러시아에서 일어나고 있는 일을 걱정하는 어떤 사람들은 《파라드》가 위험한 혁명적 경향에 물들어 있는 것 같다고 의심했다. 보수 언론은 야외 집회를 열었다(사티는 적대적인 평론가에게 공격적인 엽서를 보낸 뒤 일주일 동안 수감되었다). 아마도 초연에 대한 가장 인상적인 평가는 콕토가 엿들은 어느 귀부인의 평론일 것이다. "만약 이런 공연일 줄 알았다면 아이들을 데려왔을 텐데 말이죠."[32] 《봄의 제전》이 야만성으로 사회에 전면적인 공격을 퍼부었다면 《파라드》는 입체주의와 미래주의의 경박한 새로움 그리고 채플린과 키스톤 캅스◆◆의 슬랩스틱을

◆ 연극, 음악회 등의 주간 공연.

◆◆ 풍자적인 코미디 영화의 주인공.

버무려 그저 태평하게 유희를 펼쳐 보였다. 엄격한 비평가라면 과거를 초토화시키고 있는 이 무의미한 전쟁의 비극을 무시한 작품이라고 비난했을 것이다. 모든 것이 말이 안 되고 전혀 중요하지 않은, 즉 도덕적으로 공허한 세상의 부조리에 굴복해버렸다고 말이다. 그러한 인습 타파적 성격 때문에 《파라드》는 젊은 층에서 제한적이나마 인기를 누렸지만, 이러한 장난기는 금세 식어버렸다.

하지만 《파라드》는 콕토와 그의 친구들이 주도한 광범위한 전후 운동을 예고하는 의미 있는 전조였다. 린 가라폴라는 이 운동의 성격을 "세련된 평범성"[33]이라고 명명했다. 작가, 화가, 작곡가 들은 일상생활과 대중문화에 담긴 역설적인 패러디와 슬랩스틱의 재미가 뿜어내는 생동감 넘치는 정신을 활용할 자격을 획득했다고 생각했다. 더 이상은 바그너의 숭고함에 빨려 들거나, 안개가 자욱한 인상주의의 수평선 또는 존 키츠가 말한 "고상한 로맨스의 거대하고 희뿌연 상징들"을 응시할 필요가 없었다. 이제는 전깃불이 환히 빛나고 낙관적인 분위기가 감돌았다. 이 경향의 여파로 발레 뤼스의 이야기에 다양성을 더하는 새로운 시기가 시작되었다. 러시아적이고 동양적인 영감을 거부하고, 고전적으로 교육받은 춤에 의문을 제기하고, 전통적인 연극 기법을 뛰어넘어 더 먼 곳을 바라보고, 전쟁으로 시장이 파괴된 시대에 사실주의와 낭만주의를 거부하는 젊은 화가들에게 광고판을 제공해서 실험적인 예술을 펼쳐 보일 수 있게 하는 시기였다. 제인 스티븐슨은 그 시기를 이렇게 표현했다. "댜길레프가 의뢰한 발레는 상업적인 가치를 확립하는 방식이었다. 하나는 예술에 관심이 있는 부유한 오피니언 리더 무리들 앞에서 일종의 샘플 작품을 선보였기 때문이고, 또 하나는 그가 인재를 물색하는 능력이 탁월하다는 명성이 하늘을 찔렀기 때문이다."[34] 한마디로 요약하자면, 1917년에 댜길레프는 게임을 주도했고 여기에는 피카소의 천재성이 주효하게 작용했다.

전쟁의 마지막 18개월은 큰 타격을 주었다. 파리 시즌이 끝난 뒤 발레단은 스페인으로 돌아갔다. 스페인은 안전한 피난처일 뿐 아니라 큰 인기를 끌었던 곳이었다. 마드리드에서 니진스키가 돌아와 발레단에 합류했다. 그는 무용학교와 안무 연구소를 열겠다는 계획에 부풀어 있었다. 그리고리에프는 이렇게 생각했다. "처음 왔을 때 니진스키는 아주 상냥하게 행동했다. 우리는 니진스키와 댜길레프의 관계가 개선되기를 바랐다."[35] 하지만 3년 동안 계속된 질풍노도의 여파로 댜길레프는 니진스키에 대한 관심이 사그라들었고 다른 문제가 더 중요해졌다. 생존 본능이 수면 위로 떠오른 것이다. 니진스키는 어쩌면 발레단 흥행의 핵심으로 남았을지도 모른다. 그러나 예전만큼 앞으로도 필요한 존재는 아니었다. 게다가 더 이상 발레의 발전을 이끌 안무가로도 평가받지 못했다. 이제 마신이 창조성에 있어 우위에 서게 되었다. 마신은 피카소와 개인적인 친분을 쌓았고, 플라멩코의 거장 펠릭스 페르난데스 가르시아의 부추김 속에 스페인 특유의 발레에 대한 아이디어를 구상하고 있었다.

가르시아는 이 연대기에서 매우 딱한 이야기에 속한다.[36] 그는 작고 앙상한 체구에 황달이 든 듯 얼굴빛이 누랬고, 지인들이 엘로코El loco, 즉 "미친놈"이라는 불길한 별명으로 불렀다. 펠릭스는 세비야의 한 카바레에서 댜길레프와 마신의 눈에 띄어 친해지기 시작했다. 그가 가진 자유분방한 신체는 정말이지 굉장했다. 소콜로바는 그를 이렇게 기억했다. “그는 무릎을 꿇은 채로 춤을 추고, 공중으로 뛰어오르고, 허벅지 옆부분으로 착지했다. 놀라운 속도로 회전하고 도약했다. 인간의 몸이 부상 없이 그런 혹사를 견뎌내다니 믿을 수가 없었다.”[37] 펠릭스의 스타성을 감지한 댜길레프는 재빨리 그와 계약을 맺었다. 언어 장벽 그리고 금전적인 보상과 세계적인 명성에 대한 잘못된 기대로 초반부터 긴장이 유발됐지만, 펠릭스의 강한 열정과 눈부신 춤(그리고 노래)은 마신을 거부할 수 없이 끌어당겼다. 펠릭스는 스페인 춤에 두엔데◆ 정신을 불어넣는 뽐내며 걷는 자세, 의기양양한 자세, 발 구르는 동작을 마신에게 전수했다. 마신은 호타, 판당고, 파루카, 카추차, 볼레로 같은 어휘에서 영감을 받았다. 특히 남성의 전통 의상인 검은 바지는 그의 밭장다리를 감춰줄 수 있었다. 펠릭스와 마신은 댜길레프와 작곡가인 마누엘 데 파야와 함께 조사를 위해 스페인의 지방과 시골 지역을 돌아다니면서 대단히 멋진 시간을 보냈다. 펠릭스는 그들이 열광할 만한 술집과 최고의 무용수들을 알고 있었다. 세비야에서 마신은 이탈리아에서 구한 16밀리 카메라로 플라멩코의 두 스타 안토니오 로페스 라미레스와 후아나 라 마카로나의 춤을 기록했다. 코르도바에서는 “구두 수선공들, 이발사들, 케이크 굽는 사람들”이 하몽과 셰리주로 체력을 보충하면서 서로 경쟁하듯 흥겹게 춤추는 모습을 구경했다. 그들의 춤은 새로운 에너지의 샘이자 진정한 날것이었다.[38]

◆ 플라멩코 등에서 강렬한 춤을 통해 순간적으로 체험하게 되는 무아지경의 상태.

한편 니진스키는 포킨의 낡은 춤에 붙들려 있었다. 니진스키는 마신의 작품을 보고 아낌없는 찬사를 보냈지만, 자신이 어느 정도로 밀려났는지를 깨달았을 때는 속이 상할 수밖에 없었다. 아내 로몰라는 광적으로 그의 지위를 지키려 했다. 사람들이 귓속말을 할 때마다 남편을 음해하지는 않는지 사사건건 의심했다. 그런 아내에게 휘둘리다보니 처음에는 타당한 이유가 있는 상처였던 것이 서서히 공격하듯 앵돌아지거나 그보다 더 깊은 정신적 장애로 변해갔다. 톨스토이 복음주의자인 코스트롭스키와 즈베레프가 아무리 설교해도 진정될 기미가 보이지 않았다. 이미 공지된 공연을 변명도 하지 않고 빼먹으려 하고, 그를 억제하기 위해 경찰이 출동한 뒤로 그는 댜길레프와 말도 섞지 않았다. 하지만 발레단이 남아메리카로 돌아갈 때 니진스키가 주연을 맡기로 계약을 맺으면서 그 문제는 잠시 수면 아래로 가라앉았다. 니진스키는 매 공연 전에 금으로 보수를 받는다는 로몰라의 조건으로 남아메리카 공연에 동의했다. 이번에도 댜길레프는 뒤에 남았다. 배를 타고 대서양을 건너는 것이 너무 두려웠던 탓에 그는 어깨가 떡 벌어진 건장한 그리고리예프를 대리인으로 임명하고 저 골치 아픈 말썽꾸러기 천재를 그에게 맡겼다.

순회공연은 비참했다. 발레단을 실은 배가 예정과 다르게 리우데자네이루가 아닌 몬테비데오에 닻을 내리는 바람에 일정이 지연되고 소란이 벌어졌다. 상파울루에서는 임신 중이던 불쌍한 리디아 소콜로바가 조산을 했는데(아이 아버지는 주정뱅이에다 폭력을 휘두르는 무용수 니콜라스 크렘네프로, 그녀와 적법성이 의심되는 결혼을 했다), 여자아이가 죽을 것 같다고 의사가 말했다. 또한 기차에 불이 나서 발레 두 편에 쓸 무대 장치가 잿더미로 변했고, 아르헨티나 임프레사리오는 협잡꾼이었다.

가장 비통한 일은 따로 있었다. 부에노스아이레스에서 2주를 보내는 동안 니진스키는 돌이킬 수 없는 피해망상에 빠지고 있었다. 아내가 곁에서 부지런히 해로운 기운을 부추기는 동안 남편은 경호원을 고용하고 모든 것을 개인적인 모욕이나 물리적인 공격으로 해석했다. 무대 위에서는 누구도 그를 믿을 수가 없었다. 그는 전쟁의 공포에 사로잡혀 미친 사람처럼 몇 시간이나 기본기 연습을 반복하고 죄 없는 동료들에게 공연히 외설적인 말을 퍼부었다. 1917년 9월 26일 바슬라프 니진스키는 《장미의 정령》과 《페트루슈카》에서 주인공을 맡았고, 이 두 작품이 그가 발레 뤼스에서 춘 마지막 춤이 되었다.

—o o—

그 후로 몇 달간 수확이 전혀 없었던 건 아니었지만 20년의 발레단 역사에서 가장 암울한 시기가 이어졌다. 전쟁의 막바지 탈진 국면에서 유럽이 급격히 붕괴하자 모든 것이 흔들리고 모든 기회가 차단되었다. 러시아 혁명이 볼셰비키 단계에 이르고, 레닌이 독일과 굴욕적으로 브레스트-리토프스크 조약을 체결하고, 친구들이 불확실한 권력의 자리에서 축출됨에 따라 고국으로 돌아갈 수 있다는 댜길레프의 희망은 더욱 어두워졌다. 장기적으로 보면 향후 10년에 걸친 새로운 망명의 물결 덕에 발레 뤼스의 창조력이 재충전되는 유익한 결과를 낳았지만, 1917년에 눈에 비친 상황은 암울하기만 했다.

유럽으로 돌아왔지만 남아메리카 순회공연으로 모두가 너덜너덜하고 기진맥진해진 상태였다. 발레 뤼스는 겨울 내내 리스본, 바르셀로나, 마드리드에서 하루하루 연명하는 식으로 시즌을 이어나가며 가까스로 사업을 진행했다. 하지만 그다음에는 어떻게 해야 할까? 댜길레프는 파야에게 자포자기한 심정을 털어놓았다. "난 길을 잃었어. 앞으로 뭘 해야 하지? 유일한 해결책은 수도원에 들어가는 것뿐이야." 그러자 미시아 세르가 에두르지 않고 말했다. "그럼 그만둬."[39] 봄에 두 달 동안 스페인의 여러 지방을 도는 마지막 순회공연이 시작되었다. 그 거리만도 3천 마일(약 4830킬로미터)이 넘었다. 발레단은 덜컹거리는 마차로 여행하고 장비가 제대로 갖춰지지 않은 장소에 즉흥 무대를 세워 공연했다. 무용수들은 낮은 임금으로 연명하고 심지어 굶주리거나 해진 옷을 입기도 했다. 1차 스페인 독감 역시 타격을 입혔다. 하지만 그들은 무용수—역경 속에서도 오뚝이처럼 일어나 밝고 재미있는 면으로 눈을 돌리는 전문가—였기에 "다들 이 상황을 유쾌하게 받아들였고, 스페인에서 생활하는 것이 가장 흥미로우며 사람들도 가장 마음에 든다고 했다"고 그리고리예프는 회고했다.[40]

해 뜨기 전이 가장 어두운 것처럼 소콜로바의 병약한 아기가 위독해지는 순간이 찾아왔다. 그녀가 댜길레프에게 가서 치료할 돈을 달라고 간청하자,

> 그는 나를 자기 방으로 데려가서 의상 트렁크를 열고 작은 가죽 주머니를 꺼냈다. 그리고 끈을 풀어 다양한 나라의 동전과 은화를 침대 위에 수북이 쏟았다. 생각해보니 그 돈은 그가 가진 전부였다. … 나

는 댜길레프에게서 따뜻한 면을 보게 되었으며 가장 절망스러운 시기에 그가 얼마나 친절할 수 있는지 알게 된 것을 항상 기쁘게 생각했다.[41]

아기가 회복되었고, 마침내 구사일생의 기회도 찾아왔다. 현란한 런던 콜리세움 극장에서 버라이어티 쇼 중간에 출연하기로 임프레사리오 오즈월드 스톨과 계약을 맺은 것이다. 스톨은 진정한 팬이었고, 카르사비나와 이다 루빈시테인을 비롯한 몇몇 러시아 스타들이 전쟁 전에 게스트로 무대에 선 적이 있었다. 하지만 그들은 복잡한 무대 장치나 섬세한 조명 없이 짧은 공연만 선보였다. 발레 뤼스는 언제나 곡예사, 요술사, 신동神童 들과 경쟁하지 않고 가장 큰 극장에서 저녁 내내 무대를 독점해왔기에 이 같은 공연은 굴욕이었다. 니진스키가 1914년에 팰리스 극장에서 50분짜리 공연을 했던 것도 좋은 징조가 아니었다. 하지만 발레단이 해체되는 불행을 피하고자 한다면 다른 선택지가 없었다. 그 밖에도 무대 장치와 의상을 스페인에서 영국으로 수송할 방법을 찾아야 했다. 러시아가 독일에 항복한 상황에서 연합국 중 누구도 러시아와 관련된 일에 나서려 하지 않았다. 뱃길은 U보트가 호시탐탐 노리고 있었다. 최고위급 외교 차원인 알폰소 국왕이 중재한 후에야 프랑스를 가로지를 수 있는 통행 허가증이 발급되었다. 런던으로부터 온 결정적인 허가가 수수께끼 같은 익일 전보에 담겨 당도했을 때 댜길레프는 침실에 있는 소콜로바를 깨웠다. 영어로 적힌 문장의 의미를 정확히 이해했는지 확인할 필요가 있었다. 네, 맞아요, 순간 두 사람은 안도의 눈물을 터뜨렸다.

하지만 지난 몇 달 동안 지속된 긴장은 마신과 댜길레프의 관계에도 타격을 입혔다. 완전히 이성애자인 마신은 이성적이고 무자비하게 이기적이었으며 오로지 제 일에만 몰두했다. 댜길레프의 과도하지 않은 신체적 욕구에는 일상적으로 대처할 수 있었을 테지만, 질리도록 매달리고 구슬리며 은밀한 애정을 요구할 때면 그는 귀를 틀어막았다. 그 요구는 마신이 조금이라도 바깥바람을 쐬고 싶어 하는 기미가 보인다 싶으면 더 심해졌다. 댜길레프는 마신의 성공을 돕기 위해서라면 무슨 일이든 했을 것이다. 다만 포옹의 형식으로 답례해주기를 대놓고 원했다. 스페인에서 발레단의 상황이 너무 절망스러워 동정과 지지가 절실히 필요했을 때 댜길레프는 마신에게 비난하는 투로 편지를 썼다. "나는 나의 따뜻함에 응답하는 부드러운 말 한 마디, 즐거운 말 한 마디를 받아보지 못했다. … 언젠가는 너도 이해하게 될 테고, 유리 같은 네 심장에 한 줄기 빛이 비치겠지."[42] 하지만 그렇게 애처로운 호소도 마신의 마음을 적시지 못했다. 그의 마음은 다른 곳에 있었고, 그의 심장은 단단했다.

—∘ ∘—

독일군의 '빅 베르타Big Bertha'◆ 곡사포에 난타당한 파리를 통과할 때 댜길레프와 발레단은 전쟁으로 인한 파괴의 심각성을 목도하고 충격에 빠졌다. 폭탄 구멍, 부상당한 군인들, 식량 배급표, 나무판

◆ 독일군이 개발한 대형 대포의 이름.

자를 덧대 창문을 막은 채 영업하지 않는 상점을 눈으로 본 건 처음이었다. 등화관제와 군복의 물결이 지배하는 런던 역시 썩 나은 상황이 아니었다. 콜리세움 극장은 매력적이지 않았다. 이제 계약서에 사인도 하고 원위치로 무사히 돌아왔으므로 댜길레프는 더 이상 공손하게 행동하지 않았다. 대신 자기가 프롤레타리아 계급의 이 버라이어티 극장에 큰 호의를 베풀고 있다고 전제하고 거만함을 되찾았다. 극장 측은 스팽글과 반짝이로 덮인 저속한 드롭 커튼을 바꿔야 하며, 시적인 분위기를 내는 것이 꼭 필요하므로 조악한 조명 장비도 개선해주길 바란다. 댜길레프의 장기인 설득의 기술 덕분에 이 문제는 해결됐지만, 소콜로바의 설명에 따르자면, 죽음의 함정이나 다름없는 무대와 관련해서는 할 수 있는 게 아무것도 없었다.

> 가운데가 밑으로 살짝 경사졌고, 에이프런◆이 오케스트라 쪽으로 기울어져 있었다. 찻잔 접시만 한 황동 장식이 무대 전체에 흩어져 있는 것도 위험했다. 회전하는 부분과 고정된 부분 사이에 1.5인치(약 3.8센티미터)의 간격이 있었다. 무대 밑에 온갖 기계 장치가 있었다. 무대 바닥은 탄력이 전혀 없어서 발로 딛고 춤추기가 매우 어려웠다.[43]

이 지뢰밭을 두고 협상하는 것 외에도 다른 고민들이 산적했기에 회의적인 사람이었다면 상황이 그들에게 불리하다고 생각했을 것이다. 발레 뤼스가 런던에 입성한 지 4년이 되었고, 그만큼 사람들의 취

◆ 무대에서 객석 쪽으로 돌출된 앞쪽 부분.

향과 감수성이 그때와 상당히 달라졌다. 댜길레프의 소중한 귀족 친구이자 필요할 때마다 자금을 대주던 후원자 리폰 부인은 이 세상 사람이 아니었다. 유행을 선도한 코번트 가든과 드루리 레인 극장에서 발레단을 숭배하던 전쟁 이전의 사교계 엘리트들은 지금도 존재할까? 그들이 단막극 발레 한 편(하루에 두 차례 마티네와 저녁 공연)을 보기 위해 평범한 대중이 모이는 웨스트엔드의 버라이어티 극장으로 과연 내려올까? 포스터에는 니진스키나 카르사비나 같은 슈퍼스타의 얼굴이 실려 있지 않았다. 새로운 무용수들은 궁핍한 스페인 시절에 생긴 공백을 메우기 위해 촉박하게 뽑은 신입 단원이었다. 섀프츠베리에 임시로 얻은 허름한 연습실에서 신속하게 그들의 기량을 시험한다면 무대에서 충분히 괜찮아 보일 수 있을까? 마신은 안무가로서는 무명이나 다름없는 데다 반라로 출연한 《요셉의 전설》에서도 좀처럼 기억되지 않는 인물이었다. 거의 대부분의 무대 배경을 다시 그려야 했고, 일부는 새로 만들어야 했다. 게다가 스페인 독감마저 대학살을 시작한 터였다.

한 가지 면에서는 운이 좋았다. 전쟁의 흐름이 연합국 쪽으로 확실히 기울기 시작하자 매일 고무적인 뉴스가 흘러나왔다. 발레 뤼스는 밀물처럼 밀려드는 낙관주의에 올라탈 수 있었고, 편견 없는 콜리세움의 관객들은 마신의 장난스럽고 재치 있는 《유쾌한 숙녀들》과 동화 같은 《러시아 이야기》에 표현된 새로운 희극에 마음을 열었다. 『옵서버』는 “뛰어난 예술 작품이자 대단히 유쾌한 오락”이라고 찬사를 보냈다.[44]

두 명의 폴란드 남자 무용수 레온 봐지콥스키와 스타니슬라스 이

드지콥스키는 장난스러운 개성과 재치 있는 기교로 갈채를 받았다. 과거 니진스키가 맡았던 역할을 새롭게 해석한 마신 역시 그 나름의 개성과 힘이 있어 좋은 평가를 받았다. 하지만 진정한 센세이션은 리디야 로포호바였다. 그녀는 카르사비나의 당당한 우아함과 서정성—볼셰비즘이 파괴한 차르 시대와 상트페테르부르크의 오라—을 갖추지 못한 대신 언제 어디서나 발랄했다. 통통하고 예측할 수 없고 명랑하면서도 거만함이나 주저함이 전혀 없는 언행으로 인해 그녀는 전후戰後 "해방된" 페미니즘과 1920년대의 '발랄한 젊은이들Bright Young Things'◆을 예고하는 전령이 될 수 있었다. 이 자유로운 영혼의 소유자는《레 실피드》공연 중 속바지가 흘러내리자 속바지를 벗어 날개 무대로 가볍게 던져버리고는 대수롭지 않다는 듯 당당하게 춤을 이어갔다. 그녀는 가장 싼 최상층 좌석에 앉은 젊은 사내들과 그들의 여자친구들이 마음을 빼앗길 만한 발레리나였다. 그들은 그녀를 "로피"라 이름 붙이고 분장실 출입구에 떼 지어 몰려왔다. 하지만 팬들은 진실의 절반을 몰랐다. 상습적으로 자주 애인을 바꾸는 로포호바는 그 시점에 아첨꾼이자 댜길레프의 사업 관리인인 란돌포 바로키(적어도 중혼자였고, 다섯 번이나 결혼했다는 소문이 있었다[45])와 결혼한 사이였다. 그녀는 타블로이드판 잡지와 런던 부인들의 입방아에 단골로 오르내리면서 응접실에 재미와 웃음을 선사했다. 결코 체제에 순응하는 사람이 아니었던 그녀는 봄을 맞아 몇 가지 놀라운 일을 겪었다.

◆ 1920년대 사교계를 주도한 런던의 젊은 보헤미안 귀족들과 사교계 명사들을 지칭하던 용어.

6개월 동안 하루 두 차례, 일주일에 여섯 번을 공연하다보니 지난 4년 동안 하루살이 공연으로 연명할 때 모두에게 절실했던 안정이 되돌아왔다. 콜리세움 극장으로 무대를 옮긴 것 또한 문화 발전 방향이라는 측면에서 발레가 제대로 자리를 잡는 유익한 효과를 가져왔다. 진지한 현대 발레를 관람하는 새로운 관객층이 오스버트, 새서버럴, 이디스 시트웰 남매(그들은 열렬한 정당 지도자가 되었다)가 이끄는 유행을 앞서가는 첼시 지역 출신들뿐 아니라, 스탠드업 코미디를 보러 왔다가 마신을 보게 된 사회적 중하류층에서도 나왔기 때문이다. 발레 하면 파블로바의 우아한 날갯짓만 생각한 사람들이었다. 또한 훨씬 더 넓은 문화적 관점에서 이 현상을 발레 관객의 민주화라 부를 수도 있다.■ 전쟁이 끝나 군대가 돌아오고 불이 다시 켜짐에 따라 춤은 국가적 관심사가 되었다.

1919년 3월 말 콜리세움 시즌이 성공리에 막을 내리자 오즈월드 스톨은 댜길레프를 놓아주려 하지 않았다. 스톨의 뜻에 따라 발레단은 열흘 동안 맨체스터에 있는 그의 극장에 머물렀고, 그 후 곧바로 런던으로 복귀해 레스터 광장의 알람브라 극장에서 단독 프로그램으로 15주 동안 매진을 이어가며 공연했다. 7월에 이 극장에서 마신은 2주에 걸쳐 자신의 두 걸작 《환상 가게La Boutique fantasque》와 《삼각 모자Le Tricorne》를 최초로 공개했다.

리허설에서 마신은 의사를 제대로 표현하지 못하고 결정을 번복하는 니진스키와는 완전히 달랐다. 그는 명료한 초점을 유지하면서

■ pp. 279~88을 보라.

놀라울 정도로 빠르고 단단하게 단원들을 이끌었다. 어떤 것도 대충 넘어가는 법이 없었고, 포킨과 달리 무용수들을 협력자가 아닌 기계 대하듯 했다. 그를 좋아한다고 말한 사람은 거의 없었지만, 그는 시간을 낭비하지 않았고 자신이 원하는 것을 정확히 알고 있었다. 그와 있을 때 결코 편안함을 느껴본 적이 없는 카르사비나는 "그의 탁월한 예술성의 이면에서 누구도 건드릴 수 없는 비인간적인 무언가가 느껴졌다"고 회상했다. "그는 절대 화를 내지 않았고, 어떠한 칭찬도 하지 않았다."[46] 이 헤아리기 어려운 겉모습 뒤에는 명민한 머리와 경계하는 시선이 있었다. 휴전 기념일 밤 트래펄가 광장에서 마신은 환희에 동참하고 싶은 마음이 전혀 없었다. 대신 떠밀고 떠밀리는 군중의 모습을 응시하며 미래에 쓸 장면을 저장했다.

마신의 새로운 발레는 두 편 모두 한동안 숙고한 결과였다. 《환상 가게》—영화 〈토이 스토리〉처럼 가게 안에 있는 자동인형들이 마술처럼 살아나 맹수 같은 손님들로부터 그들을 만든 사람과 스스로를 구한다는 내용의 발레—는 사실 댜길레프가 30년 전 빈을 방문해 처음으로 봤던 발레 《푸펜페Puppenfee》("요정 인형")에서 착안한 작품이었다. 짐작건대 마신은 너무 많이 써먹은 이 콘셉트(《페트루슈카》는 그 주제로 만들어진 수많은 발레 중 하나에 불과했다)를 댜길레프로부터 전해 들었을 것이다. 마신은 이 소재를 선택해서 신선한 지중해의 풍미를 살리고, 로시니의 재기 넘치는 곡들을 조합해 음악을 만들고, 스페인 체류의 영향을 암시하는 강한 발놀림과 대담한 동작을 위주로 안무를 완성했다. 박스트가 몇몇 디자인을 스케치했으나 댜길레프는 박스트의 디자인이 새로운 시대의 취향과 동떨어진 것을 감지하고는 박스트 모르게 잘생긴 프랑스 청년 앙드레 드랭에게 주문을 넘겼다. 오랜 친구 사이에 그런 무자비한 일이 벌어졌으니 분열이 일어나도 당연했겠지만, 《환상 가게》를 위해서는 올바른 결정이었음이 입증되었다. 드랭은 19세기 중반의 배경에 현대적이고 화사한 야수파의 분위기를 불어넣었다.

마신은 내면을 알 수 없는 사람이자 통제광이었을지 모르지만, 다른 한편으로는 익살에 대한 감각이 뛰어났다. 그가 내놓은 작품은 예쁘고 정교하게 만든 제과 제품처럼 줄거리를 끌어가는 마임과 순수한 춤이 이음매 없이 매끄럽게 합쳐진 명작이었다. 한 쌍의 인형—초연은 로포호바와 마신이 연기했다—이 각기 다른 사람에게 팔리자 서로에게 깊이 빠진 두 인형은 떨어지기를 거부하는데 재치 있는 시나리오에는 서로의 엉덩이를 킁킁거리며 냄새 맡는 푸들 한 쌍과 무서운 코사크 기병들 그리고 영국 상류층의 멍청이가 추가로 등장한다. 로포호바와 마신의 현란한 캉캉춤■과 즐겁고 시원한 클라이맥스는 만장의 갈채를 받았다. 『선데이 타임스』의 평론가는 “나는 격정적으로 쓸 수밖에 없다. 다시 어린아이가 된 기분이다”라고 썼다.[47] 『네이션』은 숨을 제대로 쉬지 못했다. “엄청나게 활기차고 대단히 신이 나며 매 순간 솟구치는 생동감에 가슴이 벅차오른다.”[48] 기립 박수는 황홀했다. 마신의 전기를 쓴 비센테 가르시아-마르케스는 이렇게 표현했다. “비록 최고의 작품은 아니라 해도 런던의 환영은 《환상 가게》

■ 로포호바와 존 메이너드 케인스는 1925년에 결혼했는데, 이후 두 사람은 파티가 열리면 케인스-케인스라고 명명한 이 춤을 췄다고 알려져 있다(Richard Buckle Collection, Banker's Box 8).

가 전쟁 직후 몇 년 동안 극장계에서 가장 많은 사랑과 인정을 받은 작품 중 하나임을 분명히 했다."49

《삼각모자》 역시 비슷한 성공을 거뒀다. 《삼각모자》는 부패한 시장이 정직한 방앗간 주인의 아내를 유혹하려 하지만 착각과 오해로 인해 벌어지는 이야기를 코믹하게 그린 작품이다. 안달루시아의 칸테 혼도cante hondo◆ 리듬과 울부짖는 소리에 바탕을 둔 파야의 소름 끼치는 음악을 사용했고, 여행자의 상투적 모방이 아닌 마신이 흡수했던 모든 스페인 문화가 구현되었다. 무대 디자이너는 피카소였다. 이제 그는 《파라드》를 계약했던 시기에 파리의 좌안을 거닐던 다듬어지지 않은 원석이 아니라 리허설을 위해 런던에 온 국제적인 유명 인사였다. 댜길레프로부터 갑자기 1만 프랑(요즘 돈으로 거의 15만 달러)의 수수료를 받게 된 피카소는 새로운 아내 올가 호흘로바(전에 발레 뤼스에서 춤을 췄던 하급 무용수로 피카소와는 《파라드》 작업 당시에 처음 만났다)와 함께 사보이 호텔을 예약하고, 블룸즈버리 그룹의 예술가들과 어울렸으며, 새빌가의 재단사를 찾아가 부랴부랴 말쑥한 양복 한 벌을 지어 입었다. 그가 그리는 《삼각모자》는 그야말로 단순했다. 전형적인 스페인 마을의 회반죽을 칠한 벽들이 분홍색과 황토색의 거대한 아치와 한 몸으로 연결되어 있고, 뒤에 펼쳐진 배경막에는 흰 산과 담청색 하늘이 그려져 있었다. 전쟁 전에 《셰에라자드》가 보석 달린 터번, 가죽 푸프pouffe,◆◆ 하렘팬츠◆◆◆ 같은 키치를 유행

◆ 스페인 플라멩코 음악의 하위 장르. 스페인어로는 심원한 노래라는 뜻이다.
◆◆ 사람이 앉거나 발을 올려놓는 데 쓰는 크고 두꺼운 쿠션.
◆◆◆ 발목 부분을 끈으로 조인 통이 넉넉한 여성용 바지.

시켰다면, 《삼각모자》는 술이 달린 숄, 리본으로 장식한 기타, 커다란 귀걸이를 유행시켰다. 하지만 그 유행은 원래 파리의 폴리베르제르에서 공연된 비제의 오페라 〈카르멘〉이나 스페인의 전설적인 여배우 라 벨레 오테로의 〈올레스〉에서 퍼져나간 어떤 것이라기보다 오히려 스페인 춤의 실제 모습에 대한 진심 어린 반응이었다. 노년에 마신은 리처드 버클에게 《삼각모자》는 그가 가장 자랑스럽게 생각하는 발레이며, 피카소의 디자인은 "화가들로부터 걸작이라는 칭찬"을 들었다고 말했다.[50]

이 모든 것에서 마신의 멘토, 펠릭스는 어디에 있었을까? 저런, 어디에도 없었다.

《삼각모자》에서 주인공인 방앗간 주인 역을 맡으리라는 희망을 품고 런던까지 따라온 그였지만, 정식 리허설에 들어가자 그는 그저 물 밖으로 나온 물고기라는 점이 분명해졌다. 성질을 이기지 못하고 분노에 휩싸인 펠릭스는 발레에서는 미리 정해진 일련의 스텝을 따라야 하고 정해진 시점에 멈춰야 한다는 걸 받아들이지 못했다. 그의 플라멩코는 정열적이고 즉흥적인 춤이었기 때문에 음악에 똑같은 방식으로 두 번 반응하거나 끝나야 할 때 끝나는 법이 없었다. 마신이 그를 통제하려 하면 할수록 그는 더 예민해졌다. 마신은 시간을 규칙적으로 지켜야 한다는 원칙을 주입시키기 위해 펠릭스에게 메트로놈을 주었는데 이 일이 의도치 않은 효과를 불러왔다. 펠릭스는 그 물건에 과하게 집착해 거리를 걸을 때도 마치 최면에 걸린 듯 메트로놈 소리에 귀를 기울이고, 기계의 가차 없는 똑딱 소리에 발걸음을 맞췄다. 《환상 가게》에서 소콜로바와 짝을 이뤄 타란텔라◆를 춘다는 건 어림도 없는 생각이었다. 그의 유일한 무대 출연은 《페트루슈카》의 장터 마당 배경에서 리본 쟁반을 든 행상인이었다. 소콜로바가 안쓰럽게 표현했듯이 "그는 멋대로 돌아다니면서 마음이 이끄는 대로 즉흥적으로 춤을 추었다."[51]

이제 마신은 《삼각모자》에서 펠릭스를 대신할 만큼 충분히 스페인풍의 춤을 익혔다고 느꼈다. 모든 사람의 이야기에 따르면(그의 이야기를 포함해서) 그는 더 훌륭한 춤을 상상할 수 없을 정도로 화려한 춤을 보여주었다. 방앗간 주인의 파루카◆◆를 출 때 그는 이렇게 느꼈다.

> 성난 황소가 상대에게 달려드는 이미지를 머릿속에 그리자 어떤 내면의 에너지가 분출해서 몸에 힘이 솟구쳤다. 나 자신과 관객 사이에서 전류와도 같은 상호 작용을 느꼈다. 관객의 흥분이 쌓여감에 따라 내 육체의 힘이 증가했고, 어느 순간부터는 내가 다른 때를 훨씬 넘어서는 힘을 발휘하며 춤을 추고 있었다.[52]

가엾은 펠릭스는 그저 앉아서 리허설을 지켜보았고, 이따금 요청이 오면 스타일이나 구부림을 시범으로 보였다. 이는 분명 지독한 굴욕이자 견딜 수 없는 한계였다. 소콜로바 역시 굴욕을 느꼈다. 카르사비나가 예기치 않게 발레단으로 돌아와 그때까지 소콜로바에게 맞춰진 방앗간 주인의 아내 역을 즉시 넘겨받았기 때문이다. 이건 나쁜 캐

◆ 이탈리아 남부의 템포가 빠른 춤.

◆◆ 플라멩코의 일종.

스팅이었다. 몇몇 비평가는 타고나기를 당당하고 우아한 러시아 여성 카르사비나가 스페인 농부 역을 연기했으니 얼마나 불편해 보였겠는가 하고 언급했다(『옵서버』는 "경주마가 행상인 마차를 매달고 경마에 온 격"이라고 빈정댔다[53]). 몸매에서 뿜어지던 광채가 희미해진 것도 그리 놀랍지 않았다. 1914년 러시아에 돌아간 후로 그녀의 삶은 극심한 혼란을 겪었다. 은행가 남편 바실리 무힌과 당혹스러운 이혼을 했고, 아들을 낳은 뒤로는 거의 춤을 추지 않았다. 아이 아버지이자 영국 외교관인 헨리 제임스 브루스와 재혼을 하고, 최후의 순간 남편과 아기와 함께 죽음의 문턱에서 간신히 볼셰비키를 피해 도망쳤다. 게다가 그녀는 마신의 각진 안무 스타일도, 발레단이 스페인에서 쌓은 경험과 스페인 춤의 어법도 완전히 놓친 상태였다. 어느 날 밤 사보이에서 카르사비나는 댜길레프와 저녁을 먹었다. 펠릭스가 그녀에게 춤 시범을 보이기 위해 그곳으로 찾아왔다. 아무도 없는 무도회장에서 벌어진 일을 그녀는 이렇게 회고했다.

> 그는 우리가 간청할 필요도 없이 계속 춤을 보여주었다. 중간에 기타로 직접 반주하면서 낮은 목소리로 스페인 노래를 불렀다. … 깊은 밤, 아주 늦은 시간이었다. … 공연을 멈춰야 하거나 [종업원들이] 불을 꺼야만 했다. 그들이 펠릭스에게도 다가갔으나 그는 조금도 알아채지 못했다. 그의 정신은 아주 먼 곳에 있었다. … 불이 꺼졌다. 펠릭스는 홀린 사람처럼 계속 춤을 추었다. 잠시 스타카토로, 잠시 나른하게, 잠시 속삭이듯이. 그런 뒤 다시 천둥 같은 소리로 커다란 무도회장을 가득 채웠다. 그가 밟는 스텝의 리듬이 이 보이지 않는 공연을

한층 더 드라마틱하게 만들었다. 우리는 매혹된 채 그의 춤에 귀를 기울였다[원문대로].[54]

펠릭스의 예술은 흠잡을 데가 없었지만 그의 정신은 하루하루 불안정해지고 있었다. 그는 소중한 메트로놈의 똑딱 소리에 맞춰 식사를 했고, 리허설 중에 우스꽝스러운 모자를 쓰고 튀어나와서는 바보 같은 표정을 지어 무용수들의 집중력을 흐트러뜨렸다. 발레 뤼스는 기행에 익숙한 집단이었으니 어느 정도까지는 참을 수 있었다. 그러던 어느 날 저녁, 무대 뒤에서 그가 야만인처럼 얼굴에 분장용 물감을 문지르는 것이 목격되었고, 그 후 그가 한밤중에 세인트 마틴 인 더 필즈 교회에 침입해 이곳은 매음굴이라고 소리치며 제단 위에서 나체로 춤을 추다가 체포되었다는 소식이 들려왔다. 정신 이상 판정을 받은 그는 엡솜의 보호 시설에 감금되어 여생을 보냈다.[55] 모두가 이 일을 쉬쉬했고, 펠릭스는 사람들의 기억에서 잊힌 채 1941년 눈을 감았다.

불과 몇 달 전 니진스키는 광기의 마지막 춤을 추었다. 춤을 춘 곳은 알프스의 고산 지대에 있는 생모리츠였다. 남아메리카 공연이 대실패로 끝난 후 니진스키는 유럽으로 돌아와 이곳에서 휴양하고 있었다. 처음에는 비교적 차분해 보였다. 산촌의 농가에 정착한 그는 로몰라와 조용한 일상을 즐기면서 무용 기보법을 연구하고 딸과 함께 스케이트와 썰매를 탔다. 그러나 1918년에 그의 기분은 더 극단적으로 변했고 심지어 폭력적인 성향까지 보였다. 그는 쭈그렁 할머니가 "노인에게 젊은이를, 여자에게 여자를, 남자에게 남자를" 파는 매음굴을 배경으로 한 발레를 구상했다.[56] 소나무 숲을 오랫동안 말없이 걸을 때면 눈 위에 핏자국이 길게 이어져 있는 환각을 보았고, 집에서는 몇 시간씩 검은색 원과 정교한 추상무늬를 병적으로 그려댔다. 커다란 십자가 목걸이를 두르고 주민들에게 선물을 나눠주며 사제 행세를 했으며, 낯선 사람들을 붙잡고 광신적인 충고를 늘어놓았다. 이런 행동에 붙여진 병명이 편집형 조현병이다.

1919년 1월 19일, 마을 외곽에 자리한 으리으리한 스키 리조트 호텔 수브레타 하우스의 게시판에 세계에서 가장 유명한 무용수가 일요일 오후에 리사이틀을 한다는 공지가 붙었다. 호기심을 느낀 스무 명가량의 관객이 모였는데 그들 중에 스위스의 젊은 작가 모리스 산도즈가 있었다. 다음 이야기는 산도즈가 남긴 것이며, 로몰라 니진스키의 이야기와는 몇 가지 세부적인 내용에서 차이가 있다.

니진스키는 주최자로서 미소를 잃지 않고 모든 사람을 친절하게 안내한 뒤 엄숙한 목소리로 "이 춤은 신과 나의 혼인입니다"라고 선포했다. 그런 뒤 운동복에 샌들 차림으로 의자에 앉아 관객을 뚫어지게 쳐다보았다. 몇 분 후 마침내 자리에서 일어난 그는 가련한 피아니스트에게 상충하는 지시를 몇 가지 내린 뒤 쇼팽의 구슬픈 전주곡이 나오자 각 코드에 맞춰 정밀한 동작을 구사하면서 즉흥무를 추기 시작했다. 방어 자세, 전적으로 환영하는 자세, 양손을 들어 기도하는 동작, 관절이 꺾인 듯 주저앉는 동작이 이어졌다. 이 의례가 끝나자 그는 검은색과 흰색으로 된 벨벳 띠 두 장을 바닥에 굴려 십자가 모양을 만들었다. "이제 여러분에게 전쟁을 춤으로 보여드리겠습니다." 뒤이어 나온 춤은 잔혹한 전쟁터, 그 공포와 혼돈, 그 파괴와 죽음을 연상시켰다. "고통에 짓눌린 그의 얼굴 … 썩어가는 시체 위로 성큼성큼 걸어가고, 포탄을 피하고, 피가 흥건히 고인 얕은 참호를 방어하고 …" 그의 비극적인 풍자는 시각적으로 대단히 강렬해서 관객들은 박수를 잊고 한동안 멍하니 바라보았다. 마치 앙코르를 예상하고 준비한 듯 짧은 춤 두 편이 터져나왔다. 하나는 맥락이 없이 "테이블을 공중으로 올리려 하는 영매의 동작과 비슷했고," 다른 하나는 "우아하고 아름다운" 춤이었다.[57]

이로써 니진스키는 전대미문의 경력을 마감했다. 저녁에 집으로 돌아온 그는 공포스러운 일기를 계속 적었다. 3개월 동안 러시아어로 쓴 일기에는 그의 편집 망상과 정신병적 헛소리가 서툰 철자로 기록되어 있다. 댜길레프를 질책하고 의미를 알 수 없는 톨스토이 철학을 쏟아내면서 니진스키는 모든 것을 바친 사랑, 과대망상적인 이기심, 옹졸한 원한과 증오를 수백 페이지 위에 흩뿌려놓았다. 명석한 통찰이 빛을 발하다가도 물에 빠진 사람이 숨을 쉬기 위해 잠시 수면 위로 떠올라 헐떡거리는 것 같은 알아듣기 힘든 우회적인 표현이 뒤따랐다. 댜길레프, 콕토, 어머니, 연합국 의장 그리고 특히 예수 앞으로 광적인 편지를 휘갈겨 쓴 뒤로 그는 침묵에 빠졌다. 그리고 그 후 30년 동안 로몰라에게 열쇠를 뺏기고 세상과 단절된 채 갇힌 삶을 살았다. 니진스키의 춤에 대한 기억은 서서히 신성한 전설이 되었다.

—o o—

펠릭스가 무너지고 얼마 지나지 않아 단원은 더욱 고갈되었고 발레 뤼스의 최신 스타 리디야 로포호바마저 무단이탈했다. 런던에서 성공의 정점을 찍었으나 결혼이 파탄 나고 백계 러시아인◆ 장교와 말썽 많은 연애를 시작한 그녀는 또다시 발레단을 뛰쳐나갔다. 아마도 카르사비나가 돌아와 곧바로 여왕의 자리로 복귀한 것에 빈정이 상하기도 했을 것이다. 그녀는 예고 한 마디 없이 댜길레프와 그리고리예프에게 엉성한 쪽지를 보내 자신은 신경쇠약에 걸려 앞으로 6개월 동안 세상과 단절된 삶을 살아야 한다고 주장했다. 언론은 본래 미스터리를 좋아하지만 그녀의 흔적은 어디에서도 발견되지 않았다. 그러던 중 6개월이 지났을 때 그녀는 장교 없이 홀로 브로드웨이에 나타나 뮤지컬 코미디에 모습을 드러냈고, 1년이 더 지나서야 런던으로 돌아왔다.

주연급 발레리나가 부족했다. 남편 때문에 해외 근무지에 발이 묶인 카르사비나는 프리랜서 무용수로 활동하며 이따금 출연했다. 두 명의 젊은 러시아 무용수, 발랄한 베라 넴치노바(톨스토이 전도사 니콜라이 즈베레프 때문에 오랫동안 고생한 그의 여자친구)와 우아한 류보프 체르니체바(그리고리예프의 아내인 것이 도움이 되었다)가 발탁되었다. 둘 다 기량은 뛰어났으나 대중의 상상력을 휘어잡지는 못했다. 리디아 소콜로바로 말하자면 마린스키의 기술이나 매력적인 역할에 적합한 미모를 갖지 못했고 웃는 모습이 예쁜 소녀 스타일도 아니었다. 사실 그녀는 신체적 힘에 강점이 있어서 강한 배역을 잘 소화했다. 이 점이 마신의 마음에 들어서 1920년 댜길레프가 그에게

◆ 1917년 러시아 혁명 때 국외로 망명한 러시아인.

《봄의 제전》을 다시 안무하라고 주문했을 때 그는 '선택된 처녀' 역에 소콜로바를 선정했다.

이 구상은 댜길레프와 스트라빈스키의 격한 불화가 치유된 후에야 가능했던 몇몇 프로젝트 중 하나였다. 문제의 근원은 돈이었다. 스트라빈스키는 돈을 움켜잡으려 했고, 댜길레프는 돈이 부족했다. 일촉즉발의 상황으로 가게 한 문제는 《불새》와 《페트루슈카》 등 러시아(당시 베른 저작권 협약에 들지 않았던 나라)에서 창작한 곡에 저작권료로 얼마를 지불해야 하는가였다. 또한 댜길레프는 스트라빈스키의 신곡 저작권에 자기가 우선권을 갖고 있다고 당당하게 전제했고, 스트라빈스키는 댜길레프가 자신을 농노처럼 취급한다며 분개했다. 하지만 러시아인들의 반목은 주로 사랑과 충성을 갱신할 기회였다. 일단 곪은 피가 흘러나오고 화해 분위기가 조성되자 양측은 힘차게 포옹하고 보드카로 건배했다. 그 후로 스트라빈스키는 새로운 지평을 여는 음악들을 발레 뤼스에 계속 공급했다.

먼저 찾아온 것은 불발 사태였다. 전쟁 전 작품인 오페라 〈나이팅게일〉을 발레로 만들려던 계획이 무산된 이유는 (극단을 불편하게 여기고 댜길레프를 못 견뎌 한) 앙리 마티스, 마신의 어색하고 복잡한 안무, 불충분한 오케스트라 리허설, 이 세 가지의 불행한 조합 때문이었다. 하지만 다음 작품인 《풀치넬라Pulcinella》는 매혹적이었다. 페르골레시를 비롯한 18세기 작곡가들의 악보에서 가져온 음악을 스트라빈스키가 예리하게 편곡한 결과, 숨이 멎을 듯한 쾌감과 재치가 가득한 음악이 탄생했다. 이 곡은 작곡가 본인이 "과거에 대한 발견 … 물론 과거를 향한 시선이지만 … 동시에 거울에 비친 모습"58이라고 생각한 모더니즘적 신고전주의의 발전에 분수령이 되었다. 극의 주제로 말하자면, 마신은 즉흥 연희극이라 할 수 있는 코메디아 델라르테와 나폴리의 길거리 인형 극장을 결합해서 자신의 매력을 다시 한 번 드러냈다. 교활하고 평범한 풀치넬라라는 인물과 그의 연애 행각을 중심으로 매우 단순한 줄거리를 고안해낸 것이다. 피카소는 처음에 완전히 잘못 이해해 무대를 화려한 제2 제정 시대 양식으로 스케치했다. 이를 본 댜길레프는 대노하며 피카소의 그림을 바닥에 던지고 발로 짓밟았다. 호된 꾸짖음을 당한 후 피카소는 화판으로 돌아가서 놀랍도록 단순하게 야간의 이탈리아 광장을 암시하는 그림을 그렸다. 소콜로바의 표현에 따르면 그의 그림은 "입체파가 무엇이고 무엇을 할 수 있는지 의기양양하게 보여주었다."[59] 흰색 마루깔개를 깔고 각광을 없애자 리처드 버클이 묘사한 대로 "지금까지 제작된 것 중 가장 아름다운 무대 배경"이 탄생했다.[60] 1920년 3월 파리 오페라하우스에서 초연을 마친 후 페르시아의 왕자가 교외의 한 성에서 성대한 파티를 열었다(10대 신동이자 콕토의 평생 사랑인 레몽 라디게는 『도르젤 백작의 무도회』라는 소설에서 이 행사에 찬사를 바쳤다). 새벽 세 시에 파티가 끝났을 때 만취한 스트라빈스키가 여러 침실에 침입해서 소란스러운 베개 싸움이 벌어졌다.

다음으로 《봄의 제전》이 귀환했다. 대규모 오케스트라가 장시간 리허설을 해야 했으므로 아주 비싼 프로젝트가 될 수밖에 없었다. 다만 무대 배경과 의상은 1913년부터 잘 보관해온 레리히의 것을 재활용할 수 있었고, 스트라빈스키와 뜨거운 연애를 시작한 젊고 뛰어난 여성복 디자이너 코코 샤넬이 손실을 최소화해 의상을 제작하겠다고 너그러이 약속해주었다(그녀의 친구이자, 댜길레프의 여성 친구 자리를 두고 경쟁하는 라이벌이며, 자기가 최대 물주라고 생각한 미시아 세르는 이를 분하게 여겼다). 스트라빈스키는 곡의 복잡한 리듬을 안무에 그대로 옮기려 한 니진스키의 시도를 썩 내켜 하지 않았었다. 마신의 버전은 그때보다는 조금 더 만족했다.■ 스트라빈스키는 그 이유를 마신이 "각각의 마디를 개별적인 안무의 단위로 취급하지 않았기 때문"이라고 설명했다.[61] 대신 마신의 버전은 곡의 대위법의 악절을 따라감으로써 니진스키의 버전에 스며들어 있는 인종주의적 함의와 비애감을 옆으로 한 발짝 비켜 갔다. 하지만 그리고리예프에 따르면 그러한 추상화 때문에 작품은 더 "기계적"이 되었고 "감동을 주는 데 실패했다."[62]

스물네 살의 소콜로바는 큰 기회를 잡았다. 작품의 클라이맥스에서 희생되는 '선택된 처녀' 역을 맡게 된 것이다. 이 도전은 그녀에게 시기상으로 최악이었다. 세 살배기 딸은 몸이 허약했고, 주정뱅이 크렘네프와의 결혼생활은 파탄이 났으며, 애인이 있는 레온 봐지콥스키와 몰래 불같은 사랑을 나누고 있었다. 하지만 힘든 일을 해내는 그녀의 능력은 무한했다. 무자비하고 위압적인 마신과 함께 하는 혹독한 연습 시간에 그녀는 종종 음악도 듣지 않고 7분짜리 독무의 스텝을 근육에 새겼다. 춤의 표현 형식은 "과거에 행해진 어떤 종류의 춤과도 관계가 없었"으며, "전류에 감전된 생명체" 같다는 인상을 주었

■ 40년 후 스트라빈스키는 BBC 제3방송 교양 프로그램에서 진행한 인터뷰에서 마신의 "달크로즈 체조"에 당황했다고 시인했다. 그는 자신의 작품을 연주회용 곡으로 남겨 청중의 상상에 맡기는 편을 선호했다.

다. 그녀는 이렇게 회고했다. "관객이 어떻게 받아들였는지는 몰라도 나는 거의 죽을 지경이었다. 생각하고 연기하고 박자 세는 일을 동시에 해야 했다."[63] 도움이라곤 중간중간에 단원 중 한 명이 몰래 숫자를 불러주는 것이 전부였다. 게다가 더 끔찍하게도 독무를 추기 전에 눈을 깜박이지 말라는 마신의 명령에 따라 12분 동안 청중석을 노려보면서 굳게 쥔 주먹을 휘둘러야만 했다.

소콜로바 개인으로 보면 대성공이었지만, 발레 자체에 대한 반응은 엇갈렸다. 많은 평론가들이 그리고리예프와 의견을 같이했다. 런던에서 『타임스』는 그 발레는 "열정이 없다"고 평가했고,[64] 파리에서는 러시아에서 프랑스로 귀화한 존경받는 평론가 안드레 레빈손이 "모든 표현이 제거되고 인공적인 행위만 남은 … 전형적인 체조 시범"[65]이라고 판정했다. 그 후로 많은 안무가들이 《봄의 제전》을 붙잡고 씨름했지만 누구도 결정적인 완성에 도달하지 못했다. 아마도 음악 자체가 생생한 이미지와 복잡한 리듬으로 콘서트홀에 본능적인 반응을 유발하기 때문에 거기에 춤이 무언가를 보태는 일이 어려웠을 것이다.

마신과 댜길레프의 관계는 이제 모든 접점에서 빠르게 뒤틀리고 있었다. 측근들은 숨을 죽이고서 불가피한 파국에 촉각을 곤두세웠다. 댜길레프가 유난히 성마르고 신경질적인 사람이어서만은 아니었다. 더 치명적인 징후가 있었다. 과거에 마신은 모든 판단을 늘상 댜길레프에게 맡겼는데 이제는 그의 판단을 무시하거나 거부하고 때로 뒤집어엎기까지 하는 여유가 생긴 것이다. 이 도시에서 축배의 대상, 모든 여자들이 선망하는 매력적인 남자, 찬사를 담은 수많은 꽃과 감당이 안 될 만큼 밀려드는 제안을 받는 유명인이 되었으므로 마신은 더 이상 댜길레프가 필요 없었다. 성적으로나 예술적으로 그는 자유를 원했다. 댜길레프를 떼어내기 위해 마신은 소콜로바에게 관심이 있는 척했고, 《봄의 제전》의 개막일 밤 파티 연설에서 그녀와 함께 도망칠 거라는 취지의 신중하지 못한 농담을 내뱉었다.

스파이를 통해 소콜로바의 연애 상황을 훤히 꿰뚫고 있었으므로 댜길레프는 이 말이 그저 허세라는 걸 알았을 것이다. 그래서 게임은 어떻게 전개됐을까? 댜길레프가 사립 탐정을 시켜 마신의 뒤를 밟았고, 사실 마신은 발레단에서 낮은 직급에 있던 베라 사비나(결혼 전 성은 클라크)라는 예명을 가진 예쁘고 재능 있는 영국인 소녀에게 꽂혀 있다는 걸 알게 되었다. 세상 물정을 아는 소콜로바는 그녀가 "갓 태어난 새끼 양처럼 순수하다"고 생각했다.[66]

1921년 1월 로마에서 추한 장면이 연출되었다. 몇 가지 이야기에 따르면 댜길레프는 떨고 있는 사비나를 그의 스위트룸으로 불러 술에 취하게 한 다음 마신을 포기하라고 설득했다. 그녀가 거부하자 댜길레프는 사비나를 발가벗겨 연결된 방의 문을 열고 마신의 방으로 그녀를 내동댕이쳤다. 그리고 날카로운 목소리로 이렇게 말했다. "바로 이거야. 나를 떠나고 네가 얻게 될 창녀의 모습."[67] 덜 야단스러운 버전도 있다. 그리고리예프는 어느 날 아침 댜길레프가 "극도로 흥분한 상태에서" 마신에게 이제 계약이 끝났으니 더 이상 일할 필요가 없다고 통보하게 했다고 회고했다.[68] 통보를 들을 때 마신은 리허설을 막 시작하던 참이었다. 그는 꿈에도 몰랐던 것처럼 얼굴이 창백해졌지만 조용히 방을 나갔고 다시는 보이지 않았다. 사비나도 같은 날 발레단을 떠났다. 몇 달 후 두 사람은 결혼했고, 1925년에 이혼했다.

댜길레프는 그러한 순간에 러시아인에게 의무화되어 있는 며칠 간의 눈물 가득한 히스테리를 거친 다음 마음을 추스리고 이렇게 말했다. "이제 다른 사람을 찾아야겠어."[69]

6장

새로운 발레
DIAGHILEV'S EMPIRE

전쟁과 전쟁의 여파로 댜길레프는 조국에서 쫓겨나 있었다. 혁명은 볼셰비키 쪽으로 기울었다. 댜길레프는 자신이 속한 계급이 보복을 당하자 돌아가는 것이 불가능해졌다는 느낌에 향수병이 더욱 깊어졌다. 그는 그리고리예프에게 이렇게 한탄했다. "오, 얼마나 러시아에 돌아가고 싶은지, 러시아의 공기를 마시고 러시아의 흙에서 새로운 에너지를 얻고 싶은지. 하지만 언제쯤이나 그럴 수 있을까?"[1] 사랑하는 의붓어머니는 세상을 떠났고, 군 복무 중인 이복형제들에게서는 소식이 없었다. 그는 누구에게도 그런 불안을 말하지 않았지만 지휘자 에르네스트 앙세르메에게는 심정을 털어놓았다. 1919년 7월 앙세르메는 스트라빈스키에게 이런 편지를 보냈다.

> 그는 무척이나 우울하고 지쳤어요. 걸핏하면 웁니다. 그는 모든 이들과 마찰을 빚고 있다고 느낀다고, 사업을 접을 때가 되었다고 말했습니다. … 러시아를 사랑하지만 조국을 위해 할 수 있는 일이 없다고도 말했지요. … 또한 자기가 현실이 아니라 꿈의 세계에서, 부와 성공만 존재하는 텅 빈 거품 속에서 살고 있다고 불평했습니다. 모두 자위에 불과하지요. 그는 더 이상 그런 걸 원하지 않았습니다.[2]

여기에는 얼마간의 자기 연출이 있었다. 댜길레프가 가슴을 치며 슬퍼하던 바로 그 순간 《환상 가게》와 《삼각모자》는 대중과 평론가 집단 모두에서 발레 뤼스를 새로운 차원의 성공으로 끌어올렸고, 그 밖에도 다른 많은 작품들이 불속에서 잘 달궈지고 있었다. 러시아 낭만주의가 꽃을 피웠다고 말하는 것이 진실에 더 가까울 것이다.

포킨이 공급하던 종류의 연대기적 서사는 인기가 없어지고 플롯이 없는 것, 일화적인 것, 해체된 것, 추상적인 것이 그 자리를 메웠다. 연결보다 단절, 이야기보다 춤 모음이 우세해졌다. 입체파 시대가 도래하면서 박스트의 이국적인 색채는 구식이 되었고, 발레단 단원들은 갈수록 국제화되었다. 관점에 따라 다르겠지만 발레단의 미학은 스페인 그리고 이탈리아의 코메디아 델라르테를 만남으로써 변형되거나 풍부해지거나 희석되었다. 마신의 개혁은 상트페테르부르크 학파의 절대적인 고전주의 전통에 도전하여 균열을 내고 있었다. 『옵서버』와의 인터뷰에서 마신은 고전주의로부터의 "해방"을 위한 선언을 수정처럼 투명하고 명료하게 제시했다. "몸의 움직임에는 누구도 고려해본 적 없는 너무나도 많은 가능성이 있습니다. 고전적인 학교는 주로 발, 다리, 무릎, 팔에만 신경을 쓰지요. … 하지만 우리 몸에는 서른 개의 다른 기악 연주자로 구성된 오케스트라가 있어요. 각각을 똑같이 복제할 수도 있고, 각자 따로 연주할 수도 있습니다."[3] 보수적인 사람들은 이에 회의적이었고 점점 더 그렇게 되었다. 안드레 레빈손은 그런 입장을 잘 요약해 표현한 인물이다. 레빈손은 이렇게 개탄했다. "동작을 익살스럽게 과장하는 쪽으로 나아가는 경향, 각지고 부자연스러운 스타일 … 이 춤은 우리를 기쁘게 했던 형언하기 어려운 정신적 비상이 아니라 격렬한 발작이었다."[4]

그러나 백계 러시아 이민자들이 서방으로 흘러들어 발레단의 뿌리를 되살리고 있었다. 그들 중 신동이라 불린 작곡가 세르게이 프로코피예프는 1914년 불과 스물세 살의 나이에 댜길레프로부터 작곡을 의뢰받았고, 이제 그 작품이 제작에 들어갔다. 넵스키 픽윅키언의 일원이자 댜길레프의 오랜 친구로 따뜻한 마음에 실력까지 겸비한 발터 누벨은 댜길레프와 고대하던 계약을 맺고 사업 관리자가 된 후 평생 충직한 직원으로 남았다. 앞으로 더욱 친밀한 직업적 관계를 맺게 될 또 다른 이도 있었다. 보리스 예브게니예비치 코흐노라는 창백하고 아름다운 얼굴을 가진 열일곱 살 소년이 예기치 않게 도착한 것이다.[5]

1904년 차르의 경기병 대령의 아들로 태어난 코흐노는 1917년 혁명이 몰아칠 때 어머니와 함께 모스크바를 떠나 우크라이나로 내려갔고, 이곳에서 어느 날 폴란드 작곡가 카롤 시마노브스키를 만났다. 시마노브스키는 이 젊은이에게 흠뻑 빠졌다. 1920년에 파리에 도착한 코흐노는 매혹적인 보헤미안 부부 세르게이 수데이킨, 베라 수데이킨과 우연히 마주쳤다. 배우인 베라는 나중에 스트라빈스키의 두 번째 아내가 되었다. 세르게이는 이류 화가이자 『예술세계』 시절부터 댜길레프의 친구로, 1913년에 발레 《살로메》의 무대를 디자인했으나 성공에 이르지는 못했다. 양성애를 부끄러워하지 않았던 세르게이는 보리스를 거둬 돌보았고 그런 뒤 모두에게 이득이 되도록 보리스를 댜길레프에게 넘기기로 결정했다. 이는 기막힌 묘수였다.

야심만만하고 성인 못지않게 교양이 풍부한 데다 시적 감수성까지 겸비한 코흐노는 어떤 일이든 할 준비가 되어 있었다. 수데이킨은 코흐노에게 해야 할 말과 해서는 안 될 말을 구별하는 법을 훈련시키고, 자신이 임프레사리오가 되어 가상 인터뷰를 진행하는 등 코흐노와 댜길레프와의 대면을 신중하게 계획했다. 그런 준비는 거의 필요가 없었다. 코흐노는 발레 뤼스에 관한 기사를 전부 읽었고, 심지어 1920년 파리 시즌 중 《봄의 제전》에서 소콜로바를 본 적도 있었다. 그는 어떻게 해야 상대에게 매력적인 사람으로 보일지, 또 어떻게 해야 동성애가 가능하다는 것을 암시할 수 있을지 정확히 알고 있었다. 코흐노가 수데이킨의 심부름을 가장해 댜길레프 앞에 나타난 순간 댜길레프는 넋을 잃을 정도로 매혹되어 이 소년에게 개인 비서 자리를 제안했다.

코흐노는 내가 할 일이 무엇이냐고 물었다. 댜길레프는 "비서는 필수 불가결한 사람이 되는 법을 알아야 한다"라는 금언으로 답했고, 코흐노는 그 말을 가슴 깊이 새겼다.[6] 아무도 그를 온전히 좋아하지 않았다. 그는 극도로 예의 바르고, 적당히 양성성을 유지했으며, 주변을 어슬렁대거나 뒤로 물러났고, 무리에 어울리며 말을 섞기도 했다. 여우처럼 변신의 귀재였고, 눈을 반쯤 감고 이야기하는 습관으로 상대를 당황하게 만드는 문지기였다. 그는 필수 불가결할 뿐 아니라 언제 어디에서나 곁에 꼭 붙어 있는 존재가 되었다.

댜길레프는 코흐노에게 급여를 주지는 않았지만 말쑥한 양복을 사주고 매일 담배 여섯 개비를 배급하는 등으로 비용을 지급했다. 육체적 관계는 곧 시들해졌는데 어쩌면 일시적인 현상이었을 수도 있다. 떠도는 이야기에 따르면 처음 만났을 때 댜길레프가 코흐노에게 옷을 벗어보라고 했다. "털이 너무 많군!" 댜길레프는 코흐노의 벌거벗은 몸을 보고 인상을 찌푸리며 이렇게 말하고는 더 이상 육체적인 관계에 관심을 두지 않았다.▪ 리처드 버클이 날카롭게 통찰했듯이 두 사람의 사회적 출신 계급이 같다는 사실 또한 그를 "왠지 꺼림칙하게" 느끼게 만드는 요인이었을지 모른다.[7] 하지만 두 사람은 편지에 수줍어하며 서로를 "자기"와 "작은 고양이"라고 불렀고, 깊고도 흔들림 없는 친밀감을 유지했다.[8] 마신이 넘치는 에너지와 창의성, 무한한 지성, 스펀지 같은 흡수력으로 댜길레프의 격정을 자극했다면, 코흐노는 그에게 조언을 해주고 위로와 안정감을 주는 사색적인 지성인이었다.

이런 새로운 자산들에도 불구하고 마신의 공백은 메워지지 않았다. 1921년의 새 작품들은 안무에 대한 전체적인 비전이 없는 채로 무대에 올랐다.

《쿠아드로 플라멩코Cuadro Flamenco》에서 댜길레프는 펠릭스를 몰락시킨 습관, 즉 즉흥무를 좋아하는 스페인 사람들의 습성을 약삭빠르게 이용했다. 농부, 집시, 하층민을 채용해 그들이 자기 방식대로 기타와 캐스터네츠를 두드리며 거침없이 연주하도록 내버려두었던 것이다. 무대 배경을 맡은 피카소는 《풀치넬라》에서 폐기했던 몇몇 아이디어를 재활용했다. 세비야에서 열린 흥겹고 무질서했던 오디션을 통해 뽑은 조연 단원들 중에는 기가 막히게 아름다운 마리아 달바이신, 가브리엘리타라는 이름의 활달한 난쟁이, 다리가 없는 마테오 엘 신 피에스("발이 없는 사람")가 있었다. 마테오는 수레를 타고 등장해 가죽으로 덮은 허벅지 끝으로 서서 춤을 췄다. 공연의 콘셉트는 단순해 보이지만 막상 무대 뒤에서는 골치 아픈 일이 끊이지 않았다. 무용수들은 시키는 대로 하는 법이 없었고 훈련도 소용없었다. 게

■ 장 바빌레는 이 일화의 다른 버전을 들려준다. 코흐노에게 직접 들은 이야기로 추정된다. "한번은 코흐노가 댜길레프에게 물었다. '내가 잘생긴 것 같아요?' 댜길레프는 조금의 망설임도 없이 답했다. '삭발하면 잘생겨 보일 거야.' 그는 점점 머리숱이 줄었고, 그건 신나는 일이었다!" (Michael Meylac, *Behind the Scenes at the Ballets Russes*, p. 279.)

다가 곧 명성과 돈이 굴러들어올 거라는 헛된 기대에 차 있었다. 글을 모르는 것도 계약서처럼 보이는 모든 것에 의심의 날을 세우는 요인이 되었다. 그들은 갈수록 많은 돈을 요구했고 자매, 사촌, 이모가 동행해야 한다고 주장했다. 지나가는 소문 하나하나에 극도로 예민하게 굴고 치열하게 경쟁하는 등 자기들끼리도 단합이 되지 않았다. 걸핏하면 술에 취해 싸움을 벌이고 뛰쳐나가거나 갑자기 화를 내거나 협박을 했다. 하지만 그들이 공연 중에 보여준 꾸밈없는 대담한 행동들은 거부하기 힘든 매력이었다. 여자들이 갈채에 대한 감사의 표시로 젖가슴을 위로 받쳐 들고 관객에게 흔들어 보일 때면 1층 앞자리에 앉은 점잖은 관객들은 어쩔 줄 몰라 하며 얼굴을 붉혔다.

새로 선보인 또 다른 작품은 민간 설화를 각색한 《어릿광대Chout》였다. 댜길레프의 광신도 시릴 보몬트에 따르면, 이 작품은 교활한 "어릿광대들"이 흥청대며 노는 내용의 "비비 꼬인 러시아 유머"다. 곤차로바의 파트너인 라리오노프와 몇몇 사람이 함께 짜 맞춘 이 작품은 발레라기보다 무언 소극으로 분류하는 것이 더 정확했다. 풍자만화스러운 폭력성이 가득한 동작은 유치하고 별반 재미도 없었지만, 입체주의를 적극 활용한 라리오노프의 배경(보몬트는 "대단히 생생하고 현란해서 무대를 보는 것이 고통스러울 지경이었다"고 생각했다[9])과 젊은 프로코피예프의 파격적인 음악은 많은 이들로부터 충격과 감탄을 자아냈다. 다만 『선데이 타임스』의 존경받는 유력 평론가 어니스트 뉴먼만은 예외였다. 뉴먼이 새로운 러시아 악파를 끈질기게 비난하자 결국 댜길레프가 가시 돋친 편지로 반격을 시도했다.

> 필자는 세계를 두루 여행하면서 뉴먼의 글처럼 이 정도로 "촌스러운" 생각을 담은 시대에 뒤떨어진 기사를 본 적이 없다. 그렇게 온화한 사람에게 참으로 안된 일이다. 올해 그에게는 흰머리가 몇 가닥 생겼다. 어째서 그 흰머리로 인해 전 세계 젊은이들의 웃음거리가 되는가? 가엾은 노인네여, 나이를 생각해서 품위 있게 행동하고 〈카르멘〉의 초연이나 마네의 그림이나 말라르메의 시를 비난하는 바보들과 한패가 되지 마시길.[10]

그다음에 일어난 일은 새로움을 응원한다는 앞서의 주장을 부정하는 것처럼 보인다. 발레 뤼스의 마지막 시기에 댜길레프는 퇴행적으로 루이 14세의 궁정 문화에 집착했다가 그로부터 튕겨나가 최신 유행과 현대성을 추구했다. 이는 흥미로운 변증법이 아닐 수 없다.

댜길레프는 동양풍의 화려한 뮤지컬 코미디 〈추 친 차우〉의 성공에 깊은 인상을 받았다. 이 뮤지컬은 전쟁 후반 이후로 런던 웨스트엔드 극장가에서 밤마다 만원사례를 이루고 있었다. 그렇다면 온 가족이 재미있게 즐길 수 있고 장기간 상연을 통해 모두에게 큰돈을 안겨주는 초대형 발레를 제작해 그것과 경쟁하지 못할 이유가 어디 있을까? 댜길레프는 《잠자는 숲속의 공주The Sleeping Princess》를 재상연하는 아이디어를 떠올렸다(무언극 〈잠자는 숲속의 미녀The Sleeping Beauty〉 그리고 프랑스 동화 『잠자는 숲속의 미녀La Belle au bois dormant』와 구별하기 위해 이렇게 불렀다). 차이콥스키의 곡에 프티파의 안무가 더해진 이 동화 발레는 1890년 상트페테르부르크에서 처음 공연됐을 때 알렉산드르 브누아를 비롯한 넵스키 픽윅키언 회원들을 완전히 매혹시킨 바 있었다.

하지만 그 이후로 문화와 패션에 혁명이 일어났고, 그 여파로 군주제의 위엄이 가득했던 이 화려한 구경거리는 발레를 해방시키기 위해 댜길레프가 깨뜨리고자 하는 모든 것과 동일시되고 말았다. 1911년 『타임스』와의 인터뷰에서 댜길레프는 그런 발레가 "길고 지루하다"며 너무 바로크적이고 프랑스풍이 강해서 그의 사업과는 관련이 없다고 잘라 말했다. 느리고 당당한 분위기의 그 발레는 20세기에 들어 무의미해진 제국의 의례와 경의라는 전통에 얽매여 있었다. 다시 말해 튀튀를 입은 우아한 요정들이 가발을 쓴 군주를 향해 마법의 지팡이를 흔들면서 줄지어 행진하는 것은 피카소의 입체파, 스트라빈스키의 원시주의, 마신의 각진 춤이 유행하는 시대를 사는 세련된 성인들에게는 별다른 의미를 지니지 않을 수 있었다. 심지어 전쟁 전에도 《지젤》과 《백조의 호수》처럼 줄거리가 통일된 19세기 발레들을 일부 생략해서 무대에 올렸을 때 그 공연은 지저분한 유물로 취급당했고, 1916년에 뉴욕에서 파블로바와 함께 《잠자는 숲속의 미녀》의 호화로운 장면들을 발췌해 올린 공연은 실패로 끝났다. 이런 마당에 댜길레프는 저녁 시간 내내 펼쳐지는 무삭제 버전을 제안하고 있었고, 이는 발레 한 편이 40분을 넘은 적이 없는 런던에서는 전혀 전례가 없는 아이디어였다. 그렇기에 이 새로운 프로젝트는 대중의 취향과 습관을 무시하는 도박일 뿐 아니라 미학적 원리의 반전이었다.

댜길레프의 계산은 어느 정도는 돈이 목적이었고, 마신의 후계자를 찾지 못해 내린 궁여지책이기도 했다. 그러나 보다 개인적인 차원에서는 이 프로젝트가 자신의 뿌리 그리고 유년의 기억이 담긴 잃어버린 세계로 돌아가고 싶은 갈망을 달래주었을 것이다. 차르의 절대주의에는 털끝만큼도 애정이 없었지만, 프티파의 비례와 형식이 암시하는 도덕적 확실성은 인간 본연의 차원에서 그를 매혹했고 모더니즘이 억누르던 경외와 존경의 감정을 다시금 불러일으켰다. 몇 년 뒤인 1926년에 장 콕토는 예술이 광적인 속도로 변화하는 것을 늦추기 위해 "근본으로 돌아가라"라는 개념을 홍보하는 책을 발표했다. 콕토는 "달아난 말의 속도는 아무런 가치가 없다"는 현명한 발언을 했다. 명료함, 손재주, 데생 실력을 존중하는 이른바 "견고한 우아함"과 "믿을 만한 형식"으로부터 예술적 양식이 너무 빨리, 너무 많은 방향으로 멀어지고 있었다. 《잠자는 숲속의 공주》는 이러한 국면을 예견하고 한 단계 더 밀어붙여 급진적인 보수성으로 나아갔다. 솅 스헤이연의 견해에 따르면 그것은 "일종의 정치적 반항 행위였으며 … 혁명 이전의 차르 시대 예술을 야심차게 찬양하는 것으로 분명 반프롤레타리아적인 정치 망명자들이 올린 공연일 것이다. 게다가 반볼셰비즘으로 뭉친 주요 동맹들의 수도에서 상연되었다." 하지만 이 견해는 논쟁의 여지가 크다.[11]

댜길레프는 유난스럽다 싶을 만큼 모든 일에 직접 개입했다. 그리고리예프에 따르면 "그는 제작의 모든 세부 작업에 뛰어들고 무대 장치에 적극적으로 참여하면서 직접 지휘했다."[12] 스트라빈스키는 차이콥스키의 음악을 편집하고, 새로운 관현악 편성에 손을 보태고, 차이콥스키의 다른 발레에서 곡들을 추려 삽입했다. 안무는 주로 프티파의 것을 가져왔는데 그의 안무는 스텝이 기보된 문서를 가지고 러시아에서 탈출한 발레 마스터 니콜라이 세르게예프를 통해 전수되었다. 그리고 무용수들은 1890년 제작에 참여했던 신망 있는 엔리코 체케티 밑에서 훈련을 받았다.

간극을 메우고 새로운 춤을 더하기 위해 니진스키의 여동생 브로니슬라바가 발레단에 복귀했다. 브로니슬라바는 1913년 불화가 터졌을 때 오빠의 편을 들다 댜길레프와 멀어졌지만, 니진스키가 온전한 상태가 아닌 지금 그녀의 충성은 문제가 되지 않았다. 또한 키이우에서 발레를 몇 편 창작했다는 뉴스는 그녀에게 큰 잠재력이 있음을 시사했다. 그녀의 미적 감각은 구성주의◆와 오빠의 실험 그리고 훗날 "남녀 무구분gender bending"이라 불리게 될 유행의 매력에서 큰 영향을 받았다(그녀 자신이 남자처럼 옷을 입었고 종종 남자 역을 맡아 춤을 추었다). 개인적으로 그녀는 《잠자는 숲속의 공주》 프로젝트가 너무나 시대에 역행하는 것이어서 "황당하다"고 생각했지만, 당장 일이 필요했고 달리 갈 곳도 없었다.[13]

대규모 출연진을 채우기 위해 댜길레프는 모든 곳에서 무용수를 채용했다. 런던이 사랑하는 "로피", 리디야 로포호바는 몇 번의 연애와 한 번의 유산을 뒤로하고 복귀해 우아한 라일락 요정을 추었다. 스트라빈스키의 연인 베라 수데이킨는 춤을 추지 않는 여왕 역을 소화했다. 플라멩코로 사람들을 유혹하던 마리아 달바이신은 마지막 장면에서 결혼식의 하객들 중 한 명인 셰에라자드로 멋지게 등장했고, 30년 전 상트페테르부르크에서 오로라 역을 창조한 이탈리아 발레리나 카를로타 브리안차는 엄청난 군무에서 흉측한 노파로 변하는

◆ 20세기 초에 러시아에서 시작되어 서유럽으로 퍼져나간 기하학적 추상미술 운동.

사악한 요정 카라보세 역으로 환생해달라는 부탁에 어렵사리 동의했다.

세 명의 러시아 스타 망명자가 까다로운 역할인 주인공 오로라 공주 역에 캐스팅되었다. "근본으로 돌아가라"가 니진스키와 마신이 전복시킨 마린스키의 고전발레 양식을 재확인하는 것이었다면, 이 세 사람은 그 양식을 전형적으로 보여주었다. 카르사비나가 남편의 불가리아 근무지에 따라가기로 결정하면서 대신 올가 스페시브체바(런던 사람들을 위해 짧게 스페시바로 바꿨다)가 초연에 맞춰 도착했다. 그녀는 꼬챙이처럼 호리호리하고 새처럼 가벼운 몸에 칠흑 같은 머리카락을 가진 미인이었다. 리가의 한 다락방에 숨어 지내며 가난과 결핵으로 고생하던 그녀를 한 에이전트가 찾아냈다. 거의 병적으로 자아도취에 빠지는 무용수 중 한 명(스페시바의 경우 가끔 음악을 완전히 무시할 정도였다)인 그녀는 평온하게 물 흐르는 듯한 기교로 존경의 대상이 되었고, 좋아하는 술—뜨거운 샴페인—로 경탄의 대상이 되었다. 그녀를 대신할 무용수는 그녀보다 나이도 많고 세상 경험도 더 많은 재기 발랄한 두 여자 류보프 에고로바와 베라 트레필로바였는데, 둘 다 파리에 거주 중이었다.■ 팬들과 평론가들은 그들의 우열을 평가하며 매우 즐거운 시간을 보냈다.

하지만 관객을 놀라게 하고 그들이 표를 사게 만든 요소는 춤보다

■ 추가하자면 백업 무용수로 베라 넴치노바와 리디야 로포호바도 돌아와서 몇몇 공연을 했다. 리디아 소콜로바에 따르면 로포호바는 전혀 도움이 되지 않았다. "그녀는 반드시 있어야 할 시적 감수성이 부족했다. … 그녀는 아무 때나 웃음을 터뜨리고 속바지를 분실했다." (*Dancing for Diaghilev*, pp. 194~95.)

는 화려한 볼거리였다. 루이 14세 시대의 발레 무대에 일가견이 있고, 1890년에 제작된 최초의 공연을 생생하게 기억하는 수호자 브누아에게 무대 디자인을 의뢰하는 것이 최우선이자 가장 확실한 선택이었다. 하지만 그는 상트페테르부르크에 눌러앉아 예르미타시에서 옛 거장의 작품을 관장하는 큐레이터 직을 맡고 있었고 러시아를 떠나려 하지 않았다. 드랭은 관심이 없었고, 피카소나 곤차로바나 라리오노프는 적임자가 아니었다. 그래서 댜길레프는 박스트를 찾아가 머리를 조아렸다. 박스트는 댜길레프가 《환상 가게》를 훔쳐 드랭에게 넘겨준 뒤로 파리에서 와신상담하고 있었다.

처음에 박스트는 멈칫거렸다. 그는 이미 파블로바의 실패로 끝난 《잠자는 숲속의 미녀》 뉴욕 무대를 디자인한 적이 있었고, 이번 프로젝트의 규모가 아무래도 벅차 보였다. 의상이 300벌이 넘는 데다가 3개월밖에 안 되는 기간에 시간표에 맞춰 제작해야 했기 때문이었다. 오직 댜길레프만이 할 수 있는 설득을 통해 그는 억지로 그 일에 착수했다. 비비에나 왕조가 18세기에 설계한 바로크식 궁전의 모습을 담은 판화들에 의존해 주황 빛깔의 둥근 기둥, 대리석 무늬의 회반죽 벽, 이국적인 조각상, 돔, 주랑, 아찔한 각도의 전망을 보여줌으로써 어마어마하게 깊고 높다는 착각을 불러일으킬 만한 광활한 층계참 등을 표현해야 했다.

이 장대한 배경막을 실현하는 일에는 무대 배경을 그리는 스튜디오 네 곳이 참여했는데, 그중 하나가 아틀리에 바닥에서 피카소의 스케치를 확대 제작했던 엘리자베스 폴루닌과 블라디미르 폴루닌의 작업실이었다. 폴루닌의 회고에 따르면 박스트는 파리에서 "육군 원수"

처럼 지시 사항을 내려보냈지만 "종종 그의 의중을 헤아리기가 어려웠다."[14] 더 많은 문제는 내화 처리가 조잡하게 된 저질 캔버스 때문에 발생했다. 의상 디자인 중 일부는 파블로바 버전에 썼던 것을 재활용했다. 그러나 모든 의상이 완벽하고 정교한 재단이 요구되었기에 첫 공연이 시작되기 몇 분 전에야 여자 재봉사들이 무대 입구로 완성된 옷을 가져다주었다. 양극성 기질을 지닌 박스트에 대해 전기 작가 찰스 스펜서는 이렇게 언급했다. 이 프로젝트가 요구하는 "육체적인 노력"과 그로 인한 "신경쇠약", 더불어 "깊어진 고립감과 우울감이 그의 생을 단축시켰을 것이다."[15]

리허설 일정이 머리카락이 쭈뼛 설 정도로 복잡해 마지막 순간에 초연을 이틀 연기할 수밖에 없었다. 댜길레프는 온종일 극장에 머물면서 수정하고 보완하고 검사했다. 런던에서 발레 뤼스의 평판이 새로운 정점을 맞이한 상황이고 이 공연에 막대한 돈이 투자되었으니 여기에 걸린 이해관계 역시 어마어마했다. 임프레사리오 오즈월드 스톨은 무대 장치와 의상에 무려 1만 파운드를 쏟아부었는데 그 비용을 오직 흥행 수익으로 회수해야 했다. 애초에 깔린 셈법은 11월에 웨스트엔드의 유명한 알람브라 극장에서 이목을 집중시키는 공연을 하고 여세를 몰아 가족을 위한 크리스마스 선물 시장을 공략하자는 것이었다. 하지만 제작비가 두 배로 증가한 바람에 티켓을 모두 팔아도 손익을 맞출 수가 없었다.

당연한 얘기지만 관객이 무용수에게 의례적으로 보내는 박수갈채에도 불구하고 첫날 공연은 실망스러웠다. 무대가 너무 작았고 장비가 너무 열악해 이 공연에 필요한 기술을 구사하기에는 역부족이었다. 기계 작동에 예기치 않은 변수가 생기는 바람에 중요한 특수 효과 두 개를 제대로 살리지 못한 것도 문제였다. 마술을 부린 듯 나무 덤불이 저절로 올라가야 하는 장면에서 목재 틀이 "거대한 뚝 소리와 함께" 부러졌고, 얇은 천이 내려오다가 배경막에 걸려 찢어져 마치 "포목 상점에 널려 있는 옷감들"처럼 되어버렸다.[16] 이 사고에 충격을 받은 댜길레프는 흐느끼며 격렬하게 분노했고, 급기야 모든 게 끝장났다며 히스테릭하게 비명을 질렀다.

완전히 반반은 아니었지만 평론은 이중적이었다. 『데일리 메일』은 박스트가 자신의 능력을 능가한 걸작을 만들었다며 넋을 잃었다. "무대그림 속 보석과 일몰, 불꽃 등 그 모든 색채를 보라. 궁녀들의 오렌지색, 사프란색, 모스그린색은 또 어떤가. 왕족 가운의 반짝이는 하늘색과 흰담비털색."[17] 『타임스』는 "이 오래된 발레에서 박스트는 예술적으로 최고의 경지에 이른 스펙터클을 보여주었다"고 평했다.[18] 한편 『보그』의 평가는 달랐다. "감정의 은밀함과 직접적인 전달"이 결여되어 있지 않은가. 결국 "길고 지루하고 복잡하고 느리며 판에 박힌" 이야기를 "중기 빅토리아 시대의 양식과 진부하기 짝이 없는 것들로 채워 만든 것이 아닌가"라고 주장했다.[19]

남아 있는 사진 기록을 보면 평면적으로 칠해진 나무판과 캔버스 앞에서 에드워드 7세 시대의 화려한 옷차림을 한 무용수들의 가장행렬이 펼쳐지는데, 댜길레프가 사용한 은은한 분위기의 조명을 받은 무대는 분명 생동감 없이 호화롭게만 보인다. 또한 사진의 이미지만으로는 차분한 회색과 검은색의 배경이 무대 의상의 화려한 진홍색, 보라색, 노란색과 어우러져 마법 같은 효과를 낸다는 것을 짐작하기 어렵다. 일부 평론가들은 술이 달린 양단과 벨벳, 가발의 과도한 화려함이 깔끔한 춤선에 방해가 되어 춤이 흐리멍덩해졌다며 우려를 표했다. 한편 모더니즘을 따르는 사람들은 박스트가 보여준 강한 리얼리즘이 발레 뤼스의 혁신적인 정신에 역행한다고 보았다(리턴 스트레이치는 새서버럴 시트웰에게 "멀미가 났다"고 말했다[20]). 아마도 단 것을 좋아하지 않는 사람들이라면 좋은 것들이 과하게 들어가 있다고 생각할 것이다.

하지만 첫날 공연에 대한 아슬아슬한 평론과 이후의 혼재된 평론이 지나가자 상황은 안정되었다. 왕과 왕비가 방문하고 런던 시민들이 몰려들면서 크리스마스 시즌이 끝날 때까지 아무 문제가 없어 보였다. 하지만 새해가 되자 웨스트엔드는 설명할 수 없는 주기적인 슬럼프에 빠졌고, 돈을 공룡처럼 먹어치우는 이 거대한 공연은 더 이상 유지하기가 어려워졌다. 발레단은 매출을 올리기 위한 모든 방안을 시도하거나 고려했다. 공연 시간을 줄이고 낮 공연을 늘렸다. 조명을 "천연색"으로 하고 음악을 동시 녹음해서 영화로 찍자는 말도 있었고,[21] 살아 있는 동물을 출연시켜 활기를 불어넣자는 아이디어도 있었다. 아이를 옛날 옛적의 변사로 출연시키거나, 커튼 앞에서 코미디를 보여주거나, 조지 버나드 쇼가 쓴 풍자적이고 재치 있는 연설을 낭독하자는 의견도 있었다. 아무 소용이 없었다. 청구서는 쌓이고 수입은 떨어졌다. 공연을 접는 수밖에 없었다.

하지만 이 발레는 가장 영광스러운 실패작이자 더 높은 목적에 기여한 사례로 손꼽힌다. 그리고리예프의 기억에 따르면 댜길레프는 날개 무대에서 공연을 지켜보며 자랑스럽게 한숨지었다고 한다. "이건 상트페테르부르크의 위대한 시대를 기리는 마지막 유물이야."[22] (미신을 좋아했던 그는 우울하게 결론 내렸다. 이 모든 것이 "지나간 시대의 영광을 되살리는 일"은 그가 할 일이 아님을 일러주는 "초자연적 경고"라고.[23]) 《잠자는 숲속의 공주》는 100회 넘게 공연되었다. 뒤늦은 상승세로 재정의 흐름을 되돌릴 순 없었지만 마지막 주는 매진을 기록했다. 그렇게 해서 적어도 이 공연은 당당하게 퇴장한 뒤 전설로 남게 되었다.

유산은 깊이깊이 흘렀다. 댜길레프의 모든 발레 중에서 《잠자는 숲속의 공주》는 후세가 가장 숨죽이고 경외하는 작품, 다른 세계와 다른 시대에 완전히 몰입하는 경험을 하게 해준 작품이었다. 어떤 이들은 열광적으로 반응했다. 시릴 보몬트는 "공연 기간 내내 … 거의 매일 저녁 극장을 찾아갔"으며, 알람브라 극장은 열성 팬들의 "일종의 발레 클럽"이 되었다고 말했다.[24] 하지만 어린아이들은 단 한 번의 관람으로도 충분했다. 만평가 겸 무대 디자이너 겸 건축사가인 오스버트 랭커스터가 그 마법을 접하고 인생이 바뀌었을 때 그는 불과 열한 살이었다.

> 그때까지 내가 본 그 모든 것에도 불구하고 나는 알람브라의 막이 올랐을 때 펼쳐진 장엄함에 전혀 준비가 되어 있지 않았다. 이후 몇 주 동안 나는 그날 낮 공연의 장관을 스케치북에 재현하려고 애를 썼지만 나의 희망 가득한 시도는 모두 한심한 결과로 끝났다. 그때 거기에서 나는 30여 년이 흘러도 채워지지 않는 불가능한 야망을 품게 되었다.[25]

《잠자는 숲속의 공주》로 인해 댜길레프는 엄청난 비용을 지불했다. 그는 6개월간의 공연을 마친 후 파리로 건너가 공연을 올리려 했다. 그러나 수익금이 턱없이 모자라자 스톨은 무대 장치와 의상을 담보로 잡았다. 그 화려한 예술품들은 콜리세움 극장의 무대 아래에서 수십 년 동안 압류 상태로 있었고, 안타깝게도 그중 다수가 부패했을 때에야 비로소 개인 수집가에게 팔려나갔다. 스톨에게 1만 1천 파운드를 빚졌으나 갚을 길이 없는 상황에서 댜길레프는 하는 수 없이 값나가는 개인 소유물을 처분했다. 심지어 리폰 부인이 준 검은 진주로 된 장식용 단추까지 내다 팔았다. 엎친 데 덮친 격으로 오랫동안 그와 동고동락해온 이탈리아인 시종이 물건을 훔쳐 몰래 도망쳤다. 댜길레프는 하급 영국인 무용수 힐다 비위크의 부유한 모친에게 300파운드라는 거금을 쥐어짜낸 뒤 슬그머니 파리로 건너갔다. 파리에서 그는 코흐노와 함께 다락방을 잡았고 허름한 술집에서 택시 운전사들 틈에 앉아 식사를 했다.

영국에서 발레 뤼스의 미래는 위태로워졌다. 댜길레프는 빚을 다 갚을 때까지 새로운 계약을 맺는 것이 법으로 금지되어 1918년부터 동력의 주된 근거지로 삼았던 런던에서 더 이상 시즌을 기획할 수가 없었다. 직원들은 급여가 체납되어 먹고살 길이 막막했고, 심지어 리디아 소콜로바처럼 변함없이 버텨온 고참들도 일시적으로 대유행하는 무용 뮤지컬—마신이 열심히 일하고 있는 시장—의 거품 속에서 일자리를 찾을 수밖에 없었다. 하지만 브누아가 말했듯이 "댜길레프의 진정한 본성은 투사였다."[26] 그는 쓰러질지언정 포기하지 않았다. 《잠자는 숲속의 공주》는 막다른 골목일 뿐 길이 끝난 건 아니었다.

문제는 어디서 어떻게 프로젝트를 재가동할 것인가였다. 잠시 그는 주식회사를 설립해 주주들을 통해 돈을 모아볼까 고민했다. 하지만 그럴 경우 양복 입은 사람들이 온갖 종류의 규제와 감시의 끈으로 그의 손발을 옭아맬 것이 분명했다. 평생을 외톨이이자 기회주의자로 살아온 그에게는 술을 곁들인 점심 식사 자리에서 매혹당한 표정으로 수표에 사인할 수 있는 부유하고 다정다감한 부인들의 후원에 의지하는 편이 나았다.

궁핍한 전후 시대에 극장과 거래하는 일이 훨씬 더 힘들어지긴 했지만 석 달이 지나자 파리에서 짧은 시즌을 상연할 수 있을 정도의 돈이 모였다. 창고에 있는 의상을 재활용해 《잠자는 숲속의 공주》의 요약판을 무대에 올리고, 여기에 스트라빈스키의 곡에 맞춘 짧은 신작 두 편을 추가했다. 둘 다 러시아 문화에 깊이 뿌리를 둔 작품이었다.

《마브라Mavra》는 푸시킨의 시를 토대로 한 소극풍의 단막 오페라로 스트라빈스키가 음악을, 코흐노가 대본을 맡았다. 이 작품은 실패했는데 그 과정에서 댜길레프의 가장 중요한 관계 중 하나가 안타까운 결말을 맞이했다. 박스트가 《잠자는 숲속의 공주》의 디자인이라는 초인적인 과제를 수락할 때 고집한 추가 사항은 원래 개막극으로 생각하고 있었던 좀 더 세련된 작품인 《마브라》의 디자인도 본인이 하겠다는 것이었다. 댜길레프는 동의했지만 《잠자는 숲속의 공주》 앞에 《마브라》를 올리면 공연 시간이 네 시간을 훌쩍 넘을 게 분명했기 때문에 오페라는 연기되었다. 18개월 뒤 《마브라》를 다시 올릴 때 댜길레프는 박스트를 배신하고 다른 디자이너에게 일을 넘겼다. 다시 한 번 격렬한 싸움이 일어났고, 댜길레프가 박스트에게 《잠자는 숲속의 공주》에 대한 대가를 제대로 지급하지 않은 것이 싸움에 기름을 부었다. 결국 박스트는 화해하지 못한 채 1924년에 비참한 최후를 맞이했다. 동물 우화인 《여우Le Renard》에서는 니진스카가 서커스 곡예를 자유롭게 활용해 안무를 했고, 가수들이 오케스트라 피트에서 대본을 읽었다. 이 작품은 훨씬 더 호의적으로 받아들여졌지만 아쉽게도 단명했다. 초연이 끝났을 때 문학에 정통한 영국인 부부 시드니 시프와 바이올렛 시프가 마제스틱 호텔에서 호화로운 파티를 열었고, 이 자리에서 댜길레프, 피카소, 스트라빈스키는 마르셀 프루스트, 제임스 조이스와 안면을 텄다. 그날 밤은 별로 재미가 없었는지 이 천재들은 서로 친해지지 않았다. 그러나 공연은 다시 길을 떠나야 했다.

어디로 가야 할까? 러시아로 돌아가는 문제는 곪은 상처 같았다. 새로운 정권은 댜길레프에게 소련으로 돌아올 수 있도록 비자 발급을 제시하고 투어 가능성을 내비쳤다. 마음 한쪽에서는 이 기회에 귀국하고 싶었지만 볼셰비키가 배신하지 않을까 너무 의심스러웠다. 특히 발레단에 없어서는 안 될 코흐노와 그 밖의 사람들이 일단 국경을 넘으면 병역 문제로 체포될 가능성이 있었다. 이때 구세주로 나타난 사람이 재봉틀 회사의 상속녀이자 대저택의 여주인이고 폴리냐크 공작의 미망인인 위나레타 싱어였다. 위나레타는 스트라빈스키에게 〈여우〉를 의뢰했던 파리 음악계의 선한 힘이었다. 또한 폴리냐크의 조카는 모나코 공국을 지배하는 그리말디 왕조의 상속녀인 샤를로트의 남편이었다. 위나레타의 중재와 샤를로트의 친절함 덕분에 위태롭게 근근이 연명하는 발레 뤼스를 구하고 발레단에게 처음으로 연중 내내 공연할 수 있는 영구적인 기반을 마련할 계획이 세워졌다.

1850년대에 통치자들이 새로운 도시 몬테카를로를 건설하기 전까지 모나코는 유럽에서 가장 가난한 나라였다. 이곳에서 라스베이거스식으로 규제를 줄이고, 고액의 판돈이 오가는 도박과 호화로운 관광을 제공하면서 큰돈을 벌기 시작했다.[27] 오스버트 랭커스터의 표현을 빌리자면 몬테카를로는 "여가를 진지하게 여기는"[28] 장소가 되었다. 곧 난봉꾼 패거리, 퇴폐적인 왕족, 남자들에게 돈을 뜯어내려는 고급 매춘부들이 몰려들었다. 러시아 재벌도 상당히 많았는데, 여기에 혁명 이후에 트렁크에 보석과 현금을 가득 담아온 망명자들이 가세했다. 모두가 최우선으로 생각하는 것은 돈일 테지만 크게 번창하고 있는 카지노(공식적인 명칭은 모나코 해수욕 협회였다)에서 룰렛과 슈맹 드 페르◆를 하느라 골치가 아팠던 사람들에게 잠시 위안을 주기 위해 시는 카지노 옆에 콘서트홀을 짓게 했다. 이 일은 파리 오페라하우스를 설계한 건축가 샤를 가르니에에게 의뢰했다. 카지노와 비슷하게 금박을 아낌없이 입힌 아담하고 우아한 이 콘서트홀은 나중에 홀을 확장해 연극 공연도 수용할 수 있게 했다. 발레 뤼스가 입주해서 모두에게 이득을 나눠줄 곳이 바로 이 건물이었다.

거래는 단순했다. 발레단은 감사하게도 가을에서 봄까지 이곳에 머물 수 있고, 크리스마스 리허설까지 주중 시간을 쓸 수 있으며, 리허설이 끝나면 기존의 오페라 시즌이 시작될 때까지 발레 시즌을 이어갈 수 있었다. 하절기에는 순회공연을 해도 좋고, 휴가로 써도 좋았다. 1911년 이후 발레단은 이 도시에서 간헐적으로나마 정기 공연을

◆ 바카라 카드 게임의 일종.

해왔기 때문에 청중의 규모를 이미 파악하고 있었다. 만석은 사실상 보장된 것이나 다름없었다. 댜길레프는 다양한 가능성에 흥분했다. 우선 취미 삼아 다시 한 번 오페라를 제작해볼 수 있었고, 연례로 예술 축제를 개최할 수도 있었다. 또한 피카소의 작품을 중심으로 "살아 있는 예술[즉 동시대 예술]"을 전시하는 미술관을 세울 수도 있고, 춤과 영화와 그 밖의 장르를 결합해 보여줄 수 있는 플라스틱 홀이라는 이름의 전위 예술 버라이어티 극장—콕토의 기발한 발상—을 세울 수도 있었다. 그러나 막상 실현된 것이라고는 거의 알려지지 않은 소규모 프랑스 오페라를 젊은 작곡가들과 화가들이 말끔히 개작해 무대에 올린 것이 전부였다. 대중은 관심이 없었고, 애석하게도 예술 축제나 플라스틱 홀은 구상 단계에서 먼지가 되었다.

이 새로운 시기에 거둔 가장 훌륭한 결실은 러시아 농부의 결혼 축하 장면들을 멋지게 묘사한 《결혼Les Noces》이었다. 이 작품은 완성되기까지 오랜 시간이 걸렸다. 지난 10년 동안 스트라빈스키는 곡 작업을 하다가 멈추기를 반복했고, 몇 번의 변형을 거친 후에야 비로소 최종 형태에 도달할 수 있었다. 네 대의 피아노와 타악기를 위해 작곡한 이 작품에는 축배, 축복과 농담, 늙은 아내들의 이야기, 경건한 설교를 조이스풍으로 콜라주하여 외치고 노래하는 목소리로 구성되어 있다.

이제 댜길레프는 니진스카를 충분히 신뢰하고 안무를 맡길 수 있었다. 그녀의 오빠가, 그다음에는 마신이 과거에 이 작업을 위해 연필로 그린 그림이 있다. 그녀가 안무한 인간미 없고 각진 춤은 스타일 면에서 이 두 사람에게 영향을 받았음을 암시한다. 하지만 그 어떤 것도 표현 형식의 구사에 있어 그녀가 가진 천재성을 깎아내릴 수는 없다. 발을 아래로 찌르듯이 내밀고 허리를 깊게 구부리는 동작, 손을 나른한 듯 우아하게 펴는 대신 반항적으로 움켜쥐는 동작이 그러하다. 스테퍼니 조던이 "밀집 대형, 쐐기, 피라미드, 벽이 이루는 단단한 기하학"[29]이라고 부른 대형이 평평한 수평선을 따라 편성되고, 모자이크와 성상화 속 인물 같은 가늘고 길쭉한 여자 무용수들이 떠다니듯 발끝으로 이동하는 것도 그 예이다. 신랑과 신부는 거의 춤추지 않고, 그들의 부모는 전혀 추지 않는다. 움직임의 에너지는 모두 결혼식장에 모인 하객으로부터 나오는데 그들의 스텝과 동작은 종종 남녀의 구분이 없다. 고전발레의 군무는 군대 열병식과 비슷하다. 니진스카는 기계에 매료된 구성주의적 경향 그리고 개인보다 집단을 강조하는 볼셰비키 사상의 측면에서 그 통일성을 재창조한다. 농민을 프롤레타리아 계급과 동일시한 이 작품에서 농민으로 분한 무용수들은 거칠고 무자비하며, 개성이 없고, 집단성이 강하다. 신부와 신랑은 이 결혼에 일말의 열정도 보이지 않는다. 감정보다는 관습에 따라 함께하기 때문이다. 그들은 스트라빈스키의 복잡한 리듬에 충실히 따르는 로봇처럼 보인다.

이 프로젝트에는 지금까지 자세히 알려지지 않은 또 다른 차원이 존재한다. 바로 두 명의 창조적인 여성이 협력해 훌륭한 결과를 냈다는 점이다. 여성 안무가("여자 발레 마스터")는 비록 명성은 없지만 오래전부터 버라이어티 극장에서 춤을 조율했다. 인상주의가 출현한 이후로 여성 화가는 과거보다 더 널리 인정받았는데, 여기 아방가르드의 최전선에서 새로운 장이 열리고 있었다. 이들의 재능은 의심할 여지가 없어서 그 누구도 이들의 성과에 이의를 제기하지 못했다. 나탈리아 곤차로바는 처음에 《금계》에 썼던 풍부한 색과 천진난만한 그림책의 표현 양식을 사용하여 《결혼》을 디자인하려 했다. 그러나 최종적으로 그녀와 니진스카는 정서를 자극하는 화려한 볼거리를 제거하고 대신 삭막하고 거의 참회에 가깝도록 단순하게 디자인하는 데 동의했다. 무용수들은 리허설 때 입는 짙은 갈색과 흰색 의상을 입었고, 배경은 최대한 미니멀하게 해서 수도원의 독방처럼 횅댕그렁하게 표현했다. 무대는 박스트의 《잠자는 숲속의 공주》 못지않게 모든 면에서 기억에 남는 스펙터클을 보여주었다. 《결혼》은 논쟁의 여지없이 여성들이 주도한 최초의 위대한 공연 예술 작품이 되었다. 댜길레프는 루벤스풍의 풍만한 가슴과 엉덩이가 구역질이 난다고 고백하며 여성의 신체에 대해 무례하고 저속하게 굴 수도 있었지만, 적어도 이 경우만큼은 성별이 아닌 재능이 기준이 되었다는 점에서 그의 공로를 인정할 만하다.

《결혼》은 1923년 6월에 파리에서 초연을 했고, 3년 뒤 런던에 상륙했다. 작품의 급진성에 어떤 이들은 놀라고 당황했지만 많은 사람들이 흠뻑 빠져들었다. 발레 뤼스의 수많은 걸작이 영향력을 잃고 희미해지는 오늘날에도 《결혼》은 특유의 힘을 잃지 않고 있다. 첫 공연의 박스석에는 유령 같은 모습의 니진스키와 그의 아내 로몰라가 앉아 있었다. 정신 이상에 갇혀버린 니진스키는 그날 밤 "그의 작품"인 《페트루슈카》를 포함한 공연이 펼쳐지는 내내 무감동한 침묵에 빠져 있었다. 《결혼》은 한때 그의 안무를 예상하고 설계된 음악인데 그가 아닌 여동생에게 넘어갔다는 사실을 니진스키는 어떤 차원에서 받아들이고 있었을까? 리디아 로포호바(《잠자는 숲속의 공주》의 출연료를 받지 못해서 댜길레프와의 관계가 나빠져 있었다)는 미래의 남편인 메이너드 케인스에게 이렇게 써 보냈다. “박스석에 들어갔더니 정말로 니진스키가 보였습니다. 하지만 그는 나뿐 아니라 그 누구도 알아보지 못했지요. 사실 그는 아무도 알아보지 못한답니다. 조용한 상태에서 의사들이 그에게 충격을 가했습니다. 그를 움직이게 하려고요. 더 나아가 치료되기를 바라서였겠지요.”[30] 하지만 그는 움직이지도 치료되지도 않았다.

《여우》가 끝난 후 시프 부부가 마제스틱 호텔에서 개최한 호화로운 파티를 비웃기라도 하듯이 제럴드 머피와 세라 머피—스콧 피츠제럴드의 『밤은 부드러워』에 나오는 딕 다이버와 니콜 다이버의 실제 모델이자 리비에라 해안에 사는 부유한 미국인 부부—는 《결혼》을 축하하는 의미로 훨씬 더 성대한 파티를 열었다. 열렬한 아마추어 예술가인 머피 부부는 발레 뤼스의 추종자가 되어 곤차로바와 라리오노프의 작업실에서 대가 없이 무대 배경을 그리기도 했다. 그러나 그들의 가치는 예술적인 능력보다는 전지전능한 달러에 있었다. 이 파티를 위해 그들은 센강에 바지선을 빌리고 호화 파티에 단골로 등장하는 인사들을 중심으로 하객 리스트를 작성했다. 사람들의 주목을 끈 것은 싱싱한 꽃이 놓일 자리(이날은 일요일이어서 꽃가게들이 문을 닫았다)를 대신한 피카소의 설치물이었다. 몽파르나스의 벼룩시장에서 구입한 오래된 장난감을 쌓아 만든 피라미드였는데 피카소가 장난감들을 배치해 거대한 즉흥 조각을 만든 다음 사다리 꼭대기에 황소 봉제 인형을 꽂아놓았다. 해군 복장을 한 콕토가 평소처럼 으스대며 등장해 바지선이 멀쩡한데도 가라앉고 있다고 소리를 질렀다. 파티 중에 스트라빈스키는 선실 끝에서 끝으로 내달린 뒤 자신의 음악에 경의를 표하기 위해 펄쩍 뛰어 천장에 매달아둔 거대한 화관의 동그란 테를 깔끔하게 통과했다.

하지만 화끈함으로 치자면 어떤 것도 일주일 전 베르사유 궁전에서 열린 "원더풀 파티féte merveilleuse"를 능가할 수 없을 것이다. 이 공연은 궁전의 복원을 돕기 위해 전쟁 전 댜길레프의 동료이자 파리 토박이인 가브리엘 아스트뤽이 주최했다. 후안 그리스는 '거울의 방'에 있는 바로크풍 거울에 비친 모습을 본떠 현란한 입체파 전시물을 디자인하고 여기에서 무대로 이어지는 반투명 계단을 설치했다. 루이 14세의 침실은 분장실로 사용했다(드레스 리허설이 너무 늦게 끝나 침실의 문이 잠기는 바람에 댜길레프와 코흐노는 거대한 왕의 소파에서 쪼그린 채 밤을 보내야 했다). 몰리에르 시대의 의상을 입은 국립 극장의 배우들이 시를 낭독했고, 중간중간에 오페라 가수들과 무용수들이 《잠자는 숲속의 공주》에서 발췌한 장면들을 연기했다. 공연의 클라이맥스에서 파란색과 금색의 멋들어진 가운을 걸치고 태양왕으로 분한 인물이 트럼펫을 부는 군사들(그중 한 명이 로마 갑옷을 입은 코흐노였다)의 환영을 받으며 천천히 계단을 올라갔고, 거대한 파니에◆ 치마를 입은 여자들과 흑인으로 분장한 하인들이 왕의 뒤를 따르면서 금색 백합 문양이 수놓아진 왕의 화려한 옷자락을 펼쳐주었다. 공연 후 '전장회랑'에서 이글거리는 횃불 아래 연회가 열렸고, 정

◆ 스커트 양옆을 퍼지게 하기 위해 사용했던 고래수염 등으로 만든 틀.

원과 테라스에서 불꽃놀이가 펼쳐졌다. 소콜로바는 "평생 단 한 번 볼 수 있을 법한 행사"였다고 회고했다.[31] 이 파티는 댜길레프의 앙시앵레짐 기호 성향을 완성해준 사건이었다.

—∘ ∘—

댜길레프가 몬테카를로에 확고한 발판을 마련한 덕에 소콜로바와 봐지콥스키 같은 무용수들은 너무 행복해하면서 평범한 돈벌이를 포기하고 그에게 몰려들었다. 에드리스 스태너스에서 니넷 디 밸루아라는 허세 넘치는 이름으로 바꾼 활달하고 영리한 앵글로-아일랜드계 소녀가 새로 합류했고, 키이우에서 니진스카에게 배웠던 다섯 명의 젊은 소년들도 합류했다. 이들 중 네 명은 평범했으나 다른 한 명은 기량뿐 아니라 결단력까지 뛰어났다. 댜길레프의 날카로운 눈이 즉시 이 소년을 포착했다. 눈에 띄게 똑똑하지는 않아도 사람을 뜻대로 조종하는 데 능하며, 자기중심적이고, 스스로를 잘 포장할 줄 아는 세르주 리파르는 결코 유쾌한 인간으로 비치지 않았다. 황갈색 피부의 매끈한 아름다움과 알랑거리는 태도에서 파충류의 기운이 흘렀다. 불과 열여덟 살의 이 소년은 단박에 발레단에서 의혹을 불러일으켰지만, 맹훈련을 통해 부족한 기량을 끌어올리고 뻔뻔하고 순진한 표정으로 댜길레프에게 아부하더니 마침내 그 분야에서 최고의 자리에 올랐다.[32]

하지만 리파르 바로 앞에 열망에 가득 찬 또 다른 젊은이가 있었으니, 웨스트서식스주의 가톨릭 집안에서 주 대표 크리켓 선수이자 하운드 책임자◆의 아들로 태어난 패트릭 힐리-케이였다. 그는《잠자는 숲속의 공주》 공연에서 패트리키예프라는 이름으로 뒷줄에서 군무를 췄다. 중산층 출신의 건강한 영국 젊은이가 러시아 발레단의 단원이 된다는 생각은 놀라운 일을 뛰어넘어 추문이 될 수도 있었다. 그러나 그는 풋라이트 파니Footlight Fanny◆◆가 제격이었는지 춤을 그만둘 수가 없었다. 그 시점에 런던에 거주하는 상트페테르부르크 출신 교사 중 한 명의 교실에서 오디션을 본 후 댜길레프와 계약한 그는 이름을 앤턴 돌린으로 바꾸고 몬테카를로로 건너왔다. 댜길레프는 곧 돌린을 자기 밑에 두고 침대로 끌어들였다.[33] 돌린은 쾌활하게 응낙했다. 고해실에서 복사◆◆◆로 첫발을 뗐던 그는 성적으로 거리낌이 없었다. 말년에 한 인터뷰에서 그는 그 노인네의 요구가 "간단하고 꽤나 사춘기 소년스러웠으며 삽입 행위는 포함되지 않았다"고 밝히기도 했다.[34]

외향적이고 세속적인 기질에 남자다운 건장한 체격을 겸비한 돌린과 리파르는 상트페테르부르크 발레학교의 고전적인 훈련과 그에 따른 거만함을 갖추지 않았다. 그들의 재능은 뭐든 다 된다는 1920년대의 쾌락주의에 맞춰져 있었다. 발레 뤼스는 빠르고 사악한 몬테카를로의 삶에 떠밀려 이 현상을 받아들였다. 재미는 이제 주된 경향이었다. 사람들은 처음으로 세계대전 이후 찾아온 현대 문화와 신체적 자유를 만끽하며 헐렁하고 밝은 옷을 입고, 전원田園을 숭배하고, 일

◆ 사냥의 모든 행동에 책임을 지고, 사냥의 참가자나 몰이꾼들이 복종해야 하는 지휘자.
◆◆ 무대 위의 삶을 그린 1929년의 로맨틱 코미디 소설 및 영화.
◆◆◆ 사제를 도와 예식을 보조하는 봉사자.

광욕과 스포츠와 섹스에 열광했다. 재즈는 당대의 배경 음악이었다. 댜길레프가 싫다고 공언한 음악이었지만, 재즈의 정신은 댜길레프에게도 침투해 1924년 발레 뤼스의 인기작 두 편에는 재즈의 활력이 넘쳐흘렀다.

《레 비시Les Biches》는 "암캐the bitches"가 아니라 "(사슴이나 토끼의) 암컷the does"으로, 혹은 더 넓은 의미에서 "작고 사랑스러운 것들the little things"로 번역할 수 있다. 따라서 이 제목은 발랄하게 놀고 싶어 하는 순수성을 의미한다(영국에서는 이 발레를 직설적으로 《하우스 파티The House Party》라고 불렀다). 기발한 프랑스 화가 마리 로랑생이 파스텔 색조로 디자인하고, 풀랑크의 재치 넘치는 곡에 합창이 사이사이에 들어간 음악에 맞춰 니진스카가 안무한 이 발레는 가식적인 여주인이 거주하는 부유한 빌라의 핑크빛 살롱을 배경으로 1920년대 세련된 신여성의 생활 방식을 건조하고 섬세하게 풍자한다. 오톨린 모렐을 상기시키는 인물일까? 여주인은 긴 진주 목걸이를 장난감처럼 가지고 놀고 궐련 파이프를 휘두른다(니진스카가 직접 춤을 춰 효과가 극대화되었다). 살롱의 손님 중에 이두근을 자랑하는 남자 운동선수 세 명이 러닝셔츠와 반바지 차림으로 우스꽝스럽게 같은 춤을 추고, 작고 어리숙한 젊은 여자 둘은 암컷 토끼임을 암시하듯 회색 의상을 입고서 슬쩍슬쩍 모호하게 서로 키스한다. 짧은 머리에 진한 감색 조끼로 엉덩이를 간신히 가린 차갑고 시크한 다른 한 여자는 쾌락도 욕망도 없이 운동선수 중 한 명을 따른다.

엄숙성을 걷어치우고 여성 간의 사랑을 넌지시 알려줌으로써 기존의 성 범주를 가지고 논 이 작품에 관객들은 얼굴을 붉히고 눈살을 찌푸렸다. 발레트망인 시릴 보몬트는 점잖은 어조로 이 발레가 "동시대 삶에서 어느 한 단계의 진정한 단면을 보여주며, 상당히 비난받을 장면들을 매우 미묘하게 묘사함으로써 더욱 짜릿함이 느껴지는 공연"이라고 설명했다.[35] 니진스카는 마치 인류학자가 낯선 부족의 의례를 기록하듯 판단을 배제한 눈으로 이해할 수 없는 이상한 사건을 지켜본 듯하다. 그러나 린 가라폴라 같은 최근의 비평가들은 날카로운 눈으로 《레 비시》는 여성들이 분주하게 남성의 패션(바지, 운동복, 흡연, 치켜 깎거나 짧게 자른 단발)에 대한 소유권을 주장하던 시대에 "성 산업에 만연해 있던 나르시시즘과 관음증을 비판한 것"이라고 해석한다.[36] 하지만 이 발레의 천재성은 분명 애매모호하게 얼버무리는 데 있다. 이 사람들은 누구이며, 여기서 정확히 무슨 일이 벌어지고 있는가? 풀랑크는 이 수수께끼를 깔끔하게 요약했다. "장 앙투안 바토의 몇몇 그림처럼 이 발레에도 타락한 사람은 감지할 수 있지만 순수한 마음을 가진 사람은 알아챌 수 없는 문란한 분위기가 있다. … 이 발레는 당신이 아무것도 볼 수 없거나 한 걸음 더 들어가 최악의 것을 읽게 될 작품이다."[37]

그로부터 6개월 후 비슷하지만 다른 작품 《르 트랑 블루Le Train bleu》가 탄생했다. 제목은 1920년대 하절기에 칼레에서 출발하여 파리를 경유해 리비에라까지 운행하던 열차 이름에서 딴 것이다. 복잡함이라고는 전혀 없는 소극에 불과한 이 작품은 P. G. 우드하우스가 쓴 뮤지컬 코미디의 세계로 떠나는 발레 여행으로 얄팍하고 무지하다. 《레 비시》의 미묘함조차 갖추지 못했다. 콕토가 제시한 인물과 상황을 바탕으로 니진스카가 안무한 이 발레는 해변에서 벌어지는 일

《르 트랑 블루》 출연진과 장 콕토. (왼쪽부터) 리디아 소콜로바, 앤턴 돌린, 장 콕토, 레온 봐지콥스키, 브로니슬라바 니진스카.

을 보여준다. 잘난 체하는 사람, 제비족, 매춘부, 신여성—테니스 챔피언인 수잔 렝글렝을 상징하는 여자, 헐렁한 반바지를 입은 골퍼, 수영복을 입고 즐겁게 뛰노는 발랄한 젊은이들, 최신 코닥 카메라로 스냅 사진을 찍는 관광객들—이 해변에 나와 서로 시시덕거리고 파티를 열고 자기 몸을 과시한다.▪ 중요한 사건이나 의미 있는 일은 전혀 일어나지 않고, 단지 까불며 뛰노는 것이 전부다.

▪ 당시에 콕토는 미국인 공중 곡예사인 바베트에게 푹 빠져 있었다. 그녀는 몽마르트르 중심가인 피갈의 모든 플로어 쇼[식당이나 클럽에서 제공하는 음악, 춤, 코미디 공연-옮긴이]에서 남성의 옷을 입고 스트립쇼를 하는 스타였다. 콕토는 이렇게 적었다. "단지 여성의 옷을 입은 곡예사가 아니라, 단지 우아한 도전자가 아니라, 극장에서 가장 아름다운 사람인 그녀. 스트라빈스키, 오리크, 시인들, 화가들 그리고 나는 니진스키 이후로 무대에서 바베트에 버금가는 예술성을 보지 못했다." (Lydia Crowson, 'Cocteau and "Le Numero Barbette"'.)

혼란스럽게 진행 중인 리허설의 마지막 몇 분까지만 해도 공연은 암울해 보였다. 콕토와 니진스카가 반목하는 가운데 무용수들은 상반되는 지시에 어쩔 줄을 몰랐다. 다리우스 미요의 음악은 뚱땅거리고 경박했으며, 작품에서 광고를 목적으로 한 코코 샤넬(이제 댜길레프의 절친한 여성 친구 중 한 명)의 의상을 입어야 하는 것에 무용수들은 불편함을 느꼈다. 앙리 로랑스의 엉성한 무대 디자인을 본 그리고리예프는 놀라움을 금치 못했다. "댜길레프의 허락을 받았어야만 했다. … 정말 형편없는 무대 장식이었다."[38] 참사의 문턱에서 성공을 낚아챈 건 돌린이었다. 이 "잘생긴 남자le beau gosse"는 수영복 차림으로 으스대면서 의기양양하게 무대를 휘저었고 젊은 여성들에게 좋은 인상을 심어주었다. 당시 런던의 킷캣 클럽◆에서는 우아한 체조 선수 디비나와 찰스가 대유행을 일으키고 있었는데, 그들 같은 카바레 공연자에게 영감을 받은 돌린은 피루엣과 쥬테를 태평스럽게 한 손 물구나무, 2회전 뒤공중돌기, 옆공중돌기와 뒤섞어서 체조의 정확성과 발레의 우아함을 융합시켰다. 《레 비시》가 성의 고정관념을 전복하려는 발레 뤼스의 경향을 반복했다면, 《르 트랑 블루》는 그 고정관념을 그대로 보여주었다. 돌린의 페르소나는 부끄러움 없이 강한 과시욕을 내보이는 정력가였다. 본인도 자서전에서 "나는 겸손함으로 유명한 사람이 결코 아니다"라고 있정했다.[39] 그 공연으로 돌린은 즉시 마티네의 우상이 되었다.

《르 트랑 블루》의 매력은 센세이션을 불러일으켰지만 오래가지는

◆ 당시 런던에서 인기를 끌었던 카바레의 상호.

못했다. 현대에 이 발레를 부활시키려는 시도는 두 번 다 참담하게 실패했다. 오래 살아남은 유산은 피카소가 발레 뤼스를 위해 그린 마지막 그림—해변을 따라 황홀해하면서 달리는 두 명의 건강한 여자를 그린 훌륭한 드롭 커튼—으로, 발레를 공연하기 2년 전에 그린 구아슈◆화에 기초한 것이었다. 피카소의 작업실에서 캔버스를 본 댜길레프가 그 그림을 모델로 삼아도 되겠느냐며 허락을 구했다. 배경 화가는 치수 확대 작업을 훌륭히 해냈고, 피카소는 승인의 의미로 결과물에 사인을 했다. 그 결과 이 작품은 오늘날 빅토리아 앤드 앨버트 박물관에 위대한 보물로 남아 있다.

회전문은 멈추지 않고 돌아갔다. 먼저 니진스카가 씩씩거리면서 나가더니 그녀 자신의 단명한 발레단을 창립했다. 니진스카는 뛰어난 활약을 했고 어쩌면 대체 불가하다고 여겨졌을지 모르지만, 댜길레프는 그녀를 붙잡으려는 노력을 하지 않았다. 댜길레프는 코흐노가 그녀의 "완고하고 권위주의적인 성격"이라 부른 것에 진이 빠진 데다 그녀의 전성기가 지났다고 느꼈다. 콕토와 대판 싸운 뒤로 그녀 역시 더는 참을 수 없었다. 맹렬한 격정과 확고한 증오심을 겸비한 그녀는 불길한 징조를 간파하고 계약 해지에 편집증적으로 화를 냈다. 니진스카는 자신이 경멸한 리파르가 댜길레프의 인생에 차세대 신상품이 되었다는 것을 알아보았고, 안무에 큰 뜻을 품은 젊은 무용수 조지 발란신(그루지야 출신으로 본명은 발란치바제)을 경계의 눈으로 보고 있었다. 소비에트 망명자인 발란신은 아내인 타마라 게바, 눈부

◆ 수채화 그림물감에 고무를 섞어 불투명 효과를 내는 회화 기법.

시게 아름다운 젊은 발레리나 알렉산드라 다닐로바와 함께 발레단에 합류했다.[40] 이들은 기회를 찾아 유럽을 떠돌다가 파리에서 무일푼 신세가 되었고, 댜길레프는 미시아 세르의 거실에서 오디션을 연 날 그들과 계약했다. 단박에 발란신의 지성을 알아본 댜길레프는 소련이 레닌그라드라고 개명한 곳◆의 소식을 캐물었다. 발란신은 그에게 카시얀 골레이좁스키가 수행하고 있는 신체적 극한 운동 실험에 대해 이야기했다. 안무가인 골레이좁스키는 포킨에서 중단되었던 고전 발레의 어법을 조각과 같은 극한의 표현으로 밀어붙이고 있었다.

하지만 이 제자들 중 누구도 아직은 오븐에 넣을 준비가 되지 않았다. 1925년 두 편의 새로운 발레 《제피레와 플로레Zéphire et Flore》와 《선원들Les Matelots》을 안무하는 일은 마신을 다시 부르는 것 외에 다른 방도가 없었다. 그는 터무니없이 엄청난 돈을 요구했다. 마신은 방금 아말피 해안의 작은 섬들을 구입했는데 그곳을 개발하기 위해 향후 40년 동안 막대한 돈을 쏟아붓게 된다. 댜길레프는 돈을 지불했다. 그리고 마지못해 전 애인을 받아들이고 적당한 거리를 유지했다. 처음 마주쳤을 때 마신은 프랑스어로 "잘 지냈어?"라고 말했고 댜길레프는 "잘 지내셨어요?"라고 차갑게 대꾸했다. 댜길레프는 마신이 "영혼도 심장도 취향도 없고 그저 돈에만 관심이 있었다"며 다른 사람들에게 투덜거렸다.[41] 모든 협상은 코흐노를 통해 이루어졌다. 코흐노는 시나리오를 쓰고 리허설을 지켜보았다. 문제가 더 복잡해지려 했는지 최근에 버림받은 마신의 첫 번째 아내 베라 사비나가 발레

◆ 상트페테르부르크.

단에 돌아와 있었다.■

상황은 완전히 어색했다. 마신은 불편한 기색을 감추지 않으면서 지시 사항만 내리고 불쌍한 사비나를 무시했다. 일을 마치는 즉시 그는 돈벌이가 더 나은 웨스트엔드로 돌아가서 노엘 카워드◆가 쓴 찰스 코크런◆◆의 레뷰revue◆◆◆를 안무했다. 그가 안무한 이 두 편의 발레는 최상의 결과물이 아니었다. 실속이 없는 《선원들》(선원들이 여자친구 몰래 바람을 피운다)은 댜길레프가 런던의 콜리세움 극장 밖에서 숟가락을 두드리며 거리 공연을 하는 외다리 남자를 데려와 잠깐 무대에 올렸을 때 겨우 인기를 끌었고, 《제피레와 플로레》(신화적인 전원극)는 조르주 브라크의 환상적인 무대 디자인 그리고 리파르와 돌린이 포함된 젊고 매력적인 출연진에도 불구하고 물에 젖은 폭죽처럼 맥 빠지게 끝나버렸다.

그들처럼 성격이 강한 두 사람—둘 다 막 10대를 벗어났고, 둘 다 엄청나게 자존심을 내세웠다—은 오래 공존할 수가 없었다. 돌린이 잘생긴 남자 역으로 성공을 거두자 리파르는 상황을 호전시키기 위해 분발했다. 그는 절망한 표정으로 댜길레프의 동정심을 유발하면서 당장 발레단을 떠나 수도원에 들어가겠다고 선언했다. 연기는 효

■ "애석하게도 그녀가 이혼 때문에 변호사를 찾아갔던 이야기를 상세하게 알 수는 없다. 그러나 변호사가 그녀에게 왜 마신과 이혼하길 원하느냐고 묻자 그가 우리 세 사람이 동시에 침대에 들기를 고집했기 때문이라고 조심스럽게 대답했다." (리디아 소콜로바가 리처드 버클에게 보낸 날짜 미상의 편지, Richard Buckle Collection, Doc. Box 19.)

◆ 영국의 극작가이자 배우.

◆◆ 1872~1951, 영국의 흥행사 겸 프로듀서.

◆◆◆ 특정 주제를 가진 버라이어티 쇼. 춤과 노래, 시사 풍자 등을 엮어 구성한 가벼운 촌극이다.

과가 있었다. 댜길레프는 성호를 긋고 눈물을 흘리며 발레단에 남는 조건으로 그에게 불가능한 약속을 했다. 리파르는 당연히 수도사가 되겠다는 변덕을 버리고 댜길레프와 함께 베네치아로 여행을 떠났다. 얼마 후 리파르가 새로운 플러스포스◆를 입고 나타나자 이를 본 소콜로바가 돌린에게 이렇게 충고했다. "넌 끝났어, 친구." 그 바지는 댜길레프가 특별히 아낀다는 결정적인 증거였기 때문이다.[42] 다행히 돌린은 별로 신경 쓰지 않았다. 그의 시장 가치는 하늘 높은 줄 모르고 치솟고 있었고, 그는 언제든 높은 출연료를 주는 웨스트엔드로 돌아갈 준비가 되어 있었다. 리파르가 돌린을 밀어내는 건 식은 죽 먹기였다. 하지만 댜길레프에게 코흐노—분별력 있고, 유능하고, 부드럽게 달래주고, 교양 있고, 판단력이 있는 친구—는 깊은 유대감을 느끼는, 없어서는 안 될 사람이었다. 따라서 코흐노로부터 댜길레프를 떼어내는 일은 불가능했고, 이는 댜길레프가 사망한 뒤에도 리파르가 출세하는 데 최대 장벽이 되었다.

외부자들에게 이 모든 사랑과 전쟁은 귓속말로 옮겨졌지만 누구나 들을 수 있는 가십거리였다. 댜길레프는 자신의 성향을 개의치 않았다. "뿌리 없는 세계주의자" 신분과 대중의 평판 덕분에 하찮은 국내법으로부터 보이지 않게 보호받고 있다고 느낀 것이 분명하다. 예술계 사람들은 그의 "심리가 비정상적"이다, 그의 성격에 "유감스러운" 측면이 있다, 개인적인 습관에 개탄스러운 면이 있다고 말하면서 이따금 얼굴을 찡그리고 고개를 흔들거나 킬킬거리고 웃었지만, 그

◆ 길고 헐렁한 반바지.

에게 적개심을 보이거나 욕설을 내뱉진 않았다. 반세기 후에 스트라빈스키는 "댜길레프를 따라다니는 수행원—일종의 동성애자 스위스 호위병—의 변태 행위는 차마 묘사할 수가 없다"고 회고했지만,[43] 이런 말 뒤에 깔린 진부한 편견이 무엇이었든 간에 그들의 복잡하고 감정적인 우정은 흔들리지 않았다. 댜길레프의 성적 기호가 그의 판단을 흐리게 했는지는 또 다른 문제다. 분명 평범한 재능을 가진 어여쁜 소년을 선호하거나 키워준 것으로 그를 비난할 수는 없으며, 그가 니진스키나 마신과 성적 관계를 갖지 않았다 하더라도 그들의 관계는 달라지지 않았을 거라고 주장할 수 있다.

짜릿하고 재미있는 회고록 『파리로 가는 여권』에서 블라디미르 두켈스키—《제피레와 플로레》의 발레 음악을 쓴 젊은 러시아 작곡가—는 댜길레프의 동성애 대화법을 무척이나 생생하고 솔직하게 증언한다. 처음 만난 자리에서 그 위인은,

> 외알 안경을 벗고 다른 안경을 끼더니 … 나를 샅샅이 훑어봤다. "오, 잘생긴 소년이로군." 그가 느릿느릿 말했다. "그 자체가 아주 특이한 일이지. 작곡가는 좀처럼 잘생기지 않았거든. 스트라빈스키도 프로코피예프도 아름다움으로 상을 받은 적이 없어. 나이는 어떻게 되지?" 나는 스무 살이라고 대답했다. "그것 역시 좋군. 난 스물다섯 살을 넘긴 젊은 남자는 좋아하지 않아. 사춘기의 매력을 잃어버리고 승낙하는 모든 여자와 잠을 자거든."

지금 댜길레프는 엉뚱한 나무를 올려다보면서 짖고 있었다. 두켈

스키는 완전한 이성애자였다. 이 점은 이의 없이 수용했지만,

> 댜길레프는 내가 여자를 가까이하지 않기를 원했다. 여자는 성적으로 (그에게) 쓸모가 없으며 지독하게 멍청하고 욕심이 많다는 이유에서였다. 걱정스럽게도 세르게이 파블로비치는 그런 일반화를 지나치게 좋아했는데, 여성과 더불어 그가 몹시 혐오하는 것은 동성애자와 발레트망이었다. 그가 둘 모두에 해당한다는 점에서 이 정보는 놀라울 수 있다. 하지만 그는 자신이 남자답고 씩씩한 젊은이만 좋아할 뿐 히죽히죽 웃으며 섬세한 척 고상 떠는 여성스러운 남자들은 몹시 싫어한다는 말로 그 역설을 설명했다. … "여자들과 어울리지 말게, 디마… 어쨌든 당분간, 내 밑에서 일하는 동안에는 말일세. 여자들이 잘하는 건 남자 돈을 우려먹거나 성병을 퍼뜨리는 거야. 둘 다 끔찍한 일이지." 나는 그를 안심시키기 위해 여자는 내 인생에서 그 어떤 역할도 하지 않는다고 말했고, 이 말에 무게를 실어주기 위해 아직 총각이라는 사실을 마지못해 실토했다.
>
> "스무 살에 총각이라, 대단히 흥미롭군," 댜길레프가 외알 안경을 벗으면서 느릿느릿 말했다. "일전에 호스가즈Horse Guards◆에서 봤던 특별히 아름다운 젊은이가 생각나는군. 그 사람도 자네 또래였다네. 밤마다 포도주와 저녁을 샀지만 완전 헛수고였지."[44]

이런 식이었다.

◆ 런던 중부 다우닝가의 화이트홀 한쪽에 있는 여왕 친위대의 훈련 장소. 매일 오전 10시에 위병 교대식이 이루어진다.

두켈스키는 댜길레프의 유망주 중 하나였지만, 날아가버린 유망주였다. 1924년에 댜길레프를 만나기 전에 그는 뉴욕에서 2년을 보냈는데 이때 조지 거슈윈과 친구가 되면서 당시 대유행하던 재즈 바이러스에 감염되고 말았다. 그러나 1916~1917년 미국 순회공연을 실패한 뒤로 미국적인 모든 것을 의심하게 된 댜길레프는 재즈를 좋아하지 않았다. 그는 거슈윈이 연주하는 〈랩소디 인 블루〉를 말없이 들었고, 미국 작곡가 콜 포터가 베네치아의 한 바지선에 임시로 마련한 무대를 "멍청한 … 검둥이" 나이트클럽이라며 한탄했다.■[45] 댜길레프의 바람은 두켈스키가 스트라빈스키와 프로코피예프의 뒤를 잇는 것이었지만 그 소망은 이루어지지 않았다. 사랑스러운 발레곡 〈제피레와 플로레〉는 적당한 호평에 만족해야 했고, 이내 브로드웨이에 굴복한 두켈스키는 버넌 듀크라는 미국식 이름을 내걸고 송라이터로 활동하면서 쉽게 돈과 명성을 쓸어담았다.

《잠자는 숲속의 공주》의 실패로 생긴 막대한 빚을 청산한 뒤 발레 뤼스는 1924년 말 런던에 돌아왔다. 거의 3년 만이었다. 이후 몇 달 동안 발레 뤼스는 콜리세움에서 길고 행복한 세 번의 시즌을 보냈고, 다시 한 번 영국 대중의 사랑을 공고히 다졌다. 프로그램에는 온갖 종류의 저급한 오락물도 함께 편성되어 있었다. 한 공연이 끝난 후 『옵서버』는 이렇게 보도했다. "관객의 우레 같은 환호가 공연 전체 시간만큼이나 길었다. 경영진은 그날의 프로그램을 예정대로 진행하고 싶었다. 그들은 스크린에 영화 〈스포팅 라이프〉의 화면을 띄웠지만

■ 하지만 포터는 코흐노와 짧지만 뜨거운 연애를 했고, 댜길레프는 여물통 속 개처럼 짜증을 냈다.

관객은 그걸 원하지 않았다. 그들은 '발레 더!'라고 소리쳤다. 극장 측이 계속 영화를 고집하자 관객은 야유를 보내고 항의했다. 관객이 원한 것은 영화가 아니라 '발레를 더 많이!' 보는 것이었다."[46] 『보그』도 같은 주제로 기사를 썼다. "보통 사람에게는 최고의 현대 미술이 아무런 매력이 없다고 지껄이는 사람들은 일반 대중이 피카소와 프루나의 무대 장식에 환호하는 소리를 들어야 한다."[47] 『모닝 포스트』는 이렇게 보도했다. "옥스퍼드 학부생 네 명은 두어 번이나 새벽 1시가 넘은 시각에 학교에 돌아와 학기가 끝날 때까지 금족령을 받았다. 그중 한 학생의 설명에 따르면 그들이 늦은 (학감學監에게 말하지 않은) 이유는 돌연 러시아 발레가 보고 싶어 콜리세움 극장에 갔다가 '공연이 끝난 뒤 아름다움에 취해서 정신없이 자동차를 몰았기 때문이라고 한다.'"[48]

첫 공연에는 유행을 선도하는 상류 사회의 인사들이 몰려들었다. 『데일리 미러』는 1926년 6월 시즌의 개막 공연에 도착한 예술가, 작가, 귀족, 사교계 명사 들을 얼빠진 듯 바라보았다.

> 벨푸어 경, H. G. 웰스 씨, 포피 바링 양, 노엘 카워드 씨, 스티븐 테넌트 경, 오거스터스 존 씨, 워터하우스 부인, 리어나도 공작… 금발의 아름다운 한 여성은 검은 벨벳 칼라가 달린 근위병의 진홍색 망토 같은 옷에 은색 양단 조끼를 입고 있었다. 다이애나 쿠퍼 부인은 웨이브진 단발머리를 하고 왔는데 옅은 금색의 시퀸 드레스가 그녀의 금발머리와 잘 어울렸다. 다이애나 부인과 함께 온 러틀랜드 공작 부인은 우산을 들고 무대 바로 아래 객석의 맨 앞줄로 걸어갔고…[49]

미천한 출신의 런던 토박이가 발레단의 차기 스타가 되었다. 돌린을 찾아낸 곳, 그러니까 세라피나 아스타피예바가 운영하는 킹스로드에 위치한 스튜디오에서 댜길레프는 깡마른 열세 살 소녀 얼리셔 마크스를 발견했다.[50] 핀즈베리파크의 유대인 가정에서 태어난 마크스는 《잠자는 숲속의 공주》의 춤추는 요정 출연진 중 한 명이었으나 디프테리아에 걸려 춤을 중단했다. 부친이 사망하자 가족은 절박한 상황에 놓였고 그녀가 가족의 생계를 책임져야만 했다. 성격이 온순하고 고분고분한 마크스는 기이하리만치 쉽게 테크닉을 구사했으며, 중국 인형 같은 차분함에는 사람의 마음을 끄는 무언가가 있었다. 그녀의 잠재력을 감지한 댜길레프는 그녀를 설득해 발레단으로 데려가면서 이름을 얼리셔 마코바로 바꿔주었다. 소녀는 끊임없이 몸이 아팠지만—"꽉 쥐면 그녀를 죽일 수 있을 것처럼 보였다"고 소콜로바는 생각했다[51]—또한 강철같이 단단하고 완강한 면이 있어서 상습적으로 짜증을 내는 사람이라도 그녀의 침착함 앞에 어느 정도 마음을 가라앉힐 수밖에 없었다.■ 처음 배역을 맡은 《나이팅게일의 노래Le Chant du rossignol》에서 그녀는 하얀 실크 파자마만 입은 채 다이아몬드 팔찌를 차고 춤을 췄는데, 소콜로바는 그녀의 "작은 목이 … 너무 가냘파서 공연 중에 그녀의 목에 해골 목걸이를 둘러야 하는 순간이 왔을 때 진심으로 그녀의 목을 조르고 싶은 욕망에 압도되었다"라고 적었다.[52]

마코바는 나이가 어리고 허약한 탓에 레퍼토리에 분명 제약이 있

■ 나중에 마신은 함께 일하는 그녀가 대단히 완고하다는 것을 알고는 그녀에게 "중국 고문 기계(The Chines Torture)"라는 별명을 붙여주었다.

었다. 그녀의 호소력은 매혹적인 참신함에서 나왔다. 그녀 외에 댜길레프에게는 고정 팬들을 넘어 보다 넓은 대중에게 판매할 새로운 스타가 부족한 상태였다. 런던에서 마티네의 우상 앤턴 돌린의 변절은 뼈아팠다. 카르사비나와 로포호바 같은 전성기를 넘긴 나이 든 스타들은 단기 계약만을 원했다. 카르사비나와 로포호바는 둘 다 영국 남자와 결혼했다. 카르사비나는 은행가이자 외교관인 헨리 브루스와 결혼했고, 로포호바는 경제학자 메이너드 케인스와 결혼했다. 하지만 카르사비나는 아내이자 어머니로서의 역할에 충실하기 위해 활동을 줄인 반면, 로포호바는 "날 때부터 사악하고 음흉한 프리마 돈나" 댜길레프를 "더러운 벌레" 마신 만큼이나 경멸했다.[53] 베라 넴치노바는 대단히 유능하고 다재다능했지만 열정적인 팬을 모으기에는 충분하지 않았다. 또한 명목상 파트너인 니콜라이 즈베레프의 톨스토이 철학을 추종한다면서도 웨스트엔드 레뷰가 주는 큰돈의 유혹에 너무 쉽게 넘어갔다. 유일한 스타는 리파르였다. "아이 같은 동시에 악마 같은"[54] 그의 이국적인 매력에 많은 사람이 입을 다물지 못하고 빠져들었다. 발레 뤼스를 숭배한 작가 에델 매닌은 이렇게 회고했다. "원형 극장에서 긴 머리카락을 얼굴 위로 늘어뜨린 한 젊은이가 난간에 몸을 기댄 채 쉰 목소리로 '세르주! 세르주!' 하고 부르짖었다. … 마침내 기진맥진해서 더 이상 박수와 환호를 보낼 수 없게 되자 자리에 털썩 주저앉더니 실신 상태가 되었다."[55]

젊은 세대 중에서는 알렉산드라 다닐로바의 재능이 단연 최고였다. 혁명의 시기에도 질서정연하고 품위 있는 교육을 유지했던 마린스키 발레학교의 가장 힘든 과정을 졸업한 그녀는 발레 뤼스의 수준 낮은 테크닉과 충분한 리허설이 없이 성급하게 임시변통식으로 공연하는 모습에 충격을 받았다. 다닐로바는 자서전에서 "아주 많은 것이 각자의 재량에 맡겨졌다"고 회고했다.[56] 가능한 한 자주 공연을 해서 돈을 벌어야 한다는 압박감 때문에 모든 사람이 몸의 한계보다 더 열심히 춤을 추고 있었다. 댜길레프가 주는 봉급이 충분하지 않아서 1925년에 불만을 품은 직원들이 탄원서를 제출하고 파업을 하겠다고 협박했다. 그는 꿈쩍도 하지 않았다. 줄 돈도, 비축한 돈도 없었기 때문에 항의를 주도한 두 명은 결국 단칼에 해고되었다. 들어온 돈은 즉시 나갔고, 금고는 늘 텅 비어 있었다. 1925년 베를린에서 말할 수 없이 처참한 한 주를 보내고 나자 발레단이 몬테카를로의 본거지로 이동할 돈조차 없었다. 비상금이 없다는 명백한 진실의 이면에는 투명하지도 엄격하지도 않은 댜길레프의 회계 처리 문제가 있었다. 그는 개인 지출을 발레단의 지출과 구별하지 않았다. 훌륭한 사람은 아니었다. 고급 호텔에 청구서가 수북이 쌓여도 좀처럼 지불하지 않았고, 작곡가에게 줄 저작권료를 마지막 순간까지 내어주지 않았다(스트라빈스키와 몇 번 다툰 것도 이 때문이었다). 쉽게 격노하는 기질과 그럴 자격이 있다는 듯 오만하게 구는 태도로 인해 그는 종종 자신에게 먹이를 주는 사람의 손을 물었다. 몬테카를로는 라벨의 오페라 〈어린이와 마법〉의 무용수를 구하는 문제로 악의를 드러내며 논쟁을 벌인 뒤로 초기에 지원했던 후한 보조금을 끊어버렸고, 다수의 임프레사리오들은 그와 전쟁 같은 협상 끝에 "절대 다음번은 없다"며 한숨을 쉬고 물러났다. 심지어 가난한 비위크 부인—《잠자는 숲속의 공주》가 실패한 뒤 그가 300파운드를 쥐어짜냈던 하급 무용수 힐다의 미망인 어머니—은 꾸준히 돈을 상환받기 위해 법에 호소해야만 했다.

1920년대가 흐르는 동안 댜길레프는 점점 더 부호들의 변덕스러운 후원에 의지했다. 신문왕이자 몬테카를로에서 가깝고 편리한 캡 마르탱에 으리으리한 빌라를 소유한 로더미어 경이 2년 동안 마지못해 돈을 내놓았다. 로더미어가 그의 정부情夫인 발레리나 앨리스 니키티나에게 빠져 있었기 때문이었다. 댜길레프는 그의 환심을 유지하기 위해 니키티나의 실력 이상으로 그녀를 밀어줘야만 했다. 1928년에 로더미어가 관심을 잃자 댜길레프는 어쩔 수 없이 전쟁 전에 댜길레프를 후원했던 리폰 부인의 딸인 줄리엣 더프 부인에게 기대야 했다. 줄리엣 부인 본인이 대단히 부유한 건 아니었지만 그녀는 끊임없이 헌신적으로 모금 활동을 펼치며 마을의 다른 귀부인들에게 기부금을 내도록 요청했다. 하지만 그녀는 영원히 풀리지 않을 문제에 직면했다. 그녀의 친구들은 익숙하고 확실한 일에 대해서는 흔쾌히 거액을 지불했지만, 별나고 이해할 수 없는 모더니즘에 후원할 준비가 된 이는 거의 없었다. 아름다운 것이 추한 것으로 변했다는 견해가 불쑥불쑥 반복적으로 출현한다. 커너드 부인이 댜길레프에게 보낸 편지에는 묵직한 힌트가 적혀 있다. 조지 5세가 방문하니 《결혼》 같은 불쾌한 작품을 올리는 건 적절하지 않을 수 있다. "바라건대 프로그램을 변경해 《환상 가게》와 《레 실피드》와 《사육제》를 올리십시오. 그러지 않으면 우리 모두가 느끼다시피 폐하께서 몇 년 전에 고전발레를 **처음** 보셨을 때와 달리 이번 발레를 진정으로 좋아하지 않으실까 두렵습니다."[57] 이러한 언급이 일반적이어서 한때 댜길레프는 부족한 돈을 메우기 위해 피카소의 무대 배경을 조각조각 자른 네모난 판들을 판매상에게 헐값으로 넘겨야만 했다.■ 그가 보기에 훨씬 더 굴욕적인 일인 미국 순회공연에 사인하는 것까지 고려했다. 정말 마지막 지푸라기라도 잡는 심정이었다.

하지만 최선의 노력을 기울였던 마지막 시기까지 그는 결코 좌절하지 않았다. 그는 장기적인 위험을 감수하며 계속해서 젊은 인재들에게 투자하고 음악과 디자인을 실험했으며 그러는 내내 교활함과 판단력을 버무려 카드를 섞고 패를 돌렸다. 1926년에 발레 뤼스는 마침내 콜리세움의 버라이어티 무대를 떠나 여왕 폐하 극장과 라이시엄 극장에서 단독으로 공연했다. 자신을 지지하는 런던 대중에게 선물을 바치는 마음으로 댜길레프는 처음으로 영국 음악과 주제에 관심을 두기 시작했다. 랠프 본 윌리엄스와 외과의 겸 학자인 제프리 케인스가 욥기를 묘사한 블레이크의 판화를 토대로 발레를 만들어보라고 제안했지만 그는 거절했다. 그보다 댜길레프는 튜더 시대를 배경으로 한 발레를 구상했다. 당시 신동이라 불리던 작곡가 윌리엄 월턴에 썩 끌리지 않았던 댜길레프는 월턴의 20년 지기인 콘스턴트 램버트에게 《로미오와 줄리엣Romeo and Juliet》을 위한 작곡을 의뢰했다. 맙소사, 그 곡은 "하고많은 이류 현대 음악처럼 들렸고, 대중에게 어떠한 인상도 주지 못했다"며 그리고리예프는 냉소했다.[58] 발레는 대실패로 끝났다. 셰익스피어는 간접적인 원천에 불과했다. 발레의 배경이 리허설 스튜디오인 데다 두 명의 무용수—카르사비나와 리파르는 어

■ "댜길레프의 놀라운 업적에 하나 추가할 것이 있다. 바로 20세기의 미술 시장이 출현하는 데 일조한 것이다." (Garafola, *Diaghilev's Ballets Russes*, p. 261.)

울리지 않는 짝이었다—가 연기하는 사랑은 극의 줄거리를 모호하게 암시할 뿐이었다. 그리고리예프는 이렇게 설명한다. "발레 전체의 콘셉트가 충격을 주려는 욕망에 맞춰져 있는 듯했다. 따라서 이 작품은 2부로 구성되었다. 그 사이에 비록 커튼은 내려가 있었지만 커튼 밑단이 무대로부터 몇 피트 위에 멈춰져 있어서 관객은 무용수들의 다리가 이리저리 움직이는 것을 볼 수 있었다. 마지막은 로미오 역의 리파르가 비행사 복장을 하고 나타나 줄리엣과 함께 비행기로 도망치려 하는 장면으로 막을 내렸다. 이 '현대적인' 터치는 분명 댜길레프의 취향이었다."[59]

디자인은 오거스터스 존이나 윈덤 루이스 같은 저명한 디자이너들을 피했다. 대신 댜길레프는 피카소가 추천한, 재능은 있지만 괴팍한 스물다섯 살의 크리스토퍼 우드를 선택했다. 그러나 우드는 곧 "쓸데없이 사사건건 간섭하는"[60] 댜길레프의 태도에 고개를 절레절레 흔들며 붓을 내던졌고, 댜길레프는 결국 인기 있는 초현실주의 화가 막스 에른스트와 호안 미로가 그린 전면 커튼만 사용하고 그 밖에는 아무것도 없는 무대 위에 작품을 올렸다. 진보주의자 중 더 순수한 좌파 인사들, 특히 앙드레 브르통과 루이 아라공은 발레 뤼스가 주류를 배반한 것에 경악했고, 파리에서 올릴 첫 공연에 맞춰 과격한 시위를 준비했다. 객석 곳곳에서 전단이 날아다니고 고양이 울음소리, 늑대 울음소리, 휘파람 소리가 터져나왔다. 경찰이 출동해 소란을 진압했다. 그것이 발레 뤼스가 당한 마지막 치욕이었다. 런던에서 몇 번 더 공연한 뒤(런던의 관객은 이 작품이 "수플레처럼 가볍다"고 생각했다[61]) 《로미오와 줄리엣》은 기억 저편으로 사라졌다.

니진스카가 잠시 안무가로 복귀했다. 그러나 이때부터 가장 중요한 자리를 지킨 사람은 젊은 무용수 조지 발란신이었다. 1924년 발레단에 들어온 발란신은 이후 몬테카를로에서 그랜드 오페라의 막간 발레를 맡아 경험을 쌓기 시작했다. 이제 그는 어떤 일이 주어져도 소화해낼 준비가 되어 있었다. 그 자리에 있던 전임자들과 달리 그는 과도한 자아나 정신병적 자아로 고생하지 않았다. 온화하고 유머 감각이 있으며 겸손하고 지략을 갖춘 발란신은 법석을 떨거나 역정을 내지 않고 신속하게 일을 처리했다. 발레에서 벗어나 있을 때 그는 수수께끼 같은 인물이었다. 미래에 그를 후원한 링컨 커스틴은 "눈으로 보고 이해할 수 있는 사람이 아니다"라고 묘사했다.[62] 그는 성적으로 모호하지 않아 여성들이 좋아하는 사람임이 분명했다. 댜길레프의 궁정에 만연한 동성애적 음모에도 휩쓸리지 않았다.

발란신이 처음으로 큰 성공을 거둔 작품은 《환상 가게》나 《르 트랑 블루》처럼 첨단의 유행으로 관객을 즐겁게 하는 오락물이었다. 사실 이 작품에서 댜길레프는 혁신가의 면모를 넘어 노련한 흥행사의 기질을 발휘했다. 두 명의 위대한 괴짜 영국인 새서버럴 시트웰과 버너스 경이 시나리오와 음악을 담당한 《넵튠의 승리The Triumph of Neptune》는 애국주의를 버무린 박하사탕처럼 달달한 오락물이었다. 무대 디자이너는 '벤저민 폴록의 장난감 가게'에서 파는 종이 연극 무대에 영감을 받아 2펜스 은화 빛깔의 종이를 사용하여 빅토리아 시대의 요정극의 장면들과 인물들을 묘사했다. 발란신은 지그jig◆와 혼

◆ 보통 3박자의 활발한 춤.

파이프hornpipe◆와 릴reel◆◆을 뒤섞어 안무를 뚝딱 해치웠다. 무대 장치는 몇 분마다 변형됐고, 의상은 금색 실과 은색 실, 스팽글 조각으로 반짝거렸으며, 머리가 둘 달린 거인들이 날아다니는 요정들과 우열을 겨루었다. 가장 까탈스러운 평론가들조차 매혹되었고, 이 작품의 성공으로 대중은 영국에 자신들만의 위대한 춤의 전통이 있음을 상기하게 되었다. 이제 그 전통을 되찾을 때가 되었다는 것도.

하지만 카탈로그 뒷면에 영광스럽게 나열된 그 모든 제목에도 불구하고 그 밖의 다른 초연들은 댜길레프가 유행을 좇아 모더니즘의 허세를 팔아먹고 있다는 일반적인 견해를 조금도 누그러뜨리지 못했다. 단지 충격과 난해함 그 자체를 위해 기괴하고 불가사의한 것을 추구한다는 비판이었다. 《로미오와 줄리엣》의 경험으로 기분이 언짢았던 콘스턴트 램버트는 나중에 뛰어난 평론집 『뮤직 호!』에 이렇게 적었다. "전쟁 전에 그는 러시아 발레를 위한 유행을 창조했고, 전쟁 후에 그는 단지 유행을 위한 유행을 창조했다."[63] 이는 내부 사정을 더 잘 이해하는 사람들까지도 공유하고 있는 익숙한 입장이 되었다. 예를 들어 평론가로 전환한 리디야 로포호바는 《결혼》은 "지식인인 체하는 사람을 자극하는 방법"이라고 잘라 말하며 "발레가 발레 특유의 부드러움, 특유의 영혼을 상당 부분 잃어버린 것 같다"고 주장했다.[64] 브누아는 그의 회고록에서 더 강하고 종말론적인 어조로 애통해했다. "**최신** 유행을 추구하려는 정신적, 신체적 허세는 20세기 초반에 보여준 그로테스크한 부조리의 수준에는 결코 도달하지 못했다.

◆ 영국 선원 사이에서 유행했던 춤.

◆◆ 스코틀랜드 고지인의 경쾌한 춤.

… 얼마나 많은 학파, 이론, 공식들이 출현했는가! 전문 분야의 기발한 주장들, 훌륭하고 복잡한 궤변가들, 역설의 전문가들 또한 얼마나 많았는가! 댜길레프는 늘 이러한 창조의 축제를 향하는 경향이 있었다. 그가 심연에 빠진 건 결코 놀라운 일이 아니다."[65]

댜길레프는 화가 치밀었지만 이러한 태도에 굴하지 않았고 때로는 반격에 나섰다. 『선데이 타임스』의 어니스트 뉴먼은 댜길레프를 꾸준히 괴롭힌 사람으로 발란신의 《목가La Pastorale》를 "어리석다"고 혹평한 뒤 출입을 거부당했다. 어쩌면 뉴먼이 옳았을지도 모른다. 《목가》는 들판에서 외설적인 영화를 촬영하는 무성영화를 조롱하는 풍자극이었다. 한 평론가는 "새로운 체조를 한 번 더 관람할 기회"였다며 코웃음 쳤다.[66]

1927~1928년에 초연된 세 편의 발레가 바로 그런 반응을 이끌어냈다. 《고양이La Chatte》는 대단히 시크했다. 다시 말해 기묘하고 엉뚱했다. 한 젊은이가 자신의 고양이를 너무나도 사랑해 고양이가 인간이 되게 해달라고 기도했는데 그의 소원이 이루어지지만 결국 재앙으로 끝나고 만다는 이솝 우화에 기초했으니, 비어트릭스 포터◆의 동화 같은 방식을 따를 수도 있었다. 하지만 러시아 구성주의 조각가 나움 가보와 그의 형 앙투안 페프스너는 반짝이는 운모雲母로 뒤덮인 의상, 그리고 "커다란 우주 공간을 연상시키는"[67] 세트를 창조했다. 검은색 유포油布로 만든 배경에 투명한 셀룰로이드로 만든 기하학적 추상 조각들을 두었고 키네틱kinetic art◆◆ 효과를 사용했다. 발란신의 안

◆ 영국 문학계를 대표하는 아동 문학가. 『피터 래빗』 작가로 유명하다.
◆◆ 작품 그 자체가 움직이거나 움직이는 부분을 넣은 예술 작품.

무는 인간의 역할과 고양이의 역할을 나누어 제시했다. 그러면서 스페시브체바, 니키티나, 마코바 같은 발레리나들이 무시무시한 자질을 발휘하도록 몰아붙였다. 가보의 간소한 튜닉은 리파르의 매혹적인 신체를 두드러지게 했다(댜길레프의 제안에 따라 최근에 코의 크기를 줄여 더욱 우아하게 보였다). 소콜로바는 "젊은 사람의 신체적 아름다움을 이보다 더 잘 보여준 발레는 거의 없었다"고 생각했다.[68]

마신은 전통적인 아름다움에 조금도 양보하지 않은, 더욱 노골적이고 대담한 발레 두 편을 안무했다. 프로코피예프의 냉철한 음악에 안무한 《강철의 춤Le Pas d'acier》은 프리츠 랑의 1929년 서사 영화 〈메트로폴리스〉와 자주 비교되곤 했다. 두 작품 모두 사회를 톱니바퀴와 피스톤으로 돌아가는 거대한 산업 기계로 축소했으며, 시릴 보몬트가 "강력한 리듬의 소용돌이"라고 묘사한 음향에 맞춰 보일러가 증기를 내뿜고 피스톤이 귀청을 두드린다. 무용수들은 농촌에서 공장으로 끌려간 뒤 거대한 생산 라인의 일부가 되어 쉴 새 없이 반복 작업을 해야 하는 프롤레타리아로 등장했다. 놀랍게도 여기에 내포된 볼셰비즘에 항의하는 사람이 거의 없었는데, 아마도 줄거리의 부재 때문이었을 것이다. 보몬트는 "아주 많은 행위에 상당한 소음이 수반되었지만 그 모든 것이 거의 무의미하게 보였다"고 덧붙였다.[69]

《송가Ode》는 가장 기이한 동시에 《강철의 춤》의 유물론으로부터 멀리 떨어진 세계였다. 1920년대 중반 이후로 댜길레프는 코흐노를 자신의 "어린 참나무"라고 부르면서[70] 그가 예술적 기량을 향상시킬 기회를 늘려갔다. 또한 그를 황태자처럼 대우하고 그에게 줄거리와 콘셉트를 주면서 안무가들과 함께 작업해보라고 격려했다. 《송가》의 토대는 18세기 시인 미하일 로모노소프가 옐리자베타 여제에게 낭독한 길고 화려한 시로, 「북극의 오로라를 관찰하고 신의 지고함을 묵상하는 저녁」이라는, 듣는 이가 주눅 들 만큼 위압적인 제목이 붙어 있다. 《송가》에는 코흐노의 문학적 야망 외에도 코흐노가 공유하고 자극한, 댜길레프의 새롭고 사치스러운 정열이 반영되어 있었다. 과거 위대한 러시아 작가들이 남긴 희귀한 판본과 원고를 수집하고자 하는 열정이었다.

《송가》는 바로크 시대의 화려함에 대한 댜길레프의 오랜 향수에서 싹을 틔웠지만 이내 그 뿌리를 초월해 아방가르드 연극의 표준이 되었다. 코흐노의 요약에 따르면 자연Nature의 신상(도리아 원주와 비슷하게 세로로 주름이 진 하얀 의상을 입고 있다)이 깨어나 한 학생(성직자처럼 검은색 옷을 입고 있다)에게 꽃에서부터 박테리아와 별자리에 이르기까지 경이로운 창조물을 보여준다. 가면으로 얼굴을 가린 무용수들은 검은색 장갑에 누드 효과가 나는 하얀 보디 슈트를 입고 있으며, 그들 위에는 도르래로 연결되어 줄에 매달린 인형들이 양옆으로 길게 펼쳐져 있었다. 그게 무슨 의미인지 누가 알 수 있을까? 그걸 "도통 이해할 수 없었던" 사람은 『모닝 포스트』의 평론가만이 아니었다.[71]

소설가 블라디미르 나보코프의 사촌 니콜라스 나보코프의 음악도, 마신의 안무도 그리 중요하지 않았다. 10년 전 《파라드》의 경우처럼 작품을 창조한 팀원들은 서로서로 사이가 좋지 않았고 리허설 기간은 비참했다. 결국 무대를 지배한 사람은 디자이너였다. 초현실주의 겸 상징주의 화가 파벨 첼리체프는 고통과 강박증에 시달리던 동성애자 귀족으로 천체의 심오한 비밀에 심취해 있었다. 그와 기술이 뛰어난 조수 피에르 샤보니에가 창조한 것은 영화의 영사법과 네온이라는 신기술을 접목한 놀라우리만치 독창적인 조명 계획도였다. 거대한 유색 조명과 우주적인 동시에 소우주적인 슬로모션 이미지가 교대로 펼쳐졌고, 얇고 희뿌연 막 뒤에서 원형질의 형체들과 단단한 형체들이 서로 불분명하게 겹쳐 있었으며, 야광 끈들이 기하학적 패턴을 만들어냈다. 무용수들은 인광을 발하는 보디 슈트 안에서 허우적거렸다. 요즘에는 그런 것이 흔하지만 1928년에는 초자연적으로 보였다. 댜길레프는 그 모든 것이 제정신이 아니라고 생각했다. 그는 코호노에게 모든 책임을 맡겼음에도 결국 참지 못하고 다 치워버리기 위해 최종 리허설에 뛰어들었고, 거의 그렇게 할 뻔했다.

이 작품 중 어떤 것도 역사책 너머까지 흔적을 남기지 않았지만, 발란신이 안무한 두 편의 후속작은 한 세기 동안 명성을 이어갔다. 《아폴로 뮈자제트Apollon musagète》("뮤즈를 인도하는 아폴로" 지금은 간단히 《아폴로》로 알려져 있다)는 스트라빈스키의 현악 오케스트라를 위한 발레로 미국인 후원자가 의뢰하고 1928년 워싱턴 D. C.의 의회 도서관에서 초연된 작품이다. 사실 서구로 망명한 발레 뤼스의 초기 무용수 중 가장 먼저 스타가 된 아돌프 볼름이 이 발레를 안무했으나 성공하지 못한 전례가 있었다. 여름에 이 과제를 받아 든 발란신은 음악이 가진 차분하고 고전적인 명료성을 구현할 완벽한 표현 형식을 발견했다. 그 형식은 간단한 우화였다. 소년 아폴로는 아름답지만 교육을 받지 않은 젊은이, 힘과 정력과 야망을 갖췄으나 통제력이나 우아함이나 감수성이 떨어지는 젊은이로 등장한다. 정신이 풍

《아폴로 뮈자제트》의 한 장면(1928). 세르주 리파르와 알렉산드라 다닐로바.

부해지고 정화되는 과정에서 그는 여성성의 세 가지 양상—시의 뮤즈 칼리오페, 무언극의 뮤즈 폴리힘니아, 춤의 뮤즈 테르프시코레—과 조우하고, 그때마다 그들의 고귀한 재능을 부여받는다(예를 들어 미켈란젤로가 그린 시스티나 성당 천장화에서 신이 아담에게 생명을 부여한 것처럼 반듯이 누운 아폴로를 테르프시코레가 손가락 끝으로 건드린다). 결국 아폴로는 창조성과 당당함을 모두 갖춘 예술가이자 지도자가 된다. 아마도 발란신은 스스로를 생각하고 있었을 것이다.

1920년대 수많은 예술의 기저에 놓인 계획적인 선정성과 시각적 호화로움을 말끔히 걷어낸 작품인 《아폴로 뮈자제트》는 처음에는 그리 인상적이지 않은 "근본으로 돌아가라"였다. 평론가들은 작품의 겸손함과 평온을 잘못 판단한 결과, 주인공인 리파르에게 찬사를 보내면서도 작품 자체는 "엄숙하다" "구불구불 흐른다" "빈약하다"고 평했다. 발란신은 그 후 40년에 걸쳐 디자인을 단순화하고 텍스트를 다듬었다. 이제 후세의 사람들은 이 작품을 발레 형식의 백미 중 하나로 인정한다.

애석하게도 이 차분하고 아름다운 작품은 댜길레프와 스트라빈스키의 길고도 험난했던 우정의 마지막 몇 년 동안 수많은 싸움의 원인을 제공했다. 댜길레프는 마지못해 《아폴로 뮈자제트》를 다시 무대에 올려야 했다. 그러나 스트라빈스키가 한 시간이나 되는 차이콥스키풍의 곡 〈요정의 입맞춤〉을 매력이 넘치는 이다 루빈시테인에게 주었고, 이를 알게 된 댜길레프는 노발대발했다. 그녀는 자신의 부를 이용해 발레 뤼스와 맞붙어 경쟁할 발레단을 이끌고 무대에 복귀하려 하고 있었다.■ 댜길레프가 《아폴로 뮈자제트》에 무의미한 장면들을 삽입하겠다는 (그답다고 할 만한) 악의적인 결정을 내리자 스트라빈스키는 분개해 공연 허가를 철회하겠다고 으름장을 놓았다. 두 사람은 전에도 그런 실랑이를 몇 차례 벌였지만, 이번에는 갈등이 풀리지 않았다. 런던으로 돌아가기 전 파리 북역에서 우연히 만난 두 사람은 런던에서 보자는 모호한 약속을 했다. 하지만 그때 등을 돌린 뒤로 다시는 서로 연락하지 않았다.

발란신의 다음 작품은 코흐노의 시나리오와 프로코피예프의 음악으로 완성되었다. 포킨의 《요셉의 전설》이 실패하고 마신의 《리투

■ pp. 308~9를 보라.

르기》가 무산된 이후 발레 뤼스는 다시 한 번 성경에서 소재를 취했고, 세 번째 만에 행운이 찾아왔다. 발레 《돌아온 탕아Le Fils prodigue》는 신약 성경의 우화에서 시기하는 형제들과 살찐 송아지를 죽이는 장면을 생략하고 이야기를 단순화했다. 발란신은 줄거리나 인물보다 춤 창작을 선호했기 때문에 내러티브가 강한 작품에 끌리지 않는 성향이었다. 그러나 이번에는 내러티브를 틀로 삼아 대단히 명료하면서도 독창성이 돋보이는 안무를 창조해냈다. 음흉하고 매혹적인 요부와 그녀를 따르는 방탕하고 그로테스크한 인물들의 안무는 표현적이면서도 재치가 넘쳤다.

마티스가 디자인 의뢰를 거절하자—마티스는 《나이팅게일의 노래》에서 불쾌한 경험을 했다—괴팍한 종교화가 조르주 루오에게 의뢰가 넘어갔다. 루오의 어둡지만 강렬하고 대단히 고풍스러운 디자인은 프로코피예프의 음악, 그리고 발란신의 마임과 춤에 흐르는 격렬하고 생동감 있는 원시주의와 완벽히 맞아떨어졌다. 주연은 리파르가 맡았다. 이 배역은 리파르의 가장 위대한 업적인 동시에 그의 과도한 자존심을 반영하고 있었다. 돌린이 발레단에 복귀한 것에 분노하고(자기보다 훨씬 뛰어난 무용수이자 수탉처럼 오만한 그 녀석이 예술적 월계관을 되찾고 있었다) 새로운 가능성에 대한 불안에 휩싸인 리파르는 열의 없이 심드렁하게 리허설에 임했다. 하지만 공연 첫날 밤 그는 열쇠를 발견했다.

> 내가 구현하고 있는 영웅은 바로 나 자신이었다. 이것이 어떤 것의 종말, 죽어가는 세계의 끝이라는 예감 때문에 괴로워하는 나 … 그건

나였으며 … 나를 제한하고 억압하겠노라고 위협하는 보호막을 거부할 필요가 있었다. 고통스러워하는 건 나였고 … 내가 연기하고 있는 건 나 자신의 삶이었다.[72]

하지만 리파르의 해석에는 자존심을 초월하는 무언가가 있었다. 즉 발레 뤼스가 제작한 그 어떤 것도 이 작품의 클라이맥스에서 터지는 꾸미지 않은 감정의 강렬함을 따라갈 수 없었다. 강도를 당하고 자존심이 짓밟힌 탕아가 누더기를 걸치고 지친 몸으로 엉금엉금 기어서 아버지에게 돌아온다. 아버지는 아들을 두 팔로 안아 올리고, 자신의 망토로 아들을 감싸 아기처럼 흔든다.

—∘ ∘—

또 다른 탕아의 비극은 그러한 희망도, 용서와 화해도 없이 끝을 맺었다. 댜길레프는 리파르와 함께 니진스키를 만나러 갔다. 니진스키는 정신 이상으로 대화가 안 통하고 거의 온종일 음울한 침묵에 갇힌 채 파리에서 처제와 함께 살고 있었다(아내인 로몰라는 모금을 위해 미국으로 갔다). 한때 그의 초자연적인 점프에 힘을 불어넣었던 종아리와 허벅지는 이제 잔인할 정도로 축 늘어져 있었다. 니진스키는 실내복 차림으로 죽은 듯이 앉아서 중얼거리며 시간을 보냈고 이따금 의미 없는 웃음을 터뜨렸다. 그날 저녁 댜길레프는 니진스키를 오페라하우스로 데려가 《페트루슈카》를 보여주었다. 그의 가장 위대한 업적에 속하는 이 작품에서 그의 옛 파트너인 카르사비나가 발레리나 인형 역으로 여전히 춤을 추고 있었다. 공연이 시작되기 전 그는 무대 위에 올랐다. 그곳에 있던 해리 케슬러는 "그의 커다란 눈, 병든 짐승 같은 모습, 이해하기는 어렵지만 대단히 가슴 뭉클해지는 표정"에 깊은 인상을 받았다.[73] 그는 아무도 알아보지 못하는 것 같았지만, 카르사비나가 그의 볼에 입을 맞추려고 몸을 앞으로 숙이자 "눈물을 보이고 싶어 하지 않는 아이처럼 고개를 돌렸다."[74]

사람들의 마음을 사로잡은 마지막 걸작이 댜길레프의 생애 마지막 해를 비춰주었다. 댜길레프는 리파르의 잠재력은 여전히 신임하면서도 언제부턴가 그를 의심하기 시작했다. 리파르의 가면을 벗기자, 그리고리예프에 따르면, 그가 "교활하고 약삭빠르고 너무 야심만만하고 자기선전을 아주 좋아한다"는 걸 알게 되었다.[75] 이제 댜길레프는 열여섯 살의 망명 작곡가 이고르 마르케비치의 순수함에 빠져들었다. 마르케비치는 유명한 교육자 나디아 불랑제와 함께 파리에서 작곡을 공부하고 있었다.[76] 위대한 사람이 주목한다는 사실에 눈이 휘둥그레진 마르케비치는 즉각 복종했다. 비록 이성애자였지만(그는 후에 니진스키의 딸 키라와 결혼한다), 마르케비치는 댜길레프의 단순한 성적 요구를 어렵지 않게 만족시켜주었다. 나중에도 학대나 착취를 당했다는 등의 비난이나 감정을 표명하지 않았고 그 자신은 댜길레프의 욕구와 손을 잡은 거라고 정직하고 명예롭게 고백했다.▪

댜길레프는 이 소년에게 넋을 빼앗겼고, 그의 눈에 비친 소년의

▪ 1980년에 발표한 회고록에서 마르케비치는 동성혼인에 일찌감치 동의했다. "나는 이성간 결혼을 장려하고 촉진해야 한다는 견해에 큰 변화가 일어나야 한다고 생각한다." (*Être et avoir été*, p. 191).

조숙한 천재성을 키워주기로 결심했다. 이번에는 아들을 위하는 듯한 진심 어린 열정이 있었다. 마르케비치는 그의 회고록에서 이를 감동적으로 표현했다. "그는 마치 내가 그의 자식인 양 내 미래를 위해 온 힘을 쏟았다."[77] 비록 마르케비치의 피아노 협주곡에 대한 반응은 차갑기만 했으나 댜길레프는 단념하지 않았다. 돈을 밝히고 배신을 잘하는 스트라빈스키의 후계자가 나타난 것이다. 발레에 대한 그의 열정이 식고 있다고 느끼는 사람들에게 그들이 틀렸음을 밝히기 위해■ 댜길레프는 한스 크리스티안 안데르센의 우화 『임금님의 새옷』을 토대로 발레 음악을 작곡해보라고 마르케비치에게 제안했다. 안무는 리파르에게 기회를 주고, 디자인은 피카소에게 맡길 작정이었다.

하지만 댜길레프는 당뇨병으로 죽어가고 있었다. 그는 병의 위중함을 인정하려 들지 않았다. 의사의 지시를 따르지 않았고, 사카린을 설탕으로 대체하는 것 이상으로는 식단 조절도 하지 않았다. 결국 그는 염증과 농양으로 끔찍한 고통을 겪었다. 필수 불가결한 코흐노는 매일 고름을 짜는 난처한 과제를 묵묵히 수행했다.

댜길레프는 7월 런던에서 마지막으로 발레단을 보았다. 카르사비나의 《페트루슈카》와 리파르의 《돌아온 탕아》 등으로 구성된 이 공

■ 반세기 후 발란신은 로버트 크래프트에게 이렇게 털어놓았다. "물론 아무도 제 말을 믿지 않겠지만 댜길레프는 춤에 대해 아무것도 몰랐습니다. 발레에 대한 그의 진짜 관심은 성적인 것뿐이었습니다. 그는 다닐로바의 모습을 견디지 못하고 나에게 '그녀의 가슴을 보면 토하고 싶어져'라고 말하곤 했습니다. 한번은 《아폴로》의 리허설 때 그의 옆에 서 있었는데 그가 '정말 아름답군!' 하고 말하더군요. 저도 동의했지요. 음악을 언급한 줄 알았는데 그가 재빨리 정정해주었습니다. '아니, 아니, 리파르의 엉덩이 말이야. 마치 장미 같지 않아.'"(Charles M. Joseph, 'Diaghilev and Stravinsky', p. 201에서 인용)

연의 프로그램은 발레 뤼스의 업적을 마무리해서 보여주기에 제격이었다. 뒤이어 발레단은 1929년 8월 4일 프랑스 중부 비시에서 마지막 공연을 했다. 그 시간에 댜길레프는 황홀경에 빠진 마르케비치와 함께 유럽을 돌아다니며 휴양을 하고 중간에 뮌헨과 잘츠부르크에서 오페라를 관람했다. 그런 뒤 마르케비치는 스위스에 있는 어머니에게 돌아갔고, 댜길레프는 베네치아의 리도섬에 있는 그랜드 호텔 데 방으로 피곤한 발길을 재촉했다. 상태가 급격히 악화되었다. 썩은 이를 삼키고, 허리에 극심한 통증을 느끼고, 피로가 열을 동반하며 심신이 더욱 쇠약해졌다. 댜길레프는 마지막 순간에 리파르와 코흐노를 불렀다. 미시아 세르와 코코 샤넬도 그의 침대 곁으로 찾아왔다.

1929년 8월 19일 동이 틀 무렵, 댜길레프는 쉰일곱을 일기로 숨을 거뒀다. 댜길레프에게 모든 것을 의지하던 20대 중반의 두 젊은이 리파르와 코흐노는 슬픔과 공포와 극도의 피로와 오랫동안 참아온 서로에 대한 증오가 한꺼번에 폭발하며 댜길레프의 시신 앞에서 주먹다짐을 벌였다. 미시아 세르의 말을 빌리자면 그들은 "서로의 옷을 잡아 찢었고, 야생 동물처럼 물어뜯었다." 리파르는 자기가 댜길레프의 공식적인 애인이자 "정신적인 상속자"라 여겼다. 코흐노는 머리를 쓰고 시중을 든 사람이었다. 둘 다 댜길레프의 보물과 재산을 차지해야 했을 것이다. 큰 이해관계가 걸려 있었다. 다음에는 어떻게 하고, 누가 상속을 받고, 상속받을 재산은 얼마나 되는가? 언급할 돈은 전무했고, 댜길레프 본인을 제외하고는 발레단을 지탱하는 확고한 기반이 없었다.

댜길레프가 얼마나 아픈지 아무도 알지 못한 상황에서 그의 죽음을 처음 전하는 간결한 보도에 세상은 충격에 빠졌다. 그리고리예프는 코흐노로부터 전보를 받고 실신했다. 마르케비치는 "고아가 되었으며" 그의 세계가 "갑자기 텅 비어버린"[78] 듯한 느낌에 제네바 호수에 몸을 던질 뻔했다. 무용수들은 각자 자신의 여름휴가 중에 소식을 읽거나 들었다. 오래된 원한들이 비에 씻기듯 서서히 사라졌다. 넵스키 픽윅키언 시절부터 견실한 친구였고 발레 뤼스의 막후에서 늘 존재감을 드러냈던 발터 누벨은 엄청난 충격에 빠진 스트라빈스키에게 편지를 써 보냈다. "이제 그는 무덤 속에 있으니 모든 게 잊히고 모든 게 용서되었습니다. 이 특별한 사람과 맺은 인간관계에는 일반적인 잣대를 적용할 수 없다는 것을 이제 알 것 같습니다."[79] 시작 단계에서 큰 힘이 되었지만 마지막 10년 동안 친구를 거의 보지 못한 넵스키 픽윅키언의 또 다른 친구 알렉산드르 브누아는 "내 일부가 잘려나갔다. 이제 불구가 된 느낌"이라며 슬퍼했다.[80]

미시아 세르가 모든 비용을 지불했다. 리파르가 무덤에 몸을 던지겠다고 연극을 하는 가운데 댜길레프는 생미셸 공동묘지에 묻혔다. 한 달 후 이복동생이자 붉은 군대의 장교인 발렌틴이 혐의 없이 체포되었다. 그리고 얼마 후 소비에트 강제수용소에서 처형당한 것으로 보인다.[81]

7장

경쟁자

DIAGHILEV'S EMPIRE

1차 대전이 일어나기 전 여러 해 동안 댜길레프에게는 경쟁 상대가 없었다. 러시아에서 포장해 유럽에서 판 것(핵심은 포킨과 니진스키의 안무, 박스트와 브누아와 레리히의 무대 디자인, 스트라빈스키의 음악)은 사실상 단막 무용극이라는 새로운 예술 형식을 구현한 것이었다. 단막 무용극은 유서 깊은 전통인 궁정 문화에서 출발했지만 연극과 시각예술 분야에서 이제 막 등장한 혁신으로부터 자양분을 얻고 있었다.

독창성은 고사하고 예술이라 칭할 만한 것도 거의 없었다. 파리의 오페라하우스에 가면 빅토리아 시대의 예스러운 유물, 이를 테면 마음을 어루만져주는 목가적인 춤을 볼 수 있었다. 런던의 알람브라 극장과 엠파이어 극장에 가면 감정을 건드리는 요소 없이 가볍고 앙증맞은 나들이를 주제로 한 플로어 쇼 분위기의 공연을 볼 수 있었는데, 주로 아델라인 제네와 필리스 베델스 같은 매력적인 중국 인형 스타일의 무용수들이 출연했다. 더 큰 버라이어티 홀에서는 유명 발레리나들에게 그들의 파트너와 함께 추는 (서커스 공연과 비슷한) 15분짜리 공연 기회를 주었다. 파블로바의 하늘거리는 마법이 꽃을 피운 것은 바로 그런 분위기에서였다. 객석의 신사들은 어쩌면 에드워드 7세 시대의 포르노를 통속화한 장면에 더 흥분했을지 모른다. 가령 이다 루빈시테인이 연기한 살로메가 일곱 겹의 베일을 벗어던지며 속살을 보여주는 자극적인 마임 같은 것 말이다. 당시 살로메를 연기했던 여성들이 각고의 노력 끝에 만들어낸 몸짓과 황홀한 표현들은 무성영화 연기의 표준이 되었다. 지적인 사람들은 이사도라 덩컨이 몸이 비치는 얇은 의상을 입고 추는 자유로운 형식의 춤에서 느끼는 영감 그리고 헬레라우에 있는 달크로즈의 신전에서 퍼져나가는 맨발의 유리드믹스를 통해 현대적인 고전주의에 매혹되었다. 뮤직홀을 찾는 이들 중 프롤레타리아적 취향이 뚜렷한 이들은 성적 폭력이 난무하는 "아파슈Apache◆ 댄스"에 넋을 빼앗겼다. 아파슈 댄스는 납작한 모자를 쓴 거리의 불량배(혹은 포주)가 자신의 여자친구(혹은 매춘부)를 거칠게 내팽개치면서 뺨을 올려붙이고, 주먹을 날리고, 발로 차고, 눈언저리가 퍼렇게 멍이 들도록 때려 복종시키는 등 경악스럽게 폭력을 사용했다.

하지만 진지하고 한결같은 예술, 즉 예술적인 야망과 감정적인 효과라는 면에서 오페라와 대적할 수 있는 발레 예술을 논하자면 댜길레프가 단연 유일하고, 러시아 발레가 단연 최고였다.

세계대전 이후 세상은 다르게 흘러갔다. 사회는 근본적으로 변했고, 다른 사람들—대개 댜길레프보다 주머니가 더 깊고 이따금 번뜩이는 아이디어까지 장착한 사람들—이 끼어들기 시작했다. 댜길레프는 다른 사람이 자신의 코트 자락을 밟지 않는지 예의 주시했다. 영리한 그는 바람을 탈 줄 알았다. 대중의 취향을 따라가면서도 그걸 주도할 줄 알았다. 하지만 그는 극도로 경쟁적이었으며 때로는 위협에 비이성적으로 민감했다. 이 시기의 역사를 살펴보기 전에 우선 대부분이 답하기 어려운 질문을 던져야 한다. 이 현상을 좋아하는 관객은 어디에서 나왔을까?

당시 누구도 마케팅 동향을 기록할 생각을 하지 않았기 때문에

◆ 20세기 초 파리의 거리 문화와 관련된 매우 극적인 스타일의 춤. 파리에서 활동하던 범죄 조직에서 이름을 따왔다.

일기와 편지 속에 살아 있는 일화적 증거만이 유일하고도 확실한 정보원이다. 전쟁 전 런던 코번트 가든의 박스석과 맨 앞줄 일등석은 왕족, 귀족, 외교관, 지주, 돈 많은 출세주의자 등 상류 사회 인사들로 메워지는 것이 일반적이었다. 프로그램이 무엇이든 간에 공연을 보러 올 사람들 말이다. 헨리 제임스의 소설을 읽은 독자들은 익숙하겠지만, 이들 중 핵심이라 할 수 있는 부유한 벨그레이비어◆ 여성들은 카르사비나를 비롯한 스타들을 파티에 초대하고 댜길레프에게 상당한 금액의 수표를 써주었다.

저울의 정반대 쪽에서는 보헤미안과 인텔리겐치아들—소용돌이파◆◆ 지지자, 바그너 숭배자, 미술학도 등—이 저렴한 좌석을 채웠다. 『잉글리시 리뷰』의 한 칼럼니스트에 따르면 최상층 관람석에는 "부인들의 이집트식 헤어스타일, 시인들의 조끼, 카페 로열 단골들의 긴 구레나룻, 숄과 키스컬◆◆◆ 등이 어울려 한밤의 만화경을 이루었다."[1] 런던 교외에 위치한 베케넘에서 온 젊은 건축가 오스틴 해리슨에게는 발레 뤼스가 "청천벽력처럼" 다가왔다.[2] 아름다운 시로 유명한 루퍼트 브룩은 발레가 "우리의 문명을 구해낼 수 있다"고 단언했다. 브룩은 1911년 여름에 러시아 발레를 열다섯 번 봤으며 가장 좋아하는 작품은 《셰에라자드》였다. 브룩은 여자친구 카 콕스에게 이렇게 써 보냈다. "그리고 말야, 한 번 더 갈 거야. 월요일에 마거리하고, 어쩌면 노엘도 갈지 몰라. 우린 7시 15분에 유스터스 마일스[채식주의 레스토

◆ 런던의 하이드파크 남쪽에 있는 고급 주택 지구.
◆◆ 소용돌이로 그림을 구성하는 미래파의 일파.
◆◆◆ 이마에 드리워진 애교 곱슬머리.

랑]에서 식사를 해. 제임스가 올 거야. 그에게 티켓이 있거든."[3] 60년 후의 펑크족처럼 댜길레프 발레에 대한 열광은 문화 전쟁에서 누구에게 충성하는지를 드러내는 표시였고, 코르셋처럼 옥죄던 빅토리아 에드워드 시대의 가치를 느슨하게 할 의사가 있음을 내비치는 것이었다.

비록 감식안이 뛰어나진 않았지만 블룸즈버리 그룹의 지식인들도 대부분 팬이었다. 버지니아 울프는 마치 다른 무용단은 없는 것처럼 발레 뤼스를 간단히 "무용단"이라고 불렀다. 그녀는 상당히 자주 발레 뤼스의 공연을 관람했지만 실망스럽게도 본 것에 대한 구체적인 소견을 남기지 않았다. 또 다른 단골인 E. M. 포스터도 마찬가지였다. 리턴 스트레이치는 니진스키의 모든 것에 홀딱 반했다. 예술 애호가 오톨린 모렐 부인이 우상과 만날 수 있는 자리를 마련했을 때 스트레이치는 "가장 짙은 자주색" 양복을 새로 구입했다. 이날 만남에서 불꽃이 튀지는 않았다. 스트레이치는 친구 헨리 램에게 이렇게 전했다. 니진스키는 "매우 친절하고, 고자가 아닌 게 분명"해. 다만 의사소통에 한계가 있어서 "그 불쌍한 친구는 사람의 언어를 두 단어 이상 말하지 못하더군." 스트레이치의 열병은 《봄의 제전》을 찬양하는 수준까지는 이르지 못했다. 《봄의 제전》은 "내 생애에 가장 고통스러운 경험 중 하나였다. … 지루함과 고통이 그토록 단단히 맞물릴 수 있으리라고는 상상조차 하지 못했다."[4] 스트레이치의 가장 친한 친구인 도라 캐링턴은 댜길레프를 "댜거스Djaggers"라 칭하면서 화가 마크 거틀러에게 숨 가쁜 편지를 썼다. "저는 새 발레 작품 《어린이를 위한 이야기》[마신의 《러시아 이야기》]가 정말 좋았습니다. 침대에 누운 미친 소녀라는 콘셉트는 너무나도 훌륭합니다. 활짝 펼쳐진 망토 아래에 여자들이 있는 것도요."[5] 오톨린은 니진스키를 꾸준히 격려했다. 그녀의 친절하고 따스한 관심에 니진스키도 감동한 듯하다. 니진스키는 "오톨린 부인은 키가 크고 무척 아름답지. 마치 기린 같아"라는 말을 했다고 하며, 페트루슈카로 분장했을 때 찍은 소중한 사진을 그녀에게 선물로 주었다.[6]

발레 뤼스는 곧 가장무도회 의상을 고를 때 흔히 떠올리는 영감의 원천이 되었다. 아마도 원작을 소문으로만 들어 알고 있는 사람들이었을 것이다. 오스카 와일드의 친구 에이다 레버슨이 쓴, 상류 사회를 다룬 소설 『텐터훅스』에는 미스터 크리커라는 이름의 "아주 젊은 남자"가 나온다. 크리커가 파티에서 니진스키를 흉내 낸 춤을 췄는데 사람들은 그 춤을 보고 코미디언 조지 그로스미스를 떠올렸다는 이야기다. 레버슨은 발레 뤼스에 재빠르게 반응한 사람이었다. 발레 뤼스가 런던에 데뷔한 지 불과 몇 달 후인 1912년에 『텐터훅스』가 출간되었으니 말이다.[7] 공무원인 올리버 스트레이치와 정신분석학자 커린 코스텔로는 1913년에 카르사비나와 니진스키 복장을 하고 파티에 가 "장미의 정령 연기를 훌륭하게 해냈다." 1914년에 오톨린 모렐 부인은 슬레이드 예술대학 학생들에게 본인이 갖고 있는 이국적인 의상을 빌려주고 그녀의 응접실에서 피아노 반주에 맞춰 뛰어다니며 《셰에라자드》를 연기할 수 있게 했다.[8] D. H. 로런스의 『사랑에 빠진 여인들』도 여기에서 비롯된 이야기일까? 이 소설에는(1920년에 출간되었지만, 몇 년 전에 쓰인) 오톨린 부인과 별반 다르지 않은 인물인 백작 부인이 하우스 파티를 주최하는 이야기가 나온다. 한 에피소드에서 구드룬과 어슐라 브랑웬은 파티에 참석한 손님들을 즐겁게 하기 위해 "구약 성경의 이야기를 파블로바와 니진스키의 러시아 발레 양식으로 구성한 짧은 발레"를 보여주기로 결심한다. 그러나 로런스는 포킨이 아닌 달크로즈가 했을 법한 안무를 상상했다.

> 마침내 나오미와 룻과 오르바를 연기하기로 결정했다. … 어슐라는 나오미, 구드룬은 룻, 백작 부인은 오르바였다.
> 백작 부인이 먼저 준비했다. 알렉산더는 피아노로 갔고, 공간이 정리되었다. 아름다운 동양풍의 의상을 입은 오르바가 천천히 남편의 죽음을 춤으로 표현했다. 다음으로 룻이 등장했다. 두 사람이 함께 울고 비통해할 때 나오미가 등장해 두 며느리를 위로했다. 이 모든 것이 무언극으로 진행되었고, 여자들은 몸짓과 동작으로 감정을 표현했다. 이 작은 드라마는 15분 동안 계속되었다.[9]

1차 대전 이후 발레 뤼스를 보러 온 런던 관객의 구성에서 뚜렷한 변화를 감지할 수 있다. 관객층이 더 넓어지고 상층부의 무게가 줄었다. 핵심 집단인 보헤미안이 여전히 최상층 관람석을 채우고 있었다. 나중에 세실 비턴은 약간 혐오스러운 어조로 이렇게 회고했다. "지저분하게 이리저리 뻗은 곧은 단발머리에 볼품없는 옷을 입은 수척하고 앙상한 여자들, 최상층 좌석을 구하기 위해 빗속에서 열 시간이나 열다섯 시간 기다리는 걸 아무렇지 않게 생각하는 붉은 수염의 발레 마니아들."[10] 코번트 가든과 드루리 레인 같은 더 비싸고 배타적인 오페라하우스에서 콜리세움이나 알람브라 같은 버라이어티 극장으로 이동했다는 것은 중산층은 물론이고 심지어 프롤레타리아를 포함한 더 많은 관객 앞에서 마법이 펼쳐진다는 것을 의미했다.

속물근성을 당당하게 드러냈던 댜길레프는 대중에 충실하겠다는 야망 같은 건 품은 적이 없었지만, 대중의 욕구를 충족시키는 데에는 마신의 쾌활한 《환상 가게》나 리비에라 해안에서 벌어지는 유쾌한 소동을 그린 니진스카의 《르 트랑 블루》 같은 작품이 제격이었다. 달콤한 것을 좋아하는 대중은 현실 도피적인 환상을 원하고, 발랄하고 화려한 오락물을 통해서 그러한 욕구를 채울 수 있었다. 그리고 댜길레프는 대중적인 인기라는 선물을 받고도 작품성 여부를 따질 만큼 어리석은 인물이 아니었다.

비턴이 묘사한 "수척하고 앙상한 여자들" 중에는 결단력 강한 20대 여성 에델 매닌이 있었을지도 모른다. 좌파 성향의 그녀는 후에 유명한 소설가 겸 여행 작가가 된다. 1920년대에 그녀는 댜길레프의 작품에 무한히 심취했다. "지금이 발레 뤼스의 시대라는 사실은 바보 같고, 경박하고, 유감스럽고, 그저 악한 이 시대의 모든 것을 구원할 것이다." 이어 그녀는 이렇게 적었다.

> 이처럼 날개를 달고 별들 사이로 날아갈 듯한 느낌은 처음이었다. … 지난밤도 초연만큼이나 감동적이었다. 감정의 열기, 광란과 같은 러시아 발레와의 작별, 꽃다발, 화관, 지칠 줄 모르는 박수갈채, 끝없는 탄복. 정말 특별한 일이었다.[11]

《환상 가게》에 푹 빠진 화가 데이비드 봄버그는 극장 로비에서 자신이 만든 발레 프로그램을 권당 2실링 6펜스에 판매했다. 댜길레프가 상황을 알아채기 전까지 그의 프로그램은 불티나게 팔려나갔다. 군무진에 속한 영국 무용수 레이턴 루커스는 그 열풍이 흡사 "종교" 같았다고 기억했다.

> 키 작은 퀴어 발레트망인 내 친구에게는 작은 로포호바 사진이 있었다. 그는 조그만 제단을 만들어 그 사진을 올려두고는 매일 그 앞에서 초를 밝혔다. 이 예술에 대한 신앙심이 그 정도였던 것이다. 또한 나는 차링크로스가에서 이드지콥스키가 콜리세움 극장으로 걸어가고 있을 때 한 소녀가 무릎을 꿇고 앉아 이드지콥스키의 손에 키스하려는 장면을 보았다.[12]

저 위험한 단어, "퀴어queer"에 주목하자. 여기에서 그 의미는 '이상한'과 '동성애자'의 변곡점에 조심스럽게 걸쳐 있으며, 발레 뤼스를 숭배하는 사람들 이야기에 점점 더 많이 등장한다. 에델 매닌은 회고록에서 더 명확한 단어를 사용한다.

> 러시아 발레는 동성애자들(양성 모두)이 자기의 성 정체성을 밝히는 것이었다. 서로 "자기"라고 부르고 세르주 리파르에 관해 열변을 토하는 창백하고 날씬한 젊은 남자들, 공연 중간 휴식 시간에 삼삼오오 모여 조르주 오리크와 프로코피예프의 음악, 페드로 프루나와 마리 로랑생의 그림, 발란신과 마신의 안무에 대해 이야기하는 남자들 … 이튼 학교 출신 소년들처럼 머리를 짧게 깎고 양복에 넥타이를 맨

> 젊은 여성들 … 황홀한 표정으로 《레 비시》의 체르니체바와 다닐로바에 관해 재잘거리고, 지나치게 마르고 창백한 앨리스[얼리셔] 마코바와 베라 사비나에 관해서는 약간 티격태격하고, 서로의 열렬한 감정을 살짝 시기하기도 하고 … 귀엽고 매력적인 동성애자들, 정말 "흥미롭고" 더없이 활기찼다. … 그 모든 것에 으스대는 태도가 흘러넘쳤다. 왜 아니었겠는가?[13]

실제로 으스대는 태도가 흘러넘쳤다. 당시 10대였던 세실 비턴은 후에 "러시아 발레가 내 삶에 기적의 꽃망울을 터뜨렸다"고 회고하면서 탐미주의의 오래된 화법으로 이렇게 탄식했다. "우리는 감정을 제거하기 위해서가 아니라 감정에 대한 의식, 삶에 대한 의식을 얻기 위해 발레를 보러 간다."[14] 두 명의 조숙한 이튼 학교 졸업생 해럴드 액턴과 브라이언 하워드도 똑같은 열병에 전염되었다. 그들은 방에서 축음기를 틀어놓고 《페트루슈카》와 《셰에라자드》를 따라 춤을 추며 뛰어다녔다. 방학 때는 코번트 가든 극장의 맨 앞자리로 뽐내며 걸어가는 모습을 같은 학교 학생들이 목격하기도 했다.

> 연미복을 차려입고, 긴 흰색 장갑을 팔에 걸치고, 은 손잡이가 달린 지팡이를 들고, 실크해트를 쓴 그들은 영락없는 오스카 와일드였다. 나의 의붓어머니는 그들을 보고 깜짝 놀라며 틀림없이 외국인일 거라고 생각했다.[15]

두 남성은 『보그』(과열된 발레토마니아 현상을 보도한 잡지)에서 허버트 파전이 주목한 "급증하는 아름다운 소년들"의 상징이었다. "그들은 레카미에 부인이 자신의 소파에 기대어 누운 것처럼 예술에 기대어 눕고 무용수와 무대 장식을 개인의 장식품처럼 여기는 것 같았다. 사실 그들은 부토니에르◆처럼 러시아 발레를 몸에 달고 있었다고 말해도 무방하리라."[16] 이른바 '발랄한 젊은이들'에 속한 비턴, 다이애나 쿠퍼, 올리버 메셀, 에벌린 워 등도 첫날 밤 공연을 보기 위해 뽐내며 걸어가던 부류였다.

발레 공연장에는 그러한 집단에 속하지 않은 사람이 수천 명은 되었을 것이다. 교외 지역에서 온 부부, 나이 많은 독신 여비서, 외국인 관광객, 서기書記, 그리고 E. M. 포스터의 『하워즈 엔드』에 나오는 레너드 바스트와 똑같은 무위도식자 등 모든 이들이 문화를 통해 자신의 품성이 향상되기를 갈망했다. 하지만 우리는 그들에 대해 아는 것이 없다.

이 열광에는 더 큰 맥락이 있었다. 스페인 독감만큼이나 강한 전염력으로 사회 전체를 휩쓴(그리고 스페인 독감 바이러스가 퍼져나간 것에 틀림없이 기여한) 현상이었다. 1919년에 『데일리 메일』은 그 현상을 "순간에 대한 열광"이라고 불렀고, 『데일리 익스프레스』는 영국이 "춤의 광기"에 빠졌다고 단언했다.[17] 이건 열흘을 넘기지 못하는 타블로이드판 기적이 아니었다. 에델 매닌은 회고록에서 이렇게 기억했다. "1920년대는 춤의 열풍에 점령당했다. 사람들은 할 수만 있으면 때와 장소를 가리지 않고 춤을 추었다."[18] 제임스 레이버가 지적했듯

◆ 남성용 정장 옷깃의 장식용 단춧구멍에 꽂는 작은 꽃이나 액세서리.

이 "대재앙이 물러간 뒤에는 항상 그와 비슷한 현상이 일어난다. 흑사병이 물러간 후에도 그러한 열풍이 불었고 … 프랑스 대혁명 이후에도 마찬가지지였다."[19]

물론 사교댄스는 아득한 옛날부터 유행했다. 1차 대전이 일어나기 전 에드워드 7세 양식의 거대한 호텔에 무도회장이 갖춰지면서 더욱 활기를 띠었다. 다만 춤의 속도가 일정하고 분위기는 어색했다. 그러나 이는 특히 여성에게만 요구되었던 몸에 딱 붙는 긴 치마 때문만은 아니었다. 1919년이 되자 모든 것이 헐거워지고 속도가 빨라졌다. 일상적인 야외 생활에서 치맛단이 종아리 중간까지 올라가고 민소매 드레스가 점잖은 옷이 되는 등 여성의 몸이 더 많이 노출되었다. 레이스가 겹겹이 달린 답답한 속옷이 사라졌고, 젊은 여성들은 수영을 하고 일광욕을 즐기고 테니스를 쳤다. 머리를 짧게 자를 수 있었고, 가슴이 납작하거나 사내아이처럼 쾌활한 것이 멋있어 보이기 시작했다. 1920년대 초에 신체 활동이 자유로워지자 계층과 연령을 막론하고 모든 여성이 유럽과 미국 전체에 우후죽순처럼 생겨난 댄스홀의 마룻바닥을 거리낌 없이 누비기 시작했다. 끝없는 욕구를 채워가면서 터키트롯이 폭스트롯의 뒤를 이었고, 시미춤shimmy◆에 이어 찰스턴Chareston◆◆이 두 대륙을 지배했다. 이제 누구도 버자드로프Buzzard Lope◆◆◆나 치킨스크래치chicken scratch◆◆◆◆를 기억하지 못할 테지만, 다

◆ 어깨와 허리를 몹시 흔들며 추는 춤.
◆◆ 1920년대에 유행한 빠른 춤.
◆◆◆ 서아프리카 가나에서 유래한 춤으로 1890년대에 유행했다.
◆◆◆◆ 두 사람이 투스텝이나 폴카로 매끄럽게 추는 춤.

른 많은 춤과 함께 이런 춤들도 유행하던 순간이 있었다. 바야흐로 재즈 시대였다. 재즈는 사람을 움직이게 하는 음악이다.

이는 새로운 수용성을 의미했다. 발레는 더 이상 미학적으로 계몽된 사람들과 특권층 사람들의 영역으로, 또는 단지 참신한 행위로 보이지 않았다. 이제 발레는 더 광범위한 문화의 일부가 되어 절대적으로 숭배하거나 음악 비평가들의 매서운 판단에 갇히지 않고 독자적인 담론을 발전시켜나갔다. 젊은 T. S. 엘리엇은 마신의 “완전히 비인간적이고 몰개성적이고 추상적인” 스타일과 자신의 미학인 가면을 쓴 거리두기masked detachment를 연관지었다.[20] 로저 프라이와 클라이브 벨 같은 미술 평론가들은 움직임과 디자인이 어떻게 통합되는지를 이해하기 시작했고, 잡지 『드라마』는 발레의 미래를 주제로 평론집을 발행했다.

이러한 공개적인 논의에 전문적인 보도가 더해진 결과 제도적 인프라가 발전하기 시작했다. 벽돌 쌓기를 주도한 사람은 매우 다른 두 인물 필립 리처드슨과 시릴 보몬트였다. 리처드슨은 핀스트라이프 정장 차림에 안경을 쓰고 있어 자주 완고한 사무 변호사로 오해를 받았다. 보몬트는 오스카 와일드를 추앙하는 독불장군 스타일로 윙 칼라◆를 좋아하고 꼿꼿하게 세운 짧은 머리를 고수했다.■[21] 월간지 『댄싱 타임스』의 편집자인 리처드슨은 발레뿐 아니라 무도회 춤을 포함

◆ 남성용 야회복 안에 입는 셔츠의 높고 빳빳한 칼라.
■ 아널드 해스컬은 보몬트와 리처드슨과 같은 부류로 언급되는 인물로 두 사람보다 젊었다. 댜길레프의 전기 작가, 발레 평론가, 발레 수호자로서 그가 미친 영향은 1930년대에 시작되었으므로 이 장의 범위에서 벗어난다. pp. 336~37을 보라.

한 모든 춤을 열렬히 옹호했다. 의회 위원회 소속으로 열심히 활동했던 그는 1920년에 영국 왕립 무용학교의 전신을 창립하고, 표준화된 등급 시험과 자격 심사 제도를 확립하고자 로비에 전념했다. 보몬트와 그의 짓밟힌 아내는 차링크로스가에서 춤 서적을 전문으로 취급하는 서점을 운영했는데, 이곳은 발레트망의 집합소가 되었다. 보몬트는 무용 서적을 연달아 발표하는 등 발레 뤼스의 발자취를 연대별로 꼼꼼하게 기록한 유일한 사람이었다. 또한 동시에 작은 문학 출판사도 운영했다. 보몬트는 전전 시대 댜길레프의 발레 마스터이자 전후 런던에 대단히 중요한 학교를 세운 엔리코 체케티를 특별히 존경해 1922년에 체케티 메소드를 성문화하고 보존하기 위한 협회를 설립했다. 몸의 해부학적 구조를 정교하게 발달시켜야 달성할 수 있는 엄격한 고전적인 선을 강조하는 체케티 메소드는 지금도 발레학교에 널리 퍼져 있다.

1920년대 중반에 런던은 발레 선생으로 가득 차 있었다. 파블로바, 카르사비나, 마신은 공연 일정 중간에 시간이 허락하는 대로 틈틈이 발레 교습을 했고, 상트페테르부르크에서 망명한 세라피나 아스타피예바는 첼시의 킹스로드에 위치한 페즌트리(현재 피자익스프레스 지점)에서 첼시 러시아 무용학교를 운영했으며, 니콜라이 레가트는 해머스미스에서 일했다. 마리 램버트는 노팅힐에서 발레와 함께 달크로즈 체조를 가르쳤다. 체케티의 제자인 마거릿 크래스크는 코번트 가든의 웨스트스트리트에서 스튜디오를 운영했고, 체케티를 신봉하는 또 다른 젊은 여성 니넷 디 밸루아는 첼시의 롤런드가든스에 엄격하게 운영되는 안무 아카데미를 열었다. 이 모든 기관의 학생은 거의 전부—99퍼센트—여성이었다.[22] 춤에 빠지고 이내 안무에 빠져서 이 모든 기관을 거의 다 옮겨 다닌 프레더릭 애슈턴이 종종 유일한 남자아이였다.

또한 첼시의 멋진 테라스는 새로 출현한 러시아 발레 애호가들의 중심이었다. 주요 인사로는 로열하스피탈가에 사는 『보그』의 편집자 도러시 토드와 그녀의 파트너 매지 갈런드, 글레브플레이스에 사는 작곡가 콘스턴트 램버트와 그의 무용수 앤턴 돌린, 스완워크에 사는 문학가 형제 오스버트 시트웰과 새서버럴 시트웰(후에 칼라일 스퀘어) 등이 있었다. 스완워크는 댜길레프와 마신이 휴전 기념일 밤 파티에 참석했던 곳이었다. 특히 새서버럴은 사교계의 풍부한 연줄을 활용해 댜길레프가 필요로 하는 새로운 후원자들을 불러들였다. 1926년에는 댜길레프의 "영국적인" 무언극 《넵튠의 승리》의 시나리오를 썼다.■[23]

하지만 댜길레프의 런던 시즌은 주기적이었고 그것도 두 달을 넘기지 않았다. 1년 중 나머지 기간에는 온갖 형태의 춤을 향한 갈망을 채워줘야 했다. 물론 "러시아 발레"에는 특별한 매력이 있었지만, 시장의 여러 볼거리 중 하나일 따름이었다. 시장은 예술과 쇼 비즈니스가 "하향 평준화"를 우려하지 않고 공존할 수 있는 곳이었다. 가장 큰 버라이어티 극장 중 무언극 발레를 상연하는 전통이 있는 알람브라

■ 자주 되풀이되는 그 시절의 일화에 따르면, 새서버럴은 근위보병 제1연대 장교였기 때문에 밤 늦은 시각에 그의 막사가 있는 올더숏(영국 육군의 본거지)으로 급히 오라는 소환 명령을 자주 받았다. 그때마다 댜길레프가 이 상황을 오해했다고 한다. 댜길레프가 짜증을 내며 물었다. "올더숏이 누구야? 여자야?"

극장과 엠파이어 극장은 1920년대에 쇠락하다가 결국 영화관으로 대체되었지만(영화관들은 본 영화 상영 전 개막극으로 발레 공연을 자주 무대에 올렸다), 팔라디움 극장과 콜리세움 극장은 프로그램에 정기적으로 15분짜리 발레 공연을 할당했다. 주역 자리에는 댜길레프의 스타인 카르사비나와 로포호바가 이름을 올렸고 그보다 덜 유명한 이국적인 이름들도 포함되었다.■ 화려한 탭댄스와 함께 브로드웨이에서 수입한 재즈 뮤지컬도 결코 수준 낮은 춤으로 여겨지지 않았다. 예를 들어 매력적인 프레드 아스테어가 여동생인 아델과 함께 출연한 〈레이디, 비 굿〉은 1926년 엠파이어 극장에서 대히트를 기록했다. 또한 두 명의 임프레사리오 앙드레 샬럿과 찰스 코크런이 제작한 새롭고 세련된 형식의 오락 뮤직홀 공연인 "레뷰"가 있었다. 관객이 식사하면서 관람할 수 있도록 트로카데로 같은 레스토랑이나 고급 호텔의 무도회장을 위해 규모를 줄인 버전도 있었지만, 런던 파빌리온이나 히포드롬 같은 전통적인 극장에서 상연되기도 했다.[24]

마신은 1925년에 코크런의 레뷰 두 편을 안무하고 춤을 췄다. 윌리엄 니컬슨이 윌리엄 호가스의 판화에서 영감을 받아 디자인한 〈레이크〉와 "폼페이의 프레스코화에 토대를 둔 환상적인 볼거리"가 그것이었다.[25] 하지만 이곳의 진정한 대스타는 국내산 무용수 앤턴 돌

■ 신기한 것은 『피터팬』의 저자인 J. M. 배리가 쓴 단막 희곡 「러시아 무용수들에 관한 진실」이 1920년에 콜리세움 극장에서 폴 내시의 디자인으로 한 달 동안(그리고 1926년에 사보이 극장에서 다시 한 번) 상연된 것이다. 영국 귀족이 말을 못하는 러시아 발레리나와 사랑에 빠진다는 이 기발한 우화에서 발레리나는 소통의 수단으로 말이 아닌 춤을 사용한다. 처음에는 로포호바의 재능을 살릴 수 있는 연극으로 여겨졌으나 결국 주역을 따낸 사람은 카르사비나였다.

린이었다. 영국 소년 중 발레를 전문적으로 공부한 1퍼센트에 속하는 돌린은 아스타피예바와 레가트 밑에서 배웠다. 그는 발레 뤼스의《르 트랑 블루》에서 한 손 물구나무와 2회전 뒤공중돌기로 떠들썩한 성공을 거둔 뒤 1920년대에 노엘 카워드나 잭 뷰캐넌만큼 유명한 웨스트엔드의 인기 스타가 되었다. 실상은 동성애자였지만 대중 앞에 예쁜 여성(혹은 그와 똑같이 수염이 없는 레즈비언)을 에스코트하고 나타났던 그는 중요한 기회와 고액의 수표를 거머쥐는 일에 거침이 없었다.

1925년에 돌린은 스물한 살이었다. 그의 자서전에는 정신없는 공연 일정이 나열되어 있다.

> 아치 드 베어가 여왕 폐하 극장에 올릴 〈펀치볼〉 레뷰에 출연해달라고 요청했다. 나는 두 번 출연했는데 먼저 〈힘 투 더 선〉을 추고, 다음에는 재즈풍의 음악 〈앨라배마 바운드〉에 맞춰 고전적인 곡예를 가미한 새 독무를 추었다. … 오래 기다리지 않았다. 파트너인 필리스 베델스와 함께 런던 콜리세움에서 일련의 멋진 공연을 시작했다. … 레뷰 공연인 〈팔라디움 플레저스〉 … 아이리스 로와 함께, 확신하건대 정말 형편없는 발레《평지풍파》를 추었다. 웨일스 공 극장에서 허버트 먼딘, 제시 매슈스와 함께 〈1926년의 샬럿 레뷰〉를 공연했다. 사랑하는 제시가 스타덤에 오르고 박수갈채를 받았다. … 우리는 〈시소 마저리 도〉를 파드되로 추었다. … 스톨 순회공연과 그보다 훨씬 더 길고 행복한 여러 주를 보낸 뒤 파트너인 필리스 베델스, 니넷 디밸루아와 함께 런던 콜리세움으로 돌아갔다. 크리스마스에 6주 동안

> 필리스와 함께 피커딜리 호텔의 카바레에서 … 런던 콜리세움에서 타마르 카르사비나와 함께 《호두까기 인형》 아다지오를 추고, 이어서 《장미의 정령》을 추었다. 하루에 두 번씩 춤을 추면서 멋진 2주를 보냈다. … 국왕 폐하 극장에서 공연한 루 레슬리의 〈화이트버즈〉는 재정적으로 큰 손실을 입었고 예술적으로 별다른 성과를 거두지 못했다. 몽마르트르 장면에서 나와 아파슈 댄스를 춘 상대 무용수는 니넷 디 밸루아였다…■[26]

확실히 재미는 있었지만 이 모든 건 잡동사니 여흥이었다. 제작자의 변덕에 휘둘리는 하루살이 같은 그런 쇼들은 허둥지둥 만들어져 확연히 엉망진창인 경우가 많았다. 관객은 새롭고 기묘한 것을 갈망했고, 언론은 관객과 결탁했다. 『데일리 미러』에는 특히나 우스꽝스럽지만 너무나도 전형적인 기사가 실렸다. "베라 넴치노바는 3만 파운드라는 거액의 다리 보험에 가입되어 있다. 지난 월요일 그녀는 콜리세움의 마티네 공연에서 아무런 도움도 받지 않고 한 발로 서른여덟 바퀴를 돌아서 자신의 세계 신기록을 갱신했다."[27]

좌절감이 커지는 가운데 열성 팬들은 러시아인들이 하는 것을 왜 영국인은 하지 못하는가에 의문을 품기 시작했다. 이 질문에는 엄격한 위계질서와 특권을 가진 아카데미 발레(이 시기에는 가끔 발레를 "토 댄스"나 "오페라 댄스"라고 불렀다)가 다른 형태의 춤보다 바람직

■ 돌린은 7월 13일 헐링엄에서 열린 가든 파티에 출연했던 일을 기록하지 않았다. 칩스 채넌은 일기에 이렇게 적었다. "그는 알몸으로 거미 모양의 황금 장미 장신구만 몸에 붙인 채 대단히 의심스러운 춤을 추었다." (Henry "Chips" Channon *The Diaries 1918-1938*, p. 166).

하다는 암묵적인 전제가 깔려 있었다. 발레 비평가 캐스린 솔리 워커는 1917년에 여배우 겸 소설가 레이철 버니가 『댄싱 타임스』에 보낸 편지에서 이런 불만이 처음으로 언급된 사례를 찾아냈다. 버니는 이렇게 썼다. "런던에는 스테이지 소사이어티[로열 코트의 전신, 예술적 가치가 있는 비영리 신작 연극을 상연하는 단체]가 있다. 우리는 왜 발레 협회를 발족하지 않는가?"[28] 뒤이은 편지들은 대체로 그녀의 제안을 지지했지만, 영국인들에게 그러한 단체를 지탱할 (돈은 고사하고) 선천적인 재능이나 능력이 있는가에 대해서는 회의적이었다.

하지만 씨앗은 이미 뿌려졌다. 1920년대 중반까지 거칠지만 다양한 시도들이 출현했다. 댜길레프가 프랑스풍의 유행에 굴복했다고 판단한 엄격한 진영 사람들의 불만이 자극이 되어 시작된 일이었다. 발레학교들은 학생들의 기량을 선보이기 위해 소규모로 마티네를 열었다. 해머스미스의 리릭 극장에서 마리 램버트의 호리호리한 젊은 제자 프레더릭 애슈턴은 재치 있는 카프리치오 곡에 안무를 붙여 《유행의 비극A Tragedy of Fashion》이라는 제목으로 무대에 올렸다. 그는 사람들이 자신의 창작물을 마음에 안 들어 하자 스스로 목숨을 끊는 완벽주의 성향의 여성복 디자이너 역을 맡았다. 서적 판매인이자 출판업자 시릴 보몬트는 한 걸음 더 나아가 크레몬 발레단이라는 이름의 상설 발레단을 계획했다. 용두사미로 끝나고 마는 항공학의 초기 실험들처럼 그의 계획은 전도유망하게 이륙했으나 곧 땅으로 추락했다. 국가가 지원할 거라는 막연한 말들이 돌았지만 어느 세월에 이루어질지 알 수 없는 일이었다.

1928년에 분위기가 달아올랐다. 앤턴 돌린이 겁도 없이 입을 함부로 놀리는 바람에 싸움이 시작된 것이다. 10대 시절 마블아치 호텔의 침대에서 그와 함께 뒹굴었던 리처드 버클은 "그는 상대를 가리지 않고 아무 말이나 내뱉는다"고 회고했다.[29] 돌린은 스타의 지위를 등에 업고 위압적인 직설 화법으로 자신의 견해를 피력했다. 비록 진심으로 모든 이들의 기량을 향상시키고자 하는 마음이었지만 사람들은 그를 지지하지 않았다. 그는 『댄싱 타임스』에서 큰 소리로 이렇게 불평했다. "아름다운 선율의 음악을 깔고, 발레 의상에 분홍색 장미를 한두 송이 혹은 무더기로 달고, 정해진 스텝을 밟으며 춤을 추는 건 **발레**가 아니다. 그런 걸 발레라고 부르는 것은 득보다 실이 많다." 그리고 주제에서 벗어나 "니진스카나 마신의 천재성이 결여된 미래주의 발레의 창작" 그리고 헬레라우에서 달크로즈가 창안한 "자연스러운 표현주의적 움직임"을 비판했다. "모든 춤은 춤을 가능하게 하는 유일한 학교—러시아 학교—에 기초하는 것이 바람직하고, 또 그래야만 한다"고 돌린은 결론지었다. "바로 그것이 영국에서 우리가 가르쳐야 하는 학교, 우리 선생들이 가르치도록 가르쳐야 하는 학교다."[30]

하지만 돌린의 격한 비판은 유효했다. 가르치는 내용만 놓고 보면 싸움의 승자는 이미 러시아 학교였다. 영국 발레가 발전하려면 수준을 더 높여야 한다는 그의 주장은 분명 옳았다(그리고 다른 사람들이 제안하듯이, 그 첫걸음은 흠잡을 데 없는 영국식 이름을 더 매력적인 "유럽식" 이름으로 바꾸는 습관을 버리는 것일지 모른다. 돌린 그 자신도 태어났을 때는 패트릭 힐리-케이였다■). 1920년대 말이 되자 두 명의 주목할 만한 젊은 여성이 새로운 동력을 만들어냈다. 둘의 관계는 경쟁적이다 못해 전투를 방불케 했다.

어린 시절 엠파이어 극장의 무대 중앙에서 대담하기 이를 데 없는 영국인 필리스 베델스를 보고 깊이 감동한 소녀 니넷 디 밸루아(본명 에드리스 스태너스)는 돈을 제외한 모든 것을 갖추고 있었다. 체케티와 레가트의 엄격한 훈련, 댜길레프 밑에서 무용수로 활동한 경험, 지칠 줄 모르는 에너지, 결연한 의지, 목표를 향한 반짝이는 눈까지 결코 부족하지 않았다. 군인이었던 조상으로부터 사람들을 이끌고 지휘하는 강력한 리더십 또한 물려받았다.[31] 1926년 스물일곱의 나이에 니넷은 『댄싱 타임스』에 「발레의 미래」라는 제목의 선언문을 발표했다. 이 선언문은 논쟁의 여지를 주지 않는 확고한 주장들로 가득 차 있었다. 목적과 이유를 정확히 알고 있다는 사실에 의심의 여지가 없었다.

> 발레를 완전한 극예술의 하나로서 논의할 때, 고전발레 학교의 교육이 확실하고도 유일한 토대라는 점은 의문의 여지가 없다. 무한히 응용될 수 있어 그 결과 극예술의 다양한 요구에 맞출 수 있는 능력이 입증되었기 때문이다. 하지만 주로 이사도라 덩컨이 이끄는 그리스 무용은 더 넓고 더 자유로운 신체 동작에 대한 이론으로 춤 안에 감정의 힘이 숨어 있음을 보여주었다. 고전발레를 유연하게 가르치는 학교의 영향력은 우리에게 크게 다가왔고, 그 결과 역시 대단히 만족스럽다.[32]

■ 필립 리처드슨은 이 주제로 짧은 풍자극 「영어는 쓰지 않아도 돼」를 썼다. 극중 오디션에서 이국적인 이름으로 참가한 무용수들의 정체가 재닛과 존임이 밝혀진다. (*Dancing Times*, December 1923, pp. 347~49).

돌린과 마찬가지로 디 밸루아도 런던 이곳저곳에서 춤을 추며 생계를 유지했다. 그녀는 자신의 학교를 운영했을 뿐 아니라 더블린의 애비 극장과 케임브리지의 페스티벌 극장에서 W. B. 예이츠의 가면 시극을 제작할 때 맨발의 춤을 안무했다. 페스티벌 극장은 그녀의 사촌인 테런스 그레이와 그의 동료 노먼 마셜이 마임과 음악이 포함된 고대 그리스의 연극을 모방한 당시 유행하던 연극 양식을 선보이던 곳이었다. 그 모든 일을 하느라 디 밸루아는 매우 바빴고, 그로 인해 그녀의 태도는 딱딱하고 사무적이었다.■ 마셜은 이렇게 회고했다. "리허설을 할 때 그녀가 무대 위를 돌아다니면서 꾸짖고 들볶고 재촉하는 것이 하키 연습을 연상시켜서 단원들이 그녀에게 '체육 선생'이라는 별명을 붙였다."[33]

디 밸루아와 쌍벽을 이루는 인물은 마리 램버트였다. 달크로즈 밑에서 훈련하고 《봄의 제전》에서 니진스키를 보조했던 그녀는 세계주의자에다 교양까지 갖춘 멋진 여성이었다. 한번 폭발하면 무섭지만 평소에는 따뜻하고 정이 넘쳤다. "밈Mim" 램버트는 디 밸루아에 비해 상상력이 풍부하고 자상하며 덜 강압적이었다. 디 밸루아가 두려움과 존경을 불러일으켰다면 램버트는 충성심과 사랑을 자극해 그녀의 주변에는 최고의 젊은 발레 인재들이 모여들었다. 예를 들어 프레

■ 1998년에 열린 그녀의 탄생 100주년 기념 행사에 인터뷰가 있었다. 디 밸루아는 눈이 거의 멀고, 귀도 부분적으로 멀었지만, 정신은 여전히 맑고 온전했다. 그녀는 날카로움이 완전히 살아 있는 목소리로 존 월시 기자의 앉음새를 다그쳤다. "똑바로 앉으세요. 아주 불편해 보이는군요. … 당신이 무슨 이야기를 하는지 모르겠어요. 짧게 질문하세요. 그리고 손을 이리저리 흔들지 마세요." 기자는 결국 그녀에게 매혹되었고 그녀를 믿었다. "비록 무례하고 직설적이고 깐깐하고 솔직히 견딜 수 없는 사람일 수도 있지만, 그녀에게는 모든 것을 똑바로 하는 습관이 있다." (*Independent*, 5 June 1998.)

더릭 애슈턴은 물론이고 무용수이자 디자이너 윌리엄 채펠, 안무가 앤터니 튜더, 거장 무용수 헤럴드 터너, 남아프리카 출신의 아름다운 발레리나 펄 아가일과 모드 로이드 등이 있었다.[34]

하지만 먼저 필수적인 공간이 마련되어야 했다. 이는 발레 뤼스가 지배하지 않아야만 이뤄질 수 있었다. 따라서 1929년 8월 댜길레프의 죽음과 발레단의 해체는 비극적인 충격이었지만 동시에 해방의 순간이기도 했다. 이제는 깨뜨릴 때가 되었다. 몇 개월 만에 위원회가 구성되었다. 『댄싱 타임스』의 영향력 있는 편집자 필립 리처드슨이 이끌고 젊은 발레트망인 아널드 해스컬이 조력하고 카르사비나, 로포호바와 그녀의 젊은 경제학자 남편 메이너드 케인스, 돌린, 램버트, 디 밸루아가 참여했다. 위원회는 서로의 이견을 조정하고 힘을 모으고 자원을 공동 출자해 카마르고 소사이어티■를 결성했다. 이 협회는 새로운 음악과 새로운 디자인에 새로운 안무를 선보이는 이들을 후원하는 클럽으로 음악, 디자인, 안무 모두가 영국에 기원을 둔 것이어야 했다. 협회는 3년간 이어졌고 매우 간헐적으로 일했지만, 중요한 것은 그들의 창의적인 대담함과 성실성이었다. 협회의 목표는 웨스트엔드의 오락거리가 아니라 예술이었다. 해스컬이 말했다. "우리는 모든 곳에서 친절하고 관대하게 서로를 대했고, 그렇기에 모든 사안을 상당히 쉽게 처리할 수 있었다."[35]

1930년 디 밸루아는 릴리언 베일리스와 손을 잡고 사업을 시작했다. 베일리스는 고급 예술을 "보통" 사람들에게 소개한다는 복음주의

■ 춤에 한 획을 그은 프랑스 무용수 마리 카마르고(1710~1770)의 이름을 딴 것이다.

적 사명을 가진 숭고하면서도 엉뚱한 사람이었다. 베일리스는 워털루의 올드 빅에서 오페라 및 연극 단체를 운영하면서 이즐링턴의 새들러스 웰스에 새로운 극장을 짓고 있었다. 그녀는 이 새로운 극장에 발레단이 필요하다고 보았고, 디 밸루아는 그녀의 결정에 동의했다. 그 결과 1931년에 여섯 명의 유급 무용수로 이루어진 빅웰스 발레단이 영구적인 뿌리를 내리게 되었다. 빅웰스 발레단은 저렴한 공연료로 근근이 연명하며 서서히 성장하다가 1946년에 상류층을 대상으로 하는 코벤트 가든으로 진출했고, 그로부터 10년의 시간이 흐른 뒤 로열 발레단이 되었다. 램버트와 그녀의 극작가 남편 애슐리 듀크스는 1930년에 또 다른 "발레 클럽"을 시작했다. 1931년에는 노팅힐의 이즐링턴에서 그리 멀지 않은 곳에 있는 교회를 개조해 아담한 극장을 열었다. 이곳이 바로 영화 〈분홍신〉에도 잠깐 등장하는 머큐리 극장이다. 이 공간은 부유층의 후원 덕분에 현대 무용단을 위한 최초의 멋진 상주 공간이 되었고, 지금도 램버트라는 이름을 유지하고 있다. 로열 발레단과 램버트 발레단이 이후에 써내려간 역사는 다른 곳에 잘 기록되어 있다.[36]

디 밸루아와 램버트는 진정한 댜길레프의 아이들이었다. 댜길레프가 10년 정도 더 살았다면 그는 이들의 소박한 노력이 성장하는 과정을 온화한 아버지의 눈으로 지켜봤을 것이다. 하지만 1920년대에 파리의 무용계는 발레 뤼스의 패권에 몇 차례 공격적인 위협을 가했고, 댜길레프의 짜증에도 그의 사업은 세계대전 전에 뽐내던 화려한 광채를 회복하지 못했다. 하지만 파리의 경쟁적인 모험은 어느 것도 실질적이거나 지속적인 결과를 남기지 못한 반면, 런던의 작은 도토리들은 한 세기가 흐르는 사이에 튼튼한 참나무가 되었다.

왜일까? 파리의 문화는 런던보다 빨리 변했고, 모더니즘의 변화무쌍한 바람과 조류를 더 잘 받아들였다. 장 콕토는 급진적이지도 반동적이지도 않으면서 유행을 주도해나갔다. 자기를 필요로 하는 곳에 나타나 기회주의적으로 굴며 댜길레프가 불편하게 느끼는 방향으로 자신의 이익을 도모했다. 작곡가 다리우스 미요의 아내인 마들렌은 이렇게 기억했다. "그는 모든 것을 떠맡고 싶어 했고, 실제로 거의 모든 일을 떠맡았다. … 그는 자기가 모든 걸 하고 있지 않으면 아무것도 하고 있지 않다고 생각했다."[37]

비록 댜길레프는 콕토를 신뢰할 수 없었지만(마찬가지로 콕토는 《파라드》에 대해 뒷말을 했다는 이유로 이 러시아인을 불쾌하게 여겼다■), 두 사람은 서로에게 유용한 존재였다. 콕토는 파리를 속속들이 알고 있었고, 미국의 대중문화와 (차르 시대에 성장하고 고상한 예술 개념을 믿는 댜길레프에게는 이질적인 현상인) 뮤직홀이라는 새로운 유행에 익숙했다. 특히 콕토는 젊은 프랑스 작곡가 그룹—양식상 제각각이었지만 언론은 이들에게 프랑스 6인조Les Sox라는 세례명을 부여했다—의 등대였다. 이들이 자주 모이는 곳은 생토노레 거리에서 조금 벗어난 곳에 있는 '지붕 위의 암소'라는 카바레 술집이었다. 이 최신식 건물은 《파라드》 스타일의 경박하고 부조리한 "무언극 발레"에서 이름을 빌렸다. 미국의 금주령 시대를 배경으로 한 《지붕 위의 암소Le Boeuf sur le Toit》는 광대와 난쟁이들로 붐비고 슬랩스틱 영

■ pp. 180~84를 보라.

화를 참조한 장면들이 가득했다. 콕토의 각본에 미요가 작곡을, 라울 뒤피가 디자인을 맡은 이 발레는 1919년에 샹젤리제 극장에서 상연되었다.

샹젤리제 극장은 당연히 댜길레프의 영역이었다. 《봄의 제전》을 초연한 곳이 아니던가. 그리고 《지붕 위의 암소》같이 전혀 새로울 것 없는 작품이 성공하다니 댜길레프 입장에서는 쓴 약을 삼키는 기분이었을 것이다. 더욱이 전쟁이 끝나 1919년 겨울 파리에 돌아온 발레 뤼스는 파업 때문에 공연이 축소되어 기세가 꺾인 상태였다. 그렇다고 콕토와 척을 진다면 그의 주변 인물들에 접근할 기회를 잃게 될 터였다. 댜길레프는 현명하게 프랑스 6인조 중 세 명—풀랑크, 오리크, 미요—에게 곡을 의뢰했다. 그리고 1924년에 콕토는 댜길레프에게 재즈 시대에 발레 뤼스에게 대단한 성공을 안겨준 《르 트랑 블루》의 시나리오를 건넸다.

《르 트랑 블루》의 초연이 있기 불과 몇 주 전에 콕토는 또다시 댜길레프에게 더 정면으로 도전하는 사건에 연루되었다. 그 사건은 에티엔 드 보몽 백작과 그의 아내 에디트로부터 비롯되었다. 부유하고 교양 있고 발이 넓은 이 동성애자 부부는 파리 상류 사회의 중심인물이었고, 댜길레프와 만나면 입맞춤을 나누는 사이였다.[38] 마세랑 거리의 호화로운 저택에서 에티엔은 사치스러운 가면무도회를 열었고, 이 무도회를 위해 기상천외한 의상을 디자인하고 타블로비방tableaux vivant◆을 감독했다. 그 후로 에티엔은 한술 더 뜨고 말았다. 마신에게 홀딱 빠져 서른 명의 무용수를 고용해 새로운 발레를 기획하라고 거금을 안겨준 것이다. 아방가르드 발레와 연극인 《파리의 밤Soirées de

에티엔 드 보몽(1883~1956).

Paris》은 피갈에 있는 뮤직홀 라 시갈에서 6주 동안 상연했다.

댜길레프는 당연히 격노했다. 정확히 같은 시기인 1924년 5월과 6월에 발레 뤼스는 샹젤리제 극장에 공연 예약을 해놓은 상태였다. 더구나 그에게 충성해야 할 많은 사람들—배신자 마신과 믿을 수 없는 콕토뿐만 아니라 피카소, 사티, 드랭, 로포호바와 이드지콥스키를 비롯한 무용수들까지—이 드 보몽과 계약을 맺었다. 작품 의뢰를 희망하는 재능 있는 젊은이들에게 댜길레프는 다음과 같이 경고했다. 그와 나, 둘 중 하나만 선택하라고. 콕토는 구렁이처럼 음흉하게 댜길레프에게 편지를 써 보냈다. "시갈 프로젝트에 관해 설명드릴 게 있습

◆ 사전적인 의미로 '살아 있는 그림'이며, 본래 19세기 유럽의 사교 모임이나 귀족적 연회 등에서 연극의 한 장면이나 회화를 무언과 부동의 상태로 연출하는 놀이를 말한다.

니다. 분명 그 작품을 좋아하실 겁니다. E. 드 보몽은 내가 [셰익스피어의 원작을 각색한] 《로미오와 줄리엣》을 무대에 올리길 원합니다. 그의 뮤직홀 프로그램과 교대로 올려질 작품이지요. … 그러니 당신이 제작하는 것과는 전혀 다른 작품이 될 겁니다. 저는 연극의 선을 넘지 않을 테니까요."[39]

양 당사자는 상대방의 공연을 보러 갔고, 자신의 생각을 짧게 표명했다. 댜길레프는 남들이 보는 자리에서 《파리의 밤》 포스터를 가리키면서 말했다. "내 이름만 빠졌군."[40] 죽을 때까지 끝나지 않을 싸움이었지만 댜길레프의 병기고에는 《레 비시》《결혼》《르 트랑 블루》라는 새로운 무기가 있었으니 최종 승자는 댜길레프였다. 드 보몽의 입장에서는 어떤 것도 잘 되지 않았다. 짧은 시간에 엄청난 양의 새로운 작품을 제작해야 하는 압력 속에서 마신은 리허설 중에 평소보다 더 무례했고, 작품은 수준이 들쭉날쭉했으며 그야말로 하찮은 작품까지 나왔다.■ 드 보몽은 공연 분야에 무능함을 입증했고, 오케스트라는 파업에 들어갔다. 그가 고용한 사람들의 놀라운 재능에도 불구하고 최종 결과는 엉망이 됐다. 라 시갈은 곧 텅 비었고, 백작 부부는 대저택으로 퇴각해 경비를 계산했다. 로포호바는 비명을 질렀다. "나는 불과 물을 동시에 겪었다. 그 상황에서 통제하는 목소리를 내는 사

■ 3년 후 댜길레프는 이 난파선에서 흥미로운 물품 하나를 인양했다. 피카소가 디자인하고 사티가 곡을 쓴 《머큐리(Mecure)》라는 작품이었다. 《머큐리》는 로마 신화를 열두 개의 짧고 대체로 정적인 장면으로 만화처럼 재구성했다. 그중 한 장면에서 그리스 신화의 3미신(Three Graces)이 "근육질의 남자 무용수 앙트라베스티[en travesti, 여성 복장을 한 남성 무용수-옮긴이]가 종이 반죽으로 만든 커다란 젖가슴을 달고 수직으로 세운 욕조 안에 있는 모습으로 묘사되어 있다."(Vicente Garcia-Marquez, *Massine*, p. 180). 발레 뤼스가 표현했지만 댜길레프가 의뢰하지 않은 유일한 장면이었다.

람이 단 한 명도 없었다."[41]

댜길레프와의 보다 지속적인 경쟁은 스웨덴 발레라는 뜻의 발레 쉬에두아, 그리고 그들의 도발적인 선언문에서 비롯되었다.

> 발레 쉬에두아는 **용기 있게 도전하는** 유일한 단체다. 발레 쉬에두아는 현대의 삶을 표현하는 유일한 단체다. 발레 쉬에두아는 아카데미즘에 진정으로 반대하는 유일한 단체다. 우리는 모든 아카데미즘에 반대한다.[42]

이건 허풍이 아니었다. 발레 쉬에두아는 5년 동안 존속하면서 댜길레프의 아이디어와 언론의 관심과 관객을 훔쳐갔고, 더 나아가 독자적으로 중요하고 급진적인 개혁을 이뤄냈다. 사업을 떠받친 재원은 롤프 드 마레가 제공한 상당한 자금이었다. 드 마레는 1888년에 드넓은 토지를 소유한 스톡홀름의 귀족 가문에서 태어났다. 많은 나라를 여행하고 세계주의를 받아들였음에도 그는 수수께끼 같은 인물이었다. 댜길레프처럼 거들먹대지도 않았다. 그는 파리에 근거지를 두고 평생 옛 거장들의 그림과 현대 미술을 거래했는데, 1964년 눈을 감으면서 자신이 소유한 뛰어난 수집품을 스톡홀름 현대미술관에 기증했다.

1918년 그는 장 뵈를린이라는 이름의 통통한 스웨덴 무용수와 사랑에 빠졌고, 뵈를린은 그의 파트너가 되었다(댜길레프와 젊은 남자들의 관계와 다르지 않았다. 뵈를린은 동성애자가 아니었던 것으로 보인다). 무용수로서 뵈를린은 캐릭터를 생생하게 표현할 줄 아는 재능이 있었다. 밝고 자유분방한 자신의 실제 성격을 반영해 장난기 어린 에너지를 마음껏 발산했다. 안무에 관한 상상력 또한 풍부했다. 그의 영감 중 어느 정도가 드 마레에게서 나왔는지는 미스터리지만 말이다.

전쟁이 일어나기 전 발레 뤼스가 한동안 런던에 집중하는 사이에 드 마레가 기회를 잡았다. 그는 샹젤리제 극장을 7년 기한으로 임대하고, 친구인 자크 에베르토에게 뵈를린이 창작한 작품을 공연하는 스칸디나비아 무용단의 기획자 겸 매니저 역할을 맡아달라고 의뢰했다. 에베르토는 능숙한 솜씨로 홍보를 하고, 드 마레는 자금을 대고, 뵈를린은 물건을 공급했다.

발레 쉬에두아는 분명 발레 뤼스와 비슷한 점들이 있었지만 결코 판박이는 되지 못했다. 우선 첫 번째로 발레단에 기술적으로 뛰어난 무용수가 단 한 명도 없었다. 뵈를린은 한동안 포킨과 달크로즈를 연구했지만 그 역시 고전발레의 기초가 없었고, 스무 명의 단원들 중 누구도 관심을 갖는 이가 없었다. 두 번째로 그들의 성공은 모더니즘 미학만큼이나 민족 무용에 기반을 두고 있었다. 토슈즈는 물론이고 러시아 학교와 관련된 회전, 도약, 구부리는 동작 등은 거의 등장하지 않았다.

다섯 시즌에 걸쳐 발레 쉬에두아는 샹젤리제 극장을 본거지로 삼아 활동하면서 동시에 유럽 대륙을 두루 순회했다. 런던에서 1920년과 1922년 두 차례 공연을 했지만 별다른 인상을 주지 못했고, 1923-24년에 미국에서 선보인 공연은 그저 기이하다는 평가를 받았다. 이후 무용단은 6개월 동안 해산했다가 잠깐 부활했지만 1925년 혹독한 겨울로 프랑스 극장들이 텅 비는 바람에 제대로 공연하지 못했다. 그 시점에 발레 쉬에두아가 사라지게 된 것은 드 마레가 운영비를 계속 댈 수 없게 된 데다, 어느덧 술과 약물의 노예가 되어 때 이른 죽음을 바라보던 뵈를린과의 관계가 종착역에 이르렀기 때문이었다.

발레 쉬에두아는 양식의 혼합에 있어 발레 뤼스보다 더 극단적이었다. 발레 쉬에두아의 주 수입원은 민족 전통 의상, 민요에서 발췌한 음악, 소박해 보이는 무대 배경 등 스칸디나비아 민속에 기초한 일련의 작품들이었다. 《성 요한의 밤La Nuit de Saint Jean》《동스질Dansgille》《바보 같은 아가씨들Les Vièrges folles》은 밝고 형형색색에 어린아이 같은 분위기에다 줄거리를 최소화하고 고전발레의 스텝 기술을 완전히 제거한 작품으로, 목표는 오직 관객을 황홀하게 하는 것이었다. 이 작품들은 마신의 희극적이고 재치 있고 도시적인 《환상 가게》는 말할 것도 없고, 포킨의 그림책 같은 발레로 러시아 문화에 경의를 표했던 《불새》나 《페트루슈카》보다 훨씬 투박했다. 무용수들은 매일 밤 되풀이되는 유쾌한 소동에 신물이 났지만, 관객은 지루할 틈이 없었다.

발레 쉬에두아에는 훨씬 더 진지한 작품도 있었다. 1920년대 초에 뵈를린과 드 마레는 다다와 초현실주의와 표현주의 그리고 크롬강과 판유리의 미학을 대담하게 결합해 댜길레프를 앞질렀다. 《정신병원Maison de fous》(1920)은 편집형 조현병의 환각을 탐구한 작품이었고, 《에펠탑의 신부와 신랑Les Mariés de la Tour Eiffel》(1921)은 어느 부르주아의 결혼식이 대량 학살로 변하는 블랙 코미디다. 《에펠탑의 신부와 신랑》의 시나리오는 늘 빠지지 않는 콕도가, 음악은 프랑스 6인조 중 다섯 명이 맡았다. 페르낭 레제가 무대를 입체주의적으로 디자인한 《아

발레 쉬에두아의 1922년 작품 《아이스링크》의 한 장면. 페르낭 레제가 무대 디자인을 맡았다.

이스링크Skating Rink》(1922)는 죽음을 상징하는 인물이 얼음 위를 멍하게 떠도는 좀비들 사이에서 한 소녀를 택하는 이야기다. 좌파 인사인 레제는 그러한 가능성에 대단히 흥분했다.

가장 흥미로운 작품은 《쿼터 안에서Within the Quota》(1923)와 《휴관Relâche》(1924)이었다. 두 작품은 어쩌면 짧은 무언극이라고 묘사하는 게 옳을지 모른다. 인습적인 춤 동작이 거의 포함되지 않은 것처럼 보이기 때문이다. 《쿼터 안에서》는 제럴드 머피가 줄거리를 짜고 콜 포터가 곡을 쓴 작품이다. 배경막에는 머리기사 제목들이 어지럽게 적힌 타블로이드 신문 1면이 크게 확대되어 그려져 있다. 스웨덴에서 건너온 채플린 같은 모습의 불운한 이민자(뵈를린이 연기했다)가 뉴욕에 도착한다. 그는 거칠고 무신경한 미국식 생활 방식에 당황하고

난처해한다. 《휴관》은 "즉석 발레ballet instantanéiste"라는 이름으로 프로그램에 올랐다. 시각적인 콘셉트는 프랑시스 피카비아가 고안했으며, 중간중간에 르네 클레르가 감독한 환상적이고 자유분방한 20분짜리 영화가 상영되었다. 자동차 헤드라이트만 한 금속 원반 370개가 만들어낸 벽이 무대를 압도했고, 조명은 사티의 쿵쿵 울리는 미니멀리즘 음악에 등장하는 자동차 엔진 소리와 경적에 따라 움직였다. 줄담배를 피우는 소방수와 에로틱한 욕망을 감춘 점잖은 여성—반짝거리는 장식이 달린 트렁크 팬츠를 입은 뵈를린, 야회복을 입고 나와 속옷만 남을 때까지 옷을 벗는 여덟 명의 신사가 그녀의 욕망을 채워준다—이 등장해 고의로 가식을 보여준다. 무용수들의 몇몇 동작이 잠깐씩 관객을 흥분시키지만 결국에는 아무런 의미 없이 끝이 난다.■ 이건 알맹이 없이 관심을 끌기 위한 장치에 불과했다. 댜길레프는 날카로운 눈으로 발레 쉬에두아를 주시했지만, 그들의 시간은 금방 지나갔고 그들의 유산은 그들이 췄던 춤보다 반세기 늦게 출현한 퍼포먼스 장르에 더 많은 흔적을 남겼다.

발레 쉬에두아의 작품 중 언급할 가치가 있는 또 다른 작품은 《천지창조La Création du monde》(1923)다. 레제가 디자인한 이 작품은 1920년대 파리 문화의 가장 중요한 유행을 반영했다. "원시적"인 아프리카 부족 미술과 흑인들의 아름다움에 매혹된 것 말이다. 1914년 이전에는 이런 것들이 피카소 같은 엘리트 화가들을 매혹시켰다면, 1차 대전 이후에는 흑인 문화와 관련된 모든 것들이 보다 폭넓게 대중적인

■ 이 작품은 최근 몇 년 사이에 종종 추측으로 재구성되어 무대에 올려졌다. 유튜브에서 하이라이트를 볼 수 있다(https://www.youtube.com/watch?v=yHAYeOU9hkU).

인기를 누렸다. 1919년 드방베즈 미술관에서 열린 중요한 전시회, 휴전 협정 이후 유럽에 남은 미국 병사들로 구성된 재즈 밴드와 블루스 가수들의 유입으로 일어난 변화였다.

그 뒤를 이어 브로드웨이 나이트클럽에서 목격된 독특한 재능을 가진 열아홉 살 소녀가 등장했다. 짐 크로 법이 지배하는 미국에서 교묘한 무시와 노골적인 인종차별을 겪었던 그녀는 프랑스에 오면 더 좋은 조건을 제공받을 수 있으리라 기대하며 파리행 계약서에 서명했다. 그 소녀의 이름은 조지핀 베이커였다. 1925년에 베이커는 샹젤리제 극장에서 공연된 〈흑인 레뷰〉로 하루아침에 스타가 되었다. 어니스트 헤밍웨이가 그녀에 대해 “내가 본 그 누구보다 충격적인 여성”이라고 말한 것은 유명하다.[43] 모든 억압을 벗어던진 그녀의 모습은 사람을 들뜨게 했다. 그녀는 야한 노래를 부르고 고약한 농담을 했지만, 고무처럼 탄력 있는 몸을 과시하며 사람들을 매혹했다. 한 익살꾼은 그녀의 몸을 이렇게 표현했다. “권투하는 캥거루, 추잉 껌, 경주하는 사이클 선수의 혼종.”[44]

그녀는 미친 듯이 찰스턴 춤을 추면서 가슴을 드러내 보이고, 사시처럼 눈을 모으고, 어깨를 흔들면서 엉덩이를 때리고, 당나귀처럼 이상한 히힝 소리를 내뱉었다. 이러한 그녀에게 사람들은 흑인의 여성성을 가리키는 온갖 통속적인 표현(보들레르의 시에 나오는 “검은 비너스” 또는 “기묘한 신” “무자비한 악마”)을 갖다 붙였다. 그녀의 페르소나는 눈 하나 깜짝하지 않고 그러한 이름을 유쾌한 농담으로 바꿔놓았다. 그녀 이전에 어떤 여성도 이런 게임으로 대중적인 인기를 누린 적이 없었다. 그녀의 당당함은 상스러움을 뛰어넘었다. 또한 니진스키가 양성성을 넌지시 내비친 이래로 에로티시즘의 한계를 그녀처럼 대담하게 확장한 사람은 없었다. 조지핀 베이커의 등장 이후 셰에라자드의 섹시함은 한물간 것으로 보였다.

댜길레프가 이 경이로운 여성을 직접 목격했는지 우리는 알 수 없다. 그는 그녀에 대한 어떤 발언도 남기지 않았다. 직접 봤다면 매혹됐을까, 끔찍했을까? 자신이 기회를 놓쳤다고 느꼈을까, 혹은 몸으로 자유를 표현하는 그녀의 춤 때문에 발레의 고전적인 미학이 《봄의 제전》 때보다 훨씬 더 불길하게 흔들리고 있다는 걸 알아챘을까? 댜길레프가 인정했으리라고는 믿기 어렵다. 그는 재즈를 절대적으로 싫어했고, 미국화에 반감을 갖고 있었으며, 여성의 신체에 관심이 없었다. 하지만 해리 케슬러가 전후 시기에 발레단에서 베이커만큼 그를 흥분시키는 그 무엇도, 그 누구도 발견하지 못했다는 건 분명하다. 케슬러는 이 "천재"를 위해 솔로몬의 노래를 주제로 발레를 계획했다. "베이커 양은 고대 동양 스타일의 옷을 입을(혹은 입지 않을) 것이다. 솔로몬은 디너 재킷을 입을 것이다. 무대에는 고대적인 것과 현대적인 것을 완전히 임의적으로 뒤섞은 환상의 세계가 펼쳐지고, 재즈와 동양풍을 반반씩 섞은 음악이 흐를 것이다. 작곡은 아마 리하르트 슈트라우스가 하게 될 것이다."[45]

어떤 것도 실현되지 않았다. 베이커는 폴리베르제르로 갔고, 그런 뒤 영화계로 진출했기 때문에 발레와 직접 경쟁하지는 않았다. 하지만 그녀의 노골적이고 요란한 에로시티즘이 파리의 분위기를 달구고 나자 이 도시의 관객들은 발레 뤼스의 마지막 실험작들이 낡은 것까지는 아니라 할지라도 비교적 소심하고 고지식하다고 느꼈다. 런던 관객에게는 당황스러움을, 파리 관객에게는 지루함을 준 것이다. 발레 뤼스의 시간은 이제 지나간 것일까?

발레 쉬에두아, 드 보몽, 조지핀 베이커를 이겨낸 후 댜길레프는 파리에서 최후의 적과 대면했다. 바로 그의 오랜 적대자 이다 루빈시테인이었다.

발레 뤼스에서 《셰에라자드》와 《클레오파트라》로 짧은 성공을 거두고 20년이 지난 후에도 그녀의 문제는 변함없이 너무 많은 돈과 너무 빈약한 재능의 조합이었다. 40대에도 누구 못지않게 우아했지만 살로메의 일곱 베일을 계속 벗기에는 나이가 너무 많았다. 모래시계 몸매와 유대인 특유의 음울한 아름다움을 지닌 이 귀부인은 뼛속까지 우월감에 젖어 있는 사람이었다. 그녀는 상속받은 막대한 재산(그리고 연인인 월터 기네스의 재산)을 이용해 자신을 돋보이게 할 새로운 수단을 찾았다. 1928년 그녀는 파리에 자신의 발레단을 설립하고 일곱 편의 신작 레퍼토리를 주문했다. 절반이라도 완성된 작품이 단 한 편도 나오지 않자 그녀는 파리 오페라하우스를 빌리고, 브누아에게 디자인을 감독하게 하고, 니진스카와 마신에게 안무를 맡기고, (특히) 라벨과 스트라빈스키에게 곡을 의뢰했다. 그 결과 탄생한 작품이 《볼레로Boléro》와 《요정의 입맞춤Le Baiser de la fée》이었다.

라인업은 눈이 부셨지만 루빈시테인 자신이 중앙에 서겠다고 고집을 부리는 바람에 사업이 덜컥거렸다. 섬세하게 꾸민 아름다운 외모에도 불구하고 《요정의 입맞춤》에서 악한 요정을 연기할 때 그녀는 사람들의 비웃음을 샀고, 《볼레로》에서 집시 옷을 입고 테이블 위에 서서 팔을 이리저리 흔들 때도 마찬가지였다. 그녀가 굳이 무대에 서겠다고 고집한 이유는 미스터리였다. 무대공포증으로 인해 무대에 오르면 마비 증상을 겪었기 때문이다. 그녀는 타조처럼 휘청대며 무대 위를 걸어 다니고, 두 팔을 퍼덕거리고, 입을 삐죽거렸다. 자신의 무능함을 감추기 위해 필사적으로 애를 썼다. 그러는 동안 젊은 프레더릭 애슈턴 등 그 공연에 출연한 다른 무용수들은 "불쌍한 노친네"를 보고 낄낄거렸다. 그녀의 품위와 진정성은 마리 앙투아네트가 우유를 짤 때와 맞먹었다.◆46

댜길레프가 후원했던 인재들을 루빈시테인이 모조리 쓸어가자 댜길레프의 감정은 극도로 악화되었다. 스트라빈스키가 참여한 것은 슬프게도 끝내 해소되지 않은 마지막 울분의 씨앗이 되었다. 다만 적어도 그녀가 제작한 작품의 허접함에 가학적 쾌감을 느끼면서 만족스럽게 두 손을 비빌 수는 있었다. 두 편의 공연을 보고 난 뒤 댜길레프는 세르주 리파르에게 돌아가 이렇게 말했다.

> 모든 것이 완전히 촌스럽고 지루했어. 질질 끌더군 … 쓰레기를 보는 건 아주 유익해. 생각을 하게 되거든 …
> 극장은 사람들로 가득했지만 그게 성공일까? 어떤 점잖은 사람이 방금 방귀를 뀐 고상한 응접실 같았지 … 그 모든 게 무슨 가치가 있어? … 우리에게는 나폴레옹이나 볼셰비키 같은 사람이 필요하다네. 그 가축우리 같은 공간 아래에다 폭탄을 터뜨리는 거야. 관객들, 자기를 무용수라고 생각하는 그 매춘부들, 음악가들을 사는 데 들어간 수백

◆ 전원생활을 동경했던 마리 앙투아네트는 궁 안에 농가를 짓고 가축을 기르면서 틈날 때마다 전원생활을 즐겼다.

만 프랑도 같이 터지는 거지.[47]

그는 어떻게 생각했을까? 그 모든 게 무슨 가치가 있었을까? 몇 달 후, 그러니까 죽음을 불과 몇 주 앞두고 런던에서 마지막 시즌을 보내던 중 댜길레프는 『타임스』에 편지를 보냈다. 그답지 않은 길고 두서없는 편지였다. 내용은 『예술세계』 이후 그가 처음으로 미학적 선언을 표현한 것에 가깝다. 자신의 기획은 이다 루빈시테인과 발레 쉬에두아의 일시적 유행과는 다르다는 주장을 담은 이 글은 앞뒤가 맞지 않고 때로는 자기모순적이다. 급진적이면서도 보수적이고, 혁신을 옹호하다가도 아방가르드의 과시적인 장치를 공격하고 영원한 원리를 주장했다. 한마디로 뒤죽박죽이었다.■ 발레 뤼스가 걸어온 잡다하고, 변덕스러우며, 기회주의적이고, 절충주의적이고, 중단을 반복해온 과정을 압축해 보여준 것에 불과했다.

친애하는 귀하, 지구가 오래 돌면 돌수록 그 위에서 우리가 발견할 운동은 줄어들기 마련입니다! 세계대전이 일어나고, 제국이 무너지고, 거대한 유토피아가 탄생해도 인간의 선천적인 전통은 변하지 않습니다. 사회 혁명이 정치적 신분을 뒤엎는 와중에도 미를 지향하는 인간의 정신은 그대로 보존됩니다. 반면 이러한 시기에 우리는 미학적인 문제로 동분서주할 시간이 없습니다. 이러한 시대에 살면서 우리는 지금 이 순간 개인의 재능과 인간의 천재성이 살아 움직이며 인간의

■ 댜길레프의 기초적인 영어 구사력을 고려할 때 이 편지는 원래 프랑스어로 작성되었을 터인데, 『타임스』에서 그 프랑스어 원문을 오역했을 가능성이 있다.

시스템에 미생물처럼 진입하는 모습을 봅니다. 그러나 이곳에 도달하여 어떠한 지원도 받지 못했습니다.
현 세기는 끊임없이 새로운 “기계 운동”에 관심을 기울입니다. 그러나 새로운 “예술 운동”이 일어나면 사람들은 자동차에 치이는 것보다 더 겁을 먹습니다. 지난 25년간 나는 극장에서 새로운 “운동”을 찾고자 노력해왔습니다. 우리 사회는 오늘날 위험하게 보이는 나의 실험들이 내일이 되면 없어서는 안 될 것들로 여겨질 것임을 인식해야만 합니다. 예술의 불행은 모든 사람이 독자적으로 판단할 자격이 있다고 생각하는 것입니다. 과학자가 전기 장치를 발명할 때 그 장치를 비평할 능력과 자격을 갖는 것은 전문가들뿐입니다. 하지만 내가 예술적 기계를 발명할 때 사람들은 예의 없이 그 엔진의 가장 섬세한 부품에 손가락을 집어넣고 자기 멋대로 작동시키고 싶어 합니다. …
내가 제공하는 “볼거리”를 감상하며 사람들은 ‘이상하다’ ‘화려하다’ ‘불쾌하다’ 등 일련의 감탄사로 새롭게 반응합니다. 그리고 안무는 “체육”과 “곡예”로 새롭게 정의됩니다. 쇼는 무엇보다 “이상”해야 합니다. 나는 처음으로 전등을 본 사람, 처음으로 전화기를 통해 단어를 들은 사람이 얼마나 당황했을지 그려볼 수 있습니다. 내가 영국 대중에게 내놓은 최초의 전기 벨은 《이고르 공》에서 선보인 폴로비츠인의 춤이었습니다. 얼마 안 되는 관객은 이 기이하고 야만적인 곡예에 참지 못하고 달아났습니다.■ 고작 1911년에 코번트 가든에서 일어났던 일입니다. 1929년에 똑같은 극장에서 평론가들은 나의 무용수들이

■ 이는 사실이 아니다. 관객은 많았고, 반응은 뜨거웠다.

"운동선수"로 변신했으며, 나의 안무는 "순전한 곡예"라고 선언했습니다.

이 편지에서 이렇게 중대한 문제를 자세히 논할 순 없지만, 몇 마디 하긴 해야겠습니다. 고전발레는 예전부터 지금까지 결코 러시아 발레가 아니었습니다. 고전발레의 탄생지는 프랑스였습니다. 그 후 이탈리아에서 발전했고, 러시아에서는 단지 보존되었을 뿐입니다. 러시아 발레의 발전은 고전발레와 나란히 존재했던 민족 무용과 캐릭터 댄스character dance◆로부터 비롯되었습니다. 내가 아는 한, 러시아 민속춤에서 비롯된 고전발레 동작은 단 하나도 없습니다. 왜 우리는 프랑스 궁정의 미뉴에트와 러시아 마을 축제에서 영감을 받아야만 했을까요? 우리의 민족 스텝을 가리켜 예술 애호가들은 곡예적으로 보인다는 용어를 사용하곤 합니다. 하지만 이것은 훨씬 더 이전으로 거슬러 올라가는 오류에서 비롯된 말입니다. 왜냐하면 춤 속에 곡예적인 요소를 도입한 것은 의심할 여지 없이 이탈리아의 전통 학교이기 때문입니다. … 발란신이 《돌아온 탕아》에서 보여준 조형적인 시도들을 보면, 마지막 고전발레인 《오로라의 결혼Aurora's Wedding》의 파드되보다 곡예적인 요소가 훨씬 적습니다.

다음 월요일에 두 건의 새로운 이벤트를 개최하고자 합니다. 리파르가 처음으로 춤을 맡았습니다. 그가 《여우》의 안무를 창조했는데, 이 작품을 계기로 우리는 최초로 곡예 발레에 대해 논의할 수 있는 기회를 갖게 되었습니다. 리파르가 곡예만을 원칙으로 삼는 건 아닙니다.

◆ 이를테면 폴란드의 마주르카나 오스트리아의 왈츠처럼 남다른 매력으로 지역과 국경을 넘어 전파된 대표적인 민속 무용을 말하는데, 발레가 이런 무용을 적극 수용했다.

단지 스트라빈스키의 곡예적인 음악을 표현할 다른 방도가 없었기에, 그리고 피카소가 윤곽의 곡예사이기 때문에 택한 것입니다. 몇몇 구성적인 요소들이 곡예의 영역 안으로 들어왔습니다. 그림, 무대 장식, 음악, 안무에서는 오늘날 "구성주의"가 대유행하고 있습니다.

형식은 변합니다. 그림과 무대 미술에서는 이 대유행이 끝나가고 있습니다. 그러나 인상주의와 감상주의로 가득 찬 음악, 그리고 고전적인 춤에 경의를 표했던 무용에서는 "구성주의"가 특별한 힘을 얻고 있습니다. 지금이 냉소적이고 감상적이고 단순한 시대이기 때문입니다. … 불쌍하게도 음악은 진부함에 빠졌고, 급기야 19세기 말의 감상적인 발라드를 추월했습니다. 이런 이유로 나는 "파리 국제 시장"의 치명적인 오류를 잊을 수 있게 하는 모든 것을 환영합니다. 나의 젊은 동포 이고르 마르케비치[댜길레프의 마지막 제자]가 처음으로 자신의 연주회를 엽니다. 그의 나이는 열여섯입니다. 그의 음악이 나에게 소중한 것은 그의 음악에서 지난 수년에 걸쳐 파리에 출현한 난잡한 잔치에 항의할 줄 아는 새로운 세대의 탄생을 보았기 때문입니다. … 멜로디를 좇는 감상주의는 찾아볼 수 없습니다. …

리파르에게도 그와 똑같은 구성의 감각, 타협에 대한 두려움이 있습니다. 《여우》의 악보 표지에 스트라빈스키는 "이 발레는 어릿광대, 곡예사 또는 무용수가 실행해야 한다"고 적었습니다. 리파르는 무용수와 진짜 서커스 곡예사를 사용했고, 따라서 안무가의 과제는 서커스와 무용 기술을 유연하게 섞는 것이었습니다. …

대중과 평론가들은 어쩌면 나의 젊은 두 친구를 언짢게 생각할 수도 있습니다. 하지만 이들은 첫 무대에 서는 신인답게 그걸 두려워하지 않습니다.

지구가 오래 돌면 돌수록 그 위에서 우리가 발견할 운동은 줄어들기 마련입니다. 이상 세르주 댜길레프였습니다.[48]

8장

계승자
DIAGHILEV'S EMPIRE

1929년 댜길레프가 세상을 떠난 뒤로 몇 주 동안 회의론이 팽배했다. 간판 격인 인물이 사라졌으니 이제 발레의 미래는 어떻게 될까? 『타임스』는 부고란에서 그를 "우리 시대의 가장 성공한 쇼의 창시자"로 묘사했다.[1] 『데일리 익스프레스』는 많은 이들과 마찬가지로 절레절레 고개를 저었다. "필자는 발레가 오래 살아남을 거라고 생각하지 않는다. 기계는 그대로 있지만 동력이 없다. 그 기계를 만든 사람이 세상을 떠났다."[2] 이후 한 세대 동안 발레의 인기가 꾸준히 높아졌다는 점에서 비관론자들이 결국 틀렸음이 입증됐지만, "동력이 사라졌다"는 지적은 틀리지 않았을지 모른다. 현장을 지휘하고 계획을 세운 인물의 감각은 결코 돌아오지 않았고, 이후 30년의 역사는 댜길레프의 제자들과 모방자들이 그의 업적을 재현하면서도 그의 그림자를 피하고자 노력하는 이야기였다. 바가 높게 설정되어 있었다. 『데일리 메일』은 이렇게 썼다. "이 특별한 남자는 한 시대에 그의 인장을 찍었다. 어쩌면 그를 통해 이 시대—20세기의 첫 번째 25년—는 표현을 발견했다고 말하는 것이 더 정확할지 모른다."[3] 아널드 해스컬은 훨씬 직설적으로 말했다. "현대 예술에서 1919년부터 1929년은 댜길레프의 시대였다."[4]

발레 뤼스는 근근이 운영되었고, 막바지에는 후원자들의 기부금에 의존했기 때문에 재정적 기반은 물론이고 준비금이나 자본마저도 전무했다. 빚을 갚기 위해 공연에 쓰였던 물품—파리에 보관된 무대장치, 의상, 악보—들이 뉴욕의 한 임프레사리오에게 싼값에 무더기로 팔려나갔다. 그는 미국으로 발레단을 데려간다는 계획을 그리고 있었지만, 월스트리트 붕괴의 낙진 속에서 이 꿈같은 생각은 재가 되었다.

업계의 사람들은 대부분 댜길레프의 충직한 황태자 보리스 코흐노가 발레단의 고삐를 틀어쥐고 계속해 나가리라 생각했다. 1930년과 그 이후를 위한 예약과 의뢰가 시급한 과제로 떠올랐다. 그러나 제대로 되지 않았다. 모든 것이 너무도 간단히 무너지고 말았다. 그는 뛰어난 지능, 상상력, 재량에도 불구하고 혼자서 그 일을 해낼 경영자의 권위를 갖추지 못했다. 댜길레프가 눈을 감은 자리에서 그와 후계자 경쟁을 벌였던 세르주 리파르가 끼어들려 했지만 단호히 거절당했다. 발레 뤼스의 단원은 누구나 세르주의 거드름과 자만심에 치를 떨었지만, 다행히 그는 파리 오페라하우스를 지휘하는 자리에 올라 1958년까지 안정적으로 경력을 쌓아나갔다(불운한 중단이 한 차례 있었고, 이에 대해서는 나중에 자세히 설명할 것이다). 그러는 사이에 마신은 발레단의 핵심 단원들을 규합하고 새로운 후원을 찾기 위해 "미친 듯이 뛰어다녔다."[5] 하지만 그 누구도 돈을 갖고 있지 않았다.

이런 상황에 전혀 구애받지 않는 단 한 곳이 있었으니 바로 몬테카를로였다. 댜길레프가 1924년부터 발레 뤼스의 기지로 삼은 오페라하우스는 모나코 해수욕 협회—다른 말로는 무한정 이윤을 남기는 카지노—의 보호 아래 유순하고 지적인 르네 블룸과 그의 유대인 형제이자 프랑스 사회당 지도자인 레옹 블룸의 손에 운영되고 있었다. 블룸은 댜길레프와 사이좋게 일했고 발레 예술을 이해했다. 다만 거칠고 억척같은 면이 부족했는데 시체같이 삐쩍 마른 한 코사크인에게서 자신에게 없는 이 자질을 발견하게 된다. 한때 헌병대 장교였던 그의 본명은 바실리 그리고리예비치 보스크레젠스키로, 사람들은 그를 드 바실 대령이라 불렀다. 이 사람은 파리 연극계와 예술계에서 약간의 경험을 쌓았을 뿐 깊이 있는 지식이나 감수성은 갖추지 못했고, 아이디어가 필요할 때는 주로 다른 사람들에게 의존했다. 아널드 해스컬은 그를 다음과 같이 멋지게 묘사했다. "활동적이고 열정이 있는 이 사업가의 최대 관심은 까다로운 사람을 다루는 것에 있었다."[6] 발레단의 고참 발레리나 알렉산드라 다닐로바의 표현은 더 노골적이다. 그녀는 콧방귀를 뀌며 그는 "신사가 아니었다"고 말했다. 기회주의자이자 해결사라는 것이 진실에 가까울 것이다. 드 바실은 무자비하리만치 약삭빠르고 음흉했지만 필요하다 싶을 땐 매력을 발산하고 호의를 베풀었다. 그를 움직인 건 미학적 통찰이 아니라 상업적 본능이었고, 돈을 마지못해 토해내는 습성은 전설이 되었다. 또한 그는 음모를 꾸미는 일에 즐거움을 느끼는 고질병이 있었는데, 그런 그를 도와준 사람은 희가극 배우 3인방이라 할 수 있는 리지, 필리포프, 존이었다. 이들은 무대 뒤를 배회하면서 문지기, 조연, 협력자 역할을 했다. 그 결과는 "내가 본 가장 혼란스러운 조직"이었다고 다닐로바는 덧붙였다.[7] 이는 단지 그녀 혼자만의 감정이 아니었다. 캐스린 솔리 워커는 이렇게 적었다. "드 바실 발레단에서 일해본 이들 중 돈 문제에 있어 불만을 품지 않았던 사람은 아무도 없을 것이다. 모든 사람이 어떤 식으로든 속았거나 적어도 속았다고 느꼈는데, 따져보면 그건 별 차이가 없었다. 하지만 솔직히, 냉정하게 고려할 때 모든 돈을 정직하게 지급했다면 발레단은 유지될 수 없었을 것이다."[8]

처음에 드 바실의 조직 폭력배 같은 기운에 외경심을 느낀 블룸은 그와 함께 댜길레프의 사람들을 다시 끌어모으고, 그의 방침으로 레퍼토리를 상연하기로 계획했다. 상연과 관련해서는 코흐노가 예술 고문 역을 하면서 발란신과 함께 주요 안무를 맡았으며, 댜길레프의 가장 든든한 지원자 세르게이 그리고리예프가 발레 마스터 겸 발레단 관리자 직을 맡았다. 1932년 상반기에 파리와 몬테카를로에서 공연한 첫 번째 시즌은 시끌벅적한 성공으로 마감되었다. 그러나 드 바실에게는 넵스키 픽윅키언 회원들을 열광시킨 바그너풍의 이상주의가 전혀 없었다. 그의 목표는 노골적으로 스타 무용수들을 전시하는 것이었다. 그들 중에는 특히 발란신이 발견해 데려온, 이제 막 10대에 들어선 소녀 세 명이 있었다(여성의 재능에 대한 발란신의 태도는 항상 피그말리온◆이었다). 이들은 마린스키 극장에서 은퇴한 발레리나 올가 프레오브라젠스카야, 류보프 에고로바, 마틸드 크셰신스카가 파리에서 운영하던 명망 있는 발레학교의 학생이었다.

발레단에서 "아기 발레리나들baby ballerinas"로 알려진 이 셋은 타티야나 랴보신스카야, 이리나 바로노바, 타마라 투마노바였다. 발레를 통해 유럽에 건너오게 된 수많은 백계 러시아 망명자의 자녀였다. 세 소녀는 비록 중산층 출신이었지만 아이들의 부모는 수업료를 낼 형편이 아니었다. 혁명으로 사회적 지위와 부와 재산을 전부 잃은 부모들은 천한 일을 하거나 극빈층으로 전락했고, 선생들은 대개 자선 차원에서 동포의 아이들을 제자로 받아들였다. 프레오브라젠스카야는 바로노바에게 "네가 발레리나가 되고 나서 갚으면 돼"라고 말했다(바로노바는 그렇게 했다).[9] 이는 전혀 부끄러운 일이 아니었고, 계급이

◆ 현실의 여성에게 환멸을 느껴 자신의 이상형을 직접 조각하고, 여신의 힘으로 인간이 된 조각상과 결혼해 자식까지 둔 신화 속 인물.

하락한다거나 고상한 매춘부로 전락한다는 의식은 전혀 없었다. 러시아인들에게 발레는 언어 장벽을 겪지 않고 그들의 문화적 정체성을 지킬 수 있는 최고의 존엄한 직업으로 통했다.

몇 차례 대중 앞에 모습을 드러내 이미 일찍부터 인정을 받은 아기 발레리나들은 사춘기를 벗어나기도 전에 드 바실 발레단에 합류했다. 바로노바와 투마노바는 열두 살, 랴보신스카야는 열네 살이었다. 1930년대에 아이들은 대중 매체의 부추김으로 엄청난 관심을 불러일으켰고 할리우드 스타 못지않은 명성을 누렸다. 아기 발레리나들에 대해서 사람들이 추파를 던지고, 들쑤시고, 속이고, 착취한 방식은 오늘날 법적 소송까지는 아니더라도 도덕적으로 용납할 수 없다고 여겨질 가능성이 매우 높다. 비록 아이들은 어머니 같은 여성의 돌봄을 받았고, 자기가 하고 있는 것에 대한 순수한 기쁨 외에는 그 무엇도 표현하지 않았지만 말이다.

이렇게 파격적인 출발이었음에도 발란신과 코흐노는 드 바실에게 허를 찌르는 공격을 당했다고 느꼈고 둘 다 발레단을 떠났다. (나중에 발란신은 드 바실을 "저급한 취향을 가진 부정직한 문어"라고 묘사했다.[10]) 문제는 없었다. 상처에서 회복되는 시간은 그리 길지 않았다. 코흐노의 부유한 상류 사회 친구들이 몰려와 그들을 곤경에서 구해주었다. 코코 샤넬과 콜 포터 같은 오랜 친구는 물론이고 초현실주의 시인 에드워드 제임스 같은 새로운 친구들이 힘을 합쳐 레 발레 33Les Ballets 33의 창립 자금을 마련했다. 레 발레 33이라는 이름은 **이 시대**의 사건이라는 의미를 내포하고 있다. 그러나 흥미로운 사건이기도 하다. 그들이 남긴 유산 중에는 (후에 제목을 《칠죄종七罪宗》◆으로 바꾼) 《안나-안나Anna-Anna》가 있었다. 이 작품은 베르톨트 브레히트와 쿠르트 바일이 나치 독일을 피해 망명한 후 맺은 첫 결실이었다. 발란신이 연출하고 바일이 온몸에 전율이 일 만큼 통렬한 곡을 붙였다. 카바레의 여성 가수와 네 명의 남성 보컬이 노래하는 이 뮤지컬은 죄악이라는 종교적 개념을 당시 세태에 투사했다. 두 자매가 상상 속의 미국 도시를 여행하는 이야기로 두 자매의 이름은 똑같이 안나이며 도덕적으로 서로를 비추는 거울 이미지 역할을 한다. 바일의 아내 로테 레냐가 한쪽 안나를 맡아 노래하고, 에드워드 제임스의 매력적이지만 부도덕한 아내 틸리 로슈가 다른 안나 역을 맡아 춤을 췄다. 『댄싱 타임스』는 이 공연을 "독특하지만 대단히 흥미로운 … 본질적으로 독일 계통의 작품"이라고 묘사했다. 독일 계통이라는 것은 맨발의 전통을 지키는 헬레라우에서 훈련받았으나 전체주의의 발흥을 두려워한 안무가 쿠르트 요스를 가리키는 것으로 보인다. 1932년에 초연된 요스의 대표작 《녹색 테이블The Green Table》은 국제 외교의 허망함과 전쟁의 참상을 표현주의 양식으로 극화한 춤이었다. 이 작품은 발레라기보다 몸짓으로 표현된 우화에 가까운데, 히틀러가 권력을 잡았을 때 유럽을 순회하며 평화 운동의 등불이 되었다.[11]

레 발레 33이 파리와 런던에서 시즌을 보내는 동안 키가 엄청나게 큰 한 남자가 발레단 주위를 맴돌았다. 대단히 지적이고 성 정체성으로 고뇌하던 스물여섯 살의 보스니아 청년 링컨 커스틴이었다.[12] 하버드 대학 학부생일 때 상속받은 백화점을 기반으로 삼아 강력한 메시

◆ The Seven Deadly Sins, "일곱 가지 원죄"라고도 한다.

지를 담은 문학 계간지 『하운드 앤드 혼』을 창간하기도 한 커스틴은 소년 시절부터 이미 회비를 납부하던 주류 발레트망이었다. 자신의 열정을 쏟기 위해 그는 로몰라 니진스키가 가난하고 정신이 이상해진 남편의 전기를 쓰는 일을 돕고 있었다. 로몰라에게는 돈도 벌고 자신을 정당화할 기회였다. 그러나 그녀가 당시 인기 있던 영매 아일린 개릿에게 끊임없이 존경을 표하자 커스틴은 몹시 화가 났고, 로몰라와의 협업을 젊은 영국인 발레트망인 아널드 해스컬에게 넘기고서야 행복해했다. 그때 아널드 해스컬은 보다 큰 모험을 구상하고 있었다. 발란신을 뉴욕으로 데려가 미국의 독특한 발레 전통을 여는 일이었다.

발란신은 처음에 망설였다. 그 프로젝트가 거론될 무렵 커스틴은 일기에 발란신이 "정확히 말해 간절히 원하지 않았다기보다 희망이 없다고 본 듯하다"고 적었다.[13] 하지만 레 발레 33이 다음 해에 대한 계획도, 꿀단지 같은 미국에 진출할 기미도 보이지 않자, 그는 곧 마음을 돌리고 "이 일을 위해 모든 것을 걸겠다"고 공언했다.[14] 드디어 1934년 1월 매디슨가에 위치한 스튜디오에 아메리칸 발레학교가 문을 열었다. 그리고 몇 달 후 발란신을 오랫동안 괴롭혀온 결핵에도 불구하고 학생들은 발란신의 첫 번째 대륙 횡단 작품인 《세레나데Serenade》를 공연했다. 차이콥스키의 현악 모음곡을 배경으로 한 이 작품은 미국을 향한 열렬한 환영이라기보다 유럽에 보내는 낭만적인 작별 인사였다. 신세계를 향한 발란신의 사랑이 싹틈에 따라—그는 특히 검은 피부와 흰 피부의 무용수들을 통합한다는 생각, 그리고 전국 어디에서나 발견되는 키가 크고 원기 왕성하고 강건한 신체를 이용한다는 생각에 마음이 끌렸다—창백한 실피드의 영묘한 애수는 여성 군악대장의 씩씩한 에너지에 자리를 양보했다. 브로드웨이와 할리우드의 요란스러운 분위기도 수용했다. 시작은 느리고 불확실했지만 들판은 활짝 열려 있었고 발레의 역사에 또 하나의 중요한 챕터가 펼쳐지기 시작했다.[15]

한편 몬테카를로의 발레 뤼스는 드 바실의 지휘 아래 성공을 구가하며 런던에서 장기 시즌들을 보냈다. 1933년에는 알람브라(10년 전 댜길레프가 《잠자는 숲속의 공주》를 올렸던 극장)에서 다섯 달 동안 공연하고, 1934년에는 더 명망 있는 코번트 가든에서 두 달간 공연했다. 사람들은 댜길레프의 황금기와 비교하길 좋아했다. 어떤 사람들은 심지어 그 황금기를 아예 잊은 것 같았다. 레슬리 블랜치는 회고록에 "드 바실 대령의 발레단이 런던을 폭파했고, 하룻밤 만에 발레와 발레 마니아라는 신비한 현상이 출현했다"고 적었다.[16] 마치 니진스키와 카르사비나는 결코 존재하지 않았던 것 같았다. 에이드리언 스토크스는 이렇게 공언했다. "드 바실의 발레 뤼스는 댜길레프의 죽음으로 인해 불가능해 보이던 상황을 극복했다. 그들은 자신이 적법한 계승자임을 입증했다."■ 드 바실은 주식 중매인인 부유한 아버지로부터 받은 유산의 대부분을 발레단에 양도할 정도로 대단히

■ 하지만 빛바랜 장밋빛 기억을 가진 많은 사람들이 의구심을 품었다. "우리 아이들이 [댜길레프의 발레 뤼스의] 부활이라며 나를 공연에 데려갔다. 투마노바, 바로노바, 그리고 내가 셋 중 가장 좋아하는 불꽃 같은 랴보신스카야. 내가 이 세 명마저도 파블로바와는 동급이 아니라고 주장하자 아이들은 충격에 빠졌다. 내 생각을 말하자면, 차르 체제와 같은 봉건주의가 약화된 시대에 과연 과거와 같은 완벽한 단련이 가능할지 의문이 든다. … 흠잡을 데 없이 완벽한 군무, 무대 곳곳에서 몇 초마다 완벽하게 펼쳐지는 그 모든 포즈와 동작들도 마찬가지다. 천 년이 지나면 니진스키와 같은 남자 무용수가 나올 수 있을까?" (Ralph Furse, *Aucuparius*, p. 43.)

열정적이었다.[17]

마신이 들어와 발란신이 남긴 빈자리를 채우고, 자신이 더 큰 대어임을 입증했다. 그는 댜길레프의 유산을 한 아름 가지고 왔을 뿐 아니라 채무 불이행에 빠진 뉴욕의 임프레사리오로부터 무대 세트와 의상을 떨이로 구매해 들고 왔다.[18] 전쟁 전에 꾸준히 인기를 누린 포킨의 《레 실피드》, 《이고르 공》에 등장하는 폴로비츠인의 춤, 《페트루슈카》, 그리고 마신의 《환상 가게》와 《삼각모자》를 다시 무대에 올렸다. 이후 이 작품들은 발레단의 주요 수입원으로 자리 잡았다. 또한 마신은 《아름다운 도나우강Le beau Danube》을 다시 만들었다. 1924년에 실패로 끝난 드 보몽의 《파리의 밤》을 위해 요한 슈트라우스의 왈츠에 맞춰 안무했던 달콤한 빈풍의 작품이었다. 마신은 사랑하는 연인(랴보신스카야)과 추파를 던지는 매춘부(다닐로바) 사이에서 오도 가도 못하는 근사한 경기병으로 직접 출연했다. 음악의 거부할 수 없는 리듬, 초콜릿 상자를 본뜬 세트, 황홀한 피날레가 잘 어우러져서 이 작품 역시 돈벌이가 되는 든든한 히트작이 되었다.

하지만 마신의 머릿속에는 대중을 즐겁게 하는 것이 아닌 다른 것이 들어 있었다. 그의 사생활은 엉망이었다. 이제 30대 중반에 들어선 그는 두 번째 아내인 유지니아 델라로바 그리고 독일-노르웨이계 발레리나 베라 조리나와 만족스럽지 못한 삼각관계를 이어가고 있었다. 조리나가 불륜의 상황에 절망해 손목을 긋는 일도 있었다. 하지만 차가운 심장을 가진 이 천재는 자신의 예술적 업적의 정점을 찍을 일련의 진지한 대작을 구상하고 있었다.

마신의 전기를 쓴 비센테 가르시아-마르케스가 “20세기 무용사의 전환점"이라고 묘사한[19] 그 작품들의 주요한 혁신은 낭만주의 시대의 교향곡을 발레 음악으로 사용한 데 있었다. 이는 러시아(그 방법을 1920년대 초에 잠깐 시도했던 나라) 바깥에서는 금시초문이었다. 그때까지는 시나리오에 맞춰 작곡한 무용 모음곡이나 무용 음악을 사용하는 것이 불문율이었기 때문이다. 마신이 음악을 전용轉用한 것이 도덕적으로 옳은가에 대한 의견은 엇갈렸다. 순수주의자들은 그 자체로 완전한 무언가가 작곡가의 협력도 없이 장황하게 설명되고 있다고 불평했다. 반면에 다른 사람들, 특히 위대한 평론가이자 바그너 학파인 어니스트 뉴먼은 마신이 시각화한 상들이 "작품의 내면세계"를 드러내고 청음을 "향상시켜주는" 이미지로 작용한다고 주장했다.[20]

교향곡 발레의 주제는 다양했다. 그러나 안무의 측면에서는 고전 시대 미술, 비잔틴 미술, 르네상스 이전의 이탈리아 미술에 나타난 평면화된 원근법, 저부조, 성직자들의 포즈에서 많은 영향을 받았다. 20여 년 전에 댜길레프의 소개로 접하게 된 것들이었다. 첫 작품은 1933년에 차이콥스키의 〈교향곡 5번〉에 맞춰 안무한 《예감Les Présages》이었다. 작곡가의 강박적인 숙명론을 반영한 이 작품은 악시옹이라는 중심인물(여자 무용수가 연기했다)을 통해 운명에 맞선 남자가 적대적인 세력과 투쟁하는 과정을 그려냈다. 고대 그리스 신전의 프리즈◆에서 영감을 받은 조각 같은 타블로, 앙드레 마송의 표현주의적인 디자인 위에서 소용돌이치는 "혜성, 거대한 낙뢰, 터질 듯한

◆ p. 128을 보라.

심장, 달리풍의 무지개,"[21] "허세를 부린 주제 표현 … 불가사의한 음울함 … 혼란스러운 상징주의와 애매한 철학"[22]이 감동을 주기도 하고 당혹감을 주기도 했다. 마신은 연습실에서 설명을 꺼리는 것으로 악명이 높았기 때문에 작품의 의도가 정확히 무엇인지 무용수들조차 알지 못했다.

그로부터 6개월 뒤 브람스의 〈교향곡 4번〉에 맞춰 안무한 《코레아르티움Choreartium》이 나왔다. 이번에는 우화적인 겉치레를 완전히 버리고, 불특정한 고전적인 배경 앞에서 곡의 밀물과 썰물을 안무로 표현하려는 시도만을 남겼다. 아널드 해스컬은 다음과 같이 말했다.

> 브람스의 〈교향곡 4번〉은 명확한 주제가 없는 작품이다. 완전히 추상적이며 표제 음악이 아니다. 그걸 안무로 번역하기 위해서는 영웅적인 것을 표현한 미켈란젤로 같은 조각가가 인간의 몸을 재료로 삼아 조각할 필요가 있다. 그 결과 개인과 집단의 움직임이 처음부터 끝까지 아름답고 논리적이면서도 놀랍게 표현되고, 엄청난 수의 출연자 한 명 한 명이 개인인 동시에 프레스코화의 일부가 되는 40분 길이의 춤이 탄생했다. 평안함이 넘쳐흐른다. 눈은 때로 이 그룹에서 저 그룹으로 옮겨가서 그들의 윤곽에 머문다. 무용수들의 등장과 퇴장이 눈길을 사로잡고, 다양한 분위기로 바뀌는 탓에 주제의 부재가 공허하게 느껴지지 않는다. … 지금까지 누구도 안무의 영역에서 이러한 규모의 이러한 위업을 시도하지 않았다. 이 작품은 순수 무용의 탄생이자 개가다.[23]

이 시기에 만들어진 마신의 작품 중 클라이맥스는《환상교향곡 Symphonie Fantastique》으로 1936년에 처음 상연되었다. 엑토르 베를리오즈의 〈환상교향곡〉에 전개된 순서에 따라서 이 작품은 신비하거나 상상으로 지어낸 다양한 풍경을 묘사하는 다섯 개의 장면—유령의 방, 화려한 무도회장, 전원의 목가적 풍경, 교도소, 마녀의 동굴—으로 이루어져 있었다. 이 풍경들 속에서 바이런의 시를 연상시키는 비장하고 감상적인 예술가가 이룰 수 없는 사랑의 아스라한 이미지를 환각으로 떠올리면서 우울하게 지나가고, 형언할 수 없는 매력을 지닌 타마라 투마노바가 이 예술가의 환상을 몸으로 표현한다.《코레아르티움》에서와 마찬가지로 안무는 대담하게 조각처럼 표현되었는데, 심지어 이 사업을 기초부터 싫어한 에드윈 덴비 같은 평론가조차도 이 작품이 "놀라울 정도로 창의적"이고 "극적인 다양성과 클라이맥스의 느낌"이 훌륭하다고 기꺼이 인정했다.[24] 순수한 드라마로서 숨이 멎을 정도로 아름답고 놀라웠다.

마신은 작곡가 역을 맡았다. 춤은 거의 추지 않았지만 그가 무대에 선 것만으로도 전율을 일으켰다. 그는 극중 인물 속으로 완전히 녹아드는 능력으로 유명했는데, 이 작품에서는 창조하는 예술가의 고독과 좌절 그리고 격렬한 사랑의 불안을 연기하면서 어느 정도 본인의 모습이 드러나는 것을 허용했다.

—∘ ∘—

드 바실의 발레단은 솔 휴록이라는 빈틈없는 임프레사리오의 보호 아래 1933년 뉴욕에 도착했다. 재즈 시대(1920년대)는 모든 사람을 무도회장으로 끌어들였다. 1920년대 말부터 맨발과 자연의 중력에 기초한 아방가르드 미학이 도리스 험프리, 마리 비그만, 마사 그레이엄의 춤에서 싹트고 있었다(마신은 1930년에 잠시 《봄의 제전》을 재상연하는 무대에서 그레이엄과 협력했다). 파블로바의 몇몇 동료는 1925년에 그녀의 마지막 순회공연이 끝난 뒤에 미국에 남아서 브로드웨이의 화려한 불빛과 할리우드의 큰돈을 좇거나 오지에 작은 학교를 설립했다. 하지만 고전발레는 주변부에 머물면서 고상한 체하는 엘리트를 위해 유럽에서 들여온 감상적인 수입품 정도로 인식되었다. 그리고 기껏해야 오페라의 장식품 정도로 대접받았다. 1차 대전 이후로 댜길레프는 미국을 방문하지 않았고 그 이후로 중요한 어떤 일도 일어나지 않았다. 결국 발레는 미국 땅에 충분히 정착하지 못했는데, 바로 이것이 커스틴과 발란신처럼 휴록이 설레는 마음으로 발레에 투자한 이유였다.

휴록은 아기 발레리나의 매력을 집중 조명하는 대대적인 홍보를 통해 분위기를 조성하고 믿음직한 전략을 구사하며 시즌을 시작했다. 개막 첫날 밤 갈라쇼에서 보석으로 치장한 유명 인사들이 레드카펫을 밟는 장면은 반드시 신문 1면을 장식할 기삿거리였다. 그럼에도 최악의 대공황으로 극장가가 침체한 상황에서 초반의 박스 오피스 수입은 지지부진했으며, 오래된 인기작 몇 편을 프로그램에 끼워 넣은 후에야 실적이 올라갔다.

영리한 계략도 있었다. 대륙횡단 철도 건설이라는 가망 없는 주제로 마신이 "미국을 주제로 한 새로운 발레"를 급조한 것이다. 《유니언

퍼시픽Union Pacific》은 아일랜드인, 중국인, 멕시코인, 모르몬교도를 정감 있게 희화화해 인종의 용광로를 찬양하고 쿵쾅거리는 피날레로 동서 횡단철도의 연결을 기념했지만 경쾌한 선율(러시아 작곡가 니콜라스 나보코프가 편곡했다), 다양한 인종, 지방색◆에도 불구하고 미국인의 진정한 모습과는 동떨어져 있었다. 러시아인들이 진정으로 미국적인 것을 결정할 자격이 있는가는 지식인들 사이에서 논쟁이 점점 더 치열해지는 질문이었다. 1938년에 링컨 커스틴은 소름 끼치게 오만하고 독단적인 에세이 『발레에 대한 비난』에서 이렇게 불평했다. "이 대륙의 모든 발레가 러시아 발레여야 한다는 것은 이미 정해져 있다. 그렇지 않으면 그건 발레가 아니다. … 미국인들은 '러시아발레'가 한 단어라고 믿게 되었다."[25] 발레는 왜 미국적일 수 없을까? 드바실의 발레단 덕분에 미국은 마침내 핵심을 보게 되었다. 대중은 갑자기 "러시아"라는 단어가 확실히 붙어 있는 발레를 아무리 관람해도 질려 하지 않았다. 1930년대 중반이 되자 순회공연 수입이 마법을 부린 듯 100만 달러에 달했다. 이 순간 발레는 "영화와 라디오가 출현한 이후 미국 전역에서 대규모로 이용할 수 있는 가장 인기 있는 오락 형태"가 되었다고 비센테 가르시아-마르케스는 정당하게 주장했다.[26]

휴록이 기획한 여정은 무자비했다. 여러 도시를 돌며 일주일에 여덟 차례 공연을 하고, 열한 량짜리 전세 기차나 길게 이어진 버스 행렬로 대륙을 횡단하며 2만 마일의 거리를 이동했으니 발레단의 회복

◆ 작품 속에서 표현되는 어떤 지방의 자연, 인정, 풍속 등에서 풍기는 고유한 특색을 이르는 말.

력이 놀랍기만 하다. 그들의 권리를 보호해줄 노동조합 같은 건 없었다. 리허설은 공연이 시작되기 직전에 호텔 로비에서 즉흥적으로 하거나 공연을 마친 뒤 다시 시작했다. 매일 하는 훈련은 언제 어디서나—때로는 도로 옆 들판에 모여 소 울타리를 발레 바로 이용해—진행되었다. 발레단을 따라다니던 해스컬은 이 순회공연들이 "죽을 만큼 단조로웠으며, 수면 부족, 입에 맞지 않는 음식, 무의미한 인터뷰, 예술적 좌절의 연속이었다"고 기억했다.[27] 발레단에는 영국 무용수와 북아메리카 무용수가 몇 명 있었지만, 발레단의 공용어는 러시아어였고 러시아의 관습, 축제, 의식이 마치 종교처럼 행해졌다. 생활 조건은 엄격했고 모든 일을 다 같이 해야 했지만, 포커 게임과 반려동물이 있어서 다음 목적지로 가는 지루한 시간을 잊을 수 있었다. 사생활이 보장되지 않았으니 연애는 힘들었을 것이다. 바로노바의 회고에 따르면 요점은 간단했다. "우리는 젊었고, 그 모든 걸 숭배했다. 게다가 간혹 돈을 받기도 했다."[28]

인기만 폭발한 것이 아니라 갈등도 폭발했다. 1935년에 드 바실 대령과 르네 블룸의 불안했던 동업자 관계가 무너졌다. 블룸이 "드 바실이 방금 내 돈으로 내 차를 사갔다"[29]고 빈정대며 기록한 것으로 보아 근본적인 문제—드 바실은 이익이 된다면 무슨 짓이든 할 수도 있는 사람이라서 블룸이 그에 대한 모든 신뢰를 접은 것—가 있었음을 알 수 있지만, 최후의 일격이 남아 있었다. 드 바실이 블룸의 기지가 있는 몬테카를로를 떠나 돈벌이가 더 잘 되는 런던과 뉴욕에서 새롭게 시작하기로 결심한 것이다. 블룸은 포킨에게 키를 맡기고 자신의 발레단을 계속 운영했다. 1935년에서 1937년 사이에 블룸과 드 바실은 런던 여름 시즌에서 정면으로 맞섰다. 드 바실은 코번트 가든에서, 블룸은 알람브라에서 공연한 것이다. 하지만 항상 유리한 쪽은 스타가 더 많고, 인기 있는 레퍼토리가 더 많고, 돈도 더 많은 드 바실이었다.

가장 치열한 경쟁은 발레 작품 중 흥행을 보장해줄 마신과 아기 발레리나들을 고용하는 문제를 둘러싼 작은 충돌들에서 벌어졌다.

대중을 끌어들이고 성공률을 높이는 안무가로는 마신에 견줄 사람이 없었다. 그의 천재성과 성실함, 헌신은 반박의 여지가 없지만, 거기에는 매우 높은 가격표가 붙어 있었다. 돈과 권력을 얻어 예술적 독립을 이루겠다는 열망에 그는 감상적인 충성을 버리고 최고 입찰자에게 자신을 팔았다. 그리고 그가 가는 곳에 다른 이들이 모여들었다.

아기 발레리나들은 또 다른 시험대였다. 아직 법적으로 성인이 되지 않았기 때문에 어머니들이 아이들과 함께 여행하면서 말 그대로 일거수일투족을 감시했다. 이 어머니들은 자기 딸의 이익을 위해 방해 공작을 벌이는 치졸함의 전설이 되었다. 다닐로바에 따르면 어머니들은 "정말 너무나 피곤했다. … 끊임없이 자기 아이를 미화하고 그들끼리 다툼을 벌였다." 신앙 요법가이자 점쟁이이자 포커의 여왕인 투마노바의 엄마가 특히 참기 어려웠다. 바로노바는 이렇게 회고했다. "그녀는 자기 딸이 천재라는 말을 입에 달고 살았으며, 타마라는 그 말에 따라 행동했다."[30] 그 누구도 피루엣이나 부레를 자기 딸처럼 잘하지 못한다고 떠들어대는 것을 보고 발레단의 어느 익살꾼은 이렇게 비웃었다. "어디 그뿐이야? 그 누구도 타마라처럼 방귀를 잘 뀌지 못해."■[31]

아기 발레리나들이 최초의 어린 무용수는 아니었다. 버라이어티 극장에서 유아 무용수는 오래전부터 흔했다. 1925년에 댜길레프와 계약을 맺을 때 얼리셔 마코바의 나이는 겨우 열네 살이었다. 하지만 마코바는 몸이 허약한 탓에 무대에서 극도로 차분한 어린이 역만을 소화했다. 반면에 아기 발레리나들은 나이에 맞게 연기하지 않았다. 노련하고 강인한 무용수였던 아이들은 거리낌을 몰랐고, 어떤 상황에서든 매일 밤 전력을 다해 공연할 준비가 되어 있었으며, 위법에 근접할 정도로 성인의 섹슈얼리티를 차용했다. 타블로이드판 신문이 사랑하는 스타로서 그들은 10대 문화가 아직 출현하지 않았던 시대에 뭇 소녀들의 역할 모델인 동시에 애교 있는 메리 픽퍼드와 쾌활한 디애나 더빈 사이를 왔다 갔다 하는 일반적인 젊은 여성의 이미지였다. 사람을 전율시키는 그들의 매력과 재능에는 위태로운 요소가 있었다. 아이들은 빨리 배웠다. 몸이 성장하는 중이었으며, 놀라울 정도로 유연하고 의지가 있었다. 바로노바는 "우리는 강철처럼 강인했다"고 회고했다.[32] 그들을 조숙하다고 표현하면 자칫 '새침하고 얌전하다'는 잘못된 인상을 줄 수 있다. 아기 발레리나들은 짧은 흰색 양말에 앨리스 머리띠를 한 꾸며낸 요정이 아니었다. 그들은 대담한 에너지와 자신감으로 수치심 없이 몸을 통제하면서 무대 위에서 태연하게 다양한 감정을 표현하는 여성이었다.

그들의 재능은 진정 경이로웠다. 안타깝게도 현재 유튜브에 남아

■ "발레 아빠는 거의 보이지 않는다. 주로 발레 엄마다. 그래서 나는 저 발레리나가 혹시 순결한 임신의 꽃이 아닌가 하고 종종 의심한다." (Lesley Blanch, *Journey into the Mind's Eye*, p. 212.)

아기 발레리나 3인방. 위에서부터 류보프 랴보신스카야, 이리나 바로노바, 타마라 투바노바.

있는 단편적인 영상들을 보면 그들은 그저 별스럽게—요즘 기준으로 허둥지둥하는 것처럼—보일 수도 있지만, 전심전력을 다하는 아이들의 열정은 전율을 자아낸다. 아기 발레리나 3인방은 아주 가끔 한 무대에 섰지만(예컨대 《레 실피드》), 개인의 성격은 30년 후의 비틀스처럼 제각기 달라서 모든 팬이 저마다 좋아하는 발레리나가 있었다.■ 다른 두 명보다 한 살 반이 더 많아 거의 성인 여성처럼 보이는 랴보신스카야는 자연스러운 서정성과 랠프 퍼스가 "불꽃 같다"고 묘사한 쾌활한 민첩성을 지니고 있었다.[33] 태도는 덜 우아하지만 더 충동적이며 상냥하고 외향적인 성격을 지닌 바로노바는 세 사람 중 가장 사랑스러운 동시에 가장 세련된 고전미를 지닌 스타였다. 투마노바의 칠흑 같은 머릿결이 발산하는 특유의 매력은 발란신의 또 다른 신작 《코티용Cotillon》을 특별한 성공작으로 만들었다. 이야기의 전제는 간단하다. 순진한 소녀가 화려한 무도회에 휩쓸리게 된다. 포킨의 《사육제》나 니진스카의 《레 비시》처럼 작품 전체에 에로틱한 암시가 물씬 풍기는데, 한 평론가는 그러한 특징을 가리켜 "불순한 사랑스러움"이라고 불렀다.[34] 투마노바가 성숙해짐에 따라 그녀의 어둡고 신비한 아름다움에 "흑진주"라는 별명이 붙었다. 그녀는 그러한 낭만적인 신비를 유감없이 발산했다.

당연히 아기 발레리나들은 많은 사랑과 관심을 받았다. 1936년 발레단이 베를린을 방문했을 때 대단한 발레트망인 괴벨스는 드 바실에게 누구에게도 인종 구성을 묻지 않을 거라고 조용히 말했다.[35]

■ 이상하게도 셋이 함께 찍은 사진은 단 한 장 남아 있다.

독일 제국의 지도자들이 대거 참석했고, 공연이 끝나자 히틀러는 무대 뒤로 가서 랴보신스카야의 손에 입을 맞췄다. 후에 히틀러는 자기 아파트에 그녀의 전신 초상화를 걸어두었다고 한다. 히틀러는 이 금발의 아리아족 미인이 발레단의 유대인 데이비드 리신과 얼마 전 결혼했다는 사실을 몰랐을 것이다. (리신은 상당한 바람둥이로 이전에 갓 성년을 넘긴 드 바실의 다른 무용수 류보프 로스토바와 결혼한 경력이 있었다. 1935년에 『이브닝 스탠더드』는 로스토바가 미심쩍은 상황에서 "호텔 창문에서 떨어졌고" 난간에 부딪혀 끔찍한 부상을 입었다고 보도했다.)[36]

아기 발레리나들보다 나이가 두 배나 많은 가엾은 다닐로바는 최고의 성취를 이룬 발레리나이자 발레계에서 원로에 가까웠다. 다닐로바는 아끼는 배역을 자주 빼앗겼고, 조언을 해달라는 순진한 요청들을 들어줘야 했다. 심지어 40년이 지난 후에 쓴 자서전에도 짜증이 묻어 있다. 여자아이들은 "각자 나름대로 꽤 귀여웠지만 예의 바르게 행동하는 법을 몰랐다."[37] 다닐로바가 제리 세바스티야노프와 바람을 피우고 있다는 것이 상황을 더 악화시켰다. 세바스티야노프는 근사한 외모에 세련된 백계 러시아인이자 드 바실의 운전수에서 부관으로 승진한 인물이었다. 다닐로바에 대한 열정이 식자 세바스티야노프는 자기에게 순진하게 반해버린 열다섯 살의 바로노바에게 관심을 돌렸다. 밀회가 이어졌지만 다닐로바는 바보가 아니었고, 무대 뒤에서 살벌한 장면이 계속되었다. 1년 뒤 바로노바가 승리를 확정지었다. 미국을 순회하는 중에 바로노바는 어머니의 보호를 따돌리고 나이가 두 배 많은 세바스티야노프와 주 경계를 넘어 오하이오에서 켄터키로

달아났다. 켄터키는 결혼할 수 있는 법정 연령이 열일곱 살이었다. 아직 열여섯 살이었던 바로노바는 호적 담당관에게 거짓말을 했다. 그리고 2년 후에 두 사람은 러시아 정교회에서 결합을 축하했다.■[38]

투마노바는 광적으로 집착하는 어머니에게 지배당하고, 발레라는 직업과 그에 따른 명성에 발목이 잡혀 쭉 미혼으로 지내다가 1944년이 되어서야 베티 데이비스가 주인공으로 등장하는 낭만적인 멜로드라마의 대본을 쓴 케이시 로빈슨과 결혼했다. 투마노바의 엄마도 계속 따라다녔으니 로빈슨은 분명 참을성이 많은 사람이었을 것이다.

다른 누구보다도 아기 발레리나의 평판에 도움이 된 사람은 아널드 해스컬이었다. 심지어 아기 발레리나라는 말을 만든 사람도 해스컬로 추정된다.[39] 1903년에 은행가의 아들로 태어난 해스컬은 이미 열 살에 또래 아이들이 극지방 탐험가나 올림픽 운동선수를 숭배하는 것처럼 스타 무용수들에게 푹 빠져 그들의 일거수일투족을 추적했다. 케임브리지 대학에서 법학을 공부할 때 그는《잠자는 숲속의 공주》의 마법에 홀렸고, 어린 돌린, 그리고 더 어린 마코바와 친구가 되었다. 1925년에 해스컬은 몬테카를로를 방문해 댜길레프를 잠깐 만났다. 호리호리하고 말쑥하고 세련된 이 젊은이는 기지와 유창하고 매력적인 산문 스타일을 갖추고 있었다. 1935년에『데일리 텔레그래프』는 그를 영국 언론 최초로 발레 전문 통신원으로 임명했다. 이전에는 고전음악 전문가에게 주어진 일이었기 때문에 임명 자체가 발레 예술의 새로운 지위를 상징하는 사건이었다. 하지만 그는 겨우

■ 이 결혼은 1944년에 끝났다. 전 영국군 장교인 두 번째 남편이 죽은 뒤 바로노바는 세바스티야노프에게 돌아갔다.

3년 동안만 자리를 지켰는데, 아마도 두려움 없이 솔직하게 글을 쓰기가 어렵다고 느껴서인 듯하다.■

평론가 또는 역사가라기보다 치어리더로서 해스컬은 드 바실로부터 발레단의 미국 순회에 동행할 자격을 인정받아 무용수들과 자유롭게 어울리고 『댄싱 타임스』의 자기 칼럼에 토막 뉴스를 실었다. 그는 다른 모든 곳에도 모습을 드러냈다. 서점을 운영한 시릴 보몬트가 발레의 연대기를 꼼꼼히 기록했다면, 해스컬은 발레를 대중적으로 옹호하고 대변한 사람이었다. 그는 날개 무대에서 속삭이는 소리에 접근할 수 있었고, 공연 뒤풀이와 흉금을 터놓는 점심 식사 자리에 항상 환영받았다. 독자들에게는 지혜의 샘으로 존경받고, 전문가들에게는 믿을 수 있는 사람으로 신뢰받았다. 이러한 공모 관계에 추문 같은 건 일체 없었지만(해스컬은 발레와 상관없는 러시아 상속녀와 행복한 결혼생활을 유지했다), 나중에 해스컬은 "몇 가지 측면에서 나는 열정이 지나쳤다"고 시인했다.[40]

해스컬은 발레 관련 책을 스무 권 넘게 썼다. 첫 번째인 『발레토마니아: 집착 이야기』(1934)는 자유롭게 쓴 자전적 이야기다. 책표지에는 다음과 같은 글이 적혀 있다. "세상에서 가장 사랑스러운 예술의 가십과 역사, 희극과 비극, 성공과 실패에 관한 책." 『댄싱 타임스』는 이 책이 "러시아적인 모든 것을 맹목적으로 숭배하여" 매력이 손상되었다고 생각했다.[41] 두 번째 저서는 선구적이지만 예상대로 모든 것을 털어놓지 못하고 결국 장황해지고 만 전기 『댜길레프』(1936)였다.

■ 2차 대전 후 그는 로열 발레학교 전신의 교장이 되었고 그와 동시에 강연자, 방송인, 전문가로 활발하게 활동했다.

해스컬은 자신의 전문 분야에 관한 서적을 유행시켰다. 1934년부터 1939년까지 영국 도서관 카탈로그에는 발레 관련 제목이 소책자, 전공 논문, 팸플릿, 입문서, 그림책을 망라하여 말 그대로 수백 건이 기록되어 있다.■

『댄싱 타임스』의 한 사설은 불만스럽다며 헛기침을 했다. 이 광기는 걷잡을 수 없어지는가?

> 지난 시즌에도 과잉이라 할 만큼 쏟아져나온 발레에 관한 서적들은 공연, 특히 코번트 가든의 공연에서 확인된 열광적인 반응을 이끌어냈다. 나는 이러한 열광이 조금 과도한 것은 아닌지, 건전하지 못한 것은 아닌지 잘 모르겠다. 발레에 완전히 빠진 팬들, 즉 자신의 숭배 대상에서 흠이라곤 전혀 보지 못하는 팬들은 피로감을 준다. 커튼이 내려갈 때 나오는 떠나갈 듯한 박수 소리가 항상 진실로 들리는 것은 아니다. 만일 우리 관객이 조금만 더 비판적이고, 특정한 무용수들을 우상화하는 경향이 조금만 덜하다면, 발레에 더 좋은 일이 될 것이다.[42]

허버트 파전은 1938년 자신의 레뷰 공연 〈나인 샤프〉를 위해 발레를 주제로 풍자적인 노래를 썼다.

■ 여기에는 다음과 같은 일반적인 개론서가 포함되어 있다. *Talking of Ballet*, *The Birth of Ballets Russes*, *Ballet-hoo*, *Prelude to Ballet*, *A Pageant of the Dance and Ballet*, *Invitation to the Ballet*, *Dancing around the World*, *The Symphonic Ballet*, *Ballet Go-round*, *Ballet Panorama*, *Ballet in Action*, *Balletomane's Scrapbook*, *A Prejudice for Ballet*, *Footnotes to the Ballet*, *Tribute to the Ballet* (마지막은 계관 시인 존 메이스필드가 발레의 주제들에 관해 쓴 끔찍한 시집이다.)

우린 얼마나 소리치고 비명을 지르고 야유를 보냈는지, 얼마나 환호
성을 지르고 얼마나 아우성을 쳤는지!
우리는 황홀함에 빠져 뿌리까지 흔들렸고 종종 속의 것까지 게워냈지!
사람들은 우리가 느낀 심장 고동, 흥분, 환희를 절대 모르지,
1910년 9월 볼론스키가 벨루시카를 췄을 때의 그 분위기를.[43]

마지막 행에 내포된 의미는 발레토마니아가 새로운 현상이 아니라 점점 커지는 파도였음을 상기시킨다. 《장미의 정령》과 같은 스펙터클을 보면서 카르사비나와 니진스키의 이미지를 떠올리는 사람들은 아기 발레리나 이전에 대한 기억을 갖지 못한 젊은이들을 얕잡아 볼 자격이 있다고 여겼다(1960년대를 살면서 마고 폰테인이나 수잰 패럴을 본 사람들에게 오늘날까지도 남아 있는 속물근성이다).

하지만 시장은 끊임없이 발레 서적을 원했다. 1938년 해스컬의 6펜스짜리 펠리컨 페이퍼백은 『발레』라는 용감한 제목을 달았음에도 10만 부 이상 팔렸다.[44] 훨씬 더 많이 팔린 책도 있었다. 무자비하지만 마음 가볍게 읽을 수 있는 캐릴 브람스의 추리소설 『발레 공연 중의 총탄』(영국의 저널리스트 S. J. 사이먼의 도움으로 1937년에 완성되었다)은 《페트루슈카》 공연 중에 러시아 남자 무용수가 총탄을 맞고 쓰러진 사건을 다루었다.▪ 예술 전문가만이 이해할 수 있는 농담으로 가득한 이 소설에는 알루미늄과 검은색 셔츠에 푹 빠진 (누가 봐도 마신임을 알 만하게 살짝 위장한) 니콜라스 네바뇨라는 안무가가 등장한다.

엄청난 영향을 끼친 또 다른 책으로 노엘 스트리트필드의 『발레

슈즈』(1936)가 있다. 이 소설은 열 살 무렵의 소녀들이 흔히 감염되는 발레를 향한 뜨겁고 종종 수녀 같은 소명 의식을 다루었다. 주인공 포지 포실이 바로 그런 소녀다. 고집이 센 포지는 고국에서 추방된 러시아 발레리나 피돌리아 부인("검은 머리를 양쪽으로 갈라 트레머리로 바짝 조였고, 무척 나이 들어 보이는" 여자로 묘사된다)이 운영하는 무용학교를 다닌다. 그 후 체코슬로바키아로 건너가 마르마로 발레단에서 페트루슈카 역으로 타의 추종을 불허했던 마노프와 함께 공부하게 된다.

무대를 동경하는 포지 포슬과 같은 수천 명의 소녀들이 엄마의 간섭과 인도를 받으며 토슈즈를 신고 피루엣을 할 수 있기를 갈망했다. 또한 점잖은 여성들이 몸을 쓰는 데 대한 구속을 벗어나기를 원했다. 우리는 그들의 사회적 배경을 짐작만 할 뿐이지만 발레의 세계에 들어간 무용수들은 대부분 식민지 후손이거나 중하층 계급 출신이었다. 발레 훈련으로 익힌 우아한 몸가짐은 웅변 선생들이 선호하는 정확하고 섬세한 상류층 말투에 견줄 만한 성취—사회적 신분 상승의 매개—였고, 자신의 목표를 이루기 위해 사람들의 속물근성과 편견에 맞서 싸우는 어리고 당찬 발레 학생의 모험담은 1960년대까지 소설에 흔한 이야기였다. 대표적인 예가 로나 힐, 마리-진, 진 에스토릴

▪ 브람스는 두 권의 속편을 썼다. *Casino for Sale*(1938)과 *Six Curtains for Stroganova*(1945)는 둘 다 발레를 배경으로 같은 인물들을 등장시킨다. 1946년에 마신과 바로노바를 주연으로 세운 공연《발레 공연 중의 총탄》은 영국의 지방들을 돌면서 어느 정도 성공했지만, 웨스트엔드에는 입성하지 못했다. 비슷한 주제의 또 다른 발레 추리소설로는 에드거 박스(고어 비달의 필명)의 *Death in the Fifth Position*(1952), 데이비드 디킨슨의 *Death Comes to the Ballets Russes*(2015)가 있다.

의 알맹이 없는 중편소설, 그리고 연재만화 「번티」의 용감한 모이라 켄트 같은 여주인공들이다. (이 인물은 2016년 프랑스 만화영화 〈발레리나〉를 통해 부활했다.) 슈퍼모델이나 록스타가 등장하기 전, 소녀들의 환상 속에서 발레리나와 경쟁할 만한 대상은 할리우드의 핀업 걸뿐이었다.

그 밖에 어떤 사람들이 객석을 채웠는지에 대해 우리가 아는 것은 실망스러울 정도로 미미하다. 1930년대 중반 코번트 가든의 입장료는 맨 꼭대기 자리가 2실링, 1층 앞자리가 15실링이었다. 빅웰스 발레단의 극장은 그 절반이었으며 뒷줄 자리의 가격은 6펜스였다. 2실링이면 대략 큰 달걀 열두 개를 사거나 댄스홀에 입장할 수 있었다. 발레가 대중 매체에 널리 보도되었다는 사실로 알 수 있듯이 티켓 가격은 일반인들이 살 수 있는 정도였으며 저렴한 좌석의 상당 부분을 그들이 차지했으리라 추측해볼 수 있다.■

영국에서는 1930년대 후반을 거치며 발레가 이미 주류에 편입되었고 견고한 성년으로 성장했다는 인식이 자리 잡았다. 프랜시스 토이는 『일러스트레이티드 런던 뉴스』에 이렇게 썼다. "발레에 대한 열광이 우리 시대의 두드러진 예술적 특징 가운데 하나라는 건 모두가 인정하는 사실이다. 많은 대중들이 항상 존재하며, 마침내 발레 해설가들의 과도한 찬사와는 별개로 예술 전반에 대한 현명한 태도가 서

■ 인플레이션이 연평균 5퍼센트였음을 고려할 때 이 금액은 오늘날 대략 7파운드와 60파운드가 된다. 로열 오페라하우스의 실제 푯값은 대략 5파운드에서 120파운드, 새들러스 웰스는 12파운드에서 60파운드다. 하지만 1930년대에는 국가 보조금이 전혀 없었고, 경제는 슬럼프에 빠져 있었다.

서히 생겨나고 있는 듯하다."[45]

하지만 무의미하고 신경질적인 수다도 있었다. 레슬리 베일리는 이렇게 썼다. "1930년대 후반 런던에서 발레는 새로운 유행이었고, 어린 스타들이 고급 잡지의 페이지를 장식했다. 어린 세대는 발레에 열광했다."[46] 어떤 사람들은 발레에 대한 거센 열광을 미심쩍게 여겼다. 작곡가 버넌 듀크는 1936년 코번트 가든의 어느 저녁을 묘사하면서 유독한 고정관념으로 변질되고 있는 현상을 기록했다. 타이츠를 입은 남성 무용수들은 "여자처럼 연약"하고 "동성애자"이며, 발레를 보면서 즐거워하는 남자들도 그들과 별반 다르지 않다는 것이다.

> 동성애자들의 퍼레이드는 휘황찬란하다. 수줍어하는 사람, 뻔뻔한 사람 가릴 것 없이 그런 부류의 전형이라 할 각양각색의 남자답지 못한 옷들을 입고 나온 이들이 히죽거리며 시끄러운 소리를 내는 건 정말 볼만하다. 그 소년들은 도심에 있고 코번트 가든은 그들의 성채다. 10년 후 세실 그레이[코카인 및 알코올 중독자]는 『우연한 사고』에서 용감하게도 다음과 같이 요약했다. "발레는 사실 동성애자들의 대단히 뛰어난 예술 형식이다. … 러시아 발레 공연을 보러 가는 관객의 성향을 보면 그들 속에 있다는 게 역겨워 멀리 떨어져 있고 싶다. 만일 당신이 비교적 정상이라면 말이다." … 눈앞에 펼쳐지는 장관은 진실로 소름 끼쳤다. 하지만 엄청나게 수다스러운 '게이' 소년들(그레이에 따르면 '동성애적 성향을 공유하는 사람들은 자기 자신과 상대방을 "퀴어"라고 부른다.' 끔찍하다! 그 말은 게이라는 뜻이다)은 아주 상냥했다. 많은 소년들이 나를 보며 그리스 여신처럼 우아하게 손

을 흔들었다.[47]

여성도 비난의 대상이 되기는 마찬가지였다. 『이브닝 스탠더드』에서 라디오 방송인 스티븐 윌리엄스는 다음과 같이 불평했다. "나는 즐거운 마음으로 발레를 볼 것이다. 휴식 시간에 호리호리한 젊은 남자들이 서로를 '자기'라고 부르고, 나긋나긋한 젊은 여자들이 황홀한 표정으로 서로에게 기대어 (나에게) 피해를 끼치지 않는다면 말이다."[48]

모든 신화가 그렇듯이 이 신화에도 진실이 한 조각 담겨 있다. 관객 중에 동성애자가 있다는 기록은 오래전부터 있었다. 다만 캐릴 브람스가 소설 『발레 공연 중의 총탄』에서 스트로가노프 발레단에 "부자연스러운 성"이 만연해 있었다고 (그 당시로서는 놀라울 만큼 솔직하게) 언급한 것은 사실에서 한참 벗어난 이야기다. 이 책은 살해된 남자가 남녀 모두와 섹스를 한다며 "섹스광에다… 에, 그러니까 동성애자"라고 묘사한다.[49] 그러나 이 말이 드 바실 발레단 혹은 댜길레프 발레단의 남성 무용수의 상당수를 정확하게 반영했다는 명백한 증거는 전혀 없다. "나는 남자 무용수를 모두 아는데, 내가 아는 한 뛰어난 남자 무용수 중에 태도가 여성적인 사람은 단 한 명도 없었고, 완전히 비정상인 사람은 거의 없었다"라는 해스컬의 당시 주장은 오늘날 우리에게 무척이나 터무니없게 들릴 테지만, 그럼에도 그게 사실일 것이다.[50]

하지만 1930년대에 들어서면서 탄식과 키득거림에 가담하기보다는 엄격한 비평의 목소리가 점차 커졌다. 해스컬과 보몬트 외에도 다른 증거들이 있다. 미술 평론가 에이드리언 스토크스가 자신의 책 『투나잇 발레』(1934)와 『러시안 발레』(1935)에서 표명한 매우 정제된 소견, 그리고 옥스퍼드 대학 출신 변호사의 아들이자 자신이 본 모든 공연의 리뷰—오늘날 블로거와 유사한 활동—를 꼼꼼하게 작성한 사서 라이어널 브래들리의 일기(미발간)가 그것이다. 정반대의 사회 계층 출신인 에드워드 해더킨도 있었다. 요크주 철도원의 아들인 해더킨은 상선 선원으로 인생을 시작했고, 1935년에 런던 베스널그린에서 경찰관으로 일하면서 A. V. 코턴이라는 필명으로 발레 평을 쓰다가 전쟁 후에 『데일리 텔레그래프』의 발레 평론가가 되었다. 미국에서도 발레에 관한 담론이 발전하고 있었다. 『뉴욕 타임스』의 존 마틴이 마사 그레이엄의 맨발의 미학을 열렬히 옹호했다면, 1936년에 칼럼을 쓰기 시작한 에드윈 덴비는 고전적이고 낭만적인 감수성으로 모든 발레 해설가 중 가장 섬세하고 시적인 평들을 써나갔다.

영화계도 이 기회에 올라타 돈벌이에 나섰다.[51] 1916년에 파블로바는 무성영화 〈포르티치의 벙어리 소녀〉를 제작했다. 유성영화가 도래하면서 새로운 가능성이 열리자 가장 먼저 니진스키의 생애가 조명을 받았다. 1931년 영화 〈매드 지니어스〉에서 존 배리모어는 어설프게 분장한 댜길레프 역을 맡아 제자에게 스벤갈리Svengali◆ 같은 영향력을 행사한다. 3년 후 알렉산더 코르더가 제작한 영화 〈헨리 8세〉와 〈스칼렛 핌퍼넬〉은 영국의 스튜디오를 할리우드의 라이벌로 만들었다. 코르더는 〈매드 지니어스〉와 비슷한 줄거리를 바탕으로 자신

◆ 사람의 마음을 조종해서 나쁜 짓을 하게 할 힘을 지닌 사람을 가리키는 말로, 조지 듀모리에가 1894년에 처음 출판한 소설 『트릴비』에 등장하는 인물이다.

의 스타(그리고 여자친구)인 멀 오베론을 널리 알리겠다는 계획을 갖고 로몰라에게 니진스키 전기의 저작권을 구입했다. 또한 젊은 헝가리 작가 에머릭 프레스버거를 고용해 한스 크리스티안 안데르센의 슬픈 우화 『분홍신』을 토대로 시나리오를 쓰게 했다. 한편 코르더의 라이벌인 마이클 밸컨은 새로 구입한 일링 스튜디오에서 "러시아 발레를 배경으로 실제 범죄 이야기를 … 컬러로" 찍을 계획을 세우고 있었다(〈발레 공연 중의 총탄〉이 아니었을까?).[52] 두 프로젝트 모두 전쟁으로 진행이 중단되었다. 하지만 1946년에 코르더의 전 조수인 마이클 파월과의 예술적 협력 관계가 최고조에 이르렀을 때 프레스버거는 옷장 서랍에서 무산된 원고를 꺼내 들고 파월과 함께 다시 한 번 그 프로젝트에 대해서 생각했다. …

그와 동시에 발레는 (쇼, 재즈 또는 프레드 아스테어의 영화에 나오는 탭댄스의 반대 개념으로서) 할리우드에서 주제로서뿐 아니라 시각적으로 흥미로운 막간 뮤지컬로서 매력을 발산하고 있었다. 이 매력을 가장 분명히 보여주는 사례로 월트 디즈니의 1940년 만화영화 〈판타지아〉에 나오는 "시간의 춤Dance of the Hours"이 있다. 이 장면에서 타조 마담 우파노바의 춤은 이리나 바로노바를 관찰해서 익살맞지만 정확하게 변주한 결과였다.[53]

발레의 세계를 배경으로 성공한 첫 번째 장편 유성영화는 1937년 프랑스에서 나왔다. 〈백조의 죽음〉(영어 제목은 〈발레리나〉)은 스타 발레리나에게 반한 수줍은 소녀를 보여준다. 1947년에 MGM이 이 영화를 〈언피니시드 댄스〉라는 제목으로 서투르게 리메이크했는데, 마거릿 오브라이언이 그 소녀를 연기했다.▪

——o o——

1937년 후반부는 조지 6세의 대관식으로 떠들썩했다. 드 바실 대령의 발레단이 여전히 코번트 가든을 지배하고 있었다. 『뉴요커』의 특파원 재닛 플래너는 이렇게 묘사했다. "갈채의 아수라장 … 댜길레프가 살아 있을 때도 우리는 관객과 무용수, 양쪽 다 이렇게 열광적인 첫날 밤을 본 적이 없다."■■54 이 시즌은 모든 박스 오피스 기록을 갈아치웠다. 해설자로 적임인 아널드 해스컬과 함께 텔레비전이라는 새로운 매체에도 소개되었다. 이 시즌에 신작 두 편이 선을 보였다. 첫 번째는 마임의 요소가 강한 포킨 양식의 무용극 《리미니의 프란체스카Francesca da Rimini》이다. 이 작품으로 랴보신스카야의 남편 데이비드 리신이 전도유망한 안무가임이 입증되었다. 두 번째는 포킨의 《금계》를 개작한 작품으로 원작은 1914년 댜길레프가 림스키코르사코프의 오페라를 발레로 만든 것이었다. 당시에도 히트를 쳤지만 25년이 지나 개작한 《금계》는 더 큰 성공을 거두었다. 새로운 《금계》는 림스키

■ 1930년대 말부터 1950년대 초까지 다음과 같은 영화가 발레 무용수를 주역으로 내세웠다. 〈애수〉(비비언 리 출연) 〈그녀 인생의 남자들〉 〈댄스, 걸, 댄스〉 〈장미의 정령〉 〈네버 렛 미 고〉 〈온 유어 토즈〉 〈영광의 나날〉(투마노바 출연) 〈레드 다뉴브〉 〈라임라이트〉(찰리 채플린과 클레어 블룸 출연). 또한 발레 무용수 장면이 나오는 영화로는 〈밤과 낮〉(1946) 〈투나잇 앤드 에브리 나이트〉(1945) 〈밴드 웨건〉 〈이스케이프 미 네버〉 등이 있다. 한 세대 후에 나온 영화로는 〈터닝 포인트〉(1977) 〈백야〉(1985) 〈빌리 엘리어트〉 〈블랙 스완〉이 있다. 이 모든 영화를 관통하는 주제는 열망, 즉 스타가 되기를 바라는 초보자가 장애물이나 적대자 또는 편견에 맞서 투쟁하는 것이다.

■■ 플래너가 이어 말했다. "코번트 가든에서는 발레 공연 중에 담배를 피울 수 있고, 막간에 바에서 딸기와 크림을 먹을 수 있다. 긴 여름 시즌이 이어지는 동안에 실크해트는 자취를 감추고, 발레에 대한 사랑은 뜨거워지고, 플란넬 셔츠를 입은 발레트망들이 땀을 흘리며 좌석에 앉는다."

코르사코프의 관현악 모음곡을 사용했고, 디자인은 나탈리아 곤차로바가 맡아 어린이 그림책과 같은 화려한 색채와 천진난만한 양식을 선보였다.

하지만 러시아인들이 런던을 독점한 건 아니었다. 최대 위협은 같은 러시아인이 아니었다. 꾸준히 추진력을 모으던 국산 차량이 추월 차선으로 빠르게 접근하고 있었다. 빅웰스 발레단은 1931년 런던 교외인 이즐링턴에 새롭게 문을 연 새들러스 웰스라는 이름의 흉물스러운 극장을 본거지로 삼았다. 냉혹한 니넷 디 밸루아가 거의 빈손으로 이곳에서 버티고 있었다. 디 밸루아의 주된 자산은 얼리셔 마코바—20대 중반인 마코바는 여전히 성격이 침착하고 차분했다—였지만, 1935년에 마코바는 빅웰스를 떠나 앤턴 돌린과 함께 순회공연 발레단을 만들었다. 디 밸루아는 이 손실에 위축되지 않고 빅웰스의 무대에 아기 발레리나를 세웠다. 열다섯 살의 천진난만한 소녀 페기 후컴은 보다 이국적인 이름인 마고 폰테스(어머니의 결혼 전 이름)로 개명하고, 이내 폰테인으로 다시 개명했다. 바로노바와 투마노바처럼 폰테인에게도 러시아 선생들과 고압적인 어머니가 있었지만, 그들과 달리 발이 약했고 테크닉도 그럭저럭 쓸 만한 정도일 뿐이었다. 크고 매력적인 눈, 타고난 음악성, 우아한 신체 비율이 그녀의 주된 재능이었으며, 강인함이나 현란함 없이도 사람을 감동시키고 사로잡는 면이 있었다. 그녀가 어디까지 갈 수 있을까?

발레리나 유망주 한 명으로는 1부 리그에 올라갈 수 없었다. 하지만 디 밸루아에게는 폰테인의 믿을 만한 파트너 후보이자 눈부신 호주 청년 로버트 헬프먼, 떠오르는 천재 안무가 프레더릭 애슈턴, 수준 높은 음악 감독 콘스턴트 램버트, 그리고 발레 마스터 니콜라이 세르게예프의 협력이 있었다. 이는 그녀에게 (냉철한 판단에서 비롯된) 상당한 행운이었다. 세르게예프는 상트페테르부르크에서 망명할 때 더없이 소중한 19세기 안무 기록을 가지고 왔고, 덕분에 프티파와 이바노프의 차이콥스키 발레가 재구성될 수 있었다. 신진 무용수인 해럴드 터너, 준 브레, 패멀라 메이 등은 당당하고 자랑스러운 영국인으로서 자신의 이름을 슬라브식으로 바꿀 필요를 느끼지 않았다. 부족한 자금은 실험과 모험을 부추기는 건강한 자극제였다. 요컨대 영국인들은 러시아 발레의 영향을 받았지만 그걸 모방하지 않았으며 보이지 않는 곳에서 영국식 발레의 길을 찾고 있었다. 드 바실 발레단의 눈부신 광채에 비하면 아직 촛불 하나도 켜지 못한 셈이지만 빅웰스 발레단은 대담한 지략과 부드러운 시적 상상력으로 충직하고 애국적인 추종자들을 확보해나가고 있었다.

그러는 동안 발레 뤼스는 소소한 언쟁, 아이디어 도용, 내분으로 한창 표류 중이었다. 1937년에 블룸은 패배를 인정했다.▪ 뉴욕의 재벌인 줄리어스 "정키" 플라이슈만에게 발레단을 팔아치운 것이다. 플라이슈만은 또 다른 러시아 국외 거주자인 세르주 데넘을 감독으로 임명했다. 본명이 세르게이 이바노비치 도쿠차예프인 데넘은 뱅커스 트러스트 부사장을 역임한 경력이 있었다.

데넘의 발레단은 몬테카를로 발레 뤼스Ballets Russes와는 다른, 몬테카를로 발레 뤼스Ballet Russe가 되었다(철자의 차이에 주목하라). 혼

▪ 프랑스로 돌아간 블룸은 5년 후 아우슈비츠로 이송되었고 그곳에서 사망했다.

동을 피하기 위해 이 장에서는 간단히 데님의 몬테카를로 발레 뤼스와 드 바실의 발레 뤼스라는 약칭을 사용하고자 한다. 비록 두 발레단 모두 여러 차례 사소한 명칭 변경이 있었지만 말이다(드 바실의 경우 20년간 열여섯 번 바꿨다). 그 밖에도 2차 대전 이전에 나타났다 곧 사라져버린 기회주의적인 여러 하루살이 집단들이 있었다. 발레토마니아 열풍이 새로운 정점에 도달하는 동안 그들은 일련의 반목과 소송, 배신과 계략, 내분과 변절로 얼굴을 붉혔다. 당시 상황은 그야말로 피비린내 나는 장미 전쟁을 연상케 한다.

1938년 초에 잠시 평화가 찾아온 것 같았다. 드 바실의 발레 뤼스와 데님의 몬테카를로 발레 뤼스가 하나로 합친다는 발표가 나왔다. 당대의 모든 위대한 무용수들이 한 지붕 아래 모이게 된 것이다. 『뉴욕 타임스』의 존 마틴은 "길버트와 설리번이 아니라면 생각해낼 수 없는 … [상대방에 대한] 퇴치 운동"의 종말이라며 환호했다.◆[55] 런던 역시 안도의 한숨을 쉬었다. 『댄싱 타임스』는 "사실이라고 믿기엔 너무나 좋은 소식"이라고 보도했다.[56] 정말 그랬다. 하지만 불과 한 달만에 싸움이 재개되었다.

세부적인 이야기는 지루하고 사소하지만 발화점은 솔 휴록이었다. 드 바실은 휴록의 조직 능력과 연출에 의존해서 미국 순회공연을 해왔는데 드 바실의 협잡질에 휴록이 신물이 난 것이다. 마신도 마찬가지였다. 마신은 자신의 정당한 권리라고 생각하는 예술 부분의 통제권을 쥐어본 적이 없었다. 이제 두 사람은 데님과 계약했다. 하지만

◆ 길버트와 설리번은 1871년부터 25년간 열네 편의 희가극을 공동 작업했다.

드 바실은 여전히 좋은 무용수들과의 계약과 마신의 《환상 가게》를 포함한 알토란 같은 레퍼토리의 대부분을 보유하고 있었다. 마신은 자기 발레에 대한 권리를 되돌려받기 위해 드 바실을 고소했지만 부분적인 승소에 그쳤다. 법정은 드 바실이 의뢰하고 돈을 지불했기에 그가 계속 보유할 수 있다고 판결했다.

드 바실의 발레단과 데넘의 발레단은 뉴욕에서 합병을 협의했지만, 드 바실—당시 유럽에 있었고 영어가 서툴렀다—은 어리석게도 바로노바의 남편인 제리 세바스티아노프를 대리인으로 세워 계약서에 서명하게 했다. 사실상 그 작은 인쇄물이 드 바실을 밀어내고, 그의 권력을 (세바스티아노프를 유용한 동맹으로 여긴) 휴록에게 넘겨주고, 마신의 히트작을 상연할 권리를 몰수하고 있었다. 계약 조건이 명확해지자 드 바실은 약속을 어기고, 계약 파기를 위한 소송을 개시했다. 하지만 심리 중인 사안인지라 발레단이 공연을 계속하기 위해서는 명목상 뒤로 물러나야만 했다. 드 바실의 발레단은 '교육발레 유한회사Educational Ballets Ltd'라는 칙칙한 이름으로 개명한 뒤(세금 면제 때문이었다) 새로운 이사회를 선임하고 더 마음이 놓이는 세바스티아노프의 손에 경영을 맡겼다.

이때 스타 무용수들은 각기 다른 은하에서 빛나는 쪽을 선택했다. 그에 따라 계약을 둘러싸고 실랑이가 벌어졌다. 바로노바와 랴보신스카야는 교육발레 유한회사에 남았고, 이 발레단은 6월에 코번트 가든으로 돌아갔다. 투마노바는 왔다 갔다 했다. 다닐로바와 마코바는 마신과 데넘의 몬테카를로 발레단으로 갔다. 동시에 데넘의 발레단은 엎어지면 코 닿을 거리에 있는 드루리 레인 극장을 차지했다. 볼

썽사나운 법적 다툼이 끝없이 계속됐지만 두 발레단은 평론가와 대중을 모두 거머쥐었고, 상대방의 성공에서 동력을 얻었으며, 그 모든 블랙 코미디는 언론을 타고 전 세계로 퍼져나갔다. 관객들은 두 극장을 교대로 찾았다. 종종 중간 휴식 시간에 다른 극장으로 가서 포스터에 자기편을 지지하는 낙서를 하는 사람도 있었다. 무용수들은 이 모든 것이 더없이 재미있다고 생각했다. 양쪽 경영진은 공연이 끝난 후 사보이 그릴에서 함께 식사하고 상대방의 박스 오피스 기록에 건배하며 서로 최고의 친구가 되었다.

하지만 중복되는 두 발레단이 있을 필요는 없었다. 해스컬은 「러시아 발레단의 경영을 걱정하는 모든 이들에게」라는 공개편지를 통해 분노를 표출했다. 그의 편지는 빅웰스 발레단을 의미심장하게 언급하고 있었다.

> 우리는 다툼을 벌이고 있다. 무대 뒤에서 흔히 벌어지는 수준이 아니라 우리의 일에 피해를 입히고 우리 돈으로 법률가의 배를 불리게 할 정도로 격렬하게 다투고 있다. … 러시아 상표가 붙어 있으면 영국 대중이 무조건 인정하는 시대는 지나갔음을 우리는 알아야 한다. 우리는 최고에 익숙하다. 우리에게는 1년에 **9개월 동안 저렴한 가격으로** 공연하는 감탄할 만한 우리 자신의 발레단이 있다.[57]

아무도 해스컬의 넋두리에 주목하지 않았다. 하지만 그가 옳았다. 다시 말해 그렇게 분리되었으니 전체적인 브랜드가 약해질 수밖에 없었다. 러시아 발레는 30년 동안 놀라운 생산성을 발휘한 끝에 현재 최고의 전성기를 누리고 있었지만, 이때를 기점으로 창조적인 추진력이 시들고 놀라움의 가치가 소진되면서 이런 현상도 저물기 시작했다. 동일한 목표와 동일한 성격을 가진 두 발레단이 오랫동안 같은 영토를 점유하는 건 불가능했다. 더구나 그들은 똑같이 한정된 스타에 의존했다. 포킨, 마신, 니진스카는 전성기를 넘겼고, 발란신은 브로드웨이와 할리우드에서 허우적거리고 있었으며,■ 러시아 안무가로서 이들을 이을 최고의 유망주인 데이비드 리신은 끝내 기대에 부응하지 못했고, 혁명의 여파에 서양으로 밀려오던 인재들의 행렬은 종말을 고했다.

1939년에 법적인 문제가 해결되자 드 바실 대령은 권력을 되찾았고, 교육발레 유한회사는 '오리지널 발레 뤼스'로 환생했다. 베를린에서 가을 시즌을 공연하기로 예정되어 있었지만 전쟁의 발발로 무산되었다. 발레단은 6주간 위험한 바다를 건너 피난처인 호주에 도착했고, 그곳에서 거의 9개월을 보냈다. 대척지對蹠地로의 세 번째 방문이었다. 유럽의 위기로부터 멀리 떨어진 곳에서 무용수들은 몇몇 도시를 돌며 긴 시즌 동안 꾸준한 일정으로 공연하면서 안정을 찾았다.

태평양을 건너 로스앤젤레스에 온 발레단은 공연을 마친 후 추가로 아메리카 순회공연을 시작했지만 투어는 쿠바에서 좌초되었다. 순회공연 주최자들이 임금을 과하게 삭감하자 1941년 3월 열일곱 명의

■ 그들 사이에는 사랑이 없었다. 그들과 함께 일한 프레더릭 프랭클린에 따르면 "니진스카는 발란신을 싫어했고, 발란신은 니진스카를 싫어했다. 발란신은 마신을 싫어했고, 마신은 발란신과 니진스카를 둘 다 싫어했으며, 포킨은 가까워질 수 없는 존재라고 여겼다.(Jack Anderson, *The One and Only: Ballet Russe de Monte Carlo*, p. 78에서 인용.)

하급 무용수가 파업을 벌였기 때문이었다. 파업 찬성파와 반대파의 분쟁으로 마비된 채 하바나에서 오도 가도 못하게 되자 발레단의 일부 단원들은 댄스홀과 카바레를 전전하며 생계를 해결했다. 파업자들의 불만을 부채질한 또 다른 요인은 더 체계적이고 돈이 많은 '발레 시어터'의 유혹이었다. 발레 시어터는 뉴욕을 본거지로 1939년에 출범한 단체였다. 런던에서 디 밸루아가 이끄는 빅웰스 발레단과 예술적인 목표는 비슷했지만 발레 시어터는 주요 창립자인 루시아 체이스의 막대한 부를 등에 업고 있었다. 웬만한 무용수라면 고용할 분위기였다. 이미 스타 부부인 얼리셔 마코바와 앤턴 돌린이 발레단을 이끌었고, 게다가 드 바실에게서 바로노바는 물론 그녀의 남편인 제리 세바스티야노프의 전문적인 관리 능력까지 막 가로채온 터였다. 무엇보다 여기서는 더 많은 돈을 받을 수 있었다. 젊은 안무가 제롬 로빈스와 앤터니 튜더가 합류하자 더 힘이 실렸다.

결국 자원이 고갈된 드 바실의 발레단은 절뚝거리며 쿠바에서 미국으로 돌아왔다. 이 시점부터 재능과 아이디어는 바닥을 향했다. 발레단의 수준은 돌이킬 수 없이 하락하고 경쟁은 극심해졌다. 전쟁 기간 동안 발레단은 중남미를 순회하면서 모든 도시에서 예외 없이 환영을 받았다. 특히 라틴풍의 저속하고 새로운 "민속" 작품을 무대에 올렸을 땐 박수갈채를 받았다. 하지만 원시적인 조건에서 여행하며 수많은 공연을 소화하는 데 따른 스트레스는 사람을 바닥까지 소진시켰고, 그로 인해 주요 무용수 몇 명이 몰래 도망치는 일이 발생했다. 중도에 어중이떠중이로 그들을 대체했지만 결국 발레단의 스타일은 잡동사니가 되고 특유의 멋을 잃게 되었다.

1947년 여름—아이로니컬하게도 〈분홍신〉이 한창 영화로 제작되던 중—에 드 바실의 발레 뤼스는 코번트 가든으로 돌아왔다. 환영은 따뜻했지만 그 순간은 금방 지나갔고, 발레단이 올린 공연은 이미 시대에 뒤떨어진 것들이었다. 후에 해스컬은 그 시즌이 "애처로운 용두사미"였다고 묘사했다.[58] 시릴 보몬트의 기록에는 "지루한" "낡은" "도가 지나친" "과장된" "조잡한" 같은 형용사가 여기저기 널려 있다.[59]

1938년 이후로 영국 발레는 추월에 성공하고 애국심을 자극하는 원천이 되었다. 영국 발레는 모든 사회 계층의 관객을 끌어들였고, 댜길레프와 드 바실이 집중해온 대도시 기반을 넘어섰다. 영국 발레를 이끈 주역은 세 명의 주목할 만한 여성이었다. 모나 잉글스비는 사업가인 아버지에게 돈을 빌려 '인터내셔널 발레단'을 설립하고 자신이 직접 프리마 발레리나로 나서 고전 레퍼토리 위주로 공연했다. 마리 램버트는 작은 발레단을 이끌며 신작에 초점을 맞췄다. 니넷 디 밸루아의 빅웰스 발레단은 1941년에 새들러스 웰스 발레단으로 개명했다.

세 명 중 누구도 호락호락한 사람이 아니었지만 놀라운 정치적 통찰력으로 우위를 점한 사람은 디 밸루아였다. 러시아 발레단들은 무질서한 민주주의로 인해 "규율이 전혀 엄격하지 않았고" 개인이 "발레단을 휘젓고" "성공하는" 분위기였다.[60] 반면 해스컬에 따르면 디 밸루아는 "전체주의 국가"와 다소 비슷하게 발레단을 운영하면서 총신寵臣들로부터 원하는 것을 이끌어냈다. 토슈즈에서부터 열여덟 살을 넘긴 남성 무용수(징집 대상이었다)까지 모든 것이 당연히 부족했음에도 새들러스 웰스 발레단은 전시 근로역을 훌륭히 수행했다. 나치 공습기에 중립국인 네덜란드에서 돌아온 뒤 발레단은 전국을 순회했으며, 공습과 식량 배급을 견디면서 관객에게 아름다움을 일깨우고 애슈턴의 《단테 소나타Dante Sonata》와 헬프먼의 《고르발의 기적Miracle in the Gorbals》 같은 작품들을 제작해 위기의 시기에 국민의 마음을 위로했다.

1946년에 디 밸루아는 결실을 거뒀다. 새들러스 웰스 발레단이 코번트 가든에 초청을 받아 영구적인 보금자리를 마련하게 된 것이다. 이곳에서 국내파 안무가 프레더릭 애슈턴과 발레리나 마고 폰테인은 새로운 전성기를 맞았다. 또한 《잠자는 숲속의 미녀》를 호화롭게 제작하여 프랑스 절대왕정 시대의 위엄에 바친 러시아인 특유의 경의를 영국식 매력과 서정성을 담아 변형할 수 있음을 증명해 보였다. 발레 뤼스의 광채는 영원히 저물었다. 파리에서도 사정은 비슷했다. 이제 세상은 다른 것을 원했다. 드 바실 대령은 1951년에 사망했고, 그 다음 해에 쪼그라든 그의 발레단은 완전히 소멸했다.

그 업적을 어떻게 평가해야 할까? 1930년대 중반 마신의 교향곡 발레—금세 구식이 되었지만 후세에 가능성을 남긴 작품들—를 제외하고는 그 후로 발레단이 무대에 올린 어떤 작품도 그리 독창적이지 않았다. 드 바실은 다른 사람들의 조언에 따라 유명한 작곡가와 예술가들에게 작품을 의뢰했지만 댜길레프가 보여준 재능이나 과감함이 부족했다. 널리 대중적인 성공을 거둔 유일한 신작으로 리신의 비더마이어풍 파스텔 색조의 작품 《졸업 무도회Graduation Ball》가 있다. 1940년에 호주에서 초연되었고, 30여 년이 지난 오늘날에도 무대에 오른다. 하지만 첨단 혁신의 결핍을 화려함으로 보완한 작품이었다. 전성기인 1930년대 중반에 드 바실의 발레 뤼스는 격정적으로 춤을 추었고 개성이 반짝거렸다. 어떤 무용수도 규칙에 얽매이지 않았고 자세에 있어 특징이 없거나 경직된 요소는 전혀 찾아볼 수 없었다. 아기 발레리나들은 20세기의 발레 연대기에서 파블로바, 니진스키, 〈분홍신〉 그리고 폰테인과 누레예프의 협업에 견줄 만한 높은 대중적 인지도를 누렸다.

데넘의 몬테카를로 발레 뤼스는 드 바실의 발레 뤼스보다 오래 존속했지만 예술적 중요성은 그에 미치지 못했다. 이들의 활동과 명성은 거의 북아메리카를 벗어나지 못했다. 발레단은 1938년 마신이 전력을 다해 다시 한 번 세련된 소극《파리의 유쾌함Gaîté Parisienne》을 만들고 대단히 인상적인 캉캉으로 마무리함으로써 큰 환호 속에 닻을 올렸다. 이 작품은 선보이자마자 엄청난 인기를 누렸고, 1941년 워너 브러더스는 길이를 줄인 버전을 할리우드에서 촬영해 신기술인 테크니컬러의 모델로 세상에 내놓았다.

이 인기작과 같은 시기에 마신—다재다능함을 빼면 시체인 사람—의 다음 두 작품이 무대에 올랐다. 베토벤의 "춤의 신격화"◆에 맞춰 창조와 파괴라는 힘의 두 원형을 춤으로 표현한《교향곡 7번Seventh Symphony》, 파울 힌데미트에게 의뢰한 엄숙한 음악에 맞춰 성 프란치스코의 초기 생애를 묘사한 발레 오라토리오《격조 높은 환상Nobilissima visione》. 이 둘은 좋아하는 사람들에게는 숭고한 작품, 싫어하는 사람들에게는 신성한 척하는 작품이었다. 에드윈 덴비는 마신의 베토벤에 대해 돌처럼 차가운 평을 남겼다. "작품이 지속되는 동

◆ 바그너는 베토벤의 〈교향곡 7번〉을 "춤의 신격화"라며 찬미했다.

안에는 마음을 사로잡았는데 끝난 뒤에는 어떤 현실, 어떤 은밀한 감정도 남지 않았다. … 모든 동작이 시각적으로 명료하다. 그러나 모든 동작이 같은 강도이며 감정의 전달도 같은 정도였다." 또한 마신이 힌데미트에 붙인 춤에 대해서는 그저 "나긋나긋하고 가식적인 몸짓"이라고 말했다.[61]

1939년에 《적과 흑Rouge et Noir》이 뒤를 이었다. 임박한 전쟁의 전조를 불길한 정치적 우화로 표현한 이 작품은 쇼스타코비치의 〈교향곡 1번〉과 원색에 의미를 숨긴 마티스의 디자인을 사용했다. 《바카날레Bacchanale》는 남근과 질을 노골적으로 표현한 살바도르 달리의 무대 장치와 의상을 통해 난잡한 유희를 다룬 꽤 충격적인 작품이었다. 좋아하는 사람들에게는 정신분석학적인 초현실이었고, 싫어하는 사람들에게는 저속한 외설이었다.

흥행은 놀라웠지만 끝은 빨리 다가왔다. 1940년과 1941년에 무게감이 덜한 발레 네 편이 연달아 실패로 끝났다. 미국 대중은 마신의 장난스러움과 가식에 싫증을 느끼기 시작했다. 특히 한 평론가는 "마치 거대한 손이 피라미드만큼 큰 그림 퍼즐의 조각을 맞추듯 무용수들을 여기저기 끼워 맞추는" 그의 습관을 지적했다.[62] 이에 굴하지 않고 마신은 더 강한 통제, 더 긴 리허설 시간, 더 많은 돈을 부르짖었다. 현명하지 못한 행동이었다. 데넘의 가장 큰 자산이었던 그가 이제 가장 큰 짐이 되었고, 교향곡 발레는 유행에서 밀려났다(제작비가 항상 무모할 정도로 높았다). 데넘은 그가 돌아서자 너무 행복해했다. 독단적인 방향 전환은 이 시대의 고질병이었다. 마신이 경쟁 단체인 루시아 체이스의 발레 시어터로 자리를 옮긴 것도 그런 고질병 중

하나였다. 하지만 여기에서도 오랫동안 행복하지 않았던 마신은 전쟁이 끝나자 유럽으로 돌아갔고, 놀라운 경력의 마지막 단계로 접어들었다.

데넘은 드 바실보다 더 교양 있고 점잖은 사람이었다. 그는 상냥하고 정중한 몸가짐으로 부유한 기부자들을 능숙하게 다루고 설득하고 구워삶았다. 하지만 마신과 같은 시기에 데넘의 배에서 발레 시어터로 갈아탄 임프레사리오 솔 휴록은 데넘의 취향을 업신여기고 고상한 망상들을 경멸했다. 휴록은 한심하다는 듯 이렇게 말했다. "그는 발레의 대기권에 들어서자마자 댜길레프 병에 감염되었다. 듣자하니 이 병은 조만간 모든 사람을 공격한다."[63] 독창적인 아이디어의 분출은 그 병의 증상이 아니었다. 그가 한 번 보여준 번뜩이는 영감—혹은 운, 혹은 판단—은 세실 B. 데밀이라는 사람의 여조카 애그니스에게 안무를 의뢰한 것이다.■ 1942년에 애그니스는 데넘에게 황금알 같은 작품 《로데오Rodeo》를 건네주었다. 이 작품에서 그녀는 날뛰는 야생마와 로데오 경기를 통해 "미국인이라는 느낌에 대한 감각"[64]을 마음껏 발산했다. 일전에도 마신이 비슷한 시도를 한 바 있지만 실현되지는 못했다. 러시아 무용수들은 시끌벅적한 칭찬과 경쾌한 후트내니hootenanny◆ 파티에 콧방귀를 뀌며 비웃었다. 하지만 《로데오》는 시대의 분위기를 잘 포착한 작품이었다. 애그니스 데밀은 같은

■ 1940년에 애그니스는 젊은 아프리카계 여성들로만 구성된 발레 시어터 팀을 위해 《블랙 리추얼(Black Ritual)》을 안무했다. 이 팀은 선구적이었지만 애석하게도 단명했다. 팀이 성공할 수 없다고 본 것이다.

◆ 민속 음악을 연주하는 파티.

맥락에서 뮤지컬 〈오클라호마!Oklahoma!〉를 안무했다.

《로데오》의 도움과 발란신이 안무한 뮤지컬 〈노르웨이의 노래〉를 브로드웨이에서 장기간 공연한 덕분에 데넘의 발레단은 전쟁을 견뎌낼 수 있었다. 그런 뒤 발레단은 앨버커키에서 캘러머주까지 북아메리카를 횡단하면서 대담한 순회공연으로 수백만 국민에게 순수한 즐거움과 황홀한 매력을 전달하고, 어린 베이비붐 세대에게 꿈을 심어주었다. (그중 한 명이 로버타 피커라는 열 살 소녀였다. 피커는 1955년에 데넘의 몬테카를로 발레 뤼스가 신시내티에 왔을 때 《호두까기 인형》에서 "약간 중요한 역"인 클라라를 연기했다. 나중에 수잰 패럴로 이름을 바꾼 그녀는 발란신의 위대한 뮤즈가 되었다.)[65]

이 사업은 집요하고 지치는 법이 없었으며 용감했다. 하지만 1950년대에 러시아 구성원이 줄어들고 발레단의 구성이 국적은 물론이고 훈련의 측면에서 갈수록 잡다해짐에 따라 정체성이 허물어지기 시작했다. 몬테카를로의 발레 뤼스가 아니라(전후에 유럽으로 돌아가지 않았다) 미국의 발레 뤼스가 문제였다. 대중의 요구에 맞추기 위해 발레단은 돈벌이가 되는 작품을 끊임없이 재탕했고, 관객들이 좋아하는 달콤한 레퍼토리와 알렉산드라 다닐로바, 프레더릭 프랭클린, 알리시아 알론소, 이고르 유스케비치 같은 몇몇 스타들의 유명세에 의존했다. 그 가운데 걸맞지 않은 무용수가 끼어들어 수준을 떨어뜨리기도 했다. 데넘이 폴란드의 발레리나 니나 노바크에게 홀딱 반해 그녀를 적극적으로 밀었던 것은 그에게도 발레단에게도 전혀 도움이 되지 않았다. 댜길레프는 오직 최고의 재능에만 민감하게 반응하는 감각을 갖고 있었다.

하지만 데넘은 나쁜 사장이 아니었다. 누구에게도 돈을 주지 않기 위해 엄청난 노력을 기울였던 드 바실과 달리, 데넘은 무용수들에게 꼼꼼하게 보수를 지급하고 회계를 엄격히 관리했다. 발레단이 명을 다한 1962년까지 그의 조직은 감탄이 나올 정도로 생산적이고 효율적이었으며, 재정적으로 독자 생존이 가능했다(그의 신중함이 야기한 유일한 단점은 임금 체불을 피하기 위해 서둘러 커튼을 내린 것이었다). 하지만 그들이 존재하지 않았다면 발레의 역사는 상당히 다른 양상으로 흘러갔을 것이다.

—∘ ∘—

많은 발레단이 발레 뤼스의 전통을 따랐다. "댜길레프 병"에 감염된 무모한 남성이 박스 오피스라는 재정적인 산소와 가끔 귀가 얇은 부유한 여성들이 써주는 수표에 의존해 자유롭고 무책임하게 운영한다는 것은 시간이 지날수록 흔들릴 수밖에 없는 원칙이었다. 『발레에 대한 비난』에서 링컨 커스틴은 다음과 같이 경고했다. "제2의 댜길레프는 있을 수가 없다. … 그의 작품, 그의 시대에나 적합했던 목표를 되살리기 위해 주기적으로 노력하는 보통내기들을 경계하라."[66] 하지만 그런 보통내기는 수시로 튀어나왔다.

그중 유명한 인물이 조지 드 쿠에바스였다. 드 쿠에바스는 칠레의 이름 없는 가문에서 태어났지만(산티아고에서 구두를 닦았다는 소문이 있었다) 제 손으로 후작이라는 가짜 직함을 붙인 야심가였다.[67] 다른 이들과 다른 점은 할아버지인 존 D. 록펠러의 주 상속인인 자신의 아내 마거릿 스트롱의 막대한 재산에 손을 댈 수 있었다는 것이다. 스트롱은 파리 교외에 있는 여성복 디자이너 펠릭스 유수포프 공(과거 라스푸틴의 암살자)의 생토노레 살롱에서 잠시 접대원으로 일하던 무일푼의 드 쿠에바스를 만났다. 수줍고 학구적인 데다 사회적 자신감이 낮았던 그녀는 드 쿠에바스에게 마음을 빼앗겼고, 그는 파리의 세련된 멋쟁이 행세를 하면서 그녀에게 정성 들여 구애를 했다. 두 사람이 1928년에 결혼하고 세 아이를 낳은 뒤로 드 쿠에바스는 새로 발견한 부를 맛보기 시작했다. 1939년 뉴욕 세계박람회에서 미술 전시회를 기획하는 중에 그는 치료 불가능한 댜길레프 병에 걸렸다. 그리고 5년 후 자신의 과대망상과 잘생긴 젊은 남자에 대한 애호 성향에 도움이 될 발레단을 출범시켰다.

큰 이름들과 큰돈이 '발레 인터내셔널'에 아낌없이 들어갔지만 뉴욕에서 보낸 첫 시즌은 보기 좋게 실패했다. 사실 드 쿠에바스는 자기가 뭘 하고 있는지 전혀 모르는 그저 애호가에 불과했다. 이에 굴하지 않고 그는 큰 돈벌이가 널려 있는 유럽으로 눈을 돌렸다. 1945년 세르주 리파르는 나치에 협력한 건에 대한 조사를 받느라 프랑스에서 춤추는 것이 금지되자 길 잃은 러시아 무용수들을 그러모아 몬테카를로에서 발레단을 설립했다.■ 리파르는 파리로 돌아와 오페라하우스를 이끌었고, 드 쿠에바스는 그를 매수했다. 그 결과 돈 걱정 없

■ 논란이 없는 건 아니었다. 리파르는 나치를 그가 증오하는 볼셰비키로부터 러시아를 구해줄 잠재적인 해방자로 여겼다. 그는 분명히 파리를 점령하고 있는 베르마흐트 군대를 다정하고 예의 바르게 대했다. 그러나 재판정에서 그는—많은 사람이 그랬듯이—많은 유대인이 탈출하거나 체포를 피할 수 있도록 비밀리에 도왔다고 주장했다. (다음을 보라. Mark Franko, 'Serge Lifar et la collaboration'.)

어 보이는 마법의 단체 '쿠에바스 후작의 그랜드 발레단'이 탄생했다. 니진스카가 여자 발레 마스터로 일하고, 얼리셔 마코바와 안드레 에글레프스키 같은 유명인이 게스트로 수입되었으며, 순수 미국인 혈통의 수많은 전후 발레리나 중 한 명인 로젤라 하이타워가 상주 스타 무용수가 되었다.

데넘보다 훨씬 더 아마추어적인 드 쿠에바스는 앙시앵레짐의 속물근성과 빈약한 지성을 겸비한 낭만주의자였다. 그런 이유로 그는 19세기 고전발레에 특권을 부여했으며 그가 의뢰한 신작은 대체로 장식적이고 피상적이었다. 하지만 발레단은 명예로운 목적에 봉사했고 데넘의 발레 뤼스처럼 전쟁의 상처로 신음하는 많은 도시에 아름다움이라는 위안을 선사했다. 그에게 고용된 사람들로서는 행복하게도 드 쿠에바스는 기질이 부드럽고 온화해 리허설에 거의 간섭하지 않았고 급여를 넉넉히 지급했다. 반면에 대수롭지 않게 다른 사람을 시켜 자기가 원하는 일을 성취하고, 어떤 일이든 왕처럼 침실에서 한 번 알현하는 것으로 처리했다. 그가 좋아하는 일은 그의 한정된 에너지를 카페 소사이어티café society◆에서 몸을 치장하고 얼굴을 관리하는 일에 쓰는 것이었다. 그의 약점은 스스로를 과시하고픈 저속한 열망이었다. 평생 동안 두 차례 그의 으스대는 모습이 신문 1면을 장식했다.

1953년 프랑스 총파업과 한국전쟁의 와중에도 그는, 소문에 따른 액수로, 10만 달러를 펑펑 쓰면서 비아리츠◆◆ 인근의 시골 클럽에 사

◆ 뉴욕, 파리, 런던에서 19세기 말에 출현한 "아름다운 사람들"과 "발랄한 젊은이들" 혹은 그들이 모이던 고급 카페와 레스토랑을 말한다.

치스러운 모조 건축물을 짓고 가장무도회를 열었다. 2천 명의 손님—천박한 영화 스타들, 직함만 있고 별 볼 일 없는 사람들, 카페 소사이어티의 쓰레기들—에게 즐거움을 제공하기 위해서 니진스카가 《백조의 호수》 2막을 무대에 올렸다. 실내 장식을 맡은 사람은 살바도르 달리였다. 가발을 쓰고 하얀 스타킹을 신은 급사들이 횃불을 들었고, 3천 병의 샴페인이 펑 소리와 함께 코르크 마개를 터뜨렸으며, 발망이 만든 금박을 입힌 비단 의상을 입고 "자연의 왕"으로 분장한 드 쿠에바스가 왁자지껄한 파티를 주재했다. 바티칸의 일간지 『로세르바토레 로마노』는 "이교도적이고 야만스러운 난잡한 파티"라고 격렬하게 비난했지만[68] 정작 문제는, 목격자에 따르면, 별반 재미가 없었다는 것이었다. 이 파티는 대중의 주목을 끌기 위한 행위였을 뿐 30년 전 댜길레프가 베르사유에서 개최한 화려한 축연에서와 같은 굉장한 우아함이 없었다.

1957년 이에 버금가는 멍청한 사건이 터졌다. 드 쿠에바스의 발레단이 허가를 받지 않고 리파르의 발레 《흑과 백Noir et blanc》을 변경하자 항상 싸움에 목이 말랐던 세르주 리파르가 노발대발했다. 리파르는 많은 사람들이 보는 곳에서 드 쿠에바스를 몹시 질책했고, 드 쿠에바스는 손수건으로 리파르의 뺨을 때리고 사과하길 거부했다. 그러자 리파르는 그에게 결투를 신청했고,▪ 두 바보는 파리 근교의 한 장소에서 에페를 들고 펜싱을 하기로 합의했다. 기소를 피하기 위해 "비밀"로 했지만 그럼에도 파파라치 한 무리가 두 사람을 에워쌌다.

◆◆ 프랑스 남서부의 도시.

쉰세 살의 리파르는 대단히 과장된 몸짓으로 검을 휘둘렀고, 일흔두 살의 드 쿠에바스는 굼뜬 동작으로 찌르기를 몇 번 하다가 용케 리파르의 팔을 살짝 찔렀다. 찔끔 피가 났다. 명예가 지켜지자 두 남자는 눈물을 흘리며 상대를 껴안았다. 고맙게도 카메라들이 이 장면을 포착했다. (이 보충 설명에 대한 보충 설명이 있다. 드 쿠에바스의 결투 보조인 중에 젊은 장마리 르펜이 있었다. 당시 그는 외인부대에서 전역한 지 얼마 안 된, 푸자드 당파의 의원이었다.)

마거릿 드 쿠에바스는 발레에 관심이 없었다. 드 쿠에바스의 비서에 따르면 발레는 "그녀의 신경을 건드렸다." 그녀는 갈수록 더 고독하게 살고 괴팍해졌다. 간간이 남편의 어리석은 습관을 바로잡아보려 했으나 아무런 효과가 없었다. 그녀는 계속해서 유지에 필요한 수표를 썼지만 발레단은 드 쿠에바스가 죽은 지 1년 후인 1961년에 문을 닫았다. 발레단의 마지막 시도는 《잠자는 숲속의 미녀》를 정성껏 무대에 올렸던 댜길레프의 신화적 일화를 재현하는 것이었다. 하지만 제작에 극도로 공을 들인 탓에 비용이 가장무도회의 곱절로 치솟았고, 그로 인해 이때 병중에 있던 드 쿠에바스는 볼테르 부두에 있는 아파트를 팔아야 했다. 양식을 잡다하게 그러모은 이 무대—격노한 니진스카는 리허설 중에 뛰쳐나갔다—는 러시아 발레의 쇠락을 알리는 또 하나의 사례로 기록되었다. 다만 관객을 끄는 데에는 성공했

■ 이번이 처음이 아니었다. 1938년에 리파르는 《백조의 호수》에서 마신에게 상처를 입자 히스테리를 부리며 그에게 결투를 신청했다. 냉정한 마신은 콧방귀를 뀌며 이렇게 대응했다. "당장 가서 파우더 가져와."[손에 바르는 펜싱용 파우더일 것이다-옮긴이] (Jack Anderson, *The One and Only*, p. 30.)

는데 소비에트 러시아에서 망명한 지 얼마 되지 않은 루돌프 누레예프가 잠깐 출연한 덕분이었다.

유럽과 북아메리카에는 드 쿠에바스의 발레단 외에도 스스로 지탱할 자금이나 비전도 없이 댜길레프의 사업을 본보기로 삼아 모방하는 발레단이 넘쳐났다. 이는 19세기의 레퍼토리에 1차 대전 이전에 포킨이 만든 작품들을 계속 되풀이하고 여기에 고전 양식에 기초한 (지속될 가치가 거의 없는) 짧은 신작 몇 편을 추가하는 것을 의미했다. -스카inska와 -프스키ovsky로 끝나는 유명한 이름을 내세우는 관행은 계속 이어졌지만, 백계 러시아인들이 은퇴할 나이가 된 동시에 원활히 보충되지 않으면서 그런 경우는 갈수록 줄어들었다. 영국에서는 인터내셔널 발레단이 새들러스 웰스 발레단과 계속 경쟁했고, 1947년부터 1949년까지는 단명한 '메트로폴리탄 발레단'과 경쟁하면서 1953년까지 생존했다. '페스티벌 발레단'은 1950년에 현재의 '영국 국립 발레단'으로 변신해 1951년 영국 페스티벌이라는 문화적 노다지를 이용한 덕에 더 오래 생존할 수 있었다. 이 발레단에서 얼리셔 마코바와 앤턴 돌린의 파트너십(무대 위에서는 한 몸이 되었고 무대 밖에서는 짜증을 내고 수시로 다투었다)이 1960년대까지 이어졌다. 줄리언 브론스위그라는 땅딸막하고 정감 가는 인물이 댜길레프 역할을 맡았다.[69]

유럽에서 그러한 발레단들을 가차 없이 소멸시킨 요인은 갈수록 증가하는 순회공연 비용 외에도 엘리트 발레단에 주어지는 국가 보조금을 들 수 있다. 전후에 이 사회 정책에 힘입어 몇몇 발레단은 견실한 지배 구조를 세우고 제대로 된 건물, 안정적인 경영 관리, 기회주의적이 아닌 전략적 계획을 도모할 수 있었다. 이 정책에서 소외된 단체들은 쉬운 길을 선택해야만 했고 몸을 사리면서 단기전으로 갈 수밖에 없었다. 1960년대 중반이 되자 댜길레프의 모델, 즉 관객과 부유한 후원자에 의존하고 비상 착륙에 대비해야 하는 방식은 적합하지 않게 되었다.

그러는 동안 발레 뤼스의 영광을 옹호하거나 목격한 사람들이 생을 마감했다. 기억은 희미해지고, 취향은 변하고, 시간은 흘러갔다. 발레는 책과 기록보다는 손과 눈으로 매우 섬세하게 전달되는 예술이므로 수많은 가는 실들이 끊어져나가는 건 피할 수 없는 일이었다. 발레 뤼스의 "드 바실" 호의 유명 무용수였던 데이비드 리신이 1957년에 런던 페스티벌 발레단을 이끌고 《호두까기 인형》을 무대에 올리기로 예정되었을 때, 그는 넵스키 픽윅키언의 마지막 생존자인 여든일곱의 알렉산드르 브누아에게 공연을 디자인해달라고 부탁했다. 두 사람은 1차 대전을 사이에 두고 한 세대나 떨어져 있었음에도 시간의 간극을 건너 사전 논의를 진행했다. 그리고 브누아가 결론지었다. "난 자네와 함께 일할 수가 없네, 젊은이. 자네가 마음에 그리고 있는 건 내가 아는 카스누아제트Casse-noisette◆가 아니야. 자넨 시간이나 시대에 대한 감각이 없고, 자네의 콘셉트는 내가 유년 시절에 겪은 마법 이야기와는 아무런 관계가 없어."[70] 결국 브누아가 마음을 풀었다. 두 사람의 결과물은 1960년대 중반까지 로열 페스티벌 홀의 크리스마스 단골 공연이 되었다. 이 공연은 예술적 중요성이 거세된 채로 어리고 착한

◆ 호두 까는 기구.

소녀들과 그들의 감상적인 엄마들에게만 관심을 불러일으켰다.

하지만 발레 뤼스에 최후의 일격을 가한 포탄은 아이로니컬하게도 그 모든 것이 시작된 나라에서 날아왔다. 모스크바를 출발한 볼쇼이 발레단이 1956년 7월 처음으로 런던에 도착했고, 그 후로 지금까지 여름마다 정기적으로 돌아온다. 또한 1959년부터는 뉴욕을 시작으로 미국 순회공연을 하고 있다. 이 진출에는 정치적 맥락이 있었다. 냉전이 격해지는 상황에서 우주 경쟁과 마찬가지로 문화 교류의 긴장된 저류에도 경쟁과 공격이 숨어 있었다. 문화 교류와 국제 친선의 자리에서 피상적인 미소와 정중한 악수를 주고받는 중에도 양측은 은밀히 점수를 매기고 자국이 더 낫다는 것을 입증하려 했다.

처음에 러시아는 소비에트 발레를 앞세운 거센 공격으로 손쉽게 승리했다. 그들의 발레는 스탈린 시대의 거친 리얼리즘을 구현하고 댜길레프의 세련된 모더니즘 미학을 경멸했지만, 그 자체의 저속함을 초월할 정도로 아주 생경하고 대담하고 에너지가 흘러넘쳤다. 그건 영웅적인 감정을 불러일으키는 날것의 발레, 모든 총포가 불을 뿜고 단 한 명의 인질도 남기지 않는 강력한 공격이었다. 어느덧 반세기가 되어 빠르게 활력을 잃고 있는 발레 뤼스의 전통은 그와 비교하니 유약하고 지루해 보였다. 1960년대 내내 볼쇼이와 마린스키(소비에트 정부가 키로프로 개명했다)가 유럽과 미국을 꾸준히 방문하면서 무용의 힘과 수준(비록 안무는 아닐지라도) 부분은 철의 장막 뒤에 있는 편이 유리하다는 생각이 자리 잡았다.

니진스키 같은 유약함을 완전히 제거한 발레단의 남자들은 올림픽 챔피언들처럼 점프하고 돌고 들어올렸다. 그러나 압도적인 충격을 안겨준 사람은 볼쇼이의 프리마 발레리나 갈리나 울라노바였다. 40대 후반의 나이에도 불구하고 울라노바는 착각을 불러일으킬 만한 마법 같은 젊은 외모에 열린 가슴과 프롤레타리아의 영혼으로 춤을 춘 탓에 폰테인을 비롯한 서방의 무용수들을 귀여운 중산층처럼 보이게 만들었다. 울라노바는 선배들이 누린 호화로운 대접과 사보이에서의 만찬을 거부했다. 그녀에게서 발산되는 소박함과 솔직함은 너무 완벽하고 가식이 없어서, 제니퍼 호먼스에 다르면, 그녀는 "찬성과 반대 양쪽 모두에 서 있었다. 사회주의 국가와 그 성취에 찬성하면서도 동시에 그들의 공허함, 케케묵은 슬로건, 기만과 거짓말에 반대하는" 것처럼 보였다.[71] 후에 신문 1면을 장식할 마린스키 극장의 망명자들, 즉 루돌프 누레예프(1961년), 나탈리야 마카로바(1970년), 미하일 바리시니코프(1974년)—모두 경직된 공산주의 체제에서 허락되지 않았던 예술적 자유와 도전을 찾아 탈출했다—는 러시아인이 그 누구보다 발레를 잘한다는 시각을 더욱 강화할 뿐이었다. 하지만 댜길레프의 시간은 완전히 저물었다.

9장

생존자

DIAGHILEV'S EMPIRE

무용수의 훈련은 안정된 자세, 좋은 심폐 기능, 강한 근육, 건강한 식욕을 길러주기 때문에 발레는 장수에 도움이 된다. 내연 기관이 발명되기 전에 태어난 댜길레프 시대의 거장들은 인간이 달에 착륙하는 것, 비지스가 빌보드 1위에 오르는 것, 그리고 마거릿 대처가 보수당 당수가 되는 것을 살아서 목격했다.

예를 들어 발레 뤼스의 초기 시즌들을 빛낸 타마라 카르사비나는 1978년 아흔셋을 일기로 눈을 감았다.[1] 1920년대에도 카르사비나는 간간이 댜길레프의 무대에 서고 전 유럽과 미국에서 프리랜서로 공연했지만 1차 대전을 거치는 동안 특유의 마법이 약해졌다. 결국 1932년에 그녀는 현명하게 무대에서 은퇴하고 가정을 돌보는 일에 전념했다. 약간 무책임하지만 따뜻하고 다정했던 남편 헨리 브루스가 1951년에 갑자기 사망하자 카르사비나는 헴프스테드의 프로그널에 있는 대단히 불편하고 갈수록 황폐해지던 앤 여왕 시대의 테라스 하우스에 덩그러니 남겨졌다. 그녀는 저택을 사랑했고 그 약점을 최대한 이용했다. 응접실마다 매력적인 가구가 비치되어 있었으며 누추하고 작은 주방에서는 최상의 음식이 요리되었다. 지붕에서 물이 새고, 파이프가 얼고, 먼지가 쌓이고, 천장이 무너지고, 쥐들이 허둥지둥 달리고, 정원은 잠자는 숲속의 공주를 감싼 초목처럼 무성했다. 돈이 들어오고 나갔지만 주로 나가는 편이었다. 아들과 손자들에게 헌신하고 가까운 친구들에게 충실했던 카르사비나는 검소하게 살았지만 힘이 닿는 한 남들에게 관대했다. 그럼에도 자존심이 너무 강해서 누구에게도 도움을 청하지 않았다.

에드워드 시대에 손꼽히는 미인이었던 카르사비나는 노년에 외모가 망가져 약간 기괴해졌을 때도 품위를 잃지 않았다. 5피트(약 152센티미터)밖에 안 되는 키에 만성적인 관절염을 앓았고 앉은 자세는 나무처럼 딱딱했지만, 목과 팔만은 여전히 오래전 발레 교육을 통해 익힌 그대로 물 흐르듯 우아했다. 한때 윤기가 흘렀던 검은 머리가 가늘어지고 희끗희끗해지자 그녀는 연보라색 가발을 썼다. 너무나도 아름다웠던 검은 눈은 눈꺼풀이 내려앉고 움직임이 둔해졌다. 러시아 정교회에 대한 신앙이 깊어 축일과 종교 의식을 챙기는 일을 결코 줄이지 않은 것과 별개로 그녀는 새롭게 취득한 국적을 깊이 사랑했다. 또한 영어를 놀라울 정도로 유창하게 구사해 찰스 디킨스와 찰스 램에 심취했을 때 터득한 정교한 순문학 산문체로 에세이와 회고록을 저술했다. 과시나 거드름은 전혀 없었다. 대신 그녀의 태도에는 왕족 같은 자연스러운 당당함—조상 중에 비잔틴 황제들이 있다는 소문이 있었다—이 배어 있어서 존경심과 경외감을 자아냈다. 선택된 소수를 제외하고 모든 이에게 그녀는 "마담 카르사비나"였다. 평론가 리처드 버클은 그녀를 처음 봤을 때를 이렇게 회고했다. "나 자신이 천국의 신전 계단에서 사람들과 함께 왕을 알현하는 하급 관리처럼 느껴졌다."[2]

흔히 발레 무용수는 경력이 아주 짧다고 말하지만 이는 잘못된 얘기다. 비록 무대 위에서는 20년 남짓밖에 공연하지 않지만 그 후 많은 무용수가 선생이나 코치가 되고, 나이가 더 들수록 기보나 필름으로는 전달할 수 없는 소중하고 불가사의한 지식의 보고가 된다. 카르사비나 역시 후세에 나눠줄 지혜의 보고였다. 그녀는 전후에 주어진 영국 왕립 무용학교의 부원장직을 성실히 수행하면서 러시아 발레단에서 자신이 직접 연기했던 배역의 수수께끼들을 영국의 발레리나들에게 가르쳐주었다. 마고 폰테인에게는 불새를 어떻게 추어야 하는지 설명해주었다. "인간의 감정을 빼고 … 넌 야생의 새야, 마고, 두 팔을 사용해야 해, 두 팔을 휘저어야 해 … 넌 인간의 손길을 몸에 느껴본 적이 없어. 넌 잡혀본 적이 없어. 그건 끔찍한 거야."[3] 모이라 시어러와 앙투아네트 시블리에게는 《지젤》과 《백조의 호수》의 마임 부분에 담긴 뉘앙스를 털어놓았다. 시블리가 바버라 뉴먼에게 말했다. "그 동작은 나도 알고 있었어요. 하지만 그녀가 하는 것을 보는 건 음계를 막 배운 다음 베토벤을 듣는 것과 같았지요. … 그녀가 움직이기 시작한 순간 모든 게 이해됐어요."[4]

카르사비나의 삶이 풍요롭고 충만했던 것과 대조적으로 그녀의 무대 파트너인 니진스키의 삶은 그가 돌이킬 수 없는 광기의 나락으로 떨어짐에 따라 공허한 비극이 되었다. 1919년 생모리츠 호텔의 무도회장에서 마지막 춤을 춘 후 스위스의 정신병원에 감금된 그는 오랜 기간 긴장증으로 인해 유순하게 지냈지만 주기적으로 폭력적인 자해와 강박적 자위를 되풀이하고 음식을 거부하기도 했다. 의사들은 "분비선 비기능"이라 진단하고 그의 병에 쓸모없는 이름들을 갖다 붙였다. 루르드◆를 방문하고 쿠에 박사를 비롯한 유명한 돌팔이들을 찾아갔으나 아무 소용이 없었다.[5] 로몰라는 자기 여동생에게 간호를 맡기고 파리의 형편없는 아파트(댜길레프와 리파르가 방문한 곳)에 그를 남겨둔 채 미국으로 건너가서 말도 안 되는 돈벌이 계획과 레즈

◆ 가톨릭 교회가 공식 인정한 프랑스 남서부의 성모 발현지로 병을 치유하는 샘물로 유명하다.

비언 연애에 몰두했다. 1929년 유럽에 돌아왔을 때 니진스키의 정신병이 너무 위중했기 때문에 그녀는 그를 다시 정신병원으로 돌려보냈다. 프로이트와 융은 둘 다 그의 병에 대해 언급하기를 거부했다. 니진스키의 광증은 그들의 심리학으로 분석하기에는 너무 격심했다.

한편으로는 엄청난 치료비를 감당하고, 한편으로는 자신의 호화로운 생활을 유지하기 위해 로몰라는 남편의 삶을 뻔뻔하게 왜곡해 전기를 쓰고(젊은 발레트망인 링컨 커스틴과 아널드 해스컬이 대작代作을 했으며, 대행자인 아일린 개릿을 통해 문화예술계로부터 기부금이 들어왔다), 니진스키가 1919년에 쓴 광인 일기를 심하게 삭제하고 편집했다. 그녀의 의도는 댜길레프의 명예를 떨어뜨리고, 자신의 행동을 변호하고, 니진스키를 고통받는 낭만적인 천재로 달콤하게 포장해 세상에 내놓는 것이었다. 그 책들은 베스트셀러가 되었고 그 안에 기록된 사건들은 널리 인정받았으니 어떤 면에서는 전략이 통한 셈이었다.

1930년대 말에는 양극성 장애에 대한 치료법으로서 인슐린 충격요법이 유행했다. 이 요법은 단기적으로는 니진스키의 정신 상태를 안정시키는 듯 보였다. 이에 로몰라는 니진스키가 언젠가 다시 무대에 올라 춤을 출 것이라는 믿기 어려운 암시를 하고 다녔다. 1940년에 부부는 로몰라의 고향인 부다페스트로 돌아갔고, 그런 뒤 빈으로 이사했다. 전후에 로몰라는 니진스키가 "상당한 회복세"에 있으며 유네스코가 후원하겠다며 관심을 표하는 "무용 교육을 위한 고등 기관"을 계획하고 있다고 지속적으로 넌지시 알렸다. 물론 이는 터무니없는 헛소리였다. 1947년에 부부는 영국에 거주할 수 있도록 승인받았다. 이곳에서 니진스키를 본 사람들에게 그는 단지 무표정한 껍데기뿐이었다. 아널드 해스컬은 그가 "교외 지역을 떠돌아다니는 장사꾼"처럼 보였다고 묘사했다. 영국의 발레트망인 마거릿 파워는 그를 헌신적으로 돌보며 얼마간의 신뢰를 얻었다. 그녀는 니진스키와 규칙에 얽매이지 않는 탁구 게임을 하고, 그에게 "물건을 쌓았다가 무너뜨리는" 재미를 느끼게 해주었다.[6] 1950년 예순의 나이에 니진스키는 윈저시 인근에 있는 셋집에서 신장병으로 눈을 감았다. 세르주 리파르와 앤턴 돌린은 둘 다 그가 춤추는 걸 본 적이 없었지만 장례식에 참석해 니진스키의 관을 들고 운구 행렬에 함께했다. 니진스키는 처음에 핀칠리에 묻혔으나 1953년에 파리 몽마르트르 묘지로 유해가 옮겨졌다. 가엾은 마거릿 파워는 썩은 시체를 확인한 뒤에야 이송 허가를 받을 수 있었다.

로몰라는 발레계에서 니진스키를 알았던 (그의 여동생을 포함한) 거의 모든 사람들에게 욕설과 원망을 듣다가 1978년에 카르사비나보다 2주 늦게 사망했다.■ 불꽃을 지키는 미망인의 신분으로서 돈만을 좇았던 그녀는 (종종 소송을 하면서까지) 끊임없이 책략을 쓰고 부정직했으니 비난받아 마땅하다. 하지만 니진스키의 신화에 연료를 공급한 건 그녀뿐이 아니었다. 니진스키의 동영상 기록이 전혀 없기 때문이다(움직이는 카르사비나가 잠깐 나오는 단편적인 기록은

■ 니진스키의 딸 키라는 결국 댜길레프의 마지막 연인이었던 지휘자 이고르 마르케비치와 결혼했다. 키라는 1998년에 사망했다. 한편 니진스키의 딸일 수도 있고 아닐 수도 있는, 그리고 의심의 여지가 없는 로몰라의 딸인 타마라 니진스키는 로몰라의 이야기에서 완전히 배제되었다. 타마라는 2017년 애리조나에서 눈을 감았다.

몇 개 있다). 니진스키의 말과 스튜디오 사진이 후세에 남은 유일한 증거다. 그로 인해 공상은 한없이 부풀려졌다. 특히 초자연적으로 공중에 떠다녔다는 그의 거짓말 같은 능력은 더욱 그러했다. "비록 실제로 니진스키를 볼 기회는 없었지만" 링컨 커스틴에게는 그림 한 장이면 충분했다.

> 나는 동판화(내 생각에는 트로이 키니의 판화) 한 장을 보았고, 그걸 본 순간 이 간극이 메워졌다. 《레 실피드》에 남성 솔리스트로 나온 니진스키가 육체적, 정신적 균형을 완벽히 이루고 옆얼굴의 윤곽을 드러낸 채 검은색 벨벳 튜닉과 하얀 실크 슬리브 의상을 입고 서 있었다. 그의 금욕주의적 침묵에는 너무나도 신비하고 조마조마한 균형, 당당하고 우아하면서도 거칠기 이를 데 없는 어떤 것이 있었다. 내 누이가 피아노 연습을 할 때 들려왔던 쇼팽의 울림이 환생한 듯했다. 이 동판화는 내가 남성적인 가능성을 얘기할 때마다 바로 그 총합이라고 언급하는 아이콘이 되었다.[7]

니진스키의 기념비에는 "춤의 신" "신의 광대" 같은 진부한 표현들이 새겨졌다. 그의 광인 일기 속 신성을 주장하는 과대망상적인 주장들이 그런 표현을 부채질했다.■ 게으른 언론은 흥미로운 젊은 남자 무용수가 그런대로 괜찮은 그랑쥬테를 수행하면 즉시 "새로운" 또는 "제2의" 니진스키라고 불렀다. 또 다른 차원에서 불후의 명성을 조장

■ 이 이야기는 니진스키의 음경 크기로까지 확대되었다. 칼럼니스트 톰 드리버그는 그가 혼자 펠라티오를 할 수 있었다는 헛소문을 퍼뜨렸다. (*Ruling Passions*, p. 66.)

하는 일이 발생했다. 1969년에서 1970년 무렵에 최고의 종마種馬가 나타나 경마계를 놀라게 했다. 마주는 최고의 무용수가 임종의 순간에 말로 환생하고 싶다고 중얼거렸다는 (근거 없는) 이야기를 듣고 말에 니진스키라는 이름을 붙였다.

게이 작가들—극작가 테런스 래티건, 테런스 맥널리, 로버트 데이비드 맥도널드, 평론가 케빈 코펠슨, 시인 프랭크 비다트, 웨인 케스텐바움 등—은 연상의 세련된 남자와 무뚝뚝하고 불안정한 젊은이의 에로틱한 비극을 니진스키와 동일시했다. 줄거리는 젊은이가 연상의 남자에게 잠시 호의를 보이다가 금세 배신한다는 내용이었다. 동성애가 문화의 주류에 편입됨에 따라 1980년에 허버트 로스의 범작 영화 〈니진스키〉가 개봉되었다. 앨런 베이츠가 얼추 비슷하게 댜길레프를 연기한 이 영화는 1911년에서 1916년 사이의 사건들을 다루고 있다. 역사적 진실 측면에서 보자면 이 영화는 TV 드라마 〈더 크라운〉이나 〈다운튼 애비〉 수준에 불과하지만 의도적으로 변조한 측면은 괴상하기 이를 데 없다. 니진스키를 충동적으로 다정하게 굴고 수다스러운 외향적인 인물로 그린 것이다(조지 드 라 페나가 연기했다). 물론 니진스키는 무서우리만치 초연하고 "먹고 마실 때도 이상하리만치 무신경하고, 방에서 방으로 아무도 모르게 이동하고, 의미 없는 미소를 짓고, 좀처럼 입을 열지 않는 사람,"[8] 다시 말해 멍하고 얼빠진 사람, 그 자신에게도 수수께끼인 사람이었다.

양차 대전으로 인한 문화적 단절을 가로지르며 영원히 사라져버린 영광을 대표하게 된 카르사비나와 니진스키는 발레 뤼스의 신화에서 신으로 떠받들어졌다. 두 사람은 과거가 되었고, 그들을 보지 못했다는 건 가장 화려한 영광을 놓쳤다는 것을 의미했다. 하지만 그 전통을 발전시킨 건 무엇이었고 발레의 미래는 어디에 놓여 있었을까? 1945년까지 드 바실 대령과 세르주 데넘이 운영한 발레단은 마신의 교향곡 발레를 통해 열리게 된 가능성으로 불꽃에 불을 지폈고, 화려한 볼거리와 눈부신 아기 발레리나들의 폭넓은 인기에 힘입어 그 불꽃을 유지했다. 하지만 이 공식은 경직되고 진부해졌으며 무자비한 상업적 명령에 따라 쉴 틈 없이 돌아가는 순회공연의 굴레에 갇히고 말았다.

새로운 동력이 처음 출현한 곳은 파리였다. 4년에 걸친 나치 점령기에 누적된 에너지와 경험이 그 절박함을 끌어올렸다. 이 운동의 핵심에는 댜길레프의 비서였던 보리스 코흐노가 있었다. 예전에 품었던 문학적 야망은 시들었지만 코흐노에게는 흥미로운 주소록뿐만이 아니라 세련된 취향과 학식이 있었다. 1930년대 내내 그는 발레계 주변을 맴돌면서 아이디어와 기사, 자문 등으로 생계비를 벌고, 가진 재능을 발휘해 안무가들이 발전시킬 수 있는 발레극 줄거리를 고안했다. 그가 남긴 두 가지 굳건한 업적은 발란신의 발레 《돌아온 탕아》와 《코티용》의 초안이었다. 파리 오페라하우스에서 발레를 연출한 세르주 리파르와의 관계는 계속 불편했다. 댜길레프가 죽은 자리에서 난투극을 벌인 후에도 그의 동산動産을 둘러싸고 다툼이 이어졌다. 하지만 둘 사이를 가르는 더 깊은 분열은 다음과 같은 문제에 달려 있었다. 누구의 스토리가 더 우세할까? 코흐노는 이해력이 있었고, 리파르는 목소리가 컸다.

리파르의 뜨거운 연애는 그 자신과의 연애였다. 코흐노는 여러 상대를 전전했지만 1929년 댜길레프가 죽은 직후 무대 디자이너이자 화가인 크리스티앙 "베베" 베라르와 운명처럼 얽히게 되었다. 크고 뚱뚱하고 더러운 남자, 골초에 술꾼에 아편 중독자, 사랑스러우면서도 견딜 수 없는 인간, 베라르는 센강 좌안을 대표하는 보헤미안 정신이 머리끝에서 발끝까지 들어찬 사람이었다. 그런 베라르와 무뚝뚝한 코흐노가 짝을 이룬 건 기이했지만, 나치 점령기를 포함하여 20년 동안 두 사람은 함께 살면서 파리의 태연자약한 동성애자 커플을 대표했다. 그들이 사는 오데옹 광장 인근의 웅장한 아파트는 댜길레프의 옛 친구인 샤넬과 콕토를 비롯한 세련된 예술 감각을 지닌 모든 이들을 끌어당기는 장소가 되었다. 베라르는 인간으로서는 지독하게 엉망이지만 눈에 보이는 노력 없이도 창의성이 끊임없이 솟아나는 축복을 받은 사람이었다. 그의 가벼운 터치만으로도 가장 단순한 재료와 효과에서 시각적 마법이 꽃을 피웠다. 그런 베라르의 디자인을 기록한 작품으로 콕토의 1946년 영화 〈미녀와 야수〉가 있다. 거울에 웅장하게 반사되고 바람에 휩쓸린 꿈같은 정경으로 묘사된 야수의 성은 그의 재능에 불멸의 명성을 안겨주었다.

코흐노가 댜길레프의 곁에서 배운 교훈은 1944년에서 1945년으로 넘어가던 겨울에야 결실을 맺었다. 파리가 자유를 되찾았으나 꽁꽁 얼어붙어 모두가 신음하던 잔인한 시절이었다. 베라르의 격려에 힘입어 코흐노는 니진스키의 《봄의 제전》을 초연했던 극장으로 돌아가 새롭게 구성된 샹젤리제 발레단의 예술감독이 되었다.[9] 돈은 넉넉하지 않았고 먹을 것도 거의 없었다. 그럼에도 이건 이미 보상이 약속된 궁핍이었다. 춥고 배고프지만 탁월한 재능을 소유한 데다가 잃을 것도 없는 두 남자가 무대에 나타났다. 바로 이들이 코흐노의 사업에 불을 붙이고 암울한 시대에 발레를 부활시킬 도화선이었다.

파리의 레 알에 위치한 레스토랑 주인과 이탈리아계 어머니 사이에서 태어난 활발한 아들 롤랑 프티는 1940년 열여섯의 나이에 리파르가 이끄는 파리 오페라하우스의 최하급 단원이 되었다. 스무 살이 될 무렵 그는 오페라하우스의 복종과 규약에 질려버렸고 그러던 중 샹젤리제 발레단이 그에게 필요한 자유를 제공했다. 그는 동화나 추상성, 상징으로 도피하는 것이 아니라 현대 세계의 실상과 어떤 식으로든 생생하게 연결된 발레를 확립하기를 원했다.

이러한 노력에 프티가 전적으로 혼자인 것은 아니었다. 시대정신 Zeitgeist에 리얼리즘에 대한 열망이 있었다. 미국에서는 앤터니 튜더의 《불기둥Pillar of Fire》(1942)과 제롬 로빈스의 《팬시 프리Fancy Free》(1944)가, 영국에서는 로버트 헬프먼의 《고르발의 기적》(1944)이 그 열망을 포착했다. 하지만 프티는 더 멀리 가길 원했다. 특히 발레가 이전에 도달했던 선을 넘어 인간의 성을 더 정직하게 다루고 싶었다. 고전발레의 섬세한 입맞춤과 가벼운 리프트, 정중한 인사는 사라지고 대신에 뒤엉킨 팔다리, 피스톤 운동을 하는 골반, 성교 전이나 후의 갈리아인◆이 등장했다. 《주피터의 연애Les Amours de Jupiter》는 반복적인 강간을 선명하게 보여주었고, 《카르멘Carmen》에서는 비제의 음악을 시각화하기 위해 두른 인위적인 히스패닉 포장지를 모두 걷어내고 영화에서는 10년 후에나 볼 수 있었던 노골적인 신체 동작을 통해 에

◆ 로마의 지배하에서 프랑스 지역에 거주하던 사람들.

로틱한 탐닉의 역동성을 드러내 보였다(리처드 버클은 링컨 커스틴에게 그 작품을 "40분간의 성교"라고 묘사했다.)[10] 이런 솔직함은 젊은 세대의 안무가들, 특히 케네스 맥밀런에게 영향을 미쳐 대단히 파격적인 스타일을 탄생시켰다.

프티는 우아한 판타지도 꾸며낼 줄 알았다. 《밤의 귀부인들Les Demoiselles de la nuit》에서 그는 여자 친구인 마고 폰테인을 매혹적인 하얀 고양이로 등장시켰다. 그의 무용수였던 비올레트 베르디는 "그는 조금은 사회적으로 용인된 선을 과감하게 넘어가기를 원했다"고 표현했다.[11] 레슬리 카롱에 따르면 그는 "펑크와 공격적인 에너지로 가득 찼고, 고전이나 전통에 관한 모든 것에 불경한 태도를 보였다." 카롱은 열여섯 살에 프레오브라젠스카야의 발레학교에서 프티의 눈에 띄었고, 그 자리에서 계약서에 서명했다. 그녀는 이렇게 회고했다. "나는 한 달에 50프랑을 받았다. 아무것도 없어서 커피와 담배로 끼니를 때웠다. 부스럼과 약한 발목으로 고생했고 간혹 기절도 했다. 하지만 나는 물을 향해 달려가는 오리처럼 그 모든 것을 좋아했다. 연못 안에서 처음부터 끝까지 재미를 느꼈다. 롤랑은 무용수의 테크닉에 신경 쓰지 않았다. 그가 원한 건 개성이었다."[12]

그러한 특징이 가장 빛난 작품이 《축제 마당Les Forains》이다. 이 작품은 서툴지만 사랑스러운 떠돌이 서커스단이 부스에서 나와 관중들을 즐겁게 하려고 노력하지만 헛수고가 되고 만다는 멜랑콜리한 코미디다. 관중들은 거리를 걷다 우연히 들른 듯 일상 옷을 입고 있는데 서커스를 얼빠진 듯 바라보지만 별다른 감흥을 느끼지 않는다. 가장 단순한 수단들로 완성된 베라르의 디자인에는 몇 가지 분위기—《페트루슈카》와 《파라드》의 메아리(그리고 물론 피카소가 장밋빛 시대에 그렸던 어릿광대들)—가 있지만 장관을 연출하진 않는다. 베라르가 벼룩시장과 건물 부지에서 구해온 초라한 무대 배경과 의상은 진짜처럼 보였다. 다른 두 작품은 훨씬 더 대담했다. 빈민가의 작은 선술집을 배경으로 한 《랑데부Le Rendez-vous》는 브러셔이가 찍은 파리 지하철 사진을 확대하여 디자인의 기초로 삼았다. 샹젤리제 발레단의 가장 유명하고 오래 살아남은 작품 《젊은이와 죽음Le Jeune Homme et la mort》은 콕토의 시나리오에 토대를 둔 짧고 예리하고 소름끼치는 작품이었다. 리허설의 마지막 순간에 프티가 추가한 음악(아이러니하게도 바흐의 평온한 파사칼리아)은 분위기 있는 영화의 사운드트랙처럼 들렸다. 파리의 어느 다락방에서 와이셔츠도 없이 남루한 멜빵바지를 입은 젊은이가 담배를 피우면서 초초하게 시계를 들여다본다. 그가 갈망하는 여자가 나타나지만 그녀는 가학적인 섹스 게임으로 그를 조롱하고 충분한 만족을 느끼지 못한 상태로 남겨둔다. 그는 절망에 빠져 목을 매 자살한다. 그녀는 사제의 망토를 걸치고 죽음의 가면을 쓴 채 돌아온다. 그리고 젊은이의 영혼을 옥상으로 유인해 마법처럼 펼쳐진 파리의 풍경 속으로 인도한다. 시트로엥의 간판이 번쩍일 때마다 에펠탑이 형체를 드러낸다.

우화의 축소판인 이 작품은 해방과 이에 따른 부역자 숙청이라는 감정의 롤러코스터를 타고 있는 프랑스에 큰 반향을 일으켰다. 그 중심에는 젊은이 역을 창조했고 언제나 그 역할과 동일시되는 무용수 장 바빌레가 있었다. 절반의 유대계이자 뛰어난 외과의의 아들로 태어난 바빌레는 고독하고 병약한 아이였다. 그는 불같은 성질과 뇌전증을 억제할 목적으로 발레학교에 보내졌다. 오페라하우스의 엄격한 규율보다는 동년배인 프티와 더 잘 맞았던 그는 타고난 반항아였다. 전쟁 말기에 그는 파리에서 탈출해 투렌에서, 본인의 다소 모호한 주장에 따르자면, 레지스탕스에 합류했다.

니진스키와 누레예프 사이에 바빌레만큼 대중의 상상력을 강하게 흔든 남자 무용수는 없었다. 1940년대 후반의 프랑스 젊은이들에게 바빌레는 이후 10여 년간 말런 브랜도와 제임스 딘이 미국 영화를 통해 소개한 고통스럽고 소외되고 불안한 내향적 성격을 충실히 구현했다. 그는 최고의 테크닉, 전율이 이는 활력, 극적인 존재감을 과시했다. 5피트에 불과한 키에 튀어나온 매부리코와 어떤 것에도 얽매이지 않는 섹시함을 겸비한 그는 다부진 근육질의 몸을 사용해 고전적인 기교에서 요구되는 우아함과 냉정함보다는 고양이 같은 탄력과 놀라우리만치 힘찬 남성적 스타일을 개발했다(그가 《잠자는 숲속의 미녀》에 등장한다면 어지럽게 날아다니는 파랑새를 낚아챌 수도 있었으리라). 당연히 그는 다루기 어려운 사람이었다. 그는 일 때문에 답답할 때면 진홍색 오토바이를 타고 질주하거나, 잭나이프를 챙겨 아시아나 아프리카를 여행하면서 구르지예프◆가 설파한 영성을 탐구했다. 바빌레는 당연히 벽에 걸리는 유명인이었고, 프랑스에서 그의 전설은 2014년 사망할 때까지 계속 이어졌다.[13]

부주의하게 몸을 혹사한 베라르가 1949년 마흔일곱 살에 뇌색전으로 사망하자 코흐노는 절망했다. 그들의 관계는 완벽한 한 몸 같았

◆ 게오르기 구르지예프. 러시아의 밀교 지도자.

기에 그는 가족을 잃은 듯한 상실감에 빠졌다. 프티가 막 발레단을 떠나 자신의 '파리 발레단'을 설립하면서 샹젤리제 발레단은 이내 동력을 상실했다. 바빌레마저 뉴욕으로 떠난 순간(예상대로 바빌레는 뉴욕에서 모든 사람과 마찰을 빚었다) 발레단은 록펠러 가문을 등에 업은 드 쿠에바스 백작과 경쟁하지 못하고 결국 문을 닫았다. 젊었을 때 늘씬하고 음울한 매력을 풍겼던 코흐노는 "부처처럼 뚱뚱해졌고" 결국 지팡이를 짚지 않고는 걸을 수 없게 되었다. 코흐노는 계속 활동했지만—"그는 할 일이 있으면 그 일을 했다"[14]—술에 정신마저 무너지고 말았다. 그는 강박적으로 수집한 예술품과 기념품이 가득 들어찬 레 알 인근의 다 쓰러져가는 집에 칩거하며 디킨스 소설에 나오는 괴팍한 인물의 표본이 되었다. 그가 출간한 두 권의 발레 서적은 본래 계획의 절반에 불과했다.■ 그는 내막을 이야기할 수 있는 가장 좋은 위치에 있었지만 신중함 혹은 나태함이 그의 발목을 잡았고 결국 성배는 댜길레프나 발레 뤼스의 실제 공연을 전혀 본 적이 없는 영국인 리처드 버클에게 돌아갔다.

평론가, 전기 작가, 예술품 감식가, 음모자, 잔소리꾼이자 파렴치하고 과시하기 좋아하는 사람인 버클은 코흐노나 베라르보다 사생활이 더 엉망인, 말 그대로 대단한 물건이었다. 그는 이익을 노리는 지저분한 젊은이들과 뒤얽혀 파탄에 이르고 자신의 건강과 재정에 해가 되는 짓만 골라서 했다. 친구들에게 실망을 안겼으며 거의 모든 사람과 한 번쯤 고약하게 다툰 경험이 있었다. 또한 알코올 중독과 싸웠

■ *Le Ballet*와 *Diaghilev and the Ballets Russes*. 두 권 다 기본적으로 주석이 달린 그림책이다.

지만 가끔 백기를 들었다. 그는 타고난 재치와 매력으로 매번 용서를 받고 넘어갔으나 악의적으로 무례하게 굴어 두려움의 대상이 되었다가 말도 안 되게 솔직해서 존경의 대상이 되는, 한마디로 어디로 튈지 모르는 시한폭탄이었다. 그러나 이 모든 흔들림 속에서도 그의 발레 중독은 확고부동했으며, 그가 용감하고 시끌벅적하게 발레를 옹호한 덕분에 전후에 점잔을 빼며 예술을 질식시키려 한 콧대 높은 사람들의 저주에 한층 수월하게 대응할 수 있었다.[15]

1916년 귀족 혈통의 유명한 군인 가문에서 태어난 골칫덩어리 버클은 열여섯 살에 말버러 대학에서 공부할 때까지 "발레에 대해서는 들어본 적이 없었다"고 주장했다. 그는 어느 날 기차역 가판대에서 로몰라가 방금 발행한 니진스키 전기의 표지 사진을 보게 되었다. 흥미를 느낀 그는 곧 아널드 해스컬의 『발레토마니아』를 탐독하고 드 바실이 이끄는 발레 뤼스의 공연을 보기 시작했다. 옥스퍼드 베일리얼 대학에서 공부하던 현대 언어 과정을 중단하고 예술 전문학교에 들어갔다. "댜길레프의 계승자가 정말 되고 싶었지만 길이 전혀 보이지 않았기에 나는 발레 디자이너가 되기로 목표를 정했다."[16] 하지만 기술과 훈련이 부족했던 그는 몇 번 퇴짜를 맞은 뒤, 자신의 재능은 글을 쓰는 쪽에 더 있을지 모른다는 사실을 깨달았다.

1939년에 버클은 『발레』라는 간단한 제목으로 새로운 월간지를 발행해 첫걸음을 내디뎠으나 전쟁의 발발로 잡지는 곧 중단되었다. 전시에 버클은 스코틀랜드 근위대에서 대령으로 복무하며 공훈을 세우기도 했다. 이 사실은 이탈리아 원정 시기에 오고 간 공문서에 언급되어 있다. 이 기간에도 버클은 연대 지휘관 만찬에서 과장된 행동을 하고, 게릴라와 싸우고 있던 프랑코 체피렐리라는 아주 잘생기고 감수성이 예민한 미술학도와 친구가 되었다.[17]

전쟁이 끝나자 버클은 『발레』의 발간을 재개했다. 이 잡지는 종이가 부족한 상황에 개의치 않았다. 에드윈 덴비가 말한 "특별히 영국적인 우아함"에 빠져 내핍 정책을 비웃기라도 하듯 영국의 떠오르는 젊은 작가들에게 드로잉을 의뢰해 지면을 장식했다. 잡지의 성격은 대담하리만치 세계주의적이었다. 버클의 교활하게 흩뿌린 허황된 말들과 경솔한 비방은 아널드 해스컬과 시릴 보몬트의 격식 있는 예의를 그저 허울 좋은 말로 들리게 만들었고, 『댄싱 타임스』의 품위를 둔감하고 편협한 것처럼 보이게 했다. 덴비가 설명했듯이 『발레』는 "책의 독자를 공격에 시달려온 발레 업계 전문가가 아니라—한번쯤은—예쁜 저녁 파티에 참석한 손님들로 상정한 듯했다. 예쁘지만 전적으로 믿을 만한 자리는 아니었다."[18] 달리 말하자면 재미는 있었지만 버클의 관심을 오래 붙잡아둘 만큼 충분히 재미있지는 않았다. 더 창조적인 역할에 목이 말랐던 그는 코번트 가든에 새로 입성한 새들러스 웰스 발레단의 지도부에 번뜩이는 아이디어를 제공하고자 했다. 하지만 그가 골치 아픈 사람이라는 걸 꿰뚫어 본 니넷 디 밸루아가 그의 접근을 막는 바람에 그는 댜길레프 콤플렉스를 배출할 다른 출구를 찾아야 했다.

『발레』는 항상 독불장군식으로 운영되었기에 1952년에 파산했을 때 아무도 놀라지 않았다. 생계를 위해 버클은 『옵서버』(1948년에서 1955년까지)와 『선데이 타임스』(1959년부터 1975년까지)에 매주 칼럼을 썼다. 연극계의 동시대인인 케네스 타이넌처럼 버클 역시 이러한 특별한 자리에서 킹메이커 역할을 했다. 그의 글은 멋스러운 냉담함과 단검 같은 날카로운 판단(볼쇼이의 《카르멘》에 대한 그의 평결은 "노"라는 단 한 마디였다), 그리고 눈보라처럼 황홀하게 흩날리는 시학(폰테인은 "흐르는 강물처럼 춤을 추었다. … 그녀의 생각은 아름다움과 한 몸이 되었다")을 겸비했다.[19] 다방면으로 박학다식했던 그는 항상 외부로 눈길을 돌렸다. "나는 오페라, 연극, 콘서트, 미술 전람회에 가서 발레와 다른 예술을 연관 짓고자 노력했다. 발레가 작은 온실에 갇혀 산들바람처럼 불어오는 새로운 생각에 흔들리지 않는다는 것은 심히 위험한 일이다."[20]

버클은 덴비의 찬사에 화답하는 의미로 그가 "현존하는 모든 무용 평론가 중 가장 날카로운 눈, 가장 섬세한 귀, 가장 호소력을 지닌 펜"을 가진 사람이라고 말했지만, 버클에게는 세상 물정 어두운 덴비에게 없는 재능, 즉 짓궂고 불온한 유머 감각이 하나 더 있었다.[21] 버클은 이렇게 말했다. "발레 평론가는 대부분 요정이거나 마녀거나 둘 다인데, 나는 어릿광대다."[22] 그는 관대한 마음으로 쉽게 칭찬할 수 있음에도 킬킬거리고, 놀리고, 조롱하고, 도발하고, 품위의 경계를 넘나들다가 간혹 그 경계를 넘어갔다. 유머 감각은 독자를 현혹하는 위험한 줄타기일 뿐 아니라 고용주들을 불안하게 만들어 그의 무절제함을 누그러뜨리고 제동을 걸게 하는 행위이기도 했다.

진정한 낭만주의자였던 버클은 댜길레프와 함께 일하다 영국에 정착한 나이 든 발레리나 3인방을 끔찍이 숭배했다. 그중 한 명인 카르사비나는 그의 관심을 우아하게 수용했고, 두 번째인 리디야 로포호바는 까탈스러운 은둔자가 되기 전까지는 그러했다. 버클과 가장 가까웠던 관계는 리디아 소콜로바였다. 에식스에서 태어날 때 힐다 머닝스였던 소콜로바는 순탄치 않은 삶을 살았다. 독불장군인 부친은 사기죄로 수감되었고, 소콜로바는 1차 대전의 끔찍한 여파로 죽음의 문턱까지 갔었다. 끝내 건강은 회복되지 않았고, 댜길레프의 죽음 이후 그녀의 무대 경력은 이른 나이에 하락기를 맞이했다. 발레 뤼스에 있을 때 두 번의 파경을 경험한 후 그녀는 다정한 은행원과 결혼해 발레 교육을 병행하다가 은퇴했고, 세븐오크스 인근 마을의 아래위층 방이 두 개씩 있는 이층집에 정착했다. 그녀에게는 돈도 화려함도 없었다. 영국이 발레 뤼스에 선사한 가장 큰 선물이라는 평가에도 불구하고 안타깝게 공적으로 영예를 인정받지 못했다.

하지만 버클은 소콜로바가 엄청난 이야기를 알고 있으며 그 모든 걸 두려움 없이 공정하게 말할 수 있다는 걸 알아차렸다. 어쨌든 그녀는 1913년에 댜길레프와 계약을 맺고 그와 끝까지 함께하면서 그 모든 대단한 사건들과 인물들, 그리고 사건의 이면과 인물들 사이에 얽힌 내막을 두 눈으로 목격한 사람이었다. 버클은 그녀의 회상을 녹음하고 편집했다. 그리고 1960년에 발표된 그 결과물은 기존의 역사—남편을 신화적 존재로 만든 로몰라 니진스키의 전기와 관리자의 관점에서 웃음기를 빼고 쓴 세르게이 그리고리예프의 기록—를 바로잡는 예리한 수정 도구가 되었다.

더 큰일이 그를 기다리고 있었다. 1967년에 버클은 영화 제임스 본드 007 시리즈의 공동 제작자인 해리 샐츠먼에게 불려갔다. 로몰라의 전기를 토대로 켄 러셀이 감독하고 루돌프 누레예프가 주연을 맡는 영화가 가능한지를 타진하기 위해서였다.▪ 버클 당신이 고문을 맡고, 어쩌면 시나리오까지도 써줄 수 있겠소? 영화계의 일이 흔히 그렇듯이 계획은 곧 지연되고 변형되었지만,[23] 논의 끝에 버클은 로몰라의 책을 대체할 객관적이고 균형 잡힌 책을 쓰기로 계약했다. 모든 주요 생존자(로몰라도 포함되어 버클의 저작권료를 갉아먹었다)가 자료를 제공했고, 1971년에 모습을 드러낸 묵직한 책은 큰 성공을 거뒀다. 뒤이어 1979년에는 댜길레프에게 초점을 맞춘 또 하나의 두꺼운 책을 출간했다.

버클이 쓴 전기 두 권을 헨리 제임스가 봤다면 둘 다 "크고 헐렁하고 텅 빈 자루 같은 괴물"이라 불렀을지 모르겠다. 『댜길레프』에서 7만 단어를 삭제한 후에도 여전히 불필요한 명칭, 세부 묘사, 미사여구 때문에 너무 길고 무거워 보인다.[24] 책이 편향되었다고 비판할 수도 있다. 특히 믿을 수 없는 로몰라와 보리스 코흐노에 관한 것이 그러한데, 버클에게 그때까지 누구도 볼 수 없었던 많은 자료들에 접근할 수 있도록 도움을 준 사람이 이 둘이다. 또한 글라스노스트◆ 이전이었기에 러시아 자료에 접근할 수 없었던 상황도 버클의 조사에 결함을 남겼다(약 30년 후 셍 스헤이연은 이 러시아 자료를 철저히 조사해 더 균형 있고 정교한 댜길레프 전기를 완성했다). 하지만 버클의 넘쳐흐르는 지성은 누구도 거부할 수 없는 매력이었다. 그가 파리와 뉴욕을 오가며 생존자들과 직접 인터뷰를 하고 방대한 자료를 조사한 결과물은 관련 인물뿐만 아니라 그들이 살았던 문화적 시대에 대한 향후

■ 10년 후 누레예프는 러셀 감독의 영화 〈발렌티노〉에서 주연을 맡아 연기했고, 샐츠먼은 1980년에 허버트 로스 감독의 영화 〈니진스키〉를 제작했다.

◆ 고르바초프 정권 시절 정부의 정보 일부를 공개하고 언론 통제를 완화한 정책.

연구의 소중한 초석이 되었다. 버클이 니넷 디 밸루아에게 자신의 계획을 말하자 그녀는 코웃음을 치며(버클은 그녀가 댜길레프의 전설을 "시기"했다고 느꼈다), "얘기할 만한 게 전혀 없다"고 말했다.[25] 버클은 그녀의 회의적인 태도가 부당함을 입증했다.

하지만 버클은 이 역사에 더 깊은 영향을 미쳤다. 1954년 댜길레프 사망 25주년을 기념하기 위해 에든버러 국제 페스티벌이 의뢰한 전시의 기획자를 맡게 된 것이다. 시기가 적절했다. 횃불은 이미 뉴욕으로 넘어갔다. 발란신의 경력이 정점에 있었고, 제롬 로빈스가 떠오르고 있었으며, 20세기 전반에 마사 그레이엄, 도리스 험프리, 루스 세인트 데니스 같은 무용수들이 개척한 "현대 무용" 운동이 동력을 끌어올리고 있었다. 발레 뤼스에서 유래한 무대들의 대부분이 색이 바래거나 낡았다고는 할 수 없지만 이제는 너무 친숙하게 보였다. 대중의 취향은 이동할 준비가 되어 있었지만, 버클의 손길로 발레 뤼스의 영광과 화려한 충격이 얼마간 원형대로 복원될 수 있었다.

버클의 전시에 영감을 준 것은 댜길레프가 경력 초반에 기획했던 러시아 회화 전시로 댜길레프는 작품에 걸맞은 적절한 분위기로 실내를 장식하여 전시 스타일을 향상시킨 바 있었다. 버클은 여기에서 한 걸음 더 나아갔다. 버클은 신고전주의 양식으로 지어진 에든버러 예술대학 건물에 있는 석조 전시실을 개조하여 디자인, 의상, 문서, 유물 등을 오늘날 이른바 "몰입 환경"이라 불리는 공간에 배치했다. 레리히와 브누아와 박스트, 라리오노프와 곤차로바, 피카소와 콕토와 마티스와 드랭 등 발레 뤼스와 관련된 위대한 시각예술가가 모두 포함되었지만, 이 미술 전시회를 극적인 쇼로 바꾼 것은 버클과 레너드 로소먼이 함께 고안한 녹음된 음악, 미묘한 조명, 채색이 된 기둥, 트롱프뢰유trompe l'œil,◆ 금박을 입힌 페이퍼 마셰 동상이었다.

에든버러 전시에 대한 열광적인 반응에 힘입어 런던에서 순회 전시를 열게 되었다. 장소는 런던 벨그레이비어 지역의 사용되지 않는 저택인 포브스 하우스(현재 카타르의 왕자가 소유하고 있으며, 가치가 3억 달러에 이른다고 한다)였다. 애초에 버클과 로소먼은 실내 지도를 만들었다. 위층에 일렬로 이어진 열네 개의 방—한 방은 1910년 파리 거리를 재현해놓았고, 또 다른 방은 버려진 의상들이 흩어져 있고 댜길레프가 좋아하는 겔랑 사의 미츠코 향이 뿌려진 "유령 극장"이었다—을 지난 방문객들은 대리석 계단을 따라 아래층으로 내려갔다. 계단을 내려오면 로소먼이 그린 "잠자는 숲속의 미녀"의 광경이 펼쳐져 있다. 그림을 지나가면 "빽빽하게 얽힌 숲과 말 등 위에서 잠이 들어버린 사냥꾼"이 그려진 별관으로 이어진다."[26] 다양한 색조의 카펫이 깔려 있었고, 천장에는 주름을 잡은 비단과 임시로 빌린 샹들리에들이 걸려 있었다. 까다로운 사람에 보기에는 살짝 저속한 냄새가 나기도 했다. 일례로 니넷 디 밸루아는 댜길레프가 이걸 봤다면 "마담 터소Madame Tussaud◆◆ 효과"에 짜증을 냈을 거라 느꼈다. 버클 본인도 돌이켜볼 때 축제 마당에서 흔히 볼 수 있는 "사랑의 터널" 같은 요소가 있었다고 인정했다. 하지만 그로 인해 에든버러에서 거둔 성공은 배가되었다. 예상치 못한 사람들—마거릿 공주, 노엘 카워드, 오드리 헵번, 서머싯 몸—이 찾아왔고, 일반 관람객도 약 14만 명

◆ 진짜와 혼동할 정도로 정밀하게 묘사한 그림과 디자인.

◆◆ 스위스의 밀랍 인형 세공사로, 런던에 있는 터소 밀랍 인형관의 창립자.

에 달했다. 나이 든 사람들에게 이 전시회는 기억을 되살려주었다. 전쟁 전 시즌에 카르사비나와 니진스키를 본 기억이 있는 E. M. 포스터는 이렇게 썼다. "지난 50년 동안 흩어져 있던 인상들이 제자리를 찾았다. 그리고 문화적인 즐거움을 창조하려 한 20세기의 시도에 내가 일조했음을 알게 되었다."[27] 젊은 사람들, 예를 들어 발레트망인 에이드리언 브라운에게 전시회는 "가슴에 통증이 느껴질 만큼 너무 아름다웠다."[28] 버클은 전시회의 성공에 당연히 자부심을 가지면서도 유감스러워했다.

> 댜길레프 전시회는 모든 면에서 후퇴한 영국이 전쟁의 혼란과 결핍에서 서서히 회복해가던 시점에 열려 런던 시민의 삶을 환하게 밝혀준 것 같았다. 오랜 세월이 지난 후에도 사람들은 뇌리에 새겨진 인상을 기억했다. 나중에 나는 훨씬 더 세심하게 구성한 전시를 기획했고 더 많은 관람객이 찾아왔지만,■ 내 운명은 이미 수십 년 전에 결정되었다. 낯선 이들에게서 흥미의 불꽃이 터지는 유일한 순간은 내가 댜길레프 전시회를 준비한 사람이라고 말할 때였다.[29]

댜길레프가 다시금 인기 있는 화두로 떠오르고 전시 디자인의 가능성을 해방시킨 이 전시는 버클이 이룬 수많은 업적 중 하나에 불과했다. 1960년대 후반과 1970년대에도 그는 런던에 극장 박물관을 설립하고 초기에 발레 뤼스가 사용했던 물품들을 박물관의 핵심 소장

■ 그중 하나가 1964년 스트랫퍼드 온 에이번(영국 워릭셔주 남서부에 위치한 도시로 셰익스피어의 출생지)에서 개최된 셰익스피어 400주년 기념 전시회였다.

품이 되도록 하는 데 주요한 역할을 했다.

비록 디자인과 의상의 큰 덩어리는 보리스 코흐노와 세르주 리파르에게 돌아갔지만, 오랜 시간이 지나는 동안 발레단과 연결된 모든 사람이 물건을 구입하거나 얻거나 훔쳐 달아났다. 이 상황으로 큰 이득을 본 최초의 수혜자는 미국 코네티컷주 하트퍼드시의 박물관인 워즈워스 아테네움이었다. 궁지에 몰린 세르주 리파르는 이 기관에 자신이 물려받은(공정한 방법으로든 부정한 방법으로든) 유산 중 일부를 1만 달러(현재 가치로 약 20만 달러)에 팔았다. 그 후 눈에 띄는 소유권 변화가 일어나지 않다가 1967년 여든이 된 세르게이 그리고리예프가 궁핍한 상황에서 가진 것을 팔았는데, 여기에 니진스키의 의상 두 점이 포함되어 있었다. 소더비 카탈로그에 소개 글을 쓴 사람은 버클이었다. 낙찰가는 추정가를 훨씬 웃돌았고, 새로운 수집 품목이 출현하자 시장이 들썩이기 시작했다.

이때 서리주에 사는 토니 디아만티디라는 의문의 그리스 "금융업자"가 버클을 찾아왔다. 1930년대부터 발레트망이었던 그는 드 바실 대령의 미망인으로부터 다량의 무대 세트와 의상을 구입했다. 이제 80대에 접어들었고 보관료 납부에 지친 그는 물건을 한꺼번에 처분하기를 원했다. 버클은 그를 따라 파리 교외의 한 창고로 갔고, 그곳에서 오랫동안 손대지 않은 "수백 개의 바구니, 트렁크 가방, 꾸러미"가 쏟아져나왔다. 버클에게는 동화에 나오는 마법의 순간이었다. "믿을 수 없이 더러웠다. 우리는 먼지를 뒤집어쓰고 숨도 제대로 쉬지 못했다. 하지만 … 나는 동굴에 들어간 알라딘처럼 신이 났다." 전리품 중에는 《잠자는 숲속의 공주》를 위해 박스트가 디자인한 의상 가운데

적어도 절반이 포함되어 있었다.[30]

소더비가 경매에 동의했다. 버클은 로열 발레학교 학생들을 모델로 세우고 리디아 소콜로바가 적절하게 안무하여 옥스퍼드 거리에서 조금 떨어진 스칼라 극장(지금은 철거되었다)에서 발표회를 올릴 계획을 세웠다. 최고의 볼거리는 배경막이었다. 《르 트랑 블루》에 사용된 피카소의 전면 커튼도 있었다. 피카소의 구아슈 그림을 배경 화가가 거대하게 확대한 이 커튼에는 해변을 달리는 두 여자의 모습이 그려져 있었으며, 배경 그림에 감동한 원작자가 진품의 표시로 사인을 했다. 이를 어쩌나, 장기간 방치된 막을 펼치니 수성 도료가 캔버스에서 우수수 떨어졌고 피카소의 서명도 많은 부분이 떨어져나가 신속히 보수해야만 했다. 유력 인사들이 협력단을 구성한 뒤 6만 9천 파운드에 이 천을 구입해 버클이 제안한 극장 박물관에 기증했다. 하지만 그 천이 실제로 얼마나 서둘러 수선되었는지에 대해 알려주는 사람은 아무도 없었다.[31]

두 번째 거래는 첫 번째 거래보다 훨씬 더 성공적이었다. 모든 사람이 서둘러 다락방을 뒤진 결과, 1969년과 1973년에 런던에서 경매가 두 차례 더 열렸다. 〈서전트 페퍼〉◆ 스타일로 여러 양식을 혼합하는 경향이 유행하던 '스윙잉 런던Swinging London' 시절이었다. 이는 카나비 거리에 있는 "난 키치너 경의 시종이었다I Was Lord Kitchener's Valet"라는 간판을 건 빈티지 부티크에서도 발레 뤼스 의상을 찾아볼 수 있었다는 의미이기도 했다. 1920년대 발레 뤼스 숭배의 중심지였던 첼

◆ 비틀스의 스튜디오 음반. 현대 대중음악 역사에서 성별과 세대를 구분하지 않고 한 장르의 음악을 대중적으로 즐기게 만든 명반 중의 명반이다.

시에서는 반세기 후 그들의 의상이 트렌디한 히피 의상의 일부가 되어 킹스로드에 다시 등장했다.[32]

이후에도 2002년까지 수많은 판매들이 계속 이어졌다. 출처와 가치가 의심스러운 쓰레기들도 있었지만 그중에는 특별히 중요한 판매 두 건이 포함되어 있었다. 첫 번째는 리파르가 추가로 자신의 보물을 내놓았던 1984년 뉴욕 경매였다. 그중 리폰 부인과 그녀의 딸 줄리엣 더프가 간직해온 세 권의 발레 뤼스 스크랩북은 뚜렷한 이유 없이 경매 최저가의 두 배인 20만 달러에 익명의 자선 사업가에게 팔려 그의 모교인 하버드에 기증되었다. 또 다른 건은 《파라드》를 위해 피카소가 디자인한 중국인 마술사의 의상 원본으로 기록적인 가격인 4만 달러에 낙찰되었다. 그 의상을 처음 입은 사람은 1917년의 마신이었고, 그다음은 1926년에 같은 역으로 춤을 춘 레온 보지콥스키였다. 보지콥스키는 전쟁 중에 강탈을 피하기 위해 고향인 폴란드의 어느 숲속에 옷을 묻었는데, 어떤 연유로 리파르의 손에 들어갔는지는 지금도 미스터리다. 1991년 모나코에서 소더비는 코흐노의 수집품 중 미술품을 팔았고, 그의 편지와 서한은 그 전에 국립 도서관으로 넘어갔다. 코흐노에게 저장 강박증이 있었던 만큼 이 귀중한 자료들은 역사가들에게 엄청난 가치가 있다.[33]

영국 국민을 위해 발레 뤼스의 귀중한 유산을 지키려 한 버클의 노력은 숭고할 정도로 이타적이었지만, 그로 인해 그 자신은 큰 슬픔과 불안을 겪었다. 기부 약정이 제대로 이행되지 않았고, 예술 후원자들이 종종 그렇듯이 앤터니 디아만티디 역시 후한 것 같으면서도 약속을 잘 지키지 않았다. 하지만 문제의 일부는 버클의 댜길레프 병에 있었다. 버클은 발레 평론가 겸 연대기 작가로 남는 것에 만족하지 않고 발레 공연을 제작하는 흥행사 역할에 목을 맸다. 1971년 이런 몽상적인 야망은 재앙을 일으켰다. 런던 콜리세움 극장을 빌려 화려한 갈라 공연을 올린다는 기획을 한 것이다. 첫 번째 목적은 극장 박물관의 건립 기금을 모으는 것이었고 두 번째 목적은 티치아노의 그림 〈악테온의 죽음〉을 구입해 영국 반출을 막고 내셔널 갤러리에 전달하는 것이었다(이 그림은 이미 헤어우드 경에게 팔렸고, 로스앤젤레스의 게티 박물관과 거래를 협의하는 중이었다).

버클이—허세 가득한 농담조로—〈지상 최대의 쇼〉라고 부른 공연의 원래 콘셉트는 이러했다. "천문학적인 가격의 티켓"을 판매할 것이며 버클의 친구인 발란신, 애슈턴, 로빈스가 새롭게 창작한 발레를 단 한 차례만 공연한다. "그런 뒤 세계에서 가장 위대한 무용수, 런던에서 가장 아름다운 사람들과 조찬을 한다" 이는 곧 〈지상 최대의 쇼〉의 총연습 관람 또는 드레스 리허설 관람이라는 보다 현실적인 어떤 것으로 쭈그러들었고, 결국 네 시간 동안 우왕좌왕하며 뒤죽박죽으로 진행된 행사로 끝나고 말았다.

윌트셔의 시골 지역에서 버클의 이웃에 살았던 세실 비턴은 이렇게 한탄했다. "가엾은 디키, A. 워홀과 한 번 만나더니 정신이 나가고 말았다. 즉시 자기도 앤디처럼 인기를 끌 수 있다고 생각하고서 아주 이상한 방법으로 허세를 부리기 시작했다." 제작자 존 필드는 "히스테리컬한 장면"을 연출한 뒤 그만두었고, 몇몇 유명인도 중도에 포기했다. 가령 오후의 변변찮은 리허설은 이랬다. "늘어뜨린 조명은 불빛이 약했고 디키가 가져온 슬라이드는 순서가 맞지 않았다.[34] 음향 상태는 비참했다." 마이크가 자꾸 꺼졌다. 그러나 눈부시게 화려한 출연진은 버클의 막강한 인맥을 여실히 보여주었다. 마고 폰테인과 루돌프 누레예프, 지지 장메르와 롤랑 프티, 인도 무용수 카마 데브와 플라멩코의 횃불 필라르 로페스가 한 무대에 섰다. 패트릭 프록터, 덩컨 그랜트, 레너드 로소먼이 배경을 그리는 작업에 참여했다. 반세기 전의 추억을 간직한 몇몇 사람들에게는 아주 행복하게도 가슴이 미어지는 피날레가 있었다. 1921년 《잠자는 숲속의 공주》의 마지막 막에 사용했던 박스트의 배경막이 펼쳐진 가운데 댜길레프의 노병인 앤턴 돌린과 알렉산드라 다닐로바가 왕과 여왕으로 나와 오로라 공주와 그녀의 왕자로 분한 폰테인과 누레예프의 결혼을 축하했다. 애석하게도 이 장면은 자정이 넘은 시각에 펼쳐져서 대부분의 관객들이 마지막 기차를 타기 위해 자리를 뜬 상태였다.

6월의 화요일 저녁, 100파운드에서 10파운드로 과감하게 낮춘 가격에도(그리고 마지막 순간에 표를 무료로 나눠주었음에도) 수백 석이 빈자리로 남았고 매출은 예상 목표치에 크게 못 미쳤다. 누구에게도 출연료나 임금을 지급하지 않았음에도 비용은 회수되지 않았고 가엾은 버클은 끔찍한 재정 문제에 봉착했다. 비턴은 고소하다는 감정을 간신히 누르면서 이렇게 말했다. "디키의 오두막 주변으로 돌과 잡초 외에는 아무것도 남지 않을 것이다. 확신하건대 모든 청구서가 파산법원으로 갈 것이다. … 아무도 그를 진지하게 받아들이지 않는다."[35] 언론은 대체로 헐뜯었다. 『타임스』의 리뷰는 이 사업의 "아마추어 같은" 솜씨, "지나치게 긴" 공연 시간, "대책 없는" 상황을 애통해 했으며,[36] 『가디언』은 "포장은 화려하지만" 펼쳐 보니 "별것 아닌 선

물"에 비유했다.[37]

비록 의도는 옳고 야망은 거룩했지만 어처구니없는 무능력이 대실패를 초래하고 말았다. 모든 기획이 댜길레프 행세에서 비롯된 허세였음을 드러냈다. 티치아노의 그림은 다른 노력으로 구출되었고, 극장 박물관은 1974년 빅토리아 앤드 앨버트 박물관의 소속 기관으로 설립되어 오늘날 세계에서 가장 광범위한 발레 뤼스 자료를 소중히 품고 있다. 의상은 너무 손상되기 쉬워 특수한 환경에서만 전시될 수 있다. 무용수들의 소금기 있는 땀으로 직물이 버슬버슬해진 탓에 드라이클리닝이나 약품 처리를 할 수가 없다. 하지만 박물관이 2023년이나 2024년에 스트랫퍼드 이스트의 새로운 건물로 이전한다면《르 트랑 블루》 드롭 커튼의 상설 전시가 보다 가능해질 것이다.

버클은 적 만들기를 즐겼던 듯하다. 그가 자기만큼이나 댜길레프에게 집착하는 열여덟 살이나 젊은 남자에게 짜증을 내며 경멸하고, 자신이 알고 있는 댜길레프의 이야기를 늘어놓으며 경쟁하는 모습은 그리 놀랄 일이 아니었다. 1960년대 중반에 존 드러먼드는 BBC 텔레비전의 떠오르는 음악예술 프로듀서였다.[38] 드러먼드는 걸어다니는 백과사전 이상으로 박식다식했고, 뜨거운 열정과 야심을 지닌 사람이었다. 그는 케임브리지 대학을 나왔지만 버클보다 낮은 사회적 계층 출신이었다. 그리고 둘 다 속물인지라 이 사실은 오랫동안 각자의 마음에 맺혀 있었다. 버클의 서한과 일기에는 드러몬드에 대한 언급이 거의 없다. 마땅히 자신이 소유권을 갖는 영역에 뒤늦게 주제넘게 끼어든 하찮은 인물이라 생각했을 것이다. 반면 드러몬드는 버클을 라이벌로 여겼고, 발레 뤼스의 역사를 다룬 다큐멘터리 영화를 제작할 때 버클에게 도움을 요청했던 당시를 회상하며 신랄한 보복 장면을 그려냈다.

> 나는 … 개인적으로 디키를 썩 좋아하지 않는다고 말할 수밖에 없다. 솔직히 말하자면 디키 역시 나를 썩 좋아한다고는 생각하지 않는다. 왠지 몰라도 우리는 궁합이 잘 맞지 않았고, 결코 편한 관계가 아니었다. 관찰력 있는 눈과 천부적인 언변에도 불구하고 그에게는 따뜻함이 부족하다. … 내가 초대한 아주 비싼 레스토랑에서 분위기가 잠시 식었을 때 그가 어떤 사람에 관한 이야기를 꺼냈다. 내가 어쩌면 너무 급하게, "네, 저도 그 여자에 대해 알고 있습니다"라고 말했다. 그러자 그가 냉랭하게 대꾸했다. "그래, 자넨 그 모든 걸 알고 있어, 그렇지 않나?"[39]

버클은 게임에서 훨씬 앞서나가는 입장이었지만 드러먼드는 200파운드("다큐멘터리에 출연한 거의 모든 사람이 받은 것보다 네 배나 많은 금액")를 바친 후에야 그의 유용한 주소록을 볼 수 있었다. 마침내 두 시간 분량의 영화가 완성되어 1968년 BBC1에서 방송되었다. 영화가 방송되고 얼마 되지 않았을 때 드러먼드는 "코번트 가든의 계단에서 디키를 만났다. '꼭 보시길 바랍니다.' 그러자 그가 말했다. '보다니? 무슨 소린가? 난 라디오에서 방송될 거라고 생각했는데.'"[40]

브누아의 조카의 아들인 피터 유스티노프가 내레이터를 맡은 이 영화는 역사적으로 보존할 만한 가치가 상당하다. 아직 생존해 있으면서 정신이 멀쩡한 댜길레프 시대의 주요 인물들을 시청각으로 만날 수 있는 유일한 기록이기 때문이다. 버클의 현란한 전시회는 1950년대 중반의 단조로운 분위기에서 발레 뤼스의 호사스러운 관능성을 상기시켰다면, 좀 더 꾸밈없는 드러먼드의 흑백영화는 신나는 1960년대의 분위기 속에서 창립자의 위업과 발레단의 진지한 여정을 상기시켰다. 후에 드러먼드는 자신이 이룬 성취를 훌륭한 책으로 보강했다. 책에는 미편집 인터뷰 전문이 실렸고 카르사비나, 소콜로바, 리파르("멍청한 사람"[41]), 일흔 살의 마신 등을 스토킹하듯 괴롭혔던 저자 자신의 모험담을 재미있는 입담으로 회고한 내용들이 담겼다. 일흔이 된 마신은 여전히 강박적이라 할 만큼 활동적으로 전 세계를 누비고 다녔다. 비록 그의 별은 빛을 잃은 지 오래였지만, 아말피 해안의 작은 섬들에 약간은 불법의 기미가 보이는 기지를 만들어 왕처럼 군림하고 있었다.

큰 체격에 군림하는 성격, 지칠 줄 모르는 에너지와 무서운 매력을 지닌 드러먼드는 또한 아주 쉽게 성을 내거나 불끈하면서 특별한 이유도 없이 불쾌감을 느꼈다. 그의 가까운 동료 중 한 명은 그의 민감한 성격이 아웃사이더 콤플렉스에서 나온 것일 수 있다고 믿는다. 사회적 열등감과 지적 열등감이라는 감정의 잔재가 자신의 성 정체성이 노출될지 모른다는 불안과 결합한 결과였던 것이다. 하지만 고급문화와 관련된 문제에서 드러먼드는 이의를 용납하지 않았다. 취향의 문제에 있어 그의 권위 있는 판결은 주위를 압도했다. 자기가 진정으로 사랑하는 예술에 대한 열정과 헌신이 오만하게 비춰질 수도 있었다. 버클이 옳았다. 드러먼드는 실제로 모든 것을 알고 있었고, 또한 모든 사람을 알고 있는 것 같았다. 유명 인사의 이름을 친구인 양 들먹이는 습관은 가히 전설이었다.

세르주 리파르가 그에게 어떤 연유로 댜길레프의 전설에 관심을 갖게 되었느냐고 물었을 때 드러먼드는 "질투가 나서"라고 대답했다.[42] 그 러시아 망명자는 대차대조표를 무시하고 놀라운 것들을 의뢰할 자유를 누린 것처럼 보였다. 하지만 드러먼드는 BBC라는 큰 조직의 톱니바퀴였다. 그는 이렇게 썼다. "나에게 댜길레프는 예술적 권위의 상징과도 같은 존재다. 그건 민주주의와 거의 무관하고, 책임과는 더욱 무관하다. 그건 제한된 독재를 신중하게 수행하는 것이다."[43] 빨간색 테이프, 깨알 같은 활자체, 숨 막히는 위원회와 위계 체계를 견디기 힘들었던(비록 그들과 협상할 능력은 있었지만) 드러먼드는 어떤 제약도 받지 않고 마음껏 일할 수 있는 임프레사리오 자리를 꿈꿨다.

그래서 그는 BBC를 떠나 에든버러 국제 페스티벌의 감독이 되었다. 1979년 그는 자신의 첫 번째 프로그램을 댜길레프를 기리는 데 초점을 맞추기로 결정했다. 그가 댄 핑계는 댜길레프 사후 50주년을 기념하여 연감을 제작한다는 것이었다. 일정은 기념일인 8월 19일에 정확히 시작하기로 했다. 두 편의 오페라 공연, 사흘에 걸친 세 편의 발레 공연, 여섯 번의 콘서트, 여섯 번의 강연, 그리고 전시회. 모두 댜길레프가 "모티브"였다. 하지만 이번에도 그는 좌절을 맛보았다. 첫 번째 이유는 그의 신경과민이었고(그는 회고록에 "나는 그 도시에서 결코 환영받는다고 느껴보지 못했다"고 적었다.[44]), 두 번째 이유는 축제의 자금줄인 시 행정 담당자들의 인색한 청교도주의였다. 에든버러에서 그의 조수로 일한 리처드 자먼은 "아이러니하게도 춤은 그의 페스티벌 프로그램에서 가장 약한 요소였다"[45]고 느낀다. 결국 5년 만에 그 일을 그만둔 드러먼드는 BBC로 돌아와 음악 부장이 되었고, 라디오3와 프롬스Proms◆를 담당했다. 이곳에서 그는 창조적 상상력보다 통계에 의한 관리를 우선시하는 문화에 점점 더 분노하게 되었다. 2000년에 출간된 그의 회고록은 길고 신랄한 공격으로 끝을 맺는다.

> 정치는 물론이고 교육과 예술 분야에서도 오늘날 수많은 지도자가 최소 공통분모,◆◆ 가격에 구애받지 않는 자유로운 접근, 반지성적 게으름에 빠져 있다. 나에게는 일종의 타협책으로 보인다. 가짜 민주주의의 그늘에 안주하면서 좋은 것과 평범한 것을 구분하지 않거나 구분하기를 거부하는 것은 결코 좋은 일이 아니다. 그건 우리 문명이 상징하는 모든 것에 대한 배신이다.[46]

이는 영웅적일지 모르나 이미 수명을 다한 보수적인 행동이다. 이 행동의 약점은 "좋은" 것과 "평범한" 것을 논하며 거드름을 피우는 권위적인 오만이다. 최근 몇 년 사이에 드러먼드를 험담하는 사람들이 개가를 올렸다. 백인 서양 남성의 활동을 제국적으로 옹호하는 규범이 한풀 꺾이고 인구통계학적으로 더 다양한 집단들을 인정할 수밖에 없는 시대에 그러한 입장은 이제 힘을 잃고 있다. 댜길레프가 그의 시대를 앞서갔다면, 드러먼드는 그의 시대에 뒤처지고 말았다.

◆ 매년 7월부터 9월에 걸쳐 열리는 영국의 클래식 축제.
◆◆ 누구나 이해할 수 있는 것을 말한다.

드러먼드의 1968년 영화를 보완하는 다큐멘터리가 2005년에 세상에 나왔다. 부유한 미국인 예술 행정가이자 발레트망인 더글러스 블레어 턴보가 1999년 뉴올리언스에서 사흘간 개최한 컨퍼런스의 내용을 기초로 제작된 다큐멘터리였다.[47] 1996년에 투마노바가 세상을 떠나고 1년 뒤 다닐로바가 눈을 감았지만, 1930년대의 몇몇 스타는 여전히 그때를 추억하며 빛이 났다. 예를 들어 드 바실 발레단의 바로노바와 랴보신스카야 그리고 데넘 발레단의 마코바와 프랭클린 등이다. 데넘 발레단의 일원들은 이 글을 쓰는 지금도 살아 있다.[48]

위대한 춤은 허공을 가로질러 공간을 조각한 뒤 향수처럼 차츰 사라진다. 창시자가 떠나고 나면 짧고 불확실한 생이 남는다. 안무는 시나 그림 같은 영원한 힘을 거의 갖지 못한다. 카메라는 안무를 그저 이차원으로 납작하게 만든다. 춤의 외형적 움직임은 비디오와 기보법을 통해 전달될 수 있지만 춤의 영혼은 그럴 수가 없다. 피부밑에서 이뤄지는 미세한 동작과 의미를 추적하는 일은 안무가 본인이나 그와 함께 일한 사람들에게 달려 있다. 그러나 거리가 늘어남에 따라 기억이 다른 것을 더하거나 빼기도 하고, 단지 잘못 기억해서 원형을 바꾼다. 다른 물체나 감각과 맞아떨어지도록 귀퉁이가 잘리고, 뉘앙스가 흐릿해지고, 모서리가 뭉툭해지고, 움직임은 진화해 다른 어떤 것이 된다. 기억은 생명체다. 우리는 우리 선조들과 다르게 생각하고 다르게 움직인다. 리디야 로포호바는 파블로바의 부고 기사에 이렇게 썼다. "무용수 뒤에는 아무것도 남지 않는다. 음악은 그녀를 다시 보게 해주지 못하고, 그녀가 우리에게 준 것을 느끼게 해주지 못한다. 아무리 좋은 말도 매일반이다."[49] 마찬가지로 우리는 니진스키의 예술을 그저 상상할 수밖에 없다. 우리가 상상으로 그리는 것은 진실과 빈약하게 관련될 수밖에 없다. 양식은 변한다. 사람의 체격은 물론이고 필요한 훈련과 우아한 테크닉에 관한 생각이 변하기 때문이다. 현재 프티파의 이름으로 공연되고 있는 것을 본인은 얼마나 알아볼까? 그는 발레리나들의 큰 키와 깡마른 몸매 그리고 그들이 극단적으로 다리를 뻗는 것과 남성 파트너들이 복잡한 공중 동작을 수행하는 모습에 입을 다물지 못할 것이다. 전기를 사용하는 무대 조명과 라이크라◆ 타이츠는 말할 필요도 없다. 어쩌면 카르사비나의 매력과 니진스키의 카리스마도 요즘 같으면 단지 별스럽게 보일지 모른다.

그러므로 21세기에 남겨진 발레 뤼스의 흔적은 그림자와 윤곽들, 책 속에 얼어붙은 이미지들, 다른 사람들의 기억에 대한 기억들이다. 포킨의 《레 실피드》에서 풍기던 미묘하고 향기로운 낭만성은 품위와 고풍스러움으로 바뀌었고, 한때 사악하리만치 에로틱했던 그의 《셰에라자드》는 저속하고 천박하게만 보인다. 1987년에서 1996년까지 밀리센트 호드슨과 케네스 아처가 단편적인 기억, 비평 기사, 사진을 그러모아 니진스키의 《봄의 제전》《유희》《틸 오일렌슈피겔》을 재구성했지만, 상상으로 만든 것이 아닌가 싶을 만큼 근거가 빈약했다.[50] 비교적 정적인 《목신의 오후》만이 꽤 "믿을 만하다"고 볼 수 있는 형태로 살아남아 있는데 이는 1980년대에 앤 허친슨 게스트가 니진스키의 메모를 해석한 덕분이다. 하지만 현재 이 작품에 대한 관심은 주로 학문적 영역에 머물러 있다. 전쟁 이전에 마신의 전작全作은 도전

◆ 무용복이나 운동복에 쓰이는 신축성 폴리우레탄 섬유.

적이고 혁신적이라는 격찬을 받았으나 1960년대에 이르러서는 유행에 뒤처진 것이 되고 말았다. 존재에 관한 마신의 추상적이고 시각적인 표현은 거창하기만 할 뿐 알맹이가 없음이 드러났고, 마리오네트처럼 몸을 희극적으로 꺾고 비트는 과장된 동작은 화석이 되었기 때문이다. 1959년에 마신은 이탈리아 제노바 인근에 위치한 네르비 리조트의 야외극장에서 모든 예술을 융합하려 했던 댜길레프의 꿈을 되살리기 위해 마지막으로 발레 축제를 기획했다. 그는 돈을 쏟아붓고 유명인들에게 작품을 의뢰하고 젊은 인재들을 끌어들였지만 지나치게 야심찬 이 사업은 두 번의 여름밖에 지속되지 못했다.[51]

댜길레프가 의뢰한 작품 중 어느 것이 인위적인 도움 없이 아직 살아 있을까? 무엇이 직접적인 예술적 충격파를 여전히 간직하고 있을까? 단 세 작품이 이에 해당된다. 발란신의 《아폴로 뮈자제트》(현재 줄여서 《아폴로》라고 부른다), 《돌아온 탕아》, 그리고 니진스카의 《결혼》. 발란신의 두 작품은 1950년 이후로 뉴욕 시티 발레단의 공연을 위해 몇 차례 복원되고 개작되었다.

모든 주요 안무가의 경력 중에서 니진스카의 경력이 가장 화려했다. 가장 많이 떠돌아다니고, 변덕스럽고, 가다 서다를 되풀이하고, 이것저것 다양한 것을 하고, 소란을 피우고 떠나버리기를 반복했다는 점에서 그렇다. 오늘날 그녀의 경력은 여성에 대한 불이익과 편견의 결과였다고 명쾌하게 설명할 수 있지만, 사람들의 분통을 터지게 하고 지나치게 요구가 많았던 그녀의 기질이 문제였다는 증거들이 있다. 그녀는 누군가를 좋아하거나 높게 평가할 때는 친절하게 대했지만 그렇지 않을 때는 무례하고 폭력적이었다(아랫사람이었던 에이드리언 브라운은 "내가 리허설을 할 때 사소한 실수를 하자 그녀가 내 배를 세게 때렸다"고 기억했다).[52] 1966년에 니진스카는 뚱뚱하고 귀가 먹고 시끄럽게 소리치는 일흔다섯 살 노인이었다. 로열 발레단이 니진스카의 걸작을 재현할 때 발레단 감독 프레더릭 애슈턴이 그녀를 런던에 초대했다.■ 무용수들에게 리허설은 지옥이었다. 관절염으로 고생하는 호랑이 같은 노인네가 러시아어, 프랑스어, 영어가 뒤섞인 방언으로 알아먹을 소리와 알아먹지 못할 소리를 고래고래 질러댔다. 그녀의 뚱한 남편이 구석에 앉아 불안하게도 작은 검은색 노트에 모든 걸 휘갈겨 적는 바람에 분위기는 더욱 악화되었다. 모니카 메이슨은 이렇게 회고했다.

> 그녀는 영어로 1에서 3까지도 세지 못했다. 《결혼》의 음악은 대단히 까다로웠다. 그녀는 절반 정도만 시범을 보였지만 팔을 5번 포지션에 놓고 전면을 본 상태에서 무릎을 꿇어야 하는지 허리를 숙여야 하는지조차 우리에게 이해시키지 못했다. 그래서 진행이 매우 느렸고 심신이 지친 우리 모두는 녹초가 되었다. 그녀는 자기가 있는 동안에는 완벽하게 집중하고 신체적 노력을 최대치로 끌어올리기를 요구했다. 당연히 점수를 따는 것은 불가능했다. 내 생각에 그녀는 내가 같이 일한 사람들 중 가장 까다로웠다. 그리고 매의 눈으로 단 하나도 놓치는 법이 없었다.[53]

■ 2년 전 니진스카의 《레 비시》도 복원했다. 로열 오페라하우스보다 작은 극장에서도 이 작품은 충분한 효과를 낼 수 있었다.

하지만 그녀는 결실을 맺었다. 1923년 곤차로바의 소박한 디자인과 함께 초연한 지 40년이 흐른 후에도 《결혼》의 힘은 여전히 강력했다. 《결혼》은 예쁜 색채나 정서적 위로를 거부하는 민속 문화를 바탕으로 한 작품이다. 『옵서버』는 "러시아 민족의 영적 성례"라고 묘사했고,[54] 『선데이 타임스』는 그저 숨이 턱 막힌 것 같았다. "이만큼 훌륭한 작품은 없다."[55] 그리고 다시 반세기가 흐른 지금에도 고전주의, 낭만주의, 모더니즘의 인습적인 규범에 도전하는, 넋이 빠질 정도로 낯설고 전율이 일 정도로 불안한 작품으로 남아 있다.

마지막 반전이 있다. 1974년에 창단하여 전 세계로 공연을 다니는 몬테카를로 트로카데로 발레단은 여장을 한 남성들로 이루어진 무용단으로 팬이 엄청나게 많다. 프티파에서 발란신에 이르는 레퍼토리를 천진난만한 캠프camp◆ 양식으로 패러디한 작품을 선보인다. 웹사이트에 따르면 "코미디는 진지한 무용의 약점, 우연적 사고, 기저에 깔린 부조화를 결합하고 과장할 때 이루어진다." 그것은 "예술 형식으로서의 무용의 정신을 조롱하는 것이 아니라 드높이려는" 것이다.[56]

'트록스'라는 애칭으로 불리는 이 무용단은 우스꽝스러운 실수를 저지르고 러시아 이름—루드밀라 뷸레모바, 나디아 도미아페이바, 바바라 랍토포바 등등—을 무언극으로 표현한다. 이를 통해 그들은 이 책이 지금까지 살펴온 전통에 최후의 일격을 가하고, 발레에서 모든

◆ 남성 동성애자들의 정체성 표현으로 과시, 과장, 인위성, 연극성 등을 특징으로 한다. 1960~1970년대 서구에서 하위문화의 한 종류로 다뤄지면서 대중의 주목을 받기 시작했다.

허식을 제거하려 한다. 그러나 그로테스크한 분장과 조야한 슬랩스틱의 이면을 들여다보면 인물들이 춤을 추는 방식에 가슴 뭉클한 진지함이 있다. 그들은 카르사비나 혹은 바로노바가 되는 백일몽을 꾸고 있는 것이다. 그렇다. 그들은 진정한 발레트망이며, 댜길레프의 혁명적인 노력에 머리 숙여 경의를 표한다. 댜길레프의 노력은 수백만의 사람들을 매혹시키고 고양시켰던 수많은 자손을 번성하게 만든 현상이었다. 또한 대체로 추한 일들만 가득했던 20세기가 낳은 가장 위대한 아름다움으로 역사에 길이 남을 것이다.

감사의 말

특별히 빅토리아 앤드 앨버트 박물관 무용 컬렉션의 큐레이터 제인 프리처드에게 감사드린다. 그녀는 매의 눈으로 원고를 읽어주었으며 허다한 과실과 누락의 늪에서 나를 구해주었다. 물론 남겨진 실수는 모두 나의 책임이다.

또한 너그럽게 도와주고 관심을 가져준 많은 친구와 동료들, 그리고 귀찮은 질문에 친절하게 답해준 분들께도 감사드린다. 에이드리언 브라운, 레슬리 카롱, 해리 콕스, 에릭 콜리리, 피터 콘래드, 새러 크럼프턴, 찰스 더프, 버지니아 프레이저, 패멀라, 할렉 부인, 니키 해슬램, 셀리나 해스팅스, 리처드 자먼, 줄리 캐버나, 낸시 라살, 밥 로키어, 앨러스테어 매콜리, 앤드루 L. 펠런, 존 핍스, 미란다 시모어, 니콜라 셜먼, 벨린다 테일러, 앤 웹, 조이 윌리엄스.

리처드 버클의 *In the Wake of Diaghilev*와 존 드러먼드의 *Speaking of Diaghilev* 그리고 *The Diaries of Harry Kessler*에서 인용하도록 허락해준 하퍼콜린스, 파버, 주르캄프 출판사에 감사드린다. 리처드 버클의 무용 서적과 유산Dance Books and the Estate of Richard Buckle은 이 측면에서 특별히 너그러웠다.

나는 다음 도서관의 컬렉션을 참조했다. 런던 도서관, 대영 도서관, 빅토리아 앤드 앨버트 박물관, 트리니티 라반, 영국 왕립 무용학교, 파리 오페라 도서관, 링컨 센터에 위치한 뉴욕 공연예술 공립도서관, 오스틴 소재 텍사스 대학교의 해리 랜섬 센터, 노먼 소재 오클라호마 대학교의 발레 뤼스 컬렉션. 코로나19 팬데믹으로 자료 조사가 훨씬 더 어려워졌으나 잔인할 정도로 힘든 상황 속에서도 이 모든 기관이 영웅적으로 임무를 수행했다.

40년 동안 나를 지탱해준 나의 훌륭한 에이전트 캐럴라인 도네이와 그녀의 조수 캣 에이트킨, 나의 비길 데 없는 두 편집자 파버의 벨린다 매슈스와 FSG의 제프 서로이, 그리고 물론 파버 사에서 일하는 케이트 워드의 훌륭한 팀—질 버로스, 샘 매슈스, 로버트 데이비스, 로비 포터—에도 똑같은 감사를 바친다.

내게 가장 큰 도움을 준 사람은 나의 파트너 엘리스 우드먼이다. 그 자신은 발레트망이 아니지만 이 책의 출산을 남자답게 버텨냈을 뿐 아니라 내 생각과 글에 많은 상상과 통찰을 더해주었다.

주

자세한 출판 정보는 참고문헌을 참조하라.

1장

〈분홍신〉에 관해서는 해설과 함께 DVD로 복원된 버전(The Criterion Collection 44, 2009)을 보라. 또한 다음을 보라. Michael Powell, *A Life in Movies*, pp. 610~62; Adrienne McLean, '"The Red Shoes" Revisited'; Mark Connelly, *The Red Shoes*, Turner Classic Movie Guide; Monk Gibbon, *The Red Shoes Ballet: A Critical Study*. 모이라 시어러에 관해서는 다음을 보라. Karen Eliot, *Dancing Lives*, pp. 91~118. 더 일반적인 발레 역사에 대해서는 다음을 보라. Malcolm McCormick and Nancy Reynolds, *No Fixed Points: Dance in the Twentieth Century*; Jennifer Homans, *Apollo's Angels*; Debra Craine and Judith Mackrell, *The Oxford Dictionary of Dance*. Robert Gottlieb (ed.), *Reading Dance*는 발레와 무용에 관한 최고의 글이 수록된 최고의 선집이다. 모더니즘의 관점에 대해서는 다음을 보라. Roger Shattuck, *The Banquet Years*, passim; Christopher Butler, *Early Modernism*, passim; Philip Hook, *Art of the Extreme 1905–14*, pp. 293~324.

1 Arlene Croce, 'Dance in Film', in *After Images*, p. 439.

2 Lynda Nead, *The Tiger in the Smoke: Art and Culture in Post-War Britain*, p. 551.

3 Michael Powell, *A Life in Movies*, p. 653.

4 Adrienne McLean, '"The Red Shoes" Revisited', p. 77.

5 Croce, p. 439.

6 Steve Rose, *Guardian*, 14 May 2009.

7 Powell, p. 653.

8 Edwin Heathcote, *Financial Times*, 11 April 2020.

9 Richard Buckle, *The Adventures of a Ballet Critic*, pp. 224~26에서 인용; 또한 다음을 보라. pp. 172~76.

10 Kenneth Tynan, *A View of the English Stage*, pp. 348~50.

11 A. H. Franks, *Ballet: A Decade of Endeavour*, p. 43.

12 Rupert Christiansen, *The Visitors*, p. 165에서 인용.

13 Ramsay Burt, *The Male Dancer; Peter Stoneley, A Queer History of the Ballet*, passim.

14 John Drummond, *Speaking of Diaghilev*, pp. 49~50.

15 Richard Hough, *First Sea Lord*, p. 59.

16 다음을 보라. Victoria Philips, *Martha Graham's Cold War*, passim; Malcolm McCormick and Nancy Reynolds, *No Fixed Points: Dance in the Twentieth Century*, pp. 393~99; Susan Au, *Ballet and Modern Dance*; Jack Anderson, *Ballet and Modern Dance*, passim.

17 다음을 보라. Julie Kavanagh, *Secret Muses: The Life of Frederick Ashton*; David Vaughan, *Frederick Ashton and his Ballets*, passim.

18 다음을 보라. Robert Gottlieb, *Balanchine: The Ballet Maker*; Bernard Taper, *Balanchine*; Robert Garis, *Following Balanchine*, passim.

19 Jennifer Homans, *Apollo's Angels*, pp. 547~49.

2장

이 장을 뒷받침하는 기본 출처가 두 권의 전기인 것은 필연이다. Sjeng Scheijen, *Diaghilev: A Life*, pp. 8~169, 그리고 Richard Buckle, *Diaghilev*, pp. 3~116. Scheijen의 전기는 러시아 공문서를 직접 조사하고 러시아어로만 접근할 수 있는 텍스트를 번역했다는 점에서 특별히 가치 있다. 반면 Buckle의 전기는 더 풍부하고 대단히 자세하다. 나는 또한 다음 문헌들에 폭넓게 의존했다. Prince Peter Lieven, *The Birth of Ballets Russes*, pp. 21~73; Alexandre Benois, *Reminiscences of the Russian Ballet, passim*, and *Memoirs*, vol. ii, pp. 37~256; Natalia Roslaveva, *Era of the Russian Ballet*, pp. 139~89; John E. Bowlt, *The Silver Age: Russian Art of the Early Twentieth Century and the World of Art Group*, pp. 161~200; Roland John Wiley, *Tchaikovsky's Ballets*, pp. 92~112; Elena Bridgman, 'Mir iskusstva' in Nancy van Norman Baer (ed.), *The Art of*

Enchantment, pp. 26~43; Lynn Garafola, *Diaghilev's Ballets Russes*, pp. 147~76; Roland John Wiley, *A Century of Russian Ballet*, passim; Tim Scholl, *From Petipa to Balanchine*, pp. 21~45; Malcolm McCormick and Nancy Reynolds, *No Fixed Points: Dance in the Twentieth Century*, pp. 33~76; Jennifer Homans, *Apollo's Angels*, pp. 245~89.

1 Prince Peter Lieven, *The Birth of the Ballets Russes*, p. 27.
2 Arnold Haskell, *Diaghileff*, p. 42.
3 Rupert Christiansen, *The Voice of Victorian Sex: Arthur H. Clough*, pp. 27~28.
4 다음을 보라. Ivor Guest, *Ballet in Leicester Square*, passim.
5 Alexandra Carter, *Dance and Dancers in the Victorian and Edwardian Music Hall Ballet*, p. 64.
6 Ivor Guest, *The Paris Opéra Ballet*, p. 66.
7 Rayner Heppenstall, in Lincoln Kirstein, *Ballet Alphabet*, p. 12.
8 Anatole Chujoy, 'Russian balletomania', p. 49.
9 같은 글, p. 52.
10 같은 글, p. 67.
11 다음을 보라. Marius Petipa, *Mémoires*; Nadine Meisner, *Marius Petipa: The Emperor's Ballet Master*, passim.
12 'Tchaikovsky at the Russian ballet', souvenir programme for *The Sleeping Princess*, Alhambra Theatre, London, 1921, p. 8.
13 Roland John Wiley, *Tchaikovsky's Ballets*, p. 275에서 인용.
14 Haskell, p. 42에서 인용.
15 Alexandre Benois, *Memoirs*, vol. ii, pp. 18, 79.
16 Haskell, p. 42에서 인용.
17 Benois, p. 76; Sieng Scheijen, *Diaghilev: A Life*, pp. 54~55에서 인용.
18 Scheijen, p. 15에서 인용.
19 다음을 보라. Dan Healy, *Homosexual Desire in Revolutionary Russia*, pp. 25~30.
20 Scheijen, p. 5에서 인용.
21 같은 책, p. 80.
22 Lieven, p. 32에서 인용.
23 Cyril Beaumont, *The Diaghilev Ballet in London*, p. 232.

24 Haskell, p. 76에서 인용.
25 Scheijen, p. 95에서 인용.
26 Benois, pp. 216~17.
27 Scheijen, p. 134에서 인용.
28 Benois, p. 250.
29 Richard Buckle, *Diaghilev*, p. 111에서 인용.

3장

이 장의 기본 출처는 다음과 같다. Tamara Karsavina, *Theatre Street*, pp. 139~240; Romola Nijinsky, *Nijinsky*, pp. 32~99; Prince Peter Lieven, *The Birth of the Ballets Russes*, pp. 74~105; Alexandre Benois, *Memoirs*, vol. ii, and *Reminiscences of the Russian Ballet*, passim; Michel Fokine, *Memoirs of a Ballet Master*, pp. 87~139; Natalia Roslaveva, *Era of the Russian Ballet*, pp. 167~89; Boris Kochno, *Diaghilev and the Ballets Russes*, pp. 5~55; Richard Buckle, *Diaghilev*, pp. 91~18; Arthur Gold and Robert Fizdale, *Misia: The Life of Misia Sert*, pp. 130~265; Richard Buckle, *Nijinsky*, pp. 7~161; Bronislava Nijinska, *Early Memories*, pp. 3~316; Lynn Garafola, *Diaghilev's Ballets Russes*, pp. 3~49 and 177~200; Malcolm McCormick and Nancy Reynolds, *No Fixed Points: Dance in the Twentieth Century*, pp. 33~76; Sjeng Scheijen, *Diaghilev: A Life*, pp. 111~205; Jennifer Homans, *Apollo's Angels*, pp. 245~89; Jane Pritchard (ed.), *Diaghilev and the Golden Age of the Ballets Russes 1909–1929*, pp. 15~70; Lucy Moore, *Nijinsky*, pp. 1~52.

1 Michael Fokine, *Memoirs of a Ballet Master*, p. 69.
2 다음을 보라. Isadora Duncan, *My Life*, (자서전임에도 불구하고 전혀 신뢰할 수 없다.); Peter Kurth, *Isadora: A Sensational Life*, passim.
3 Nikolai Legat, *The Story of the Russian School*, p. 66.
4 다음을 보라. Keith Money, *Anna Pavlova: Her Life and Art*; Jane Pritchard and Caroline Hamilton, *Anna Pavlova: Twentieth-Century Ballerina*, passim.
5 개인적인 관점에 관해서는 다음을 보라. Nesta Macdonald, *Tamara Karsavina*;

1918년 이후에 관해서는 다음을 보라. Andrew R. Foster, *Tamara Karsavina: Diaghilev's Ballerina*, passim; 그녀의 말년에 관해서는 다음을 보라. Richard Buckle, *In the Wake of Diaghilev*, pp. 91~99; Tamara Karsavina, *Tamara Karsavina: Beyond the Ballerina*, passim.

6 그의 춤 스타일에 관한 비판적인 평가는 다음을 보라. Edwin Denby, 'Notes on Nijinsky Photographs'; Lincoln Kirstein, *Nijinsky Dancing*, passim.

7 Richard Buckle Collection (아직 분류되지 않았음), Harry Ransom Center, University of Texas, Doc. Box 3.

8 같은 곳, Doc. Box 24.

9 Igor Stravinsky, *Memories and Commentaries*, p. 35.

10 Richard Buckle Collection, Doc. Box 3.

11 *Dancing Times*, June 1938, pp. 268~69.

12 Marie Rambert, *Ballet*, May 1950, p. 22.

13 S. L. Grigoriev, *The Diaghilev Ballet 1909–1929*, pp. 4~5.

14 Prince Peter Lieven, *The Birth of the Ballets Russes*, p. 225.

15 Arnold Haskell, *Diaghileff*, p. 182.

16 Tamara Karsavina, *Theatre Street*, p. 229.

17 Buckle, *In the Wake*, p. 200에서 인용.

18 Lieven, p. 95.

19 Haskell, p. 178에서 인용.

20 Cyril Beaumont, *The Diaghilev Ballet in London*, p. 16.

21 Legat, pp. 75~76.

22 *Le Figaro*, 26 May 1909.

23 Arnold Bennett, *Paris Nights*, p. 69

24 다음을 보라. Michael de Cossart, *Ida Rubinstein: A Theatrical Life*, passim.

25 Lieven, p. 119.

26 Alexandre Benois, *Memoirs*, vol. ii, p. 241.

27 Marcel Proust, *La Prisonnière*, chapter 42.

28 Harry Kessler, *Journey to the Abyss: The Diaries of Count Harry Kessler 1880– 1918*, p. 494.

29 Alexandre Benois, *Reminiscences of the Russian Ballet*, pp. 299~300.

30 Lieven, p. 94.

31 Vaslav Nijinsky, *The Diary of Vaslav Nijinsky*, pp. 103~4.

32 Scheijen, p. 191에서 인용.

33 Fokine, p. 156.

34 Charles Spencer, *Léon Bakst*, p. 70에서 인용.

35 Benois, *Reminiscences of the Russian Ballet*, pp. 315~16.

36 Osbert Lancaster, *Homes, Sweet Homes*, p. 58. 또한 다음을 보라. Mary E. Davis, *Ballets Russes Style*, passim.

37 Lieven, pp. 125~26.

38 Muriel Draper, *Music at Midnight*, p. 141.

39 Lieven, p. 160에서 인용.

40 V. Nijinsky, *The Diary of Vaslav Nijinsky*, p. xliv.

41 Benois, *Reminiscences of the Russian Ballet*, p. 334.

42 Georges Banks, 'Pétrouchka – The Russian Ballet', p. 58.

43 Stewart Headlam, *The Ballet*, passim; 또한 다음을 보라. Rupert Christiansen, *The Visitors*, pp. 197~99.

44 Lydia Kyasht, *Romantic Recollections*, p. 171.

45 다음을 보라. Alexandra Carter, *Dance and Dancers in the Victorian and Edwardian Music Hall Ballet*; Catherine Hindson, *Female Performance Practice on the fin-de-siècle Popular Stages of London and Paris*, passim.

46 Virginia Woolf, *Mr Bennett and Mrs Brown*, p. 3.

47 Ralph Furse, *Aucuparius*, p. 43.

48 Susan Jones, 'Diaghilev and British Writing', p. 68에서 인용.

49 *Daily News*, 22 June 1911.

4장

이 장의 출처는 다음과 같다. Tamara Karsavina, *Theatre Street*, pp. 223~302; Romola Nijinsky, *Nijinsky*, pp. 99~221; Prince Peter Lieven, *The Birth of Ballets Russes*, pp. 132~213; Cyril Beaumont, *The Diaghilev Ballet in London*, pp. 9~76; Alexandre

Benois, *Reminiscences of the Russian Ballet*, pp. 273~366; S. L. Grigoriev, *The Diaghilev Ballet 1910–1929*, pp. 27~102; Michel Fokine, *Memoirs of a Ballet Master*, pp. 140~221; Lydia Sokolova, *Dancing for Diaghilev*, pp. 32~64; Natalia Roslaveva, *Era of the Russian Ballet*, pp. 167~89; Boris Kochno, *Diaghilev and the Ballets Russes*, pp. 60~96; Richard Buckle, *Nijinsky*, pp. 118~325; Nesta Macdonald, *Diaghilev Observed*, pp. 26~134; Richard Buckle, *Diaghilev*, pp. 117~281; Lynn Garafola, *Diaghilev's Ballets Russes*, pp. 3~75; Bronislava Nijinska, *Early Memories*, pp. 317~497; Vicente Garcia-Marquez, *Massine*, pp. 3~42; Sjeng Scheijen, *Diaghilev: A Life*, pp. 206~308; Jennifer Homans, *Apollo's Angels*, pp. 245~89; Jane Pritchard, *Diaghilev and the Golden Age of the Ballets Russes*, pp. 15~70; Davinia Caddy, *The Ballets Russes and Beyond*, pp. 67~159; Lucy Moore, *Nijinsky*, pp. 52~180.

1 S. L. Grigoriev, *The Diaghilev Ballet 1910–1929*, p. 65.

2 Sjeng Scheijen, *Diaghilev: A Life*, p. 253에서 인용.

3 Duncan Grant가 Richard Buckle에게 보낸 편지, 23 March 1968, Richard Buckle Collection, Harry Ransom Center, Doc. Box 26.

4 Cyril Beaumont, *The Diaghilev Ballet in London*, p. 69. 또한 다음을 보라. Kenneth Archer and Millicent Hodson, 'The Lost Pleasure Garden'.

5 Tamara Karsavina, *Theatre Street*, p. 285.

6 Scheijen, p. 268에서 인용.

7 Prince Peter Lieven, *The Birth of Ballets Russes*, p. 189.

8 Vaslav Nijinsky, *The Diary of Vaslav Nijinsky*, p. 207.

9 다음을 보라. Gillian Moore, *The Rite of Spring: The Music of Modernity*, pp. 63~124.

10 Igor Stravinsky, *Memories and Commentaries*, p. 34.

11 Marie Rambert, *Quicksilver*, passim.

12 Lydia Sokolova, *Dancing for Diaghilev*, p. 42.

13 Beaumont, p. 73.

14 Rambert, pp. 63~64.

15 Jean Cocteau, *A Call to Order*, p. 46; *L'Intransigeant* by Ton van Kalmthout and F. T. Marinetti, '"Batailles et ideés futuristes"에서 가져옴: 17 Letters from F. T.

Marinetti, 1912–13', p. 140.

16 Harry Kessler, *Journey to the Abyss: The Diaries of Count Harry Kessler 1880–1918*, p. 619.

17 Jean Cocteau, *Cock and Harlequin: Notes Concerning Music*, p. 48.

18 Kessler, p. 619.

19 Romola Nijinsky, *Nijinsky*, pp. 165~66에서 인용.

20 Sokolova, p. 43.

21 Robert Craft and Igor Stravinsky, *Conversations with Igor Stravinsky*, p. 46.

22 Kessler, pp. 619~20.

23 Cocteau, *A Call to Order*, p. 52.

24 Lucy Moore, *Nijinsky*, p. 134에서 인용.

25 Kessler, pp. 619~20.

26 'Easter 1916', in W. B. Yeats, *The Poems*, p. 228.

27 Lucy Moore, p. 144.

28 Nesta Macdonald, *Diaghilev Observed*, p. 97에서 인용.

29 Jonathan Croall, *Sybil Thorndike: A Star of Life*, p. 92에서 인용.

30 Rupert Christiansen, *The Visitors*, p. 233에서 인용.

31 Richard Buckle Collection, Doc. Box 3.

32 Grigoriev, p. 92.

33 Lucy Moore, p. 171에서 인용.

34 Michel Fokine, *Memoirs of a Ballet Master*, p. 227.

35 Karsavina, pp. 295~96.

36 Beaumont, p. 99.

37 Charles Ricketts, *Self-Portrait Taken from the Letters and Journals of Charles Ricketts*, pp. 233~37.

38 다음을 보라. Leonide Massine, *My Life in Ballet*, pp. 11~43.

39 John Richardson, *A Life of Picasso: The Triumphant Years 1917–1932*, pp. 7~8에서 인용.

40 Richard Buckle Collection, Doc. Box 3.

41 Scheijen, p. 296에서 인용.

42 Richard Buckle, *Diaghilev*, p. 270.

43 Sokolova, p. 64.
44 Buckle, p. 274.

5장

이 장의 기본적인 출처는 다음과 같다. Tamara Karsavina, *Theatre Street*, pp. 298~354; Romola Nijinsky, *Nijinsky*, pp. 205~326; Cyril Beaumont, *The Diaghilev Ballet in London*, pp. 9~76; S. L. Grigoriev, *The Diaghilev Ballet 1909–1929*, pp. 92~182; Lydia Sokolova, *Dancing for Diaghilev*, pp. 65~184; Boris Kochno, *Diaghilev and the Ballets Russes*, pp. 95~152; Nesta Macdonald, *Diaghilev Observed*, pp. 125~266; Richard Buckle, *Diaghilev*, pp. 283~372; Lynn Garafola, 'The Ballets Russes in America', pp. 122~40 and *Diaghilev's Ballets Russes*, pp. 76~97 and 330~44; Bronislava Nijinska, *Early Memories*, pp. 494~508; Leslie Norton, *Massine and the Twentieth-Century Ballet*, passim; Vicente Garcia-Marquez, *Massine*, pp. 43~163; Sjeng Scheijen, *Diaghilev: A Life*, pp. 294~374; Jennifer Homans, *Apollo's Angels*, pp. 245~89; Jane Pritchard, *Diaghilev and the Golden Age of the Ballets Russes*, passim; Lucy Moore, *Nijinsky*, pp. 180~215.

1 Leonide Massine, *My Life in Ballet*, p. 70.
2 Lydia Sokolova, *Dancing for Diaghilev*, p. 71.
3 Vicente Garcia-Marquez, *Massine*, p. 48에서 인용.
4 같은 책, pp. 49~54.
5 다음을 보라. Judith Mackrell, *Bloomsbury Ballerina*, passim; Milo Keynes, *Lydia Lopokova*, passim.
6 Richard Buckle Collection, Harry Ransom Center, Doc. Box 6.
7 *Kansas City Star*, 5 March 1916.
8 S. L. Grigoriev, *The Diaghilev Ballet 1909–1929*, p. 111.
9 Sokolova, p. 77.
10 *New York Journal*, 7 April 1916.
11 Richard Buckle, *Diaghilev*, p. 313에서 인용.

12 Jean Cocteau, *Le Rappel à l'ordre*, pp. 54~58.

13 Sokolova, p. 87.

14 Robert Edmond Jones, 'Nijinsky and Til Eulenspiegel'.

15 같은 글, p. 4.

16 *New York Times*, 17 October 1916.

17 Richard Buckle Collection, Doc. Box 3.

18 Sokolova, p. 86.

19 Grigoriev, p. 115.

20 Lucy Moore, *Nijinsky*, p. 188에서 인용.

21 Grigoriev, p. 117.

22 Richard Buckle Collection, Banker's Box 11.

23 Lynn Garafola, 'The Ballets Russes in America', p. 73.

24 Grigoriev, p. 119.

25 Sjeng Scheijen, *Diaghilev: A Life*, p. 331.

26 Arthur Gold and Robert Fizdale, *Misia: The Life of Misia Sert*, p. 225.

27 다음을 보라. Kenneth E. Silver, *Esprit de Corps: The Art of the Parisian Avant-garde*, pp. 113~32.

28 Jean Cocteau, *Call to Order*, p. 238.

29 Grigoriev, p. 121.

30 Michel-Georges Michel, *Ballets Russes: Histoire anecdotique*, p. 30.

31 Roger Nichols, *Poulenc*, p. 14에서 인용.

32 Buckle, p. 331에서 인용.

33 같은 책, p. 98.

34 Jane Stevenson, *Baroque between the Wars*, pp. 282~83.

35 같은 책, p. 122.

36 다음을 보라. María Gabriela Estrada, *The Legacy of Félix Fernández García*, pp. 113~17.

37 같은 책, p. 122.

38 Vicente Garcia-Marquez, *Massine*, p. 111.

39 Buckle, p. 342에서 인용.

40 같은 책, p. 135.

41 같은 책, p. 125.
42 Garcia-Marquez, p. 118에서 인용.
43 같은 책, p. 128.
44 *Observer*, 11 September 1918.
45 Richard Buckle Collection, Doc. Box 3.
46 'Dancers of the Twenties', *Dancing Times*, February 1967, p. 252.
47 *Sunday Times*, 22 June 1919.
48 *The Nation*, 18 June 1919.
49 Garcia-Marquez, p. 129.
50 Buckle, p. 358.
51 Sokolova, p. 134.
52 Massine, pp. 141~42.
53 *Observer*, 27 July 1919.
54 Tamara Karsavina, *Theatre Street*, p. 300.
55 Harry Kessler, *The Diaries of a Cosmopolitan 1918–1937*, p. 269.
56 Romola Nijinsky, *Nijinsky*, p. 393.
57 Maurice Sandoz, *The Crystal Salt-cellar*, pp. 72~76.
58 Igor Stravinsky and Robert Craft, *Expositions and Developments*, p. 113.
59 Sokolova, p. 151.
60 Buckle, p. 362.
61 Igor Stravinsky and Robert Craft, *Memories and Commentaries*, p. 42.
62 Grigoriev, p. 159.
63 Sokolova, p. 166.
64 *The Times*, 28 June 1921.
65 André Levinson, *Dance Writings from Paris in the Twenties*, p. 40에서 인용.
66 Sokolova, p. 161.
67 Richard Buckle Collection, Banker's Box 11.
68 Sokolova, p. 161.
69 같은 책, p. 173.

6장

이 장의 기본적인 출처는 다음과 같다. Cyril Beaumont, *The Diaghilev Ballet in London*, pp. 183~300; S. L. Grigoriev, *The Diaghilev Ballet 1909–1929*, pp. 152~261; Lydia Sokolova, *Dancing for Diaghilev*, pp. 172~280; Boris Kochno, *Diaghilev and the Ballets Russes*, pp. 150~279; Nesta Macdonald, *Diaghilev Observed*, pp. 224~381; Richard Buckle, *Diaghilev*, pp. 345~541; Lynn Garafola, *Diaghilev's Ballets Russes*, pp. 76~97, 330~44; Leslie Norton, *Massine and the Twentieth-Century Ballet*, passim; Vicente Garcia-Marquez, *Massine*, pp. 43~163; Sjeng Scheijen, *Diaghilev: A Life*, pp. 374~541; Jennifer Homans, *Apollo's Angels*, pp. 245~89; Jane Pritchard, *Diaghilev and the Golden Age of the Ballets Russes 1909–1929*, passim.

1 S. L. Grigoriev, *The Diaghilev Ballet, 1909–1929*, p. 157.
2 Sjeng Scheijen, *Diaghilev: A Life*, p. 349에서 인용.
3 *Observer*, 27 July 1919.
4 André Levinson, 'A Crisis in the Ballets Russes', p. 787.
5 Cyril Beaumont, *The Diaghilev Ballet in London*, p. 227. 다음을 보라. Richard Buckle, *In the Wake of Diaghilev*, pp. 20~36, 321~34. 놀랍고도 알쏭달쏭한 이 인물에 대한 전기는 아직 없다.
6 Richard Buckle, *Diaghilev*, p. 377에서 인용.
7 같은 책, p. 379.
8 Sotheby's, Collection Boris Kochno (auction catalogue), p. 188.
9 같은 곳, p. 190.
10 Boris Kochno, *Diaghilev and the Ballets Russes*, pp. 284~85에서 인용.
11 Scheijen, p. 368.
12 Grigoriev, p. 170.
13 Lynn Garafola, *Diaghilev's Ballets Russes*, p. 124에서 인용.
14 Charles Spencer, *Léon Bakst*, p. 189.
15 같은 곳.
16 Beaumont, p. 202.
17 *Daily Mail*, 3 November 1921.

18 *The Times*, 3 November 1921.
19 *Vogue*, December 1921.
20 Lytton Strachey, *Ballet – To Poland*, p. 17.
21 Lynn Garafola, *Legacies of Twentieth-century Dance*, p. 66에서 인용.
22 Grigoriev, p. 174에서 인용.
23 Kochno, p. 172에서 인용.
24 같은 곳.
25 Osbert Lancaster, *With an Eye to the Future*, p. 17.
26 Richard Buckle, *The Diaghilev Exhibition*, p. 3.
27 다음을 보라. Mark Braude, *Making Monte Carlo: A History of Speculation and Spectacle*, passim.
28 Lancaster, p. 101.
29 Stephanie Jordan, programme for *Les Noces*, Royal Ballet (1954), p. 29.
30 Scheijen, p. 384에서 인용.
31 Lydia Sokolova, *Dancing for Diaghilev*, p. 207.
32 다음을 보라. Serge Lifar, *Ma Vie: from Kiev to Kiev: An Autobiography*, passim,; Jean-Pierre Pastori, *Serge Lifar: la beauté du diable*, passim.
33 Anton Dolin, *Last Words*, pp. 38~39.
34 John Drummond, *Speaking of Diaghilev*, p. 46에서 인용.
35 Beaumont, p. 246.
36 Garafola, *Diaghilev's Ballets Russes*, p. 130.
37 Roger Nichols, *Poulenc* pp. 59~60.
38 Grigoriev, p. 195.
39 Dolin, p. 115.
40 다음을 보라. Alexandra Danilova, *Choura*, passim.
41 Vernon Duke, *Passport to Paris*, p. 137.
42 Sokolova, p. 233.
43 Igor Stravinsky and Robert Craft, *Memories and Commentaries*, p. 41.
44 Duke, pp. 124~25.
45 William McBrien, *Cole Porter*, pp. 96~99.
46 *Observer*, 11 January 1925.

47 *Vogue*, December 1925.
48 *Morning Post*, 4 June 1925.
49 Nesta Macdonald, *Diaghilev Observed*, p. 323에서 인용.
50 다음을 보라. Alicia Markova, *Markova Remembers*, passim.
51 Richard Buckle Collection, Harry Ransom Center, Doc. Box 3.
52 Sokolova, p. 233.
53 Polly Hill and Richard Keynes (eds), *Lydia and Maynard: Letters*, p. 266.
54 Bernard Taper, *Balanchine*, p. 90.
55 Ethel Mannin, *Young in the Twenties: A Chapter of Autobiography*, p. 114.
56 Danilova, p. 71.
57 Garafola, p. 249에서 인용.
58 Grigoriev, p. 220.
59 같은 곳.
60 *The Diaghilev Ballet in England*, exhibition catalogue, p. 53.
61 같은 글, p. 55.
62 Lincoln Kirstein, *Mosaic*, p. 244.
63 Constant Lambert, *Music Ho!*, p. 86.
64 Lydia Lopokova, *Vogue*, 2 August 1926.
65 Alexandre Benois, *Reminiscences of the Russian Ballet*, pp. 376~77.
66 *The Times*, 29 June 1926.
67 Buckle, *Diaghilev*, p. 485.
68 Sokolova, p. 259.
69 Beaumont, p. 278.
70 Grigoriev, p. 242.
71 *Morning Post*, 10 July 1928.
72 Lifar, p. 68.
73 Harry Kessler, *The Diaries of a Cosmopolitan 1918–1937*, p. 355.
74 Tamara Karsavina, *Theatre Street*, p. 295.
75 Grigoriev, p. 242.
76 다음을 보라. Igor Markevitch, *Être et avoir été*, passim.
77 같은 책, p. 177.

78 같은 책, p. 192.
79 Scheijen, p. 443에서 인용.
80 같은 책, p. 442.
81 같은 책, p. 444.

7장

이 장의 기본적인 출처는 다음과 같다. Kathrine Sorley Walker, *Ninette de Valois: Idealist Without Illusions*, pp. 5~98; Michael de Cossart, *Ida Rubinstein: A Theatrical Life*, passim; Lynn Garafola, *Diaghilev's Ballets Russes*, pp. 98~143, 211~36, 273~75; Bengt Häger, *Ballets Suédois*, passim; Julie Kavanagh, *Secret Muses: The Life of Frederick Ashton*, pp. 32~137; Vicente Garcia-Marquez, *Massine*, pp. 167~204; Malcolm McCormick and Nancy Reynolds, *No Fixed Points: Dance in the Twentieth Century*, pp. 178~237; Richard Allen Cave and Libby Worth (eds), *Ninette de Valois: Adventurous Traditionalist*, pp. 4~37; *Les Ballets Suédois: Une compagnie d'avant-garde 1920–1925*, passim; Karen Eliot, *Albion's Dance*, pp. 1~28; Jane Stevenson, *Baroque between the Wars*, pp. 281~94.

1 S.O., 'The Russians at Drury Lane', *English Review* (June 1914), p. 562.
2 Austen Harrison, 개인 컬렉션의 편지.
3 Rupert Christiansen, *The Visitors*, p. 234에서 인용.
4 Michael Holroyd, *Lytton Strachey*, p. 291.
5 Anne Chisholm (ed.), *Carrington's Letters*, pp. 123, 113.
6 Lucy Moore, *Nijinsky*, p. 115에서 인용.
7 Ada Leverson, *Tenterhooks*, chapter 6.
8 Lynn Garafola, *Diaghilev's Ballets Russes*, p. 322.
9 D. H. Lawrence, *Women in Love*, chapter 8.
10 Cecil Beaton, *Ballet*, p. 19.
11 Ethel Mannin, *Young in the Twenties: A Chapter of Autobiography*, p. 114.
12 John Drummond, *Speaking of Diaghilev*, p. 211에서 인용.
13 Ethel Mannin, *Confessions and Impressions*, p. 262.

14 Lisa Immordino Vreeland, *Love, Cecil*, p. 73에서 인용.

15 Martin Burgess Green, *Children of the Gods*, p. 86에서 인용.

16 *Vogue*, 11 July 1928.

17 Allison Abra, *Dancing in the English Style*, p. 92에서 인용.

18 Mannin, *Young in the Twenties*, p. 31.

19 James Laver, *Between the Wars*, pp. 98~99.

20 *The Criterion*, i/3 (1923), pp. 305~306.

21 보몬트와 리처드슨의 전기에 관해서는 다음을 보라. Karen Eliot, *Albion's Dance*, pp. 14~21.

22 1920년대와 1930년대에 크래스크를 비롯한 다른 이들의 생생한 발레 수업에 관해서는 다음을 보라. Lillian Browse, *The Duchess of Cork Street*, pp. 29~48.

23 Garafola, pp. 330~44; *The Sitwells and the Arts of the 1920s and 1930s*, exhibition catalogue, passim.

24 다음을 보라. James Harding, *Cochran*, passim.

25 Leslie Norton, *Léonide Massine and the 20th Century Ballet*, p. 105.

26 Anton Dolin, *Autobiography*, pp. 40~41.

27 *Daily Mirror*, 23 September 1927.

28 Kathrine Sorley Walker, 'The Camargo Society'에서 인용.

29 Richard Buckle, *The Adventures of a Ballet Critic*, p. 46.

30 *Dancing Times*, January 1929, p. 856.

31 다음을 보라. Ninette de Valois, *Come Dance with Me: A Memoir, 1898–1956*, passim.

32 *Dancing Times*, February 1926, pp. 589~90.

33 Kathrine Sorley Walker, *Ninette de Valois: Idealist Without Illusions*, p. 86에서 인용.

34 다음을 보라. Marie Rambert, *Quicksilver*, pp. 125~61; Julie Kavanagh, *Secret Muses: The Life of Frederick Ashton*, pp. 60~89.

35 Arnold Haskell, *Balletomania Then and Now*, p. 203 and *In His True Centre: An Interim Autobiography*, pp. 96~102.

36 다음을 보라. Alexander Bland, *The Royal Ballet: The First 50 Years*; Zoe Anderson, *The Royal Ballet: 75 Years*; Mary Clarke, *Dancers of Mercury: The Story of the Ballet Rambert*; Clement Crisp, Anya Sainsbury and Peter Williams (eds), *Ballet*

Rambert: 50 Years and On; all passim.

37 Roger Nichols, *The Harlequin Years*, p. 25.

38 다음을 보라. Louis Epstein, 'Impresario, Interrupted: Comte Étienne de Beaumont and the Soirées de Paris'.

39 Richard Buckle, *Diaghilev*, p. 426에서 인용.

40 Boris Kochno, *Diaghilev and the Ballets Russes*, p. 256에서 인용.

41 Polly Hill and Richard Keynes (eds), *Lydia and Maynard: Letters*, p. 190.

42 *Les Ballets Suédois: Une compagnie d'avant-garde 1920–1925*, p. 19. 또한 다음을 보라. Erik Naslund, *Rolf de Maré: Art Collector – Ballet Director – Museum Curator*, passim; George Dorris, 'Jean Börlin'; Lynn Garafola, 'Rivals for the New: The Ballets Suédois and the Ballets Russes', in *Legacies of Twentieth-century Dance*, pp. 107~24; George Dorris, 'The Many Worlds of Rolf de Maré'.

43 Lynn Haney, *Naked at the Feast*, p. 104에서 인용.

44 같은 책, p. 54.

45 Harry Kessler, *The Diaries of a Cosmopolitan 1918–1937*, p. 280.

46 Julie Kavanagh, *Secret Muses: The Life of Frederick Ashton*, pp. 100~101; Charles S. Mayer, 'Ida Rubinstein: A Twentieth-Century Cleopatra'; Elaine Brody, 'The Legacy of Ida Rubinstein: Mata Hari of the Ballets Russes'.

47 Sjeng Scheijen, *Diaghilev: A Life*, p. 427에서 인용.

48 *The Times*, 13 July 1929.

8장

이 장의 기본적인 출처는 다음과 같다. Arnold Haskell, *Balletomania Then and Now*, passim; Kathrine Sorley Walker, *De Basil's Ballets Russes*, passim; Vicente Garcia-Marquez, *The Ballets Russes: Colonel de Basil's Ballet Russes de Monte Carlo*, passim, and *Massine*, pp. 207~362; Jack Anderson, *The One and Only: Ballet Russe de Monte Carlo*, passim; 'The Ballets Russes 1932–1962: A Symposium', *Dance Chronicle*, xv/2 (1992), pp. 191~220; Malcolm McCormick and Nancy Reynolds, *No Fixed Points: Dance in the Twentieth Century*, pp. 265~393; Robert Gottlieb, *George Balanchine: The*

Ballet Maker, pp. 75~113; Irina Baronova, *Irina: Ballet, Life, Love*, passim; Martin B. Duberman, *The Worlds of Lincoln Kirstein*, pp. 193~326; Victoria Tennant, *Irina Baronova and the Ballets Russes de Monte Carlo*, passim; Jane Stevenson, *Baroque between the Wars*, pp. 281~94; Michael Meylac, *Behind the Scenes at the Ballets Russes*, pp. 41~283; *Ballets Russes*, film (DVD), directed by Danya Goldfine and Dan Geller.

1 *The Times*, 20 August 1929.
2 *Daily Express*, 21 August 1929.
3 'The Sitter Out', *Dancing Times*, September 1929, p. 512에서 인용.
4 Arnold Haskell, *Diaghileff*, p. 16.
5 Vicente Garcia-Marquez, *Massine*, p. 209.
6 Arnold Haskell, *Balletomania: The Story of an Obsession*, pp. 240~44.
7 Alexandra Danilova, *Choura*, pp. 16, 134.
8 Kathrine Sorley Walker, *De Basil's Ballets Russes*, p. 37.
9 Michael Meylac, *Behind the Scenes at the Ballets Russes*, p. 45.
10 Robert Gottlieb, *George Balanchine: The Ballet Maker*, p. 65.
11 *Dancing Times*, 10 August 1933, p. 457. 또한 다음을 보라. *Les Ballets 33*, Brighton Art Gallery exhibition catalogue, passim.
12 다음을 보라. Lincoln Kirstein, *Mosaic*, passim.
13 Gottlieb, *Balanchine*, p. 69에서 인용.
14 같은 곳.
15 다음을 보라. James Steichen, *Balanchine and Kirstein's American Enterprise*, passim.
16 Lesley Blanch, *Journey into the Mind's Eye*, p. 212.
17 Adrian Stokes, *Tonight the Ballet*, p. 125. 유산에 관한 것은 다음을 보라. Andrew Forge interview, Tape 36, Side B, British Library co466x.
18 Sorley Walker, p. 21.
19 Garcia-Marquez, *Massine*, p. 222.
20 같은 책, p. 229.
21 A. V. Coton, *A Prejudice for Ballet*, p. 80.
22 같은 책, p. 89.
23 Haskell, *Balletomania: The Story of an Obsession*, p. 250.

24 Edwin Denby, *Dance Writings*, pp. 39~40.

25 Lincoln Kirstein, *Blast at Ballet*, p. 11.

26 Vicente Garcia-Marquez, *The Ballets Russes: Colonel de Basil's Ballets Russes de Monte Carlo*, p. 136.

27 Arnold Haskell, *In his True Centre: An Interim Autobiography*, p. 134.

28 Meylac, p. 48에서 인용.

29 Judith Chazin-Bennahum, *Rene Blum and the Ballets Russes*, p. 125에서 인용.

30 Meylac, p. 46에서 인용.

31 Victoria Tennant, *Irina Baronova and the Ballets Russes de Monte Carlo*, p. 77에서 인용.

32 Meylac, p. 24에서 인용.

33 Ralph Furse, *Aucuparius*, p. 43.

34 Gottlieb, *Balanchine*, p. 65.

35 Sorley Walker, p. 65.

36 Sorley Walker, p. 51에서 인용; 또한 다음을 보라. *Reminiscences of Ballets Russes Dancers*, p. 16.

37 Danilova, p. 120.

38 Tennant, p. 82.

39 다음을 보라. Haskell, *In his True Centre*, passim.

40 Arnold Haskell, *Balletomania Then and Now*, p. 185.

41 *Dancing Times*, November 1934, pp. 129~30.

42 같은 잡지, October 1936, p. 3.

43 Leslie Baily, *Leslie Baily's BBC Scrapbooks*, p. 145에서 인용.

44 *Dancing Times*, September 1938, p. 628.

45 Francis Toye, *Illustrated London News*, 30 July 1938.

46 Leslie Baily, *Leslie Baily's BBC Scrapbook: 1918–1939.*

47 Vernon Duke, *Passport to Paris*, pp. 328~29.

48 Stephen Williams, *Evening Standard*, 27 July 1938.

49 Caryl Brahms and S. J. Simon, *A Bullet in the Ballet*, chapter 5.

50 Haskell, *Balletomania: The Story of an Obsession*, p. 299. 또한 다음을 보라. Ramsay Burt, *The Male Dancer*, passim.

51 다음을 보라. Arlene Croce, 'Dance in Film', in *Afterimages*, pp. 427~45; Adrienne McLean, 'The Image of the Ballet Artist in Popular Films', and *Dying Swans and Madmen: Ballet, the Body, and Narrative Cinema*, passim.

52 *Dancing Times*, October 1938, p. 22

53 John Culhane, *Walt Disney's Fantasia*, p. 170.

54 Janet Flanner, *The New Yorker*, 24 July 1937.

55 *New York Times*, 6 February 1938, p. 6.

56 Leslie Norton, *Frederic Franklin*, p. 30에서 인용.

57 Arnold Haskell, *Dancing Times*, July 1938, p. 393.

58 Haskell, *Balletomania Then and Now*, p. 187.

59 Cyril Beaumont, *Dancers under my Lens*, pp. 126~37.

60 *Dancing Times*, June 1939, p. 261.

61 Edwin Denby, *Looking at the Dance*, p. 195.

62 Garcia-Marquez, *Massine*, p. 272.

63 Sol Hurok, *Sol Hurok Presents: A Memoir of the Dance World*, p. 126.

64 Jack Anderson, *The One and Only: Ballet Russe de Monte Carlo*, p. 63.

65 Robert Gottlieb, *Reading Dance*, p. 556에서 인용.

66 Kirstein, p. 21.

67 다음을 보라. Dominick Dunne, 'The Rockefeller and the Ballet Boys'; Gérard Mannoni, *Le Marquis de Cuevas*, passim; Francisca Folch-Couyoumdjian, *The Marquis de Cuevas: Pushing the Boundaries of Self*, passim.

68 신문 기사 스크랩, Marquis de Cuevas Collection, Harry Ransom Center, University of Texas, 날짜 미상.

69 다음을 보라. Julian Braunsweg, *Braunsweg's Ballet Scandals*, passim.

70 같은 책, p. 157.

71 Jennifer Homans, *Apollo's Angels*, p. 353. 또한 다음을 보라. Jonathan Gray, 'Sixty Years of the Bolshoi'; Anne Searcy, *Ballet in the Cold War*, passim.

9장

이 장의 기본 출처는 다음과 같다. Richard Buckle, *In the Wake of Diaghilev*, passim; Barbara Newman, *Striking a Balance*, passim; Julie Kavanagh, *Secret Muses: The Life of Frederick Ashton*, pp. 280~531; John Drummond, *Speaking of Diaghilev*, passim; Meredith Daneman, *Margot Fonteyn*, pp. 198~527: Robert Gottlieb (ed.), *Reading Dance*, passim; Jennifer Homans, *Apollo's Angels*, pp. 396~550; Jane Pritchard, *Diaghilev and the Golden Age of the Ballets Russes 1909–1929*, pp. 187~204.

1 Nesta Macdonald, *Tamara Karsavina*, passim; Richard Buckle, *In the Wake of Diaghilev*, pp. 91~6, 304~8.
2 Buckle, *Wake*, p. 93.
3 Meredith Daneman, *Margot Fonteyn*, p. 304에서 인용.
4 Barbara Newman, *Striking a Balance*, p. 252에서 인용.
5 Romola Nijinsky, *Nijinsky*, pp. 341~43; 또한 Peter Ostvald, *Vaslav Nijinsky: A Leap into Madness* (자세한 정신의학적 연구 사례), passim; Lucy Moore, *Nijinsky*, pp. 218~34.
6 Buckle, *Wake*, p. 87.
7 Lincoln Kirstein, *Mosaic*, p. 212.
8 Muriel Draper, *Music at Midnight*, p. 188.
9 다음을 보라. Buckle, 'Les Quatre Saisons de Boris Kochno', pp. 7~11; Boris Kochno, *Christian Bérard*, passim; Marie-Françoise Christout and Fernande Bassan, 'Les Ballets des Champs-Elysées'.
10 Richard Buckle, *The Adventures of a Ballet Critic*, p. 171; 또한 다음을 보라. Gérard Mannoni, *Roland Petit and Roland Petit: Rythme de vie*, passim.
11 Daneman, p. 212에서 인용.
12 개인적인 인터뷰에서.
13 같은 곳. 또한 다음을 보라. Buckle, *Adventures*, p. 74; Sarah Clair, *Jean Babilée*, passim.
14 Buckle, 'Les Quatre Saisons', p. 9.
15 다음을 보라. *The Most Upsetting Woman, The Adventures of a Ballet Critic, In the*

Wake of Diaghilev. 이 세 권의 자서전은 겹치는 부분이 상당히 많다. 또한 다음을 보라. *Buckle at the Ballet: Selected Criticism*, passim. 버클의 문서는 텍사스 대학교 오스틴 캠퍼스의 해리 랜섬 센터에 보관되어 있다.

16 Buckle, *Wake*, p. 39.

17 Buckle, *The Most Upsetting Woman*, p. 245.

18 Edwin Denby, *Dancers, Buildings and People in the Streets*, p. 221.

19 Buckle, *Buckle at the Ballet*, pp. 250, 255.

20 Buckle, *Wake*, p. 283.

21 같은 책, p. 67.

22 같은 책, p. 266.

23 같은 책, pp. 266~67.

24 같은 책, p. 334.

25 같은 책, p. 325.

26 같은 책, p. 164.

27 E. M. Forster, *Observer*, 25 December 1955.

28 개인적인 인터뷰에서.

29 Buckle, *Wake*, p. 174, and *The Diaghilev Exhibition*, passim. 또한 다음을 보라. Alexander Schouvaloff, 'The Diaghilev Legend' in John E. Bowlt et al., *A Feast of Wonders: Sergei Diaghilev and the Ballets Russes*, pp. 95~99.

30 같은 책, p. 223. 디아만티디에 관해서는 다음을 보라. https://elhg.org.uk/discovery/lives/lives-anthony-diamantidi.

31 Alexander Schouvaloff, *The Art of the Ballets Russes*, p. 98.

32 *Sunday Times*, 25 February 1973; Jane Pritchard, *Diaghilev and the Golden Age of the Ballets Russes*, pp. 166~67.

33 Lynn Garafola, *Legacies of Twentieth-century Dance*, pp. 377~400; *The Times*, 10 May 1984.

34 George Dorris, 'Dicky's Greatest Show'.

35 Cecil Beaton, *The Unexpurgated Beaton*, pp. 213~14.

36 *The Times*, 23 June 1971.

37 *Guardian*, 23 June 1971.

38 John Drummond, *Tainted by Experience*, passim.

39 John Drummond, *Speaking of Diaghilev*, pp. 7~8.
40 같은 책, p. 8.
41 같은 책, p. 75.
42 같은 책, p. 73.
43 같은 책, p. ix.
44 Drummond, *Tainted by Experience*, p. 236.
45 개인적인 인터뷰에서.
46 Drummond, *Tainted by Experience*, p. 459.
47 Leigh Windreich, 'Memory Lane'.
48 일례로, 1945년부터 1948년까지 발레단의 단원이자 이후 롤랑 프티의 파리 발레단 단원이었던 조이 윌리엄스가 있다.
49 Lucy Moore, p. 252에서 인용.
50 Kenneth Archer and Millicent Hodson, 'The Lost Pleasure Garden'; Joan Acocella, 'The Lost Nijinsky'.
51 Vicente Garcia-Marquez, *Massine*, pp. 355~62.
52 개인적인 인터뷰에서.
53 Newman, pp. 308~9에서 인용.
54 *Observer*, 27 March 1966.
55 *Sunday Times*, 27 March 1966.
56 https://trockadero.org.

참고문헌

Abra, Allison, *Dancing in the English Style* (Manchester, 2017)

Acocella, Joan, 'The Lost Nijinsky', *New Yorker*, 7 May 2001

Anderson, Jack, *The One and Only: Ballet Russe de Monte Carlo* (London, 1981)

———, *Ballet and Modern Dance* (Trenton, NJ, 2018)

Anderson, Zoe, *The Royal Ballet: 75 Years* (London, 2011)

Archer, Kenneth, and Millicent Hodson, 'The Lost Pleasure Garden', *Dance Now*, v/2 (summer 1996), pp. 19~23

Au, Susan, *Ballet and Modern Dance* (London, 2012)

Baily, Leslie, *Leslie Baily's BBC Scrapbook: 1918–1939* (London, 1966)

———, *Leslie Baily's BBC Scrapbooks* (London, 1968)

Les Ballets 33, Brighton Art Gallery exhibition catalogue (Brighton, 1987)

Ballets Russes, film directed by Danya Goldfine and Dan Geller, DVD (Revolver, 1920)

'The Ballets Russes 1932–1962: A Symposium', *Dance Chronicle*, xv/2 (1992), pp. 191~220

Ballets Suédois, Les: Une compagnie d'avant-garde 1920–1925 (Paris, 2014)

Banks, Georges, 'Pétrouchka – The Russian Ballet', *Rhythm*, ii/6 (July 1912), pp. 57~60

Baronova, Irina, *Irina: Ballet, Life, Love* (Gainesville, FL, 2005)

Beaton, Cecil, *Ballet* (London, 1951)

———, *The Unexpurgated Beaton*, edited by Hugo Vickers (London, 2002)

Beaumont, Cyril, *The Diaghilev Ballet in London* (London, 1940)

———, *Dancers under my Lens* (London, 1949)

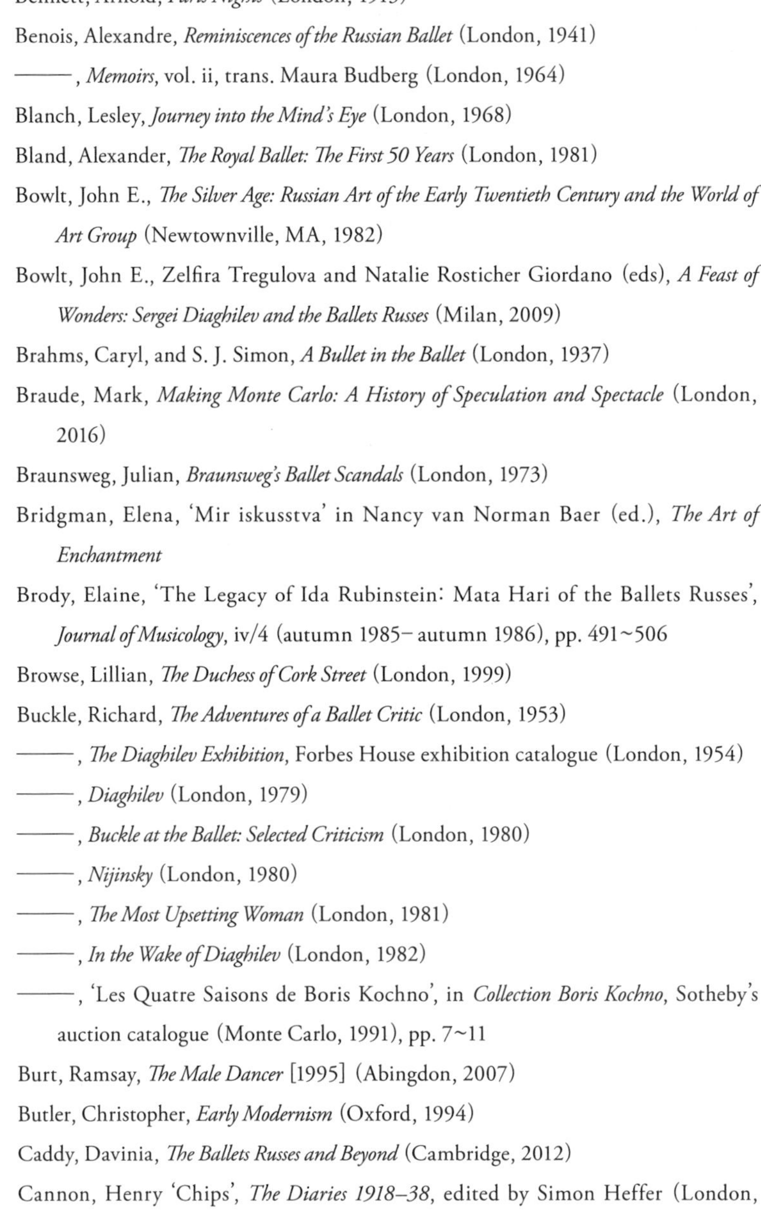

Bennett, Arnold, *Paris Nights* (London, 1913)

Benois, Alexandre, *Reminiscences of the Russian Ballet* (London, 1941)

———, *Memoirs*, vol. ii, trans. Maura Budberg (London, 1964)

Blanch, Lesley, *Journey into the Mind's Eye* (London, 1968)

Bland, Alexander, *The Royal Ballet: The First 50 Years* (London, 1981)

Bowlt, John E., *The Silver Age: Russian Art of the Early Twentieth Century and the World of Art Group* (Newtownville, MA, 1982)

Bowlt, John E., Zelfira Tregulova and Natalie Rosticher Giordano (eds), *A Feast of Wonders: Sergei Diaghilev and the Ballets Russes* (Milan, 2009)

Brahms, Caryl, and S. J. Simon, *A Bullet in the Ballet* (London, 1937)

Braude, Mark, *Making Monte Carlo: A History of Speculation and Spectacle* (London, 2016)

Braunsweg, Julian, *Braunsweg's Ballet Scandals* (London, 1973)

Bridgman, Elena, 'Mir iskusstva' in Nancy van Norman Baer (ed.), *The Art of Enchantment*

Brody, Elaine, 'The Legacy of Ida Rubinstein: Mata Hari of the Ballets Russes', *Journal of Musicology*, iv/4 (autumn 1985– autumn 1986), pp. 491~506

Browse, Lillian, *The Duchess of Cork Street* (London, 1999)

Buckle, Richard, *The Adventures of a Ballet Critic* (London, 1953)

———, *The Diaghilev Exhibition*, Forbes House exhibition catalogue (London, 1954)

———, *Diaghilev* (London, 1979)

———, *Buckle at the Ballet: Selected Criticism* (London, 1980)

———, *Nijinsky* (London, 1980)

———, *The Most Upsetting Woman* (London, 1981)

———, *In the Wake of Diaghilev* (London, 1982)

———, 'Les Quatre Saisons de Boris Kochno', in *Collection Boris Kochno*, Sotheby's auction catalogue (Monte Carlo, 1991), pp. 7~11

Burt, Ramsay, *The Male Dancer* [1995] (Abingdon, 2007)

Butler, Christopher, *Early Modernism* (Oxford, 1994)

Caddy, Davinia, *The Ballets Russes and Beyond* (Cambridge, 2012)

Cannon, Henry 'Chips', *The Diaries 1918–38*, edited by Simon Heffer (London,

2021)

Carter, Alexandra, *Dance and Dancers in the Victorian and Edwardian Music Hall Ballet* (London, 2005)

Cave, Richard Allen, and Libby Worth (eds), *Ninette de Valois: Adventurous Traditionalist* (Alton, 2012)

Chazin-Bennahum, Judith, *Rene Blum and the Ballets Russes* (New York, 2011)

Chisholm, Anne (ed.), *Carrington's Letters* (London, 2017)

Christiansen, Rupert, *The Visitors* (London, 2000)

——, *The Voice of Victorian Sex: Arthur H. Clough* (London, 2001)

Christout, Marie-Françoise, and Fernande Bassan, 'Les Ballets des Champs-Elysées', *Dance Chronicle*, xxvii/2 (2004), pp. 157~98

Chujoy, Anatole, 'Russian balletomania', *Dance Index*, vii/3 (March 1948)

Clair, Sarah, *Jean Babilée* (Paris, 1995)

Clarke, Mary, *Dancers of Mercury: The Story of the Ballet Rambert* (London, 1962)

Cocteau, Jean, *Cock and Harlequin: Notes Concerning Music*, translated by Rollo H. Myers (London, 1921)

——, *Le Rappel à l'ordre* (Paris, 1926); *A Call to Order*, translated by Rollo H. Myers (London, 1926)

Connelly, Mark, *The Red Shoes*, Turner Classic Movie Guide (London and New York, 2005)

Cossart, Michael de, *Ida Rubinstein: A Theatrical Life* (Liverpool, 1987)

Coton, A. V., *A Prejudice for Ballet* (London, 1938)

Craft, Robert, and Igor Stravinsky, *Conversations with Igor Stravinsky* (London, 1959)

Craine, Debra, and Judith Mackrell, *The Oxford Dictionary of Dance* (Oxford and New York, 2000)

Crisp, Clement, Anya Sainsbury and Peter Williams (eds), *Ballet Rambert: 50 Years and On* (London, 1981)

Croall, Jonathan, *Sybil Thorndike: A Star of Life* (London, 2008)

Croce, Arlene, *Afterimages* (London and New York, 1978)

Crowson, Lydia, 'Cocteau and "Le Numéro Barbette"', *Modern Drama*, xix/1 (spring 1976), pp. 79~87

Culhane, John, *Walt Disney's Fantasia* (New York, 1987)

Daneman, Meredith, *Margot Fonteyn* (London, 2004)

Danilova, Alexandra, *Choura* (New York, 1986)

Davis, Mary E., *Ballets Russes Style* (London, 2010)

Denby, Edwin, *Dancers, Buildings and People in the Streets* (New York, 1965)

———, 'Notes on Nijinsky Photographs', *Looking at the Dance* (New York, 1968), pp. 240~47

———, *Dance Writings* (New York, 1986)

Dery, Mark, *Born to be Posthumous: the Eccentric Life and Mysterious Genius of Edward Gorey* (London, 2018)

Diaghilev Ballet in England, The, exhibition catalogue, Sainsbury Centre for Visual Arts (Norwich, 1979)

Dolin, Anton, *Autobiography* (London, 1960)

———, *Last Words: A Final Autobiography* (London, 1985)

Dorris, George, 'Jean Börlin', *Dance Chronicle*, xxvii/2 (1999), pp. 167~88

———, 'Dicky's Greatest Show', *Dance Now*, xi/2 (spring 2002), pp. 88~92

———, 'The Many Worlds of Rolf de Maré' (review of Erik Naslund, *Rolf de Maré: Art Collector - Ballet Director – Museum Curator*), *Dance Chronicle*, xxxiii/1 (2010), pp. 153~58

Draper, Muriel, *Music at Midnight* (New York, 1929)

Driberg, Tom, *Ruling Passions* (London, 1977)

Drummond, John, *Speaking of Diaghilev* (London, 1997)

———, *Tainted by Experience* (London, 2000)

Duberman, Martin B., *The Worlds of Lincoln Kirstein* (New York, 2007)

Duke, Vernon, *Passport to Paris* (Boston, MA, 1955)

Duncan, Isadora, *My Life* (London, 1928)

Dunne, Dominick, 'The Rockefeller and the Ballet Boys', *Vanity Fair*, February 1987

Eliot, Karen, *Dancing Lives* (Chicago, 2007)

———, *Albion's Dance* (Oxford, 2016)

Epstein, Louis, 'Impresario, Interrupted: Comte Étienne de Beaumont and the Soirées de Paris', *Revue de Musicologie*, cii/1 (2016), pp. 91~130

Estrada, María Gabriela, *The Legacy of Félix Fernández García* (Seville, 2012)
Fokine, Michel, *Memoirs of a Ballet Master* (London, 1961)
Folch-Couyoumdjian, Francisca, *The Marquis de Cuevas: Pushing the Boundaries of Self,* unpublished PhD thesis (University of Texas at Austin, 2014)
Foster, Andrew R., *Tamara Karsavina: Diaghilev's Ballerina* (London, 2010)
Franko, Mark, 'Serge Lifar et la collaboration', *Vingtième Siècle,* 132 (December 2016), pp. 27~41
Franks, A. H., *Ballet: A Decade of Endeavour* (London, 1956)
Furse, Ralph, *Aucuparius* (London, 1962)
Garafola, Lynn, 'The Ballets Russes in America' in Nancy van Norman Baer (ed.), *The Art of Enchantment*
———, *Diaghilev's Ballets Russes* (Oxford and New York, 1989)
———, *Legacies of Twentieth-century Dance* (Middletown, CT, 2005)
Garafola, Lynn, and Nancy van Norman Baer (eds), *The Ballets Russes and its World* (New Haven and London, 1999)
Garcia-Marquez, Vicente, *The Ballets Russes: Colonel de Basil's Ballets Russes de Monte Carlo* (New York, 1990)
———, *Massine* (London and New York, 1996)
Garis, Robert, *Following Balanchine* (New Haven and London, 1995)
Gibbon, Monk, *The Red Shoes Ballet: A Critical Study* (London, 1948)
Gold, Arthur, and Robert Fizdale, *Misia: The Life of Misia Sert* (London, 1980)
Gottlieb, Robert, *George Balanchine: The Ballet Maker* (New York, 2004)
——— (ed.), *Reading Dance* (New York, 2008)
Gray, Jonathan, 'Sixty Years of the Bolshoi', *Dancing Times,* July 2016, pp. 17~19
Green, Martin Burgess, *Children of the Gods* (London, 1977)
Grigoriev, S. L., *The Diaghilev Ballet 1909–1929* (London, 1953)
Guest, Ivor, *Ballet in Leicester Square* (London, 1992)
———, *The Paris Opéra Ballet* (Alton, 2006)
Häger, Bengt, *Ballets Suédois* (London, 1990)
Haney, Lynn, *Naked at the Feast* (London, 1987)
Harding, James, *Cochran* (London, 1988)

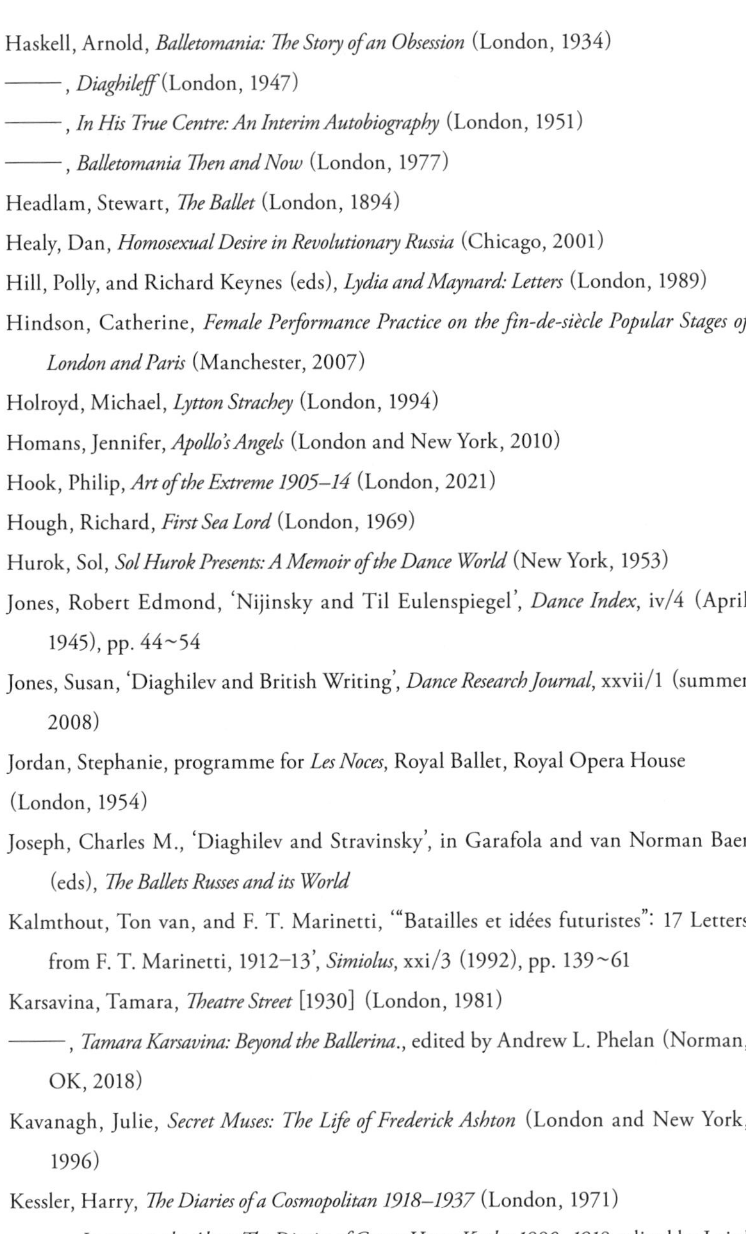

Haskell, Arnold, *Balletomania: The Story of an Obsession* (London, 1934)

———, *Diaghileff* (London, 1947)

———, *In His True Centre: An Interim Autobiography* (London, 1951)

———, *Balletomania Then and Now* (London, 1977)

Headlam, Stewart, *The Ballet* (London, 1894)

Healy, Dan, *Homosexual Desire in Revolutionary Russia* (Chicago, 2001)

Hill, Polly, and Richard Keynes (eds), *Lydia and Maynard: Letters* (London, 1989)

Hindson, Catherine, *Female Performance Practice on the fin-de-siècle Popular Stages of London and Paris* (Manchester, 2007)

Holroyd, Michael, *Lytton Strachey* (London, 1994)

Homans, Jennifer, *Apollo's Angels* (London and New York, 2010)

Hook, Philip, *Art of the Extreme 1905–14* (London, 2021)

Hough, Richard, *First Sea Lord* (London, 1969)

Hurok, Sol, *Sol Hurok Presents: A Memoir of the Dance World* (New York, 1953)

Jones, Robert Edmond, 'Nijinsky and Til Eulenspiegel', *Dance Index*, iv/4 (April 1945), pp. 44~54

Jones, Susan, 'Diaghilev and British Writing', *Dance Research Journal*, xxvii/1 (summer 2008)

Jordan, Stephanie, programme for *Les Noces*, Royal Ballet, Royal Opera House (London, 1954)

Joseph, Charles M., 'Diaghilev and Stravinsky', in Garafola and van Norman Baer (eds), *The Ballets Russes and its World*

Kalmthout, Ton van, and F. T. Marinetti, '"Batailles et idées futuristes": 17 Letters from F. T. Marinetti, 1912–13', *Simiolus*, xxi/3 (1992), pp. 139~61

Karsavina, Tamara, *Theatre Street* [1930] (London, 1981)

———, *Tamara Karsavina: Beyond the Ballerina.*, edited by Andrew L. Phelan (Norman, OK, 2018)

Kavanagh, Julie, *Secret Muses: The Life of Frederick Ashton* (London and New York, 1996)

Kessler, Harry, *The Diaries of a Cosmopolitan 1918–1937* (London, 1971)

———, *Journey to the Abyss: The Diaries of Count Harry Kessler 1880–1918*, edited by Laird

M. Easton (New York, 2011)

Keynes, Milo, *Lydia Lopokova* (London, 1983)

Kirstein, Lincoln, *Blast at Ballet* (self-published, 1938)

———, *Ballet Alphabet* (New York, 1939)

———, *Nijinsky Dancing* (London, 1975)

———, *Mosaic* (New York, 1994)

Kochno, Boris, *Le Ballet* (Paris, 1954)

———, *Diaghilev and the Ballets Russes* (New York, 1970)

———, *Christian Bérard* (London, 1988)

Kurth, Peter, *Isadora: A Sensational Life* (London, 1992)

Kyasht, Lydia, *Romantic Recollections* (London, 1929)

Lambert, Constant, *Music Ho!* [1934] (London, 1985)

Lancaster, Osbert, *Homes, Sweet Homes* (London, 1939)

———, *With an Eye to the Future* (London, 1967)

Laver, James, *Between the Wars* (London, 1961)

Lawrence, D. H., *Women in Love* (New York, 1920)

Legat, Nikolai, *The Story of the Russian School* (London, 1932)

Leverson, Ada, *Tenterhooks* (London, 1912)

Levinson, André, 'A Crisis in the Ballets Russes', *Theatre Arts Monthly*, x/11 (November 1926), pp. 785~92

———, *Dance Writings from Paris in the Twenties*, edited by Joan Acocella and Lynn Garafola (Hanover, NH, 1991)

Lieven, Prince Peter, *The Birth of the Ballets Russes* (London, 1936)

Lifar, Serge, *Ma Vie: From Kiev to Kiev: An Autobiography* (London, 1970)

Lindsay, David, *The Crawford Papers: The Journal of David Lindsay, Twenty-seventh Earl of Crawford and Tenth Earl of Balcarres, 1871–1940, during the Years 1892 to 1940*, edited by John Vincent (Manchester, 1986)

McBrien, William, *Cole Porter* (London, 1998)

McCormick, Malcolm, and Nancy Reynolds, *No Fixed Points: Dance in the Twentieth Century* (New Haven, CT, and London, 2003)

Macdonald, Nesta, *Diaghilev Observed* (New York and London, 1975)

——, *Tamara Karsavina* (New York, 1979)

Mackrell, Judith, *Bloomsbury Ballerina* (London, 2008)

McLean, Adrienne, '"The Red Shoes" Revisited', *Dance Chronicle*, xi/1 (1988), pp. 31~83

——, 'The Image of the Ballet Artist in Popular Films', *Journal of Popular Culture*, xxv/1 (summer 1991), pp. 1~19

——, *Dying Swans and Madmen: Ballet, the Body, and Narrative Cinema* (New Brunswick, NJ, 2008)

Mannin, Ethel, *Confessions and Impressions* (London, 1930)

——, *Young in the Twenties: A Chapter of Autobiography* (London, 1971)

Mannoni, Gérard, *Roland Petit* (Paris, 1984)

——, *Roland Petit: Rythme de vie* (Lausanne, 2003)

——, *Le Marquis de Cuevas* (Paris, 2003)

Markevitch, Igor, *Être et avoir été* (Paris, 1980)

Markova, Alicia, *Markova Remembers* (London, 2004)

Massine, Leonide, *My Life in Ballet* (London and New York, 1968)

Mayer, Charles S.,'Ida Rubinstein: A Twentieth-Century Cleopatra', *Dance Research Journal*, xx/2 (winter 1988), pp. 33~51

Meisner, Nadine, *Marius Petipa: The Emperor's Ballet Master* (New York, 2019)

Meylac, Michael, *Behind the Scenes at the Ballets Russes* (London and New York, 2018)

Michel, Michel-Georges, *Ballets Russes: Histoire anecdotique* (Paris, 1923)

Money, Keith, *Anna Pavlova: Her Life and Art* (London, 1982)

Moore, Gillian, *The Rite of Spring: The Music of Modernity* (London, 2019)

Moore, Lucy, *Nijinsky* (London, 2013)

Naslund, Erik, *Rolf de Maré: Art Collector – Ballet Director – Museum Curator* (Alton, 2009)

Nead, Lynda, *The Tiger in the Smoke: Art and Culture in Post-War Britain* (New Haven and London, 2017)

Newman, Barbara, *Striking a Balance* (London, 1982)

Nichols, Roger, *The Harlequin Years* (London, 2002)

——, *Poulenc* (London, 2020)

Nijinska, Bronislava, *Early Memories* (New York, 1981)
Nijinsky, Romola, *Nijinsky* [1933] (London, 1970)
Nijinsky, Vaslav, *The Diary of Vaslav Nijinsky*, edited by Joan Acocella (London and New York, 1999)
Norman Baer, Nancy van (ed.) *The Art of Enchantment* (San Francisco, CA, 1988)
Norton, Leslie, *Léonide Massine and the 20th Century Ballet* (Jefferson, NC, and London, 2004)
——, *Frederic Franklin* (Jefferson, NC, 2007)
Ostvald, Peter, *Vaslav Nijinsky: A Leap into Madness* (London, 1991)
Pastori, Jean-Pierre, *Serge Lifar: la beauté du diable* (Paris, 2009)
Petipa, Marius, *Mémoires* (Arles, 1990)
Philips, Victoria, *Martha Graham's Cold War* (Oxford, 2019)
Powell, Michael, *A Life in Movies* (London, 1986)
Pritchard, Jane, *Diaghilev and the Golden Age of the Ballets Russes 1909–1929*, Victoria and Albert Museum exhibition catalogue (London, 2010)
Pritchard, Jane, and Caroline Hamilton, *Anna Pavlova: Twentieth-Century Ballerina* (London, 2012)
Rambert, Marie, *Quicksilver* (London, 1972)
Reminiscences of Ballets Russes Dancers (New Orleans, 2000)
Richardson, John, *A Life of Picasso: The Triumphant Years 1917–1932* (London, 2007)
Ricketts, Charles, *Self-Portrait Taken from the Letters and Journals of Charles Ricketts*, collected and compiled by T. Sturge Moore, edited by Cecil Lewis (London, 1939)
Roslaveva, Natalia, *Era of the Russian Ballet* (London, 1966)
Sandoz, Maurice, *The Crystal Salt-cellar* (Guildford, 1954)
Scheijen, Sjeng, *Diaghilev: A Life* (London, 2009)
Scholl, Tim, *From Petipa to Balanchine* (London, 1994)
Schouvaloff, Alexander, *The Art of the Ballets Russes*, Wadsworth Athenaeum exhibition catalogue (Hartford, CT, 1997)
——, 'The Diaghilev Legend', in John E. Bowlt et al. (eds), *A Feast of Wonders*
Searcy, Anne, *Ballet in the Cold War* (New York, 2020)

Shattuck, Roger, *The Banquet Years* (London, 1968)

Silver, Kenneth E., *Esprit de Corps: The Art of the Parisian Avant-garde* (Princeton, NJ, 1992)

Sitwells and the Arts of the 1920s and 1930s, The, exhibition catalogue, National Portrait Gallery (London, 1995)

Sokolova, Lydia, *Dancing for Diaghilev*, edited by Richard Buckle (London, 1960)

Sorley Walker, Kathrine, *De Basil's Ballets Russes* (London, 1982)

———, *Ninette de Valois: Idealist Without Illusions* (London, 1987)

———, 'The Camargo Society', *Dance Chronicle*, xviii/1 (1995), pp. 2~7

Sotheby's, *Collection Boris Kochno* (auction catalogue) (Monte Carlo, 1991)

Spencer, Charles, *Léon Bakst* (London, 1973)

Steichen, James, *Balanchine and Kirstein's American Enterprise* (New York, 2018)

Stevenson, Jane, *Baroque between the Wars* (Oxford, 2018)

Stokes, Adrian, *Tonight the Ballet* (London, 1934)

Stoneley, Peter, *A Queer History of the Ballet* (Abingdon, 2007)

Strachey, Lytton, *Ballet – To Poland*, edited by Arnold Haskell (London, 1940)

Stravinsky, Igor, and Robert Craft, *Memories and Commentaries* (London, 1960)

———, *Expositions and Developments* (London, 1962)

Taper, Bernard, *Balanchine* (London and New York, 1974)

Tennant, Victoria, *Irina Baronova and the Ballets Russes de Monte Carlo* (Chicago, IL, 2014)

Tynan, Kenneth, *A View of the English Stage* (St Albans, 1975)

Valois, Ninette de, *Come Dance with Me: A Memoir, 1898–1956* (London, 1957)

Vaughan, David, *Frederick Ashton and his Ballets* (London, 1977)

Vreeland, Lisa Immordino, *Love, Cecil* (New York, 2017)

Wiley, Roland John, *Tchaikovsky's Ballets* (Oxford, 1985)

———, *A Century of Russian Ballet* (Oxford, 1990)

Windreich, Leigh, 'Memory Lane' *Dance Now* ix/3 (autumn 2000), p. 747

Woolf, Virginia, *Mr Bennett and Mrs Brown* (London, 1924)

Yeats, W. B., *The Poems*, edited by Daniel Albright (London, 1992)

찾아보기

|작품|

발레

음악/영화/오페라/기타 공연

|인명|

ㅈ

ㅊ

ㅋ

|용어|

다길레프의 제국

초판 1쇄 발행 2025년 2월 5일

지은이 루퍼트 크리스천슨
옮긴이 김한영

펴낸이 서지원
책임편집 홍지연
디자인 형태와내용사이

펴낸곳 에포크
출판등록 2019년 1월 24일 제2019-000008호
주소 서울시 용산구 한강대로 95, A동 1315호
전화 070-8870-6907
팩스 02-6280-5776
이메일 info@epoch-books.com
인스타그램 @epoch.books

ISBN 979-11-981231-8-3 (03680)

• 책값은 뒤표지에 있습니다.
• 잘못된 책은 구입하신 곳에서 교환해 드립니다.